Spanish
Level 1

El español para nosotros

Curso para hispanohablantes

Mc
Graw
Hill
Education

About the Author

Conrad J. Schmitt received his B.A. degree magna cum laude from Montclair State University, Upper Montclair, New Jersey. He received his M.A. from Middlebury College, Middlebury, Vermont and did additional graduate work at New York University. He also studied at the Far Eastern Institute at Seton Hall University, Newark, New Jersey.

Mr. Schmitt has taught Spanish and French at all academic levels—from elementary school to graduate courses. He served as Coordinator of Foreign Languages for the Hackensack, New Jersey, public schools. He also taught courses in Foreign Language Education as a visiting professor at the Graduate School of Education at Rutgers University, New Brunswick, New Jersey.

Mr. Schmitt has authored or co-authored more than one hundred textbooks, all published by the McGraw-Hill Companies. He was also editor-in-chief of foreign languages, ESL, and bilingual education for the McGraw-Hill Companies.

Mr. Schmitt has traveled extensively throughout Spain and all of Latin America. He has addressed teacher groups in all fifty states and has given seminars in many countries including Japan, the People's Republic of China, Taiwan, Philippines, Thailand, Iran, Egypt, Germany, Spain, Portugal, Mexico, Panama, Colombia, Brazil, Jamaica and Haiti.

COVER: (l)Nancy Nehring/Getty Images, (r)Photofrenetic/Alamy, (b)Bartosz Hadyniak/Getty Images

MHEonline.com

Send inquiries to:
McGraw-Hill Education
8787 Orion Place
Columbus, OH 43240

ISBN: 978-0-02-145305-4 (Teacher Edition)
MHID: 0-02-145305-5 (Teacher Edition)
ISBN: 978-0-02-136227-1 (Student Edition)
MHID: 0-02-136227-0 (Student Edition)

Printed in the United States of America.

3 4 5 6 7 8 9 10 QVS 19 18 17 16 15

Muy distinguidos padres,

El programa escolar **El español para nosotros,** Niveles 1 y 2 se dirige a los alumnos que por ascendencia o ambiente familiar ya tienen la ventaja de conocer el español. Al desarrollar el programa se ha tomado en cuenta que el nivel de dominio que ha alcanzado cada alumno(a) variará según su experiencia personal. **El español para nosotros** eliminará para su hijo(a) la necesidad de perder tiempo aprendiendo lo que no le hace falta tal como, «¡Hola, María! ¿Cómo estás?»

Cada capítulo del libro se divide en seis secciones, cada una de las cuales tiene una meta específica para el beneficio personal de su hijo(a) en su adquisición de destrezas mayores en su uso del español.

Historia y cultura En esta sección su hijo(a) aprenderá la historia y la cultura del vasto mundo hispanohablante o hispanoparlante. Se familiarizará con la gran diversidad cultural hispana o latina en todas las regiones donde se habla español incluyendo Estados Unidos. Se espera que su hijo(a) se dará cuenta de la gran ventaja que tiene de poder identificarse con más de una cultura.

Conocimientos para superar En esta sección su hijo(a) va a aprender el vocabulario que necesitará para hablar y escribir sobre temas específicos que tratan de artes y letras, ciencias, comercio, finanzas, derecho, gobierno, etc. La meta primordial de esta sección es la de aumentar el poder verbal de su hijo(a) en la lengua española. Frecuentemente los alumnos que hacen sus estudios en EE.UU. son expuestos a los términos de esta índole únicamente en inglés. Esta sección les permitirá superar la desventaja de no poder discutirlos eficazmente en español por falta de las palabras apropiadas.

Lenguaje y gramática Esta sección de cada capítulo introducirá a su hijo(a) a los aspectos gramaticales (estructurales), mecánicos (de puntuación, etc.) y ortográficos de la lengua española. Llegará a comprender y apreciar los regionalismos que existen en una lengua que se habla oficialmente en muchos países del mundo. Además aprenderá a evitar algunos errores frecuentes que cometen muchos hablantes de la lengua.

Literatura Esta sección presentará a su hijo(a) las grandes obras de las letras hispanas. Llegará a apreciar las varias formas literarias—poesía, prosa, novela, ensayo, cuento, teatro. Leerá obras de autores de muchos países hispanohablantes.

Composición Esta sección le dará a su hijo(a) la oportunidad de expresarse bien en forma escrita. Le enseñará a escribir cartas personales y comerciales, escritos narrativos, expositivos, persuasivos, biográficos, etc. Le ayudará a organizar sus ideas y presentarlas de una manera coherente e interesante.

Conexión con el inglés Esta sección le indicará a su hijo(a) las diferencias lingüísticas entre las dos lenguas que oye a diario—el español y el inglés. Al hacer estas comparaciones aprenderá como funcionan los idiomas. Los lingüistas dicen que el que no puede comparar un idioma con otro nunca llegará a comprender como funcionan los idiomas.

Esperamos que su hijo(a) llegará a apreciar la lengua española y todas las culturas, letras y riquezas que surgen de ella.

Respetuosamente,

Conrad J. Schmitt

Contenido

El Capitolio Nacional en la Plaza Bolívar, Bogotá, Colombia

Capítulo 1

Objetivos

En este capítulo vas a:

* estudiar la biografía de Simón Bolívar
* aprender términos y características geográficas
* estudiar las formas singulares de los sustantivos, artículos y adjetivos; fijarte en la pronunciación y ortografía de los sonidos a, o, u
* leer las poesías *Bolívar* de Luis Lloréns Torres, *Masa* de César Vallejo, *Coplas por la muerte de su padre* de Jorge Manrique y *La vida es sueño* de Calderón de la Barca
* preparar un escrito descriptivo de una persona

Tú y yo

Capítulo 2

Objetivos

En este capítulo vas a:

- estudiar grupos étnicos de España y Latinoamérica
- aprender algunos fundamentos de la sociología y antropología; familiarizarte con términos sociológicos importantes
- estudiar la concordancia de adjetivos y sustantivos; aprender sinónimos y antónimos; repasar el presente del verbo irregular ser; aprender cuándo se usan las formas tú y usted; fijarte en la pronunciación y ortografía de las vocales e, i
- leer *La araucana* de Alonso de Ercilla y Zúñiga, *Comentarios reales Primera Parte: XXIV* del Inca Garcilaso de la Vega y *El negro sensible* de José Joaquín Fernández de Lizardi
- escribir un ensayo personal
- comparar el verbo ser con el verbo *to be*; estudiar las formas plurales de los artículos, sustantivos y adjetivos en español y en inglés; aprender contracciones en inglés; familiarizarte con algunos errores de gramática relacionados con el verbo *to be*

Nosotros

Un chico feliz

Sección 1: Historia y cultura

Sección 2: Conocimientos para superar

Sección 3: Gramática y lenguaje

Sección 4: Literatura

Sección 5: Composición

Sección 6: Conexión con el inglés

La mujer india lleva una maang tikka.

Contenido

Almendros en Mallorca, España

Capítulo 3

Objetivos

En este capítulo vas a:

* estudiar dos géneros literarios—el cuento y la novela

* aprender algunas convenciones técnicas de escribir en forma narrativa; analizar una oración declarativa e interrogativa; aprender el uso del punto y los signos de interrogación; estudiar algunos prefijos y el uso de letras mayúsculas

* leer la biografía del famoso diseñador latino Óscar de la Renta; leer el cuento *El conde Lucanor Capítulo XXIV* de Don Juan Manuel

* preparar y tomar parte en una entrevista; escribir un cuento

* comparar oraciones declarativas e interrogativas en inglés y en español; comparar el uso de letras mayúsculas y prefijos en inglés y en español

Cuentos

Una marioneta de un esqueleto, Albuquerque, Nuevo México, Estados Unidos

(t)Susan See Photography

Capítulo 4

Objetivos

En este capítulo vas a:

- ❀ estudiar algunas fiestas hispanas o latinas; aprender lo que es la poesía; familiarizarte con algunas técnicas poéticas

- ❀ aprender el presente de los verbos regulares, lo que es el el sujeto tácito; familiarizarte con el uso de vosotros y vos

- ❀ leer una *Rima* de Gustavo Adolfo Bécquer y *Dicen que no hablan* de Rosalía de Castro

- ❀ escribir una poesía corta

- ❀ aprender las diferencias en la formación del tiempo presente en español e inglés

Poesía

Contenido

Capítulo 5

En un café

Objetivos

En este capítulo vas a:

- estudiar como el aumento de la población está afectando la vida en muchas ciudades hispanas

- aprender términos relacionados con las finanzas y la importancia de las finanzas en nuestra vida diaria

- aprender verbos irregulares en el presente; las contracciones; los sustantivos que comienzan en -a acentuada, y problemas de ortografía con la letra d

- leer *Ejemplo de la propiedad que el dinero ha* del Arcipreste de Hita y el cuento *Olor a cacao* de José de la Cuadra

- escribir un escrito expositivo

- aprender el presente de unos verbos irregulares en ingles; familiarizarte con contracciones y vulgarismos en inglés; aprender el pronombre *it*; cómo expresar posesión en español y en inglés y el significado de *a* y *en*

En casa o en el café

Sección 1: Historia y cultura

Sección 2: Conocimientos para superar

Sección 3: Gramática y lenguaje

Sección 4: Literatura

Sección 5: Composición

Sección 6: Conexión con el inglés

Tres generaciones de una familia comparten la comida.

Un día en el campo

Capítulo 6

Objetivos

En este capítulo vas a:

- estudiar algunos cambios sociales que están afectando la estructura de la familia

- aprender el vocabulario especializado relativo a los seguros y familiarizarte con la importancia de los seguros

- estudiar la puntuación: el uso del punto y, de la coma; los signos de interrogación y admiración sustantivos que tienen dos géneros; problemas ortográficos con b, v; palabras homófonas

- leer *El Cid* de autor anónimo, *Canción del pirata* de José del Espronceda y *Los pazos de Ulloa* de Emilia Pardo Bazán

- escribir una descripción

- estudiar el uso de la coma en inglés y palabras homófonas y los signos de interrogación y admiración en ingles

El hogar y la familia

La familia ve la televisión.

Contenido

Capítulo 7

El entrenador apoya al equipo.

Objetivos

En este capítulo vas a:

- estudiar el sistema de impuestos y aprender términos relacionados con el pago de tributos
- estudiar el tiempo presente de los verbos de cambio radical; aprender el uso del infinitivo que sigue algunos verbos; aprender la ortografía de palabras con las letras c, z y s
- leer la biografía del famoso beisbolista y héroe puertorriqueño Roberto Clemente
- leer *Ahora que vuelvo, Ton* de René del Risco Bermúdez
- hacer investigaciones, preparar y presentar un debate
- comparar los verbos de cambio radical en español con los verbos modales en inglés

Atletas y deportes

Catedral Metropolitana de la Asunción de María,
Ciudad de México, México

Una estatua de Diego Velázquez
en Madrid

Capítulo 8

Objetivos

En este capítulo vas a:

- estudiar la historia de la conquista de México

- familiarizarte con algunos términos de especializaciones médicas importantes

- aprender el uso de los verbos ser y estar, los sustantivos problemáticos; como dividir las palabras en sílabas, donde poner el acento en una palabra, cuando es necesario poner un acento escrito o una tilde, como deletrear palabras con ca, que, qui, co, cu

- leer *Si eres bueno...* de Amado Nervo y *Triolet* de Manuel González Prada

- escribir un escrito personal

México

El río Bravo en el Parque
Nacional Big Bend

Contenido

Capítulo 9

El Lago Nahuel Huapi, San Carlos de Bariloche, Argentina

Objetivos

En este capítulo vas a:

* aprender a diferenciar entre el clima y el tiempo y estudiar los climas de Latinoamérica

* estudiar el pretérito de los verbos regulares, los verbos de cambio radical y los verbos ir y ser

* aprender la ortografía de palabras con los sonidos ga, gue, gui, go, gu

* leer un artículo sobre la diferencia entre el aprendizaje y uso de la lengua materna y un segundo idioma; leer un artículo de una revista sobre monosílabos; leer una leyenda puertorriqueña *El grano de oro*

* escribir un escrito persuasivo

* estudiar el pasado en inglés

Verano o invierno

Dando un paseo por la playa

Monte Fitz Roy y Cerro Torre en el Parque Nacional Los Glaciares, Santa Cruz, Argentina

Unos gauchos en las pampas, Argentina

Capítulo 10

Objetivos

En este capítulo vas a:

- estudiar la obra artística de varios artistas hispanos o latinos famosos

- aprender la terminología necesaria para discutir las artes plásticas y la música

- estudiar el pretérito de los verbos irregulares en -er e -ir; aprender pronombres de complemento, aprender palabras con ge, je, gi, ji

- leer *La camisa de Margarita* de Ricardo Palma

- escribir y preparar un cartel

- comparar el pretérito en español con el pasado sencillo en inglés; comparar los pronombres de complemento indirecto en español y en inglés

Arte y música

Contenido

Capítulo 11

Una casa pequeña, Gran Chaco, Paraguay

Objetivos

En este capítulo vas a:

- estudiar la geografía de Latinoamérica
- estudiar el marketing y su importancia en el mundo comercial
- aprender más signos de puntuación; aprender metáforas y símiles; aprender a deletrear palabras con r, rr
- leer la obra de teatro *Las aceitunas* de Lope de Rueda
- escribir un anuncio publicitario
- comparar los signos de puntuación en inglés y en español, estudiar los símiles y las metáforas

Tierra y aventura

Una casa abandonada en el desierto, Chile

Dos vicuñas y el telescopio APEX, El desierto Atacama, Chile

Capítulo 12

Objetivos

En este capítulo vas a:

- estudiar algunos términos ecológicos y aprender la importancia de la protección del medio ambiente
- estudiar los verbos reflexivos, estudiar la pronunciación y la ortografía de la h
- leer la leyenda mexicoamericana de *La Malinche* y la de *La Llorona*; leer algunas poesías sobre la vida y la muerte: *Lo fatal* de Rubén Darío, *Cosas del tiempo* de Ramón de Campoamor y *Triolet* de Manuel González Prado; leer un capítulo de *El Quijote* de Miguel de Cervantes Saavedra
- escribir una dramatización
- observar la influencia del español

Leyenda y vida

Miguel de Cervantes

Monumento a Miguel de Cervantes, Plaza de España, Madrid, Spain

Contenido

Disfraces para El Inti Raymi (fiesta del Sol), Plaza Mayor, Cuzco, Perú

Capítulo 13

Objetivos

En este capítulo vas a:

* estudiar algunos grupos precolombinos importantes

* estudiar lo que es el gobierno y sus diferentes formas

* aprender el imperfecto de algunos verbos; estudiar la pronunciación y ortografía de la y y la ll

* leer *¿Quién sabe?* de José Santos Chocano y *Enriquillo* Manuel de Jesús Galván

* comparar el tiempo pasado en inglés y en español

La joven peruana lleva ropa tradicional en el valle sagrado de Urubamba, Perú

Lo indígena

El Tajín, Veracruz, México

Capítulo 14

Objetivos

En este capítulo vas a:

- estudiar la influencia de la geografía en la vida latinoamericana
- aprender los elementos necesarios para mantener la salud
- estudiar el pretérito y el imperfecto de verbos y cómo se usan para narrar una serie de eventos; estudiar regionalismos en la lengua; familiarizarte con unas influencias del inglés en el español; estudiar la pronunciación y la ortografía de la letra x
- aprender lo que es una fábula y leer *El cuervo y el zorro* de Félix de Samaniego
- familiarizarte con algunas influencias del español en inglés y el uso de algunos regionalismos

Un plato de empanadas

Comida y vida

Un abuelo y su nieto van de pesca.

(l)Purestock/Alamy, (r)Brand X Pictures/Alamy

Contenido

Handbook

Guía de símbolos

En **El español para nosotros** verás los siguientes símbolos, o iconos.

 Audio Este icono indica el contenido del texto que está grabado.

 Actividad en parejas Este icono indica que puedes hacer esta actividad con un(a) compañero(a) de clase.

 Actividad en grupo Este icono indica que puedes hacer esta actividad en grupos.

El mundo hispanohablante

El español es el idioma de más de 350 millones de personas en todo el mundo. La lengua española tuvo su origen en España. A veces se le llama cariñosamente «la lengua de Cervantes», el autor de la novela más famosa del mundo y del renombrado personaje, *Don Quijote.* Los exploradores y conquistadores españoles trajeron su idioma a las Américas en los siglos XV y XVI. El español es la lengua oficial de casi todos los países de Centro y Sudamérica. Es la lengua oficial de México y varias naciones del Caribe. El español es también la lengua de herencia de unos 40 millones de personas en Estados Unidos.

▼ La estatua ecuestre de Felipe III, Plaza Mayor, Madrid, España

◄ Perú

▲ Catedral Metropolitana, Plaza de la Constitución, Ciudad de México, México

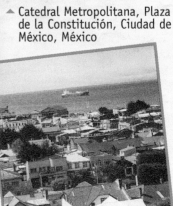

▲ Chile

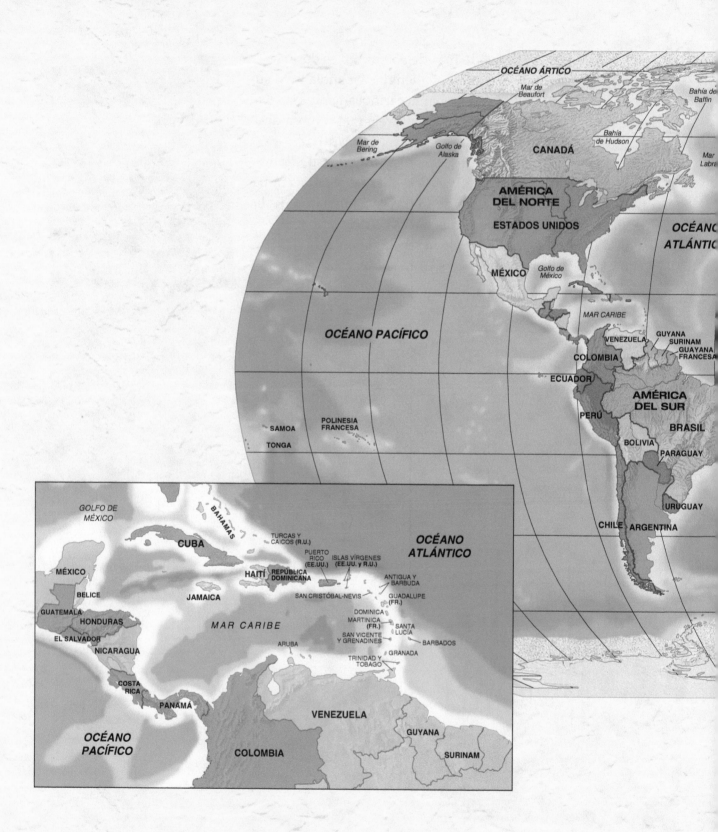

OCÉANO ÁRTICO
Mar de Beaufort
Bahía de Baffin
Mar de Bering
Golfo de Alaska
CANADÁ
Mar de Labra

AMÉRICA DEL NORTE

ESTADOS UNIDOS

OCÉANO ATLÁNTICO

MÉXICO
Golfo de México

MAR CARIBE

OCÉANO PACÍFICO

VENEZUELA
GUYANA
SURINAM
GUAYANA FRANCESA
COLOMBIA
ECUADOR

AMÉRICA DEL SUR

PERÚ

BRASIL

SAMOA
POLINESIA FRANCESA
TONGA

BOLIVIA
PARAGUAY

URUGUAY

CHILE ARGENTINA

GOLFO DE MÉXICO

BAHAMAS

CUBA

TURCAS Y CAICOS (R.U.)

OCÉANO ATLÁNTICO

MÉXICO

PUERTO RICO (EE.UU.)
ISLAS VÍRGENES (EE.UU. y R.U.)

BELICE

HAITÍ
REPÚBLICA DOMINICANA

ANTIGUA Y BARBUDA

GUATEMALA

JAMAICA

SAN CRISTÓBAL-NEVIS

GUADALUPE (FR.)

HONDURAS

MAR CARIBE

DOMINICA
MARTINICA (FR.)
SANTA LUCÍA

EL SALVADOR

NICARAGUA

ARUBA

SAN VICENTE Y GRENADINES
BARBADOS

GRANADA

COSTA RICA

TRINIDAD Y TOBAGO

PANAMÁ

OCÉANO PACÍFICO

VENEZUELA

GUYANA

COLOMBIA

SURINAM

OCÉANO ÁRTICO

Mar de Láptiev

Mar de Kara

Mar de
Barents

Mar de
Noruega

RUSIA

ASIA

Mar de
Ojotsk

EUROPA

KAZAJSTÁN

MONGOLIA

Mar Negro

GEORGIA
ARMENIA

UZBEKISTÁN

KIRGUIZITÁN

COREA
DEL NORTE

Mar del
Japón

JAPÓN

MELILLA

TURQUÍA

TURKMENISTÁN

TAYIKISTÁN

CHINA

COREA
DEL SUR

OCÉANO
PACÍFICO

MAR MEDITERRÁNEO

LÍBANO

SIRIA

AZERBAIJÁN

Mar de la
China
oriental

COS

TÚNEZ

IRAK

IRÁN

AFGANISTÁN

NEPAL

BHUTÁN

JORDANIA

ISRAEL

PAKISTÁN

TAIWÁN

ARGELIA

LIBIA

EGIPTO

KUWAIT

QATAR

EMIRATOS
ÁRABES
UNIDOS

INDIA

BANGLADESH

MYANMAR

LAOS

Mar
de la China
meridional

ARABIA
SAUDITA

OMÁN

IA

MALÍ

NÍGER

CHAD

SUDÁN

ERITREA

YEMEN

Golfo
de Bengala

TAILANDIA

FILIPINAS

MARSHALL

BURKINA
FASO

DJIBOUTI

ÁFRICA

VIETNAM

MICRONESIA

NIGERIA

ETIOPÍA

SRI
LANKA

CAMBOYA

GHANA

BENIN

REPÚBLICA
CENTROAFRICANA

BRUNEI

PALAU

KIRIBATI

IBERIA
E PRÍNCIPE

TOGO

CAMERÚN

SOMALIA

MALDIVAS

MALAYSIA

NAURÚ

EA ECUATORIAL

GABÓN

REP. DEL
CONGO

RUANDA

REP. DEM.
DEL CONGO

UGANDA

KENYA

SINGAPUR

INDONESIA

PAPÚA-
NUEVA
GUINEA

SALOMÓN

TUVALU

BURUNDI

SEYCHELLES

OCÉANO
ÍNDICO

WALLIS Y
FUTUNA

TANZANIA

ISLAS COMORES

VANUATU

ANGOLA

MALAWI

Mar del
Coral

ISLAS
FIJI

ZAMBIA

MOZAMBIQUE

MADAGASCAR

MAURICIO

ANO

ZIMBABWE

NAMIBIA

BOTSWANA

REUNIÓN

AUSTRALIA

NUEVA
CALEDONIA

NTICO

SUDÁFRICA

SWAZILANDIA

LESOTHO

Mar de
Tasmania

TÁRTIDA

NUEVA
ZELANDIA

NORUEGA

FINLANDIA

SUECIA

ESTONIA

IRLANDA

REINO
UNIDO

DINAMARCA

LETONIA

RUSIA

LITUANIA

RUSIA

BELARÚS

PAÍSES
BAJOS

BÉLGICA

ALEMANIA

POLONIA

LUXEMBURGO

REPÚBLICA
CHECA

OCÉANO
ATLÁNTICO

FRANCIA

SUIZA

AUSTRIA

ESLOVAQUIA

UCRANIA

HUNGRÍA

MOLDOVA

ESLOVENIA

ANDORRA

CROACIA

RUMANIA

PORTUGAL

MÓNACO

BOSNIA-
HERZOGOVINA

ESPAÑA

YUGOSLAVIA
(Fed. Rep.)

Mar Negro

GEORGIA

ITALIA

BULGARIA

MELILLA

ALBANIA

MACEDONIA

Mar Mediterráneo

GRECIA

TURQUÍA

CEUTA

ÁFRICA

MALTA

CHIPRE

SIRIA

LÍBANO

El mundo hispanohablante

España

CAPITAL
Madrid

POBLACIÓN
40.217.000

NOTAS NOTABLES
Las verdes colinas de Galicia, los dorados campos de Castilla y los pueblos blancos de Andalucía tanto como las áreas industriales de Cataluña y el País Vasco pertenecen todos a la bella España. En diferentes épocas, tierra de íberos, cartagineses, romanos, celtas y moros, España es la cuna de la lengua española, lengua de naciones en los cinco continentes. Madrid, en pleno centro del país es un importante centro cultural de Europa.

México

CAPITAL
México, Distrito Federal (D.F.)

POBLACIÓN
104.908.000

NOTAS NOTABLES
Precioso México comparte la frontera con Estados Unidos. Esta magnífica nación de herencia azteca, maya y española es un país de contrastes: ciudades cosmopolitas como la Ciudad de México; centros industriales como Monterrey; pintorescos pueblos como Taxco y San Miguel de Allende; famosísimas playas como Acapulco y Cancún e impresionantes vestigios de civilizaciones precolombinas en Chichén Itzá y Tulum.

Estados Unidos

CAPITAL
Washington, DC

POBLACIÓN
290.343.000

NOTAS NOTABLES
La influencia española y mexicana ha sido notable en el sudoeste de Estados Unidos desde hace generaciones. Más reciente ha sido la difusión de las culturas hispanas a todas las áreas del país. Los que han llegado recientemente del Caribe, Centro y Sudamérica traen consigo su lengua, sus tradiciones, música y cocina, agregándolas a la riquísima diversidad de este país multicultural. Hoy se oye hablar español en Nueva York, Chicago, Denver y Minneapolis igual que en Miami, El Paso, Santa Fe y Los Ángeles.

Guatemala

CAPITAL
Guatemala

POBLACIÓN
13.909.000

NOTAS NOTABLES
Guatemala, país de verdor con una gran
población indígena—descendientes de los
mayas. Las ruinas de magníficas ciudades
cubiertas de hierbas nos hablan de una
civilización que duró unos dos mil años
y cuya decadencia todavía no se explica.
Guatemala es hermosa con sus volcanes,
montañas, selvas y pintorescos pueblos
y aldeas como Antigua, Panajachel y
Chichicastenango.

El Salvador

CAPITAL
San Salvador

POBLACIÓN
6.470.000

NOTAS NOTABLES
El Salvador es la más pequeña y la más
densamente poblada de las repúblicas
centroamericanas. También es la única
sin costa en el Atlántico. Dos cordilleras
atraviesan el país con numerosos picos
volcánicos.

Honduras

CAPITAL
Tegucigalpa

POBLACIÓN
6.670.000

NOTAS NOTABLES
Un país, tradicionalmente agrícola, un
tercio de Honduras es fértil tierra de
labrantío. Su población es tranquila y
simpática con una amable sonrisa para el
extranjero. Las ciudades más importantes
son Tegucigalpa y San Pedro Sula. Como
la vecina Guatemala, Honduras posee
impresionantes ruinas precolombinas como
las de Copán.

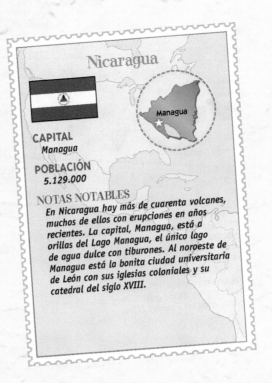

Nicaragua

CAPITAL
Managua

POBLACIÓN
5.129.000

NOTAS NOTABLES
En Nicaragua hay más de cuarenta volcanes,
muchos de ellos con erupciones en años
recientes. La capital, Managua, está a
orillas del Lago Managua, el único lago
de agua dulce con tiburones. Al noroeste de
Managua está la bonita ciudad universitaria
de León con sus iglesias coloniales y su
catedral del siglo XVIII.

El mundo hispanohablante

Costa Rica

CAPITAL
San José

POBLACIÓN
3.896.000

NOTAS NOTABLES
Para muchos, Costa Rica es un lugar muy especial. Los «ticos» son serenos, atentos y amistosos. Costa Rica no tiene ejército y se enorgullece de tener más profesores que policías. Tiene soleadas playas en el Pacífico, selvas tropicales en la costa del Caribe, ciudades cosmopolitas como San José, montañas altas y bellos valles. Costa Rica es un paraíso para el turista y hogar para muchos expatriados norteamericanos.

Panamá

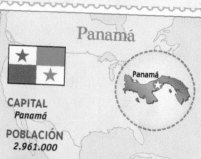

CAPITAL
Panamá

POBLACIÓN
2.961.000

NOTAS NOTABLES
Panamá es un país de variedades—variedad de razas, costumbres y bellezas naturales. Es un país de bosques tropicales, montañas, preciosas playas, excelente pesca, lagos pintorescos, ríos y dos océanos, y una maravilla de ingeniería—el Canal de Panamá. Panamá es también el mayor centro financiero de Latinoamérica. ¡Todo esto en sólo 77.432 kilómetros cuadrados!

Cuba

CAPITAL
La Habana

POBLACIÓN
11.263.000

NOTAS NOTABLES
La Habana, la capital de Cuba, es famosa por su bellísima arquitectura colonial. Esta exuberante isla, cerca de la Florida, es uno de los mayores productores de caña de azúcar en el mundo. El gobierno de Fidel Castro ha estado en poder desde el derrocamiento del dictador Fulgencio Batista en 1959.

La República Dominicana

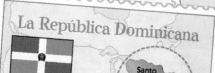

CAPITAL
Santo Domingo

POBLACIÓN
8.716.000

NOTAS NOTABLES
La República Dominicana comparte la isla de La Española con Haití. La universidad más antigua de nuestro hemisferio es la Universidad de Santo Domingo, fundada en la ciudad de Santo Domingo. Los dominicanos son apasionados fanáticos del béisbol. Este relativamente pequeño país ha contribuido gran número de estrellas de las Grandes Ligas.

Puerto Rico

CAPITAL
San Juan

POBLACIÓN
3.886.000

NOTAS NOTABLES
Los puertorriqueños con gran afecto llaman su isla «La isla del encanto». Estado Libre Asociado de Estados Unidos, Puerto Rico es una isla de profusa vegetación tropical con playas en las costas del Atlántico y el Caribe, preciosas montañas en el interior, y bosques tropicales. Sólo en Puerto Rico vive el querido coquí—una ranita muy tímida que no deja que nadie la vea.

Venezuela

CAPITAL
Caracas

POBLACIÓN
24.655.000

NOTAS NOTABLES
Venezuela es el nombre que los exploradores españoles le dieron al país en 1499 cuando encontraron pueblos construidos sobre las aguas y donde los indígenas comerciaban en canoas. Estos canales y vías fluviales les recordaban a Venecia, Italia. Caracas es una gran ciudad cosmopolita de rascacielos rodeada de montañas y metida en un angosto valle de nueve millas de largo. El Salto del Ángel en el sur del país es el salto más alto del mundo a una altura de 3.212 pies con una caída ininterrumpida de 2.638 pies.

Colombia

CAPITAL
Bogotá

POBLACIÓN
41.662.000

NOTAS NOTABLES
Colombia cubre un territorio de montañas, selvas y llanuras de más de 440.000 millas cuadradas. En el centro del país, en un valle andino, está Bogotá a 8.640 pies sobre el nivel del mar. En la costa caribeña en el norte hay preciosas playas; en el sur se encuentran selvas y el puerto de Leticia que queda en el río Amazonas.

Ecuador

CAPITAL
Quito

POBLACIÓN
13.710.000

NOTAS NOTABLES
Ecuador deriva su nombre del ecuador, la línea ecuatorial que atraviesa el país. Pasando por el centro hay dos cordilleras andinas con magníficos volcanes. Entre las cordilleras está el valle central donde reside la mitad de la población. Y allí está la capital, Quito, bella ciudad colonial. Las islas Galápagos con su increíble fauna, pertenecen a Ecuador.

Perú

CAPITAL
Lima

POBLACIÓN
28.410.000

NOTAS NOTABLES
Perú, igual que Ecuador, se divide en tres áreas geográficas—una estrecha franja costal desértica en el Pacífico, el altiplano andino donde vive la mitad de la población y la selva amazónica al este. Lima está en la costa, y durante unos nueve meses del año está cubierta de una neblina llamada la garúa. Perú es famoso por su herencia incaica. Hay poco que se puede comparar con la vista de Machu Picchu que se le presenta al visitante. Es una ciudad inca, un impresionante complejo arquitectónico en las alturas de los Andes.

Bolivia

CAPITAL
La Paz

POBLACIÓN
8.568.000

NOTAS NOTABLES
Bolivia es uno de los dos países sudamericanos sin costa. Las montañas dominan su paisaje. La Paz es la ciudad de mayor altura en el mundo a unos 12.500 pies sobre el nivel del mar. En Bolivia también está el lago Titicaca rodeado de pintorescos pueblos de los indios aymara. No hay lago navegable en el mundo a mayor altura.

Chile

CAPITAL
Santiago

POBLACIÓN
15.665.000

NOTAS NOTABLES
Chile, largo y angosto, nunca con más de 111 millas de ancho, se extiende unos 2.666 millas de norte a sur a lo largo del Pacífico. Los imponentes Andes lo separan de Bolivia y Argentina. En el norte del país lo característico es el aridísimo desierto de Atacama; en el sur los inhóspitos glaciares y los fiordos de la Patagonia. Más de la tercera parte de la población reside en el área de Santiago.

Argentina

CAPITAL
Buenos Aires

POBLACIÓN
38.741.000

NOTAS NOTABLES
Muchos consideran a Argentina la más europea de las naciones sudamericanas. Buenos Aires es una bella ciudad de parques, boutiques, restaurantes y anchas avenidas. Argentina es famosa por su carne, el bife que viene del ganado que pace en las enormes estancias de la Pampa. Más al sur en la frontera con Chile está la preciosa área de los lagos con sus pintorescos pueblos cerca de Bariloche. Al extremo sur está la Patagonia con su rocoso terreno donde pacen las ovejas de los galeses.

Paraguay

CAPITAL
Asunción

POBLACIÓN
6.037.000

NOTAS NOTABLES
Paraguay, como Bolivia, no tiene costa. Asunción, ubicado sobre siete colinas de la orilla este del río Paraguay, es donde vive la quinta parte de la población. Casi en pleno centro de Sudamérica, esta pintoresca ciudad queda casi equidistante entre el Atlántico y los Andes. Al oeste del río Paraguay se encuentra el Chaco—un área de matorrales, seca, calurosa y azotada por los vientos.

Uruguay

CAPITAL
Montevideo

POBLACIÓN
3.413.000

NOTAS NOTABLES
Uruguay es el país más pequeño de Sudamérica. Casi todo el terreno se dedica al ganado, vacuno y ovejuno. Montevideo, ubicado donde el río de la Plata desemboca en el Atlántico, es una ciudad tranquila cuyos suburbios se parecen más a bonitos balnearios. Las playas del Atlántico uruguayo, especialmente Punta del Este, atrae a muchos brasileños y argentinos.

Ceuta y Melilla

POBLACIÓN
72.200

NOTAS NOTABLES
Ceuta y Melilla, en la costa norte de África, constituyen una comunidad autónoma de España. Ambas ciudades modernas son puertos libres y presentan una bella mezcla de culturas: cristiana, islámica, hebrea e hindú.

Guinea Ecuatorial

CAPITAL
Malabo

POBLACIÓN
510.000

NOTAS NOTABLES
La República de Guinea Ecuatorial, en la costa oeste de África entre Gabón y Camerún, antes de su independencia era la Guinea Española. Ocupa 10.000 millas cuadradas en el continente y varias islas pequeñas. La capital, Malabo, está en la isla de Bioko. Su lengua oficial es el español.

Las Islas Filipinas

CAPITAL
Manila

POBLACIÓN
84.620.000

NOTAS NOTABLES
La República de las Filipinas es un archipiélago del Pacífico sur. La lengua oficial del país es el pilipino, que antes se llamaba tagalo, un idioma con muchos préstamos del español. La influencia española fue enorme en los siglos XVII, XVIII y XIX cuando las Filipinas eran una colonia española. Muchos filipinos tienen nombres españoles y muchos todavía hablan español.

España

OCÉANO ATLÁNTICO

FRANCIA

MAR CANTÁBRICO

Golfo de Vizcaya

ANDORRA

La Coruña

Santander

San Sebastián

Roncesvalles

LOS PIRINEOS

Santiago de Compostela

Oviedo

Asturias

Cantabria

Bilbao

País Vasco

Pamplona

Galicia

CORDILLERA CANTÁBRICA

León

Navarra

Cataluña

Burgos

Rioja

Río Ebro

Castilla y León

Zaragoza

Barcelona

Valladolid

Río Duero

Aragón

PORTUGAL

Salamanca

Segovia

SIERRA DE GUADARRAMA

Río Tajo

Ávila

Madrid

Madrid

ESPAÑA

Comunidad Valenciana

Menorca

Islas Baleares

Palma

Castilla-la Mancha

Valencia

Mallorca

Lisboa

Río Guadiana

Extremadura

Ibiza

Formentera

Alicante

MAR MEDITERRÁNEO

Río Guadalquivir

Murcia

Córdoba

Murcia

Sevilla

Granada

Cartagena

Andalucía

SIERRA NEVADA

Jerez de la Frontera

Málaga

COSTA DEL SOL

Cádiz

Marbella

Estepona

Gibraltar (R.U.)

Estrecho de Gibraltar

Ceuta (Esp.)

Tánger

Melilla (Esp.)

OCÉANO ATLÁNTICO

ARGELIA

MARRUECOS

Islas Canarias

La Palma

Santa Cruz de Tenerife

Lanzarote

Gomera

Fuerteventura

Tenerife

Las Palmas

MARRUECOS

Hierro

Gran Canaria

ÁFRICA

OCÉANO ATLÁNTICO

SAHARA OCCIDENTAL

La América del Sur

MAR CARIBE

OCÉANO ATLÁNTICO

Barranquilla
Maracaibo
Caracas
Cartagena
Lago de Maracaibo
Río Orinoco
Medellín
VENEZUELA
GUYANA
SURINAM
Santafé de Bogotá
Río Magdalena
GUAYANA FRANCESA
Cali
COLOMBIA
Ecuador
Otavalo
Quito
ECUADOR
Río Amazonas
Islas Galápagos (Ecuador)
Guayaquil
Cuenca

PERÚ
BRASIL
El Callao
Lima
Cuzco
CORDILLERA DE LOS ANDES
Lago Titicaca
BOLIVIA
La Paz
Cochabamba
Brasília
Santa Cruz
Sucre

Trópico de Capricornio
PARAGUAY

CHILE
Asunción

Vicuña
Córdoba
Río Paraná

OCÉANO PACÍFICO
Valparaíso
Rosario
URUGUAY
Santiago
Buenos Aires
Montevideo
La Plata
Río de la Plata
ARGENTINA
Mar del Plata

PATAGONIA
OCÉANO ATLÁNTICO

Puerto Montt

Estrecho de Magallanes
Islas Malvinas (R.U.)
Tierra del Fuego
Punta Arenas

Cabo de Hornos

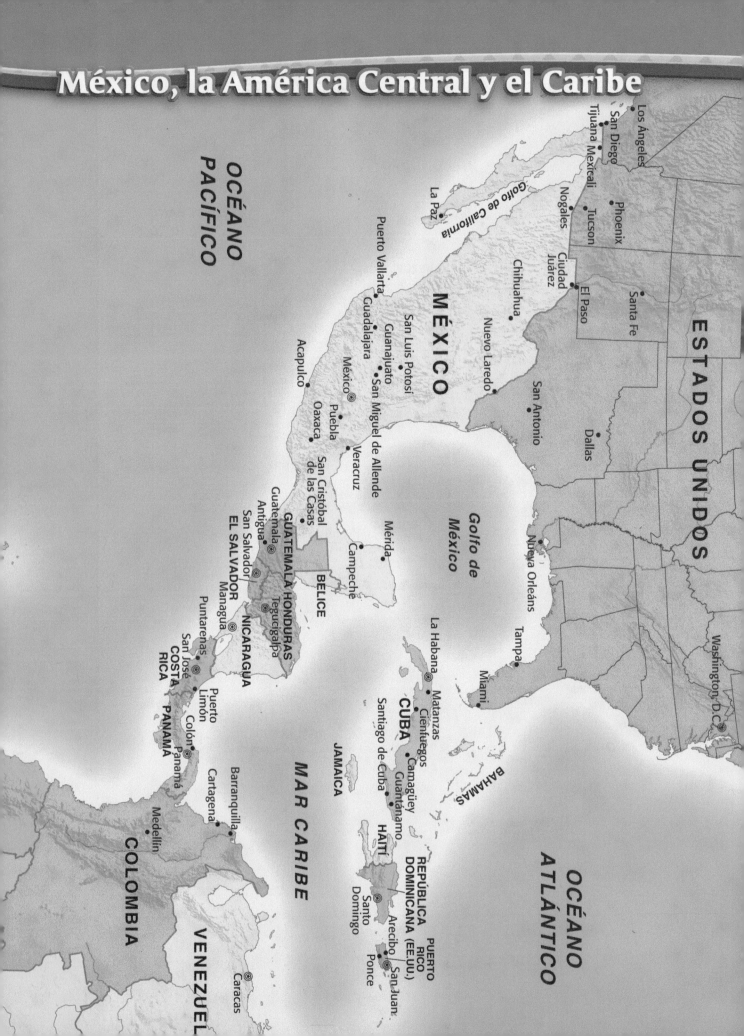

México, la América Central y el Caribe

OCÉANO ATLÁNTICO

OCÉANO PACÍFICO

CANADÁ

MÉXICO

Golfo de México

ESTADOS UNIDOS

Maine
Augusta ★
New Hampshire
Vermont
Concord ★
Montpelier ★
Massachusetts
Boston ★
Providence ★
Rhode Island
Connecticut
Hartford ★
Albany ★
Nueva York
Trenton ★
Nueva Jersey
Dover ★
Delaware
Annapolis ★
Maryland
Washington, DC ◉
Richmond ★
Virginia
Raleigh ★
Carolina del Norte
Carolina del Sur
Columbia ★
L. Ontario
L. Erie
Pensilvania
Harrisburg ★
Ohio
Columbus ★
Virginia Occidental
Charleston ★
Frankfort ★
Kentucky
Nashville ★
Tennessee
Atlanta ★
Georgia
Florida
Tallahassee ★
Alabama
Montgomery ★
Misisipi
Jackson ★
Baton Rouge ★
Luisiana
L. Huron
L. Michigan
Michigan
Lansing ★
Indianápolis ★
Indiana
Illinois
Springfield ★
L. Superior
Wisconsin
Madison ★
Minnesota
Saint Paul ★
Iowa
Des Moines ★
Misuri
Jefferson City ★
Arkansas
Little Rock ★
Dakota del Norte
Bismarck ★
Pierre ★
Dakota del Sur
Nebraska
Lincoln ★
Topeka ★
Kansas
Oklahoma
Oklahoma City ★
Texas
Austin ★
Montana
Helena ★
Wyoming
Cheyenne ★
Denver ★
Colorado
Santa Fe ★
Nuevo México
Idaho
Boise ★
Salt Lake City ★
Utah
Arizona
Phoenix ★
Washington
Olympia ★
Salem ★
Oregón
Carson City ★
Nevada
Sacramento ★
California

RUSIA
Alaska
CANADÁ
Juneau ★
Golfo de Alaska
Mar de Bering
OCÉANO PACÍFICO

Hawai
Honolulú ★
OCÉANO PACÍFICO

El alfabeto

Cada lengua consta de una serie de letras. El nombre que se le da a la serie de letras de una lengua es «alfabeto» o «abecedario». La palabra «alfabeto» viene de las primeras letras del alfabeto griego—**alfa** y **beta.** «Abecedario» viene de las primeras letras latinas— **a, be, ce, de.**

El alfabeto español sigue el orden del alfabeto latino. Hasta 1994, el alfabeto español constaba de treinta letras. Actualmente comprende veinte y siete porque en 1994 la Real Academia de la Lengua Española decidió suprimir la **ch**, la **ll** y la **rr** de la lista. Antes estas se consideraban letras del alfabeto.

El alfabeto español

a avión

b bebé

c cesta

d dedo

e elefante

f foto

g gemelas

h hamaca

i iglesia

j jabón

k kilo

l lago

m mono

n nariz

ñ ñame

o — oso

p — pelo

q — queso

r — rana

s — sala

t — té

u — uva

v — vaca

w — Washington, D.C.

x — examen

y — yeso

z — zapato

El alfabeto en inglés se usa con más frecuencia que en español por varias razones. La ortografía inglesa es mucho más difícil que la ortografía española y por consiguiente es frecuentemente necesario deletrear una palabra usando las letras del alfabeto. Como el español es una lengua fonética al saber pronunciar una palabra se sabe escribirla porque casi siempre la palabra se escribe como se pronuncia (suena).

da-ma
ti-po
po-pu-lar

Además el sonido de una serie de letras del alfabeto en español no rinde la pronunciación de la palabra. Por ejemplo, el decir **hache-o-igriega-o** no rinde la pronunciación de **hoyo.** Por esta razón la gente suele deletrear usando la letra inicial de una palabra. Usarán:

- ciudades: MATANZAS—**M**adrid, **Á**vila, **T**oledo, **Á**vila, **N**iza, **Z**aragoza, **Á**vila, **S**egovia
- nombres de personas: STERN—**S**usana, **T**omás, **E**lena, **R**oberto, **N**ando
- nombres de cosas: CHICLE—**ch**ocolate, **i**dea, **c**lase, **e**nero

ch *chicle*

ll *lluvia*

rr *guitarra*

Ch, ll, and *rr* are not letters of the Spanish alphabet. However, it is important for you to learn the sounds they represent.

"The What, Why, and How of Reading"

¿Qué es lo que es?	¿Por qué es importante?	¿Cómo hacerlo?
Avance El avance es la ojeada que se da a una selección antes de leerla.	El avance te deja empezar a ver lo que ya sabes y lo que tendrás que saber. Te ayuda a fijar un próposito para la lectura.	Mira el título, las ilustraciones, encabezamientos, leyendas y gráficas. Fíjate en como se organizan las ideas. Hazte preguntas sobre el texto.
Hojear El hojear es dar una ojeada rápida a la selección entera para tener una idea general de lo que se trata.	El hojear te informará de lo que trata la selección. Si la selección que hojeas no contiene la información que buscas, no tendrás que leerla en su totalidad.	Lee el título y rápidamente hojea toda la selección. Lee los encabezamientos y subtítulos y quizás parte del primer párrafo para darte una idea general del contenido de la selección.
Otear El otear es leer rápidamente una selección para encontrar información específica.	El otear te ayuda a localizar información enseguida. Te ahorra tiempo cuando tienes que mirar varias selecciones.	Mientras tus ojos pasan rápidamente sobre el texto, busca palabras clave o frases que te ayudarán a localizar la información que buscas.
Predecir El predecir es conjeturar o adivinar de manera pensada lo que va a pasar en la selección.	El predecir te da una razón para leer. Quieres saber si tu predicción y los eventos de la selección concuerdan, ¿no? Mientras leas, ajusta o cambia tu predicción si no conforma con lo que aprendes.	Parea lo que ya sabes de un autor o tema con lo que aprendiste en tu avance para adivinar lo que estará incluido en el texto.
Resumir El resumir es declarar las ideas principales de una selección en tus propias palabras en una secuencia lógica.	El resumir indica si has comprendido algo. Te enseña a pensar de nuevo sobre lo que has leído y a separar las ideas principales de la información de apoyo.	Hazte la pregunta,—¿De qué trata esta selección? Contesta a las preguntas **quién, qué, dónde, cuándo, por qué y cómo**. Pon esa información en un orden lógico.

¿Qué es lo que es?	¿Por qué es importante?	¿Cómo hacerlo?
Aclarar El aclarar es mirar las partes difíciles de un texto para aclarar lo que sea confuso.	Los autores con frecuencia elaboran las ideas una encima de otra. Si no aclaras un pasaje confuso quizás no entenderás las ideas principales o la información que le sigue.	Vuelve a leer cualquier parte confusa más detenidamente. Busca en el diccionario las palabras que no conoces. Haz preguntas sobre lo que no entiendes. A veces querrás seguir leyendo para ver si alguna información más adelante te ayuda.
Preguntar El preguntar es preguntarte a ti mismo(a) si la información en una selecciaón es importante. El preguntar es también preguntarte continuamente si comprendes lo que has leído.	Cuando haces preguntas mientras lees, estás leyendo estratégicamente. Al contestar tus propias preguntas, te aseguras de que has captado la esencia del texto.	Ten una conversación contínua contigo mismo(a) mientras leas. Hazte preguntas tales como: ¿Es importante esta idea?, ¿Por qué?, ¿Entiendo de lo que trata esto?, ¿Estará esta información en un examen más adelante?
Visualizar El visualizar es crear una imagen en tu mente de las ideas o descripciones del autor.	El visualizar es una de las mejores maneras de comprender y recordar información en textos de ficción, de no-ficción e informativos.	Lee con cuidado como un escritor describe a una persona, un lugar o una cosa. Entonces pregúntate, ¿a qué se parecería esto?, ¿Puedo ver cómo funcionarán los pasos en este proceso?
Monitorear la comprensión El monitorear tu comprensión quiere decir pensar en que si estás comprendiendo lo que lees.	El propósito de leer es comprender un texto. Cuando no comprendes la selección, en realidad no la estás leyendo.	Sigue haciéndote preguntas sobre las ideas principales, los personajes y eventos. Si no puedes contestar una pregunta, repasa el texto, lee más detenidamente o pídele ayuda a alguien.
Identificar la secuencia El identificar la secuencia es encontrar el orden lógico de ideas o eventos.	En una obra de ficción, los eventos normalmente ocurren en orden cronológico. Con las obras de no-ficción, el comprender el orden lógico de ideas en un escrito te ayuda a seguir el hilo del pensamiento del autor. Recordarás mejor las ideas si reconoces el orden lógico que emplea el autor.	Piensa en lo que el autor está tratando de hacer. ¿Contar una historia? ¿Explicar como funciona algo? ¿Presentar información? Busca pistas o palabras clave que te indicarán un orden cronológico, los pasos en un proceso u orden de importancia.

Destrezas y estrategias

¿Qué es lo que es?	¿Por qué es importante?	¿Cómo hacerlo?
Determinar la idea principal El determinar la idea principal del autor es encontrar la idea o concepto más importante de un párrafo o selección.	El encontrar las ideas principales te prepara para resumir. Cuando encuentras las ideas principales en una selección, también descubres el propósito que tiene el autor para escribirla.	Piensa en lo que sabes del autor y del tema. Busca como el autor ordena las ideas.
Responder El responder es decir lo que te gusta o lo que no te gusta; lo que encuentras sorprendente o interesante en una selección.	Si reaccionas a lo que lees de forma personal, disfrutarás más de una selección y la recordarás mejor.	Al leer, piensa en como te afectan los elementos o las ideas en una selección. ¿Cómo reaccionas ante los personajes de un cuento? ¿Qué es lo que te capta la atención?
Conectar El conectar quiere decir asociar lo que lees con eventos en tu propia vida o a otras selecciones que has leído.	Al conectar eventos, emociones y personajes con los de tu propia vida te sentirás una parte de la lectura y recordarás mejor lo que has leído.	Pregúntate: ¿Conozco alguien que tenga características semejantes? ¿Me he sentido así una vez? ¿Qué más he leído que se parece a esta selección?
Repasar El repasar es volver a leer lo que has leído para recordar lo que es importante y para ordenar las ideas para recordarlas más tarde.	El repasar es especialmente importante cuando tienes que acordarte de mucha información y muchas ideas nuevas.	El llenar un organizador gráfico, como una tabla o un diagrama, mientras lees te ayuda a ordenar la información. Estas ayudas de estudios te servirán más tarde para repasar y prepararte para un examen.
Interpretar El interpretar es usar tus conocimientos del mundo para decidir lo que significan los eventos y las ideas de una selección.	Cada lector construye el significado de una lectura según lo que él o ella comprende del mundo. El interactuar con el texto te ayuda a encontrar y comprender el significado de la lectura.	Piensa en lo que ya sabes de ti y del mundo. Pregúntate: ¿Qué es lo que el autor está tratando de decir aquí? ¿De qué ideas mayores podrían tratar estos eventos?
Inferir El inferir es usar tu razonamiento y experiencia para adivinar lo que el autor no hace patente; lo que no expresa de manera obvia.	Hacer inferencias es clave para encontrar sentido en una selección. El inferir te ayuda a profundizar en los personajes y te lleva al tema o mensaje de una selección.	Busca las claves que el autor te da. Toma nota de las descripciones, del diálogo, de los eventos y relaciones que podrán indicarte algo que el autor quiere que sepas.

¿Qué es lo que es?	¿Por qué es importante?	¿Cómo hacerlo?
Llegar a conclusiones El llegar a conclusiones es usar varios fragmentos de información para hacer una declaración general sobre personas, lugares, eventos e ideas.	El llegar a conclusiones te ayuda a encontrar las conexiones entre ideas y eventos. Es otra herramienta para ayudarte a tener una visión más amplia.	Toma nota de detalles sobre personajes, idea y eventos. Entonces haz una declaración general sobre estos detalles. Por ejemplo, las acciones de un personaje quizás te hagan pensar que es bondadoso.
Analizar El analizar es mirar cada una de las partes de una selección para comprender la selección en total.	El analizar te ayuda a mirar un escrito con sentido crítico. Al analizar una selección encontrarás su tema o mensaje y descubrirás el propósito que tenía el autor para escribir.	Para analizar un cuento, piensa en lo que está diciendo el autor por medio de los personajes, del escenario y de la trama o del argumento. Para analizar obras de no-ficción, mira la organización e ideas principales. ¿Qué es lo que sugieren?
Sintetizar El sintetizar es combinar las ideas para crear algo nuevo. Puedes sintetizar para llegar a una nueva interpretación o para dar una nueva conclusión al cuento.	El sintetizar te ayuda a alcanzar un nivel más alto de pensamiento. Te ayuda a crear algo nuevo en vez de solo recordar lo que aprendiste de otro.	Piensa en las ideas o información que aprendiste en una selección. Pregúntate: ¿Comprendo algo más que las ideas principales aquí? ¿Puedo crear otra cosa de lo que ya sé?
Evaluar El evaluar es emitir un juicio o formar una opinión sobre algo que has leído. Puedes evaluar un personaje, la habilidad de un autor o el valor de la información en un texto.	El evaluar te ayuda a ser un lector juicioso. Puedes determinar si un autor está cualificado para hablar sobre un tema o si las observaciones del autor tienen sentido. El evaluar te ayuda a determinar la veracidad de la información.	Al leer, hazte preguntas como: ¿Es este personaje realista y verosímil? ¿Está el autor cualificado para escribir sobre este tema? ¿Es imparcial el autor? ¿Presenta el autor sus opiniones como hechos?

Capítulo

1

Tú y yo

Objetivos

En este capítulo vas a:

✿ estudiar la biografía de Simón Bolívar

✿ aprender términos y características geográficas

✿ estudiar las formas singulares y los géneros de los sustantivos, artículos y adjetivos; aprender que los sustantivos que terminan en **–e** pueden ser masculinos o femeninos, y que hay sustantivos que terminan en **–a** pero son masculinos; fijarte en la pronunciación y ortografía de las vocales **a, o, u**

✿ leer los poemas *Bolívar* de Luis Lloréns Torres, *Masa* de César Vallejo, *Coplas por la muerte de su padre* de Jorge Manrique y *La vida es sueño* de Pedro Calderón de la Barca

✿ escribir un ensayo personal

Una joven pareja

Historia y cultura

Vocabulario para la lectura

Mientras más vocabulario tengas, mejor te podrás expresar. Cada vez que lees algo debes tratar de enriquecer tu vocabulario, es decir el número de palabras que conoces. Lee las definiciones de las siguientes palabras para aprender su significado.

el criado persona que se emplea en el servicio doméstico

la disensión contienda, riña, disputa

el sacerdote en la Iglesia católica, un cura o un padre religioso

el súbdito sujeto a una autoridad superior a la cual tiene que obedecer

adinerado que tiene mucho dinero, rico

imperante que domina, que tiene el poder

oprimir someter por la violencia, poniendo uno bajo la autoridad o dominio de otro

derrotar vencer, conquistar

enviudar perder a su esposo(a) por la muerte

sellar llevar a una conclusión

Es una muchacha adinerada.

Poder verbal

 ACTIVIDAD 1 ¿Qué palabra necesito? Completa.

1. Ellos nunca pueden llevarse bien. Siempre existe mucha ____ entre ellos.
2. Querían vencer a los rebeldes. Sólo después de muchos años de lucha los llegaron a ____.
3. Los rebeldes no querían obedecer al gobierno ____ porque sabían que los oficiales los querían ____.
4. Los ____ se sublevaron contra la autoridad ____ que los oprimía.
5. Se le murió el esposo. Ella ____ hace poco.
6. Los ____ tienen criado pero los pobres, no.

 ACTIVIDAD 2 Palabras emparentadas Da una palabra relacionada.

1. el viudo
2. el dinero
3. la derrota
4. el sello

5. imperar
6. la opresión
7. el disentimiento
8. criar

Lectura

Simón Bolívar 🎧

Un gran héroe latinoamericano

En todo Latinoamérica se le conoce a Simón Bolívar como «el Libertador». Simón Bolívar nació en Venezuela en 1783. De niño vivía en el campo. Le encantaba el campo y aunque era de una familia noble y adinerada, el joven Simón siempre ayudaba a los criados con sus tareas. Se le murió el padre cuando era muy joven y un tío lo llevó a la ciudad de Caracas. El tío confió su educación a los sacerdotes.

Estrategia de lectura

Leyendo títulos y subtítulos Existen muchas estrategias para ayudarte a comprender lo que estás leyendo. Una estrategia muy útil es la de leer el título y los subtítulos que acompañan la lectura antes de leer la lectura misma. El título y los subtítulos te dan una idea de la información que va a seguir.

La sierra de Ávila en la costa norte de Venezuela

El distrito financiero de Caracas, Venezuela

Su educación

Tampoco en Caracas le impresionó al joven Simón su origen noble. Le encantaba oír las historias de los menos afortunados y de los héroes de su país. Uno de sus profesores en Caracas, Simón Rodríguez, iba a tener mucha influencia en la vida de Bolívar. Rodríguez le hablaba de las ideas de libertad imperantes en Francia y Estados Unidos en aquel entonces. Le explicaba que el rey de España gozaba de poder absoluto y que oprimía a sus súbditos. A su tío no le gustaban las ideas que aprendía su sobrino y decidió que le convenía un cambio de ambiente. Envió a Bolívar a España, donde fue a vivir en el palacio de uno de sus parientes. Continuó con su educación en España, pero seguían volviendo a su mente las ideas de libertad que le había enseñado Rodríguez, su antiguo maestro.

Simón Bolívar volvió a Caracas por una temporada. Se casó en Caracas pero nueve meses más tarde enviudó. Después de la muerte de su mujer, el triste Bolívar fue a París y viajó por Europa y Estados Unidos.

La Guerra de la Independencia

En 1810 Bolívar volvió a Venezuela para tomar parte en la rebelión contra los españoles. Fue nombrado coronel en el ejército. Ya era general en 1812. En unos tres meses derrotó a los españoles y los echó de Venezuela. En 1813 entró triunfante en Caracas y recibió el título de «el Libertador».

Pero pronto llegaron refuerzos españoles y Bolívar tuvo que refugiarse en Santo Domingo. Organizó un nuevo ejército y desembarcó una vez más en Venezuela, donde fue proclamado presidente de la República. Siguió la lucha por la independencia y, en 1819, con mucha dificultad atravesó los imponentes Andes. Derrotó a las fuerzas españolas y fundó la República de la Gran Colombia, el territorio que hoy comprende Colombia, Venezuela y Ecuador. Aceptó la presidencia de la nueva república. Luego pasó a Perú donde selló la independencia sudamericana en las batallas de Junín y Ayacucho en 1824.

Estatua de Simón Bolívar, Washington D.C.

(t)©Hisham Ibrahim/Photov.com/Alamy, (c)Lissa Harrison, (b)©Nova Development

La Torre del reloj, Cartagena, Colombia

Después de la guerra

Después de su triunfo en Perú, el Libertador volvió a Colombia con su gran sueño de ver unido todo el continente sudamericano en una sola confederación que rivalizara a Estados Unidos. Pero al llegar a Colombia se dio cuenta de que había mucha disensión política. La Gran Colombia empezó a dividirse en varias repúblicas. Bolívar murió en Santa Marta en la costa caribeña de Colombia en la pobreza a los cuarenta y siete años de edad (1830) de tuberculosis, desilusionado por no haber realizado su ideal de ver al continente sudamericano convertido en una sola nación.

Simón Bolívar nació en Caracas, Venezuela

Comprensión

A **Buscando hechos** En muchas asignaturas que tomamos es necesario aprender muchos hechos. En esta biografía de Simón Bolívar, encontramos muchos hechos históricos. Búscalos.

1. dónde y cuándo nació Bolívar
2. el nombre de un maestro que influyó mucho en él
3. por dónde viajó Bolívar
4. dónde se refugió y por qué
5. las montañas que cruzó
6. los países actuales que liberó de la dominación española
7. el gran ideal o sueño de Simón Bolívar

Se puede encontrar este busto de Simón Bolívar en Funchal, Madeira, Portugal.

B **Analizando** Cuando analizamos algo tomamos en cuenta y estudiamos algunas ideas sueltas de una selección para comprender mejor el significado o el mensaje de la selección total. Esta biografía corta nos presenta detalles sobre algunos rasgos del carácter de Bolívar. ¿Qué rasgos, ideas o detalles sueltos le ayudaron a Bolívar a lograr sus ideales y ganarse el título de «el Libertador»?

C **Palabras calientes** A las palabras importantes o clave las vamos a llamar «palabras calientes». En esta biografía hay algunas palabras calientes relacionadas con la vida de Bolívar. Son «la libertad», «la disensión» y «la desilusión». Explica por qué estas palabras son tan importantes al hablar de la vida del gran «Libertador». El organizador gráfico a la derecha puede ayudarte con esta tarea.

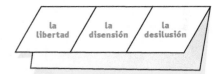

D **Conectando con la gramática** Un adjetivo es una palabra que describe a una persona o una cosa. Prepara una lista de los adjetivos que aparecen en la lectura que describen a Simón Bolívar.

E **Llegando a una conclusión** Llegando a una conclusión es una destreza de lectura importante porque te ayuda a encontrar conexiones entre ideas y eventos. Te permite tener una idea o «un cuadro» más general de lo que has leído.

Ya has leído una biografía corta de Simón Bolívar y ahora vas a tener que llegar a una conclusión. Vas a tomar en cuenta todos los detalles que has aprendido sobre Bolívar para llegar a una declaración o una conclusión general que es, ¿por qué razón o razones es Simón Bolívar el gran héroe de Latinoamérica?

Conocimientos para superar

Conexión con la geografía

Cada materia o disciplina tiene su propio vocabulario especializado o jerga. La geografía no es ninguna excepción. Es sumamente importante conocer los términos especializados que se usan en muchos campos diferentes para poder comprender los textos que tienes que leer en tus otras asignaturas y para aprender a comunicar efectivamente sobre una variedad de temas.

La geografía física

La geografía es el estudio de la tierra. Ya sabemos que el planeta Tierra se divide en siete continentes. Algunos continentes, como Australia y la Antártida, son verdaderos continentes ya que están rodeados de mar. Otros se conectan el uno con el otro, como Asia y Europa, por ejemplo. Un istmo es un pedacito de tierra que une un continente con otro. El istmo de Panamá une la América del Norte con la América del Sur.

Canal de Panamá

Formaciones terrestres

El terreno varía mucho de una región geográfica a otra. Las cuatro formas terrestres (o de terreno) principales son las montañas, las colinas, las mesetas y los llanos.

Montañas

Una montaña es una elevación considerable y natural del terreno. Una cordillera es una cadena (un sistema) de montañas, o sea, una elevación extensa de montañas con múltiples cumbres. Fíjate en las siguientes palabras afines:

la montaña	**el monte**
la cordillera	**la sierra**
la cumbre	**el pico**

Machu Picchu, Perú

El cerro es una elevación de tierra escarpada o rocosa. Es de poca extensión. La colina es una elevación de terreno menor que la montaña. En la mayoría de los casos su cumbre es de forma redonda. Las palabras «cerro», «colina» y «altura» son palabras afines.

La meseta es una parte llana y bastante extensa de terreno situada en una altura o montaña. El altiplano o la altiplanicie es una meseta extensa y elevada; por lo general se refiere a una región más alta que una meseta.

Una vista de un lago en el Parque Nacional de los Glaciares, Argentina

Conocimientos para superar

Océanos y mares

El 70 por ciento de la superficie de la Tierra es agua, casi totalmente agua salada. Un océano es una gran extensión de agua salada. El globo terráqueo tiene cuatro océanos: el océano Atlántico, el océano Pacífico, el océano Índico y el océano Ártico.

Otras extensiones de agua salada que son más pequeñas que los océanos son los mares, los golfos y las bahías. Los mares, los golfos o las bahías están rodeados a lo menos parcialmente de tierra. En cuanto a la extensión, un mar es más grande que un golfo, que es más grande que una bahía.

El río Manta, Manta, Ecuador

El mar Mediterráneo, Estepona, España

Los indígenas reman por el lago Titicaca entre Bolivia y Perú

Lagos y ríos

Un lago es una extensión de agua rodeada de tierra. La mayor parte de los lagos contienen agua dulce. Un río es una corriente de agua que generalmente nace en las montañas y desemboca en un océano, mar o golfo. Un arroyo es un riachuelo pequeño o un río poco caudaloso. Los arroyos se combinan frecuentemente para formar un río.

Comprensión

A Poder verbal Definiciones

Escribe una definición de las siguientes palabras.

1. una montaña
2. una cordillera
3. una meseta
4. una llanura
5. un océano
6. un istmo

B Poder verbal Sinónimos

Da una palabra que significa la misma cosa.

1. la sierra
2. la planicie
3. la cumbre
4. el riachuelo
5. el cerro

C Términos geográficos Vamos a ver lo que sabes de la geografía de Estados Unidos. Completa lo siguiente con una palabra apropiada.

1. el ____ Bravo o el ____ Grande
2. el ____ Erie, el ____ Superior
3. el ____ Misisipí
4. el ____ de México
5. la ____ de Tampa, la ____ de San Francisco
6. la ____ Nevada
7. los ____ del Medio Oeste

D Buscando hechos Contesta.

1. ¿Qué es la geografía?
2. ¿En qué se divide el planeta Tierra?
3. ¿Qué es un istmo?
4. ¿Cuáles son las cuatro formas terrestres más importantes?
5. ¿Qué es una montaña?
6. ¿Qué es una cordillera?
7. ¿Qué es un cerro?
8. ¿Dónde está situada una meseta?
9. ¿Qué es el altiplano o la altiplanicie?
10. ¿Qué porcentaje de la superficie de la Tierra es agua? En su mayoría, ¿es agua salada o agua dulce?
11. ¿Cuál es la diferencia entre un océano y un mar, un golfo y una bahía?
12. ¿Qué es un lago?

Gramática y lenguaje

Visit **ConnectEd** for additional practice

Sustantivos

1. Las palabras que se usan para nombrar a personas, cosas o lugares se llaman «nombres» o «sustantivos». ¿Cuáles son los sustantivos en la siguiente frase u oración?

   Alfredo Garza es alumno en una escuela de Austin, Tejas.

2. Al nombre de una persona o un lugar específico se le llama «nombre propio» o «sustantivo propio». **Alfredo Garza, Austin** y **Tejas** son sustantivos propios.

Un joven peruano en Austin, Texas.

1 **¿Cuáles son sustantivos?**
Escoge los sustantivos en las siguientes oraciones.

1. Simón Bolívar nació en 1783.
2. Nació en Venezuela.
3. Vivió en el campo.
4. La familia de Simón Bolívar era noble y adinerada.
5. La familia tenía criados.
6. Simón siempre ayudaba a los criados con sus tareas.

2 **Más sustantivos**
Da un sustantivo de las siguientes categorías.

1. persona
2. lugar
3. persona específica
4. cosa

Artículos y sustantivos

1. Los sustantivos en español tienen género: masculino o femenino. Casi todos los sustantivos que terminan en **-o** son masculinos y casi todos los que terminan en **-a** son femeninos. Con frecuencia los sustantivos van precedidos de una palabra que nos ayuda a reconocer su género. **El** y **la** se llaman «artículos». **El** precede a un sustantivo masculino y **la** precede a un sustantivo femenino.

MASCULINO	FEMENINO
el muchacho	la muchacha
el amigo	la amiga
el colegio	la escuela

El muchacho es un alumno diligente.

2. Muchos sustantivos terminan en **-e**. Tales sustantivos pueden ser masculinos o femeninos. El artículo que los acompaña indica su género.

MASCULINO	FEMENINO
el puente	la fuente
el viaje	la gente
el café	la leche
el aire	la nube
el parque	la calle

3. Los siguientes sustantivos de uso corriente terminan en **-a** pero son masculinos.

el planeta	**el clima**	**el programa**
el mapa	**el síntoma**	**el tema**
el drama	**el día**	**el sistema**

Se ve el planeta Tierra en el mapa.

¡Ojo! Algunos sustantivos son irregulares. Por ejemplo, **la mano** termina en **-o** pero es un sustantivo femenino. Cuidado con no cometer un error en el uso de esta palabra.

Gramática y lenguaje

ACTIVIDAD 3 ¿Cuál es el artículo apropiado?

Completa con el artículo **el** o **la.**

1. ____ muchacho se llama Moisés.
2. ____ muchacha se llama Maripaz.
3. ____ biografía de Bolívar es interesante.
4. ____ colegio es una escuela secundaria y a veces primaria.
5. Hoy es ____ día 25.
6. ____ poema que vamos a leer es del poeta puertorriqueño Luis Lloréns Torres.
7. ____ drama tiene lugar en ____ planeta Júpiter.
8. Levanta ____ mano si quieres ver ____ programa.
9. ____ tema del artículo es ____ sistema educativo.
10. ____ puente que cruza ____ río es grande.
11. Vivo en ____ calle Main.
12. Me gusta ____ leche pero no me gusta ____ café.

ACTIVIDAD 4 ¡Ojo! A ver si sabes el género de estos sustantivos. Completa con **el** o **la.**

1. ____ llave
2. ____ suerte
3. ____ pie
4. ____ cine
5. ____ noche
6. ____ deporte
7. ____ aire
8. ____ fuente
9. ____ clase
10. ____ parte
11. ____ cumbre
12. ____ altiplanicie
13. ____ monte
14. ____ valle

Artículos definidos e indefinidos

1. Los artículos **el y la** se llaman «artículos definidos» porque se emplean delante de un sustantivo que indica una persona o cosa definida o precisa.

2. Los artículos **un** *(masculino)* y **una** *(femenino)* se llaman «artículos indefinidos». Preceden algo indefinido o impreciso. Analiza los siguientes ejemplos.

> **Enrique es el muchacho** *(definido, preciso)* **de quien te hablé.**

> **Él nos habla de una muchacha** *(una de las muchas, indefinida, imprecisa)* **de nuestra clase de español.**

ACTIVIDAD 5 ¿Definido o indefinido? Completa con el artículo definido o indefinido.

1. En Latinoamérica hay muchos héroes. Simón Bolívar es ____ héroe latinoamericano importante. Él tiene el título de «____ Libertador».

2. ____ muchacha de quien te hablé es ____ hija de nuestro profesor. Ella es ____ muchacha muy inteligente.

3. ____ clase de español es grande. Es ____ clase interesante.

4. ____ escuela Martin Luther King es ____ escuela grande. ____ escuela tiene más de dos mil estudiantes. Y es ____ escuela buena.

La profesora ayuda mucho a los estudiantes.

©Stockbroker/SuperStock

Gramática y lenguaje

Adjetivos

1. Una palabra que describe o modifica a un sustantivo es un adjetivo. El adjetivo tiene que concordar en género con el sustantivo que modifica. Muchos adjetivos terminan en **-o** *(masculino)* y en **-a** *(femenino)*.

MASCULINO	FEMENINO
un muchacho rubio	una muchacha rubia
un colegio bueno	una escuela buena

2. Un adjetivo que termina en **-e** tiene una sola forma singular.

MASCULINO	FEMENINO
un muchacho inteligente	una muchacha inteligente
un curso interesante	una escuela interesante

ACTIVIDAD 6 **Adjetivos** Da adjetivos calificativos para describir los siguientes.

1. a un muchacho
2. a una muchacha
3. un perrito
4. una escuela
5. una casa
6. un colegio

ACTIVIDAD 7 **Organizando y agrupando** En un grupo de cuatro o cinco personas, preparen una lista de adjetivos calificativos que se puedan usar para dar una descripción física de una persona. Den palabras que se puedan usar para describir el pelo, los ojos, la cara, la estatura, etc.

ACTIVIDAD 8 **Organizando y agrupando** En el mismo grupo o en otro grupo, preparen una lista de adjetivos calificativos que se puedan usar para describir las características personales de una persona—su personalidad, sus emociones, su inteligencia, etc.

ACTIVIDAD 9 **Categorizando** Cada persona o individuo tiene características positivas y negativas. A las características positivas se les llama «cualidades» o «atributos». A las negativas se les llama «defectos». Tomen la lista de adjetivos calificativos que han preparado y divídanlos en cualidades y defectos.

Una pareja contenta

Pronunciación y ortografía

Las vocales a, o, u

El español se considera una lengua fonética. En una lengua fonética cada palabra se escribe como se pronuncia. Por consiguiente es fácil deletrear. Hay muy pocos problemas ortográficos (de ortografía). Pronuncia las siguientes vocales en español.

a	o	u
Ana	oso	uno

Cada vocal tiene sólo un sonido. El sonido no cambia nunca.

Si pronunciamos bien una palabra, la podremos escribir correctamente sin ningún problema. Pero si no la pronunciamos bien, es fácil escribirla mal y cometer un error ortográfico. Ten mucho cuidado con las siguientes palabras.

CORRECTO	INCORRECTO
dormido	durmido
juventud	joventud
trajo	trujo
bajar	abajar

Nota también la diferencia entre **hora** y **ahora.**

¿Qué hora es? Es la una.

Él viene ahora.

 10 ¿Cómo se escribe? Completa si es necesario.

1. La j__ventud es un tesoro.
2. El j__ven debe disfrutar de su j__ventud.
3. Ella me tr__jo el periódico.
4. Está arriba. Lo tengo que __bajar.
5. La palabra «__bajo» es el contrario de «arriba».
6. Yo no sé a qué __hora viene pero sé que no viene __hora.

Literatura

Bolívar de Luis Lloréns Torres

◆ Vocabulario para la lectura

Antes de leer esta poesía, estudia las definiciones de las siguientes palabras para aprender su significado y aumentar tu vocabulario.

la hazaña acción ilustre o heroica

el orador persona que pronuncia un discurso en público

la valentía calidad de valiente; hecho heroico

arrojar lanzar, echar o tirar algo con violencia

El muchacho es orador.

Poder verbal

ACTIVIDAD 1 ¿Qué palabra necesito? Completa.

El que está dando el discurso, el __1__, está
hablando de la bravura o la __2__ de un soldado
muy conocido por sus __3__ heroicas.

Nota biográfica

Luis Lloréns Torres (1878–1944) fue uno de los más señalados poetas de Puerto Rico. También fue abogado y periodista. En su poesía canta los valores hispanos—los valores tradicionales e históricos. Describe la historia, la geografía y la belleza de Cuba, Puerto Rico y la República Dominicana. Dedica además muchos poemas a los héroes de la independencia latinoamericana. En *Bolívar,* publicado en 1914, Lloréns nos da un magnífico retrato de «el Libertador».

Castillo de San Felipe del Morro, San Juan, Puerto Rico

Preparándote para la lectura

La poesía es un género literario muy apreciado en todos los países hispanos. ¿Cuántas veces has estado en una fiesta familiar cuando alguien se levanta para recitar un poema favorito o personal?

Una poesía es una composición escrita en verso. Una estrofa es un grupo de versos. Al leer una poesía es importante leer con cuidado cada verso porque cada verso, por corto que sea, tiene un significado especial.

En esta poesía el autor Lloréns Torres nos cuenta la vida y la valentía del gran Libertador Simón Bolívar. El poeta organiza este poema corto en orden cronológico, es decir, en orden de tiempo—desde el nacimiento hasta la muerte.

Título El título te da una idea del mensaje del poeta.

Bolívar 🎧
◆ · ◆ · ◆

1   Político, militar, héroe, orador y poeta. ◀······· **Verso** Cada verso contribuye al significado del poema.
    Y en todo, grande. Como las tierras libertadas por él.
    Por él, que no nació hijo de patria alguna,
    sino que muchas patrias nacieron hijas dél[1].

5   Tenía la valentía del que lleva una espada.   **Estrofa** Los versos se agrupan en estrofas.
    Tenía la cortesía del que lleva una flor.
    Y entrando en los salones, arrojaba la espada.
    Y entrando en los combates, arrojaba la flor.

    Los picos del Ande no eran más, a sus ojos,
10 que signos admirativos de sus arrojos.

    Fue un soldado poeta. Un poeta soldado.
    Y cada pueblo libertado
    era una hazaña del poeta y era un poema del soldado

    Y fue crucificado...

....
[1]**dél**   de él

Estatua de Simón Bolívar, Washington D.C.

Lissa Harrison

Comprensión

A Conectando con la gramática Contesta.

¿Cuáles son algunos sustantivos que atribuye el poeta a Bolívar para indicar o señalar el tipo de persona que era?

B Usando lo ya aprendido Cuando lees, a veces es necesario hacer conexiones con lo que ya has aprendido para comprender lo que el autor está diciendo. Como ya has leído una biografía corta de Bolívar conoces algunos detalles sobre su vida y te será fácil contestar las siguientes preguntas.

1. ¿Por qué dice el autor que Bolívar «no nació hijo de patria alguna»?
2. ¿Por qué dice el poeta que «muchas patrias nacieron hijas de él»?

C Interpretando Para interpretar algo tienes que usar tus propios conocimientos para decidir el significado de un evento o de una idea en la selección que estás leyendo. Tienes que preguntarte lo que en realidad el autor está diciendo. Por ejemplo, en este poema el poeta dice que Simón Bolívar fue crucificado. Pero no fue crucificado en realidad. ¿Cómo interpretarías lo que nos está diciendo el poeta? ¿Por qué dice que fue crucificado? Para ayudarte a interpretar lo que significa el autor, piensa en las palabras calientes en la biografía de Bolívar—disensión y desilusión.

El Capitolio Nacional en la Plaza Bolívar, Bogotá, Colombia

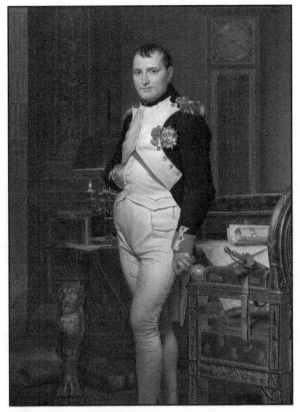

El Emperador Napoleón

D **Visualizando** A veces podemos visualizar lo que nos está diciendo el autor. Significa que vamos a pintar una imagen mental de lo que está expresando el autor. Esta visualización o imagen mental nos ayuda no solamente a comprender sino a recordar la información que nos presenta el autor. ¿Qué ves al leer cada uno de los siguientes versos?

1. Tenía la valentía del que lleva una espada.
2. Tenía la cortesía del que lleva una flor.

Da también tu interpretación de los siguientes versos.

1. Y entrando en los salones, arrojaba la espada.
2. Y entrando en los combates, arrojaba la flor.

E **Inferencia** Después de la muerte de su esposa, Bolívar fue a París. En Francia conoció a Napoleón y a otros personajes importantes de la época. Fue invitado a los salones elegantes de la sociedad europea. Un gran poeta inglés dio el nombre de Bolívar a su barco. ¿Qué alusión hace el poeta a esta época en la vida de Bolívar?

Literatura

Masa de César Vallejo

◆ **Vocabulario para la lectura**

Estudia las siguientes definiciones

el ruego una petición, una súplica

acudir ir a, acercarse

clamar gritar, hacer ruido

rodear circundar, formar un círculo alrededor de algo o de alguien

echarse a ponerse a, empezar a

Poder verbal

¿Qué palabra necesito? Completa con la palabra apropiada.

1. El pobre no tenía nada y necesitaba ayuda.
Le hizo un ___ a su santo favorito.

2. Yo sé que cuando su héroe llegue, todos van a empezar a ___ y lo van a ___.

3. Todo el pueblo va a ___ a la plaza para celebrar la victoria.

4. Los niños van a ___ a reír al ver algo tan cómico.

Introducción

César Vallejo, el poeta peruano nació en 1892 en la ciudad de Santiago de Chuco. El nació de una familia mestiza, española e indígena, y fue el menor de once hijos. Completó su educación secundaria en Huamachuco y recibió su bachillerato de letras en la Universidad de Trujillo. En 1920 Vallejo regresó a su pueblo natal y por unos problemas no muy serios fue encarcelado, una experiencia que le influyó durante toda su vida. Fue a vivir en París e hizo algunos viajes a la Unión Soviética, España y otros países de Europa. Trabajó para periódicos y revistas y escribió piezas teatrales, poesías y ensayos.

Vallejo siguió las acciones de la Guerra Civil española. La guerra marcó a Vallejo para siempre. Vallejo escribió **Masa** poco después de terminar la guerra.

Tropas de la Legión Española en Navalcarnero, España. 1936

Masa

◆ · ◆ · ◆

1 AL FIN DE la batalla,
  y muerto el combatiente, vino hacia él un hombre
  y le dijo: «No mueras, te amo tanto!»
  Pero el cadáver ¡ay! siguió muriendo.

5 Se le acercaron dos y repitiéronle:
  «No nos dejes! ¡Valor! ¡Vuelve a la vida!»
  Pero el cadáver ¡ay! siguió muriendo.

  Acudieron a él veinte, cien, mil, quinientos mil,
  clamando: «Tanto amor, y no poder nada contra la muerte!»
10 Pero el cadáver ¡ay! siguió muriendo.

  Le rodearon millones de individuos,
  con un ruego común: «¡Quédate hermano!»
  Pero el cadáver ¡ay! siguió muriendo.

  Entonces, todos los hombres de la tierra
15 le rodearon; les vio el cadáver triste, emocionado;
  incorporóse lentamente,
  abrazó al primer hombre; echóse a andar . . .

echóse a andar se levantó y se marchó

Estrategia de lectura
Reconociendo al**á** la narrador(a) Al leer esta poesía piensa en la persona que habla. ¿Quién puede ser? ¿De quién es la voz? ¿Cuál es el tono de su voz? ¿Qué actitud tiene hacia la persona a quien está hablando? Esta estrategia te ayudará a sacar el mensaje apropiado de la poesía.

Trabajando juntos lo pueden hacer.

Comprensión

A **Comprendiendo** Escoge para completar la oración.

1. La acción de la poesía tiene lugar
2. El combatiente
3. El señor que vino hacia él
4. Dos señores más
5. Pero el cadáver
6. Millones de personas
7. Todos los hombres de la tierra

a. no quiere que muera.
b. siguió muriendo.
c. repitieron la misma cosa.
d. después de una batalla.
e. rodearon el cadáver.
f. estaba muriendo.
g. le rogaron que no muriera.

B **Interpretando** Todos trataron de darle vida al cadáver pero no pudieron. Por fin, ¿cuándo se levantó y empezó a andar el cadáver?

Da tus opiniones sobre el porqué fue posible.

C **Analizando** Contesta según la información en el poema.

1. ¿Lo pueden hacer todos los hombres del planeta lo que no puede hacer solo un hombre o dos?
2. ¿Cree César Vallejo en el poder de lo colectivo o lo individual?
3. ¿Por qué daría el título de "Masa" al poema?
4. Para Vallejo, ¿qué se hace posible lo imposible?

D **Mirando un video** A veces hay un video estupendo en un sitio Web sobre el análisis del poema "Masa". Intenta buscarlo y al mirarlo describe el efecto personal que tenía.

Coplas por la muerte de su padre de Jorge Manrique
La vida es sueño de Pedro Calderón de la Barca

Introducción

La vida y la muerte son temas que se presentan con mucha frecuencia en las literaturas española y latinoamericana. Aquí vamos a leer un trozo de la obra dramática "La vida es sueño" del muy famoso dramaturgo español del Siglo de Oro, Pedro Calderón de la Barca. En seis versos cortos el autor nos presenta una interpretación interesante de lo que es la vida.

Vamos a leer también un trozo de las famosas "Coplas por la muerte de su padre" de Jorge Manrique. La obra completa consta de cuarenta y tres coplas que son una profunda meditación sobre la vida humana.

Notas biográficas

Calderón de la Barca es uno de los grandes dramaturgos españoles del llamado Siglo de Oro (siglos, XVI y XVII). Nació en 1600 y fue soldado, poeta de la corte y sacerdote. El teatro de Calderón es filosófico y alegórico. Cuando muere Calderón en 1681 empieza la decadencia y acaba el Siglo de Oro.

Jorge Manrique nació en España en 1440 y murió en 1478. Como muchos caballeros de la época fue guerrero y poeta. Partidario de la Infanta Isabel, Jorge Manrique intervino en muchas rebeliones frente a los enemigos feudales de la Infanta. La muerte de su padre le da la inspiración de escribir unas coplas en su honor. Estas coplas famosas siguen siendo tan populares como cuando fueron compuestas hace casi quinientos años.

Estrategia de lectura

Lee cada poesía en voz alta y silenciosamente. Lee despacio y piensa siempre en lo que estás leyendo. Luego familiarízate con las actividades de comprensión. Después de leer las actividades lee las poesías una vez más. Las actividades te pueden ayudar a comprender e interpretar las poesías.

"¿Por qué parece tan triste el niño?

La vida es sueño

◆·◆·◆

¿Qué es la vida? Un frenesí.
¿Qué es la vida? Una ilusión,
una sombra, una ficción,
y el mayor bien es pequeño;
5 que toda la vida es sueño,
y los sueños sueños son.

El río va a dar al mar.

Coplas por la muerte de su padre

◆·◆·◆

Nuestras vidas son los ríos
que van a dar en la mar,
    que es el morir;
allí van los señoríos
5 derechos a se acabar
    y consumir;
allí los ríos caudales,
allí los otros, medianos
    y más chicos;
10 allegados, son iguales
los que viven por sus manos
    y los ricos.
Este mundo es el camino
15 para el otro, que es morada
    sin pesar;
mas cumple tener buen tino
para andar esta jornada
    sin errar.
20 Partimos cuando nacemos,
andamos mientras vivimos,
    y llegamos
al tiempo que fenecemos;
así que cuando morimos
25   descansamos.

la mar el mar

se acabar acabarse

caudales que tienen mucha agua

allegadas cuando llegan

morada lugar donde vivir

tino juicio
jornada camino recorrido en un espacio de tiempo

fenecemos terminamos

Comprensión

A **Buscando hechos** Contesta.

1. ¿Según Calderón de la Barca, ¿qué es la vida? Menciona cinco cosas.
2. Y, ¿cómo es el mayor bien?
3. ¿Qué es toda la vida?
4. ¿Y, ¿qué son los sueños?

B **Criticando** Critica esta interpretación falsa del fragmento de "La vida es sueño".

Todo en la vida es real y la vida es fácil de comprender.

C **Interpretando.** Contesta según las Coplas.

1. ¿Qué son los ríos?
2. ¿Adónde van los ríos?
3. ¿Qué simboliza el momento en que el río va al mar?
4. ¿Son los señoríos señores importantes?
5. ¿Qué tipos de ríos hay?
6. ¿Adónde van todos?
7. ¿Cómo son todos al llegar?
8. ¿Quiénes son los que viven por sus manos? ¿Los pobres o los ricos?
   Basado en tus respuestas expresa en tus propias palabras la interpretación de la vida y la muerte.

D **Explicando** Explica el significado.

1. Este mundo es el camino para el otro. ¿A qué se refiere este mundo? Y, ¿a qué se refiere el otro?
2. Una morada sin pesar. ¿Es un lugar turbulento y difícil o un lugar tranquilo y pacífico? ¿A qué se refiere la morada?
3. Mas cumple tener buen tino para andar esta jornada sin errar. ¿Cuál es el consejo que el autor nos da?
4. Explica como el autor presenta las tres etapas de la vida.
5. Explica el significado de "así que cuando morimos, descansamos". ¿Cómo es la muerte según estas palabras?

E **Resumiendo**

En tus propias palabras da un resumen de las Coplas. Da tu interpretación personal de lo que dice el autor.

Composición

Describiendo

Muchas veces cuando estamos escribiendo tenemos que describir a una persona, una cosa o un lugar. Tenemos que darle vida a lo que estamos escribiendo para que nuestros lectores lo vean. En esta lección vamos a describir a una persona. Primero vamos a describir a una persona que conocemos.

El proceso de escribir

Antes de escribir

- Piensa en la persona a quien quieres describir. Si no está presente, hazle una imagen mental.
- Prepara una lista de palabras que quieres utilizar para describir la apariencia de esta persona.
- Prepara una lista de los atributos que posee esta persona. Y, si es necesario, de sus defectos.

Al escribir

Para empezar tu descripción, ten una imagen mental de la persona. ¿Cuáles son los detalles que les van a ayudar a tus lectores a «ver» a esta persona? ¿Cuáles son los detalles que van a darle vida? Puedes escoger palabras de las listas que ya has preparado. Escoge las palabras y el orden que te convengan. Pero no olvides tu propósito.

PROPÓSITO Una descripción vívida y clara de una persona que conoces

AUDIENCIA Tu profesor(a) y tus compañeros de clase

LARGO Dos párrafos

Después de escribir

Lee de nuevo tu descripción para editarla. Verifica que has usado las terminaciones apropiadas de todos los adjetivos. Abajo verás un ejemplo de un párrafo redactado.

Simón Bolívar es el gran Libertador de Latinoamérica. Nació en la Venezuela en 1783. De niña vivía en un campo. Su padre murió cuando era muy joven y su tío lo llevó a la ciudad. En Caracas Simón tenía un profesor muy buena pero a su tío no le gustaba lo que este profesor le enseñaba. Así su tío envió a Bolívar a España. Atravesó el océano Atlántico en un nave.

Ahora, ¡te toca a ti!

1 Una composición

1. Escoge un héroe, heroína o ídolo tuyo. Escribe una descripción física de esa persona. Usa el organizador gráfico que sigue para ayudarte.

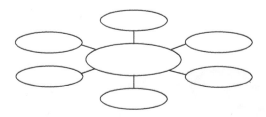

2. Escribe un segundo párrafo sobre los atributos y defectos de esta misma persona. Usa el organizador gráfico que sigue para ayudarte.

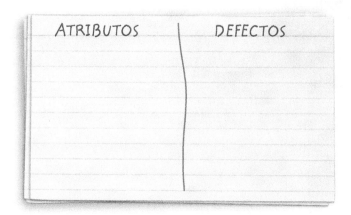

ATRIBUTOS | DEFECTOS

3. Lee la descripción que has preparado. Luego en un tercer párrafo dale una conclusión explicando por qué estimas tanto a esta persona—por qué la consideras tu héroe, heroína o ídolo.

Un poco más

2 Conectando con el arte

Busca un retrato de Simón Bolívar y otro de un héroe estadounidense. Los puedes buscar en un libro o navegando el Internet. Luego prepara una lista de adjetivos que para ti describen como el artista los ve.

3 Escuchando y hablando

Describe a tu mejor amigo(a) a un grupo pequeño. Primero apunta lo que vas a decir e incluye algunos detalles precisos. Al hablar cambia el tono de tu voz para ayudar a tus oyentes a ver y conocer a la persona que estás describiendo.

Conexión con el inglés

Sustantivos

La gran diferencia entre los sustantivos en español y en inglés es que los sustantivos en español tienen género—masculino y femenino. Los sustantivos en inglés no tienen género.

el muchacho
the boy

la muchacha
the girl

Artículos

1. Igual que en español, el inglés tiene artículos definidos e indefinidos. El artículo definido es *the* y se usa como en español para indicar a una persona o cosa específica. Los artículos indefinidos *a* y *an* se usan para indicar una persona o cosa indefinida—una entre muchas.

> *The boy with the dark hair is Bob.* (definido)
> *The girl with the dark hair is Julie.* (definida)
> *Bob is a nice boy.* (indefinido, uno entre muchos)
> *Julie is a nice girl.* (indefinida, una entre muchas)

2. Se usa el artículo indefinido *a* delante de un sustantivo que empieza en consonante. Se emplea *an* delante de un sustantivo que empieza en vocal—*a, e, i, o, u.*

CONSONANTE	VOCAL
a boy	*an aunt*
a girl	*an uncle*
a school	*an idea*

Adjetivos

Como los sustantivos en inglés no tienen género, no hay concordancia con el adjetivo. En español muchos adjetivos se colocan después del sustantivo. En inglés se colocan delante del sustantivo.

un muchacho simpático	*a nice boy*
una muchacha simpática	*a nice girl*
un alumno inteligente	*a smart student*
una escuela grande	*a large school*

Capítulo

2

Nosotros

Objetivos

En este capítulo vas a:

🔹 estudiar grupos étnicos de España y Latinoamérica

🔹 aprender algunos fundamentos de la sociología y antropología; familiarizarte con términos sociológicos importantes

🔹 estudiar las formas plurales de los artículos, sustantivos y adjetivos; aprender sinónimos y antónimos; repasar el presente del verbo irregular **ser**; aprender cuándo se usan las formas **tú** y **usted**; fijarte en la pronunciación y ortografía de las vocales **e, i**

🔹 leer *La araucana* de Alonso de Ercilla y Zúñiga, *Comentarios reales Primera Parte: XXIV* del Inca Garcilaso de la Vega y *El negro sensible* de José Joaquín Fernández de Lizardi

🔹 escribir un ensayo personal

🔹 comparar el verbo **ser** con el verbo *to be*; estudiar las formas de los artículos, sustantivos y adjetivos en español y en inglés; aprender contracciones en inglés; familiarizarte con algunos errores de gramática relacionados con el verbo *to be*

Unos jóvenes dominicanos

Vocabulario para la lectura

Lee las definiciones de las siguientes palabras para aprender su significado y enriquecer tu vocabulario.

la carabela embarcación o barco de vela usado en los siglos XV y XVI

el indígena originario del país de que se trata

autóctono originario del país, aborigen

primordial sumamente importante, de lo más básico

urbanizarse acondicionarse a una vida urbana (de la ciudad)

Carabelas

Poder verbal

 1 ¿Qué palabra necesito? Completa.

1. Una ____ es un barco de vela antiguo.
2. Otra palabra que significa «barco» es «____».
3. Él dejó su pueblo rural y fue a vivir en la ciudad porque quería ____.
4. Los aztecas, los mayas y los incas son ____ de Latinoamérica.
5. Muchos indígenas hablan una lengua ____.

 2 Oraciones Emplea cada palabra en una oración original.

1. primordial
2. autóctono
3. el indígena
4. urbanizarse

Teatro romano, Mérida, España

Lectura

Grupos étnicos del mundo hispano

El mundo hispano es grandísimo. En muchos países hispanos se habla una o más lenguas autóctonas, pero en todos la lengua franca es el español. El español es el idioma que se habla en más países del mundo que cualquier otro idioma. Como es tan extenso el mundo hispano, alberga a muchos grupos étnicos o «etnias».

De los iberos a los moros

Palacio del Generalife, Alhambra de Granada, Andalucía, España

España, la madre patria de la lengua española, tiene una larga historia. Y durante esta larga historia han poblado el país muchos grupos diferentes incluyendo los iberos, celtas, fenicios, griegos, cartagineses, romanos, visigodos, judíos y árabes. Así es que los españoles de hoy son el fruto de numerosas mezclas de diferentes razas y pueblos.

Los indígenas de Latinoamérica

Los «indios» fueron los primeros habitantes de América y, por lo tanto, los primeros americanos. Cuando llegaron los españoles de Europa en las carabelas de Cristóbal Colón, encontraron a gente de piel cobriza y pelo negro. Como Colón creyó que había llegado a la India llamó erróneamente a los habitantes «indios».

Los historiadores sugieren que los primeros habitantes de América, los indígenas, vinieron de Asia. Se cree que entraron a la América del Norte cruzando el estrecho de Bering de Asia a Alaska. Seguían viajando hacia el sur en busca de comida. Los indígenas viajaron hasta la Patagonia en el extremo sur del continente sudamericano, estableciéndose en diferentes partes de América del Norte y de América del Sur.

Machu Picchu, Perú

Antes de la llegada de los españoles, varios grupos indígenas tales como los mayas, los aztecas y los incas habían establecido grandes ciudades con magníficas plazas, palacios y templos desde México hasta Bolivia. Cuando llegaron los españoles se mezclaron con los indígenas dando origen al mestizaje.

La mezcla de razas y culturas

Para comprender la cultura de una gran parte de Latinoamérica dentro del contexto latinoamericano, hay que saber el significado de varios términos importantes. El «mestizaje» significa una mezcla de blanco e indígena. Un «mestizo» puede ser una persona blanca e indígena pero puede referirse también a una persona indígena que ha aprendido el español y que se ha urbanizado. En Guatemala, el país centroamericano de mayor población indígena se oye el término «ladino». Un ladino es cualquier guatemalteco que por una razón u otra no sigue viviendo según los valores indígenas de origen maya. El término implica también mestizaje. Y hay un término más—los «criollos». Los criollos son los hijos de europeos, en su mayoría españoles, nacidos en las Américas.

Palacio Tschudi, Chan Chan, Perú

La influencia de las poblaciones indígenas es inmensa sobre todo en países como México, Guatemala, Ecuador, Perú, Bolivia y Paraguay. Por ejemplo, en México cinco millones de habitantes tienen una lengua materna distinta del español y ochocientos mil mexicanos no hablan español. En Guatemala se hablan veintiuna lenguas autóctonas—la lengua más extendida es el quiché que tiene novecientos mil hablantes.

Los jóvenes son costarricenses.

Los gemelos son brasileños.

La llegada de los africanos

Según la evidencia disponible, los primeros negros fueron traídos de África a las Américas en 1502 para trabajar en las minas de La Española, hoy Haití y la República Dominicana. Vinieron como sustitutos de los indígenas, quienes no resistían los trabajos forzados en las minas. El horrible tráfico negrero continuó hasta 1880 en Cuba y hasta 1888 en Brasil, un país de habla portuguesa. Hoy en día mucha gente de origen africano vive en las islas de las Antillas: Puerto Rico, Cuba y la Española. También hay grandes poblaciones de negros en Panamá, Venezuela, en la costa de Colombia, Ecuador y Perú y en Brasil. Mucha gente de color en estos países tiene una mezcla de sangre negra y blanca.

Un muchacho cubanoamericano

Alumnos dominicanos

Historia y cultura

Los europeos y otros

Hay gente de ascendencia europea en todos los países latinoamericanos, pero predominan los inmigrantes europeos en Argentina, Uruguay, Chile y Costa Rica. En Costa Rica hay muchos descendientes de españoles, sobre todo del norte de España. En Argentina, Uruguay y Chile hay mucha gente de ascendencia española, italiana, alemana e irlandesa. En algunos países, principalmente en Perú y Panamá, viven personas de ascendencia asiática: japoneses y chinos. Perú tuvo un presidente de origen japonés, Alberto Fujimori.

Cementerio en Punta Arenas, Chile, donde está sepultada mucha gente de ascendencia eslovaca

Comprensión

A **Contestando preguntas** Contestando las preguntas que siguen te puede ayudar a recordar algunos hechos que posiblemente saldrán en un examen. Contesta.

1. ¿Dónde se habla el español?
2. ¿Cuáles son algunos grupos que han poblado España?
3. ¿Qué apariencia tenía la gente que Colón encontró al poner pie a tierra?
4. ¿De dónde vinieron los primeros habitantes de las Américas?
5. ¿Qué habían establecido varios grupos o pueblos indígenas antes de la llegada de Colón?
6. ¿Cuáles son algunos términos que hay que saber para comprender la cultura de muchos países hispanos?

Cristóbal Colón y sus hombres en la isla de San Salvador

B **Buscando información** Toda la información en las siguientes oraciones es incorrecta. Corrígelas buscando la información correcta.

1. La influencia indígena es inmensa en países como la República Dominicana, Panamá y la costa de Colombia.
2. Todos los mexicanos hablan español.
3. En Guatemala se hablan quince lenguas autóctonas.
4. Los primeros negros llegaron a Panamá en 1888.
5. Hoy en día hay mucha gente de origen africano en Ecuador, Perú y Bolivia.
6. En Costa Rica hay muchos descendientes de españoles del sur de España.
7. Ecuador ha tenido un presidente de ascendencia japonesa.

C **Clarificando** A veces hay una sección de un texto que es un poco confusa o complicada y la tienes que clarificar. Es importante clarificarla porque si no, es posible no poder entender la información que sigue. Para clarificar una sección confusa, hay que volver a leerla detenidamente. Lee de nuevo los dos párrafos que siguen el subtítulo «Los indígenas en Latinoamérica». Luego clarifica... ¿Por qué fue el término «indio» un término erróneo? ¿Qué se dice hoy en vez de «indio»?

Un museo, Manta, Ecuador

D **Investigando** Si hay un tema que te interese y si quieres aprender más sobre el tema puedes hacer algunas investigaciones por tu propia cuenta. Si te interesan los grupos indígenas puedes escoger uno o más de los siguientes y preparar un informe.

los aztecas (México)
los mayas (México y la América Central, sobre todo Guatemala)
los guaraníes (Paraguay)
los chibchas (Colombia)
los incas (Ecuador, Perú, Bolivia)
los araucanos (Chile)
los taínos (el Caribe)

E **Manos a la obra** Dibuja un mapa étnico de Latinoamérica.

Conexión con la sociología y la antropología

Palabras calientes

Para comprender la sociología—el estudio de la sociedad—y la antropología—el estudio de las costumbres sociales—es necesario saber el significado de algunas palabras clave.

El comportamiento El comportamiento es la manera en que se comporta o actúa una persona; lo que hace y la manera en que lo hace.

Las costumbres Una costumbre es una práctica habitual, o sea, un hábito. Es algo que hacemos casi siempre de la misma manera. Las costumbres suelen pasar de una generación a otra dentro del mismo grupo social—de padres a hijos, por ejemplo.

Los valores Un valor es una idea abstracta que uno considera deseable, buena y correcta. Los miembros de un grupo cultural lo acepta como bueno o correcto. Algunos ejemplos de valores son la honestidad y la limpieza.

Sociología y antropología

La sociología es el estudio científico de la sociedad, sobre todo el estudio de la organización humana. El sociólogo estudia el comportamiento social, o sea, el desenvolvimiento de las personas en forma individual y colectiva (en grupos). La antropología estudia los orígenes y el desarrollo cultural de los seres humanos. Estudia también sus creencias.

Grupos

Todos somos miembros de muchos grupos y pasamos una gran parte de nuestra vida en grupos. Algunos grupos a los cuales podemos pertenecer son: la familia, los vecinos, los colegas en la escuela o en el lugar del trabajo y los clubes escolares o cívicos. También pertenecemos a un grupo social, un grupo económico, un grupo religioso y un grupo étnico. Y todos somos ciudadanos de una nación y todos pertenecemos a la raza humana.

Los grupos a los cuales pertenecemos determinan nuestro comportamiento, nuestras costumbres, creencias y valores. Influyen hasta en lo que comemos y la ropa que llevamos. Los italianos, por ejemplo, no comen la misma comida que los chinos. Tampoco comen los cubanoamericanos la misma comida que los mexicanoamericanos. Los latinos no se comportan igual que los alemanes que no se comportan igual que los japoneses. Los judíos no tienen las mismas creencias religiosas que los cristianos.

La cultura

La cultura es la totalidad de los comportamientos, incluso los valores, las ideas y las costumbres que se aprenden y que se transmiten por la sociedad. Una sociedad es el mayor grupo humano. Se puede decir que la sociedad es el grupo de personas que participan en una cultura común. La cultura tiene que ver con las costumbres de la gente. La sociedad tiene que ver con la gente que practica estas costumbres.

La cultura le da al individuo un tipo de guía para relacionarse con otros. Le dice como debe comportarse en las diferentes situaciones sociales—en la calle, en los ritos y ceremonias, en el trabajo, en la familia. Cuando se conoce la cultura de un individuo se puede comprender y predecir gran parte de su comportamiento.

Normas

Las normas son las reglas y formas convencionales y acostumbradas de actuar, pensar y sentir en una sociedad. Las normas especifican los comportamientos que son y que no son apropiados en cada situación. Siempre hay que tomar en cuenta que las normas varían de una comunidad a otra.

Etnocentrismo

Es el término que emplean los sociólogos para describir la creencia de que la cultura de uno es superior a cualquier otra. La persona etnocéntrica considera a su propia cultura como la norma con la que todas las otras culturas se comparan. Piensa que su cultura es la «normal» y que todas las otras son anormales porque se desvían de la suya. Es del etnocentrismo que surgen muchos prejuicios.

Relatividad cultural

Quiere decir que los efectos de los rasgos culturales dependen de su medio cultural. Si una práctica es «buena» o «mala» depende de todo el conjunto de normas y valores en el que figura. La relatividad cultural requiere un esfuerzo serio y sin prejuicios para evaluar normas, valores y costumbres.

Lenguas

¿Y qué es la base de todas las culturas? Es la lengua. La lengua o el lenguaje penetra en todos los aspectos de la vida. El lenguaje no sólo describe la realidad, también le da forma a la realidad de una cultura. Se dice que la lengua es el factor primordial, el factor más importante, que une a una sociedad.

Conocimientos para superar

Comprensión

A **Palabras calientes** ¿Sí o no?

1. El «comportamiento» es sinómino de un «hábito».
2. Un valor es una idea abstracta considerada buena y correcta.
3. El comportamiento es nuestra manera de actuar en una variedad de situaciones.
4. La cultura incluye los comportamientos, los valores, las ideas y las costumbres de una sociedad.
5. Las normas dictan de qué manera, no importa la sociedad a la cual pertenecemos, debemos comportarnos.

B **Comportamientos y costumbres** Discute si a tu parecer las siguientes costumbres son buenas o no, aceptables o no.

1. saludar a una persona que conoces
2. usar las manos mientras hablas
3. eructar durante la comida
4. tocar la espalda o el hombro de una persona con tu mano
5. darle la mano a una persona
6. comer con las manos
7. besarle a un pariente en las mejillas
8. besarle a un pariente en los labios
9. levantarte cuando entra una persona mayor
10. mirar a la persona en los ojos mientras le hablas
11. hablar en voz bastante alta
12. reír sin cubrir la boca
13. inclinar la cabeza o doblar la rodilla delante de una persona que por una razón u otra consideras superior a ti
14. llegar a la hora precisa para una cita
15. llegar un poco tarde para una cita
16. preguntarle a una persona su sueldo

Una vez más, llegas tarde, ¿sabes?

C **Hablando personalmente** Identifica los grupos a los cuales perteneces desde los más pequeños hasta los más grandes. Luego contesta las preguntas que siguen.

1. ¿Eres latino(a) o hispano(a)?
2. ¿De qué nacionalidad son tus antepasados?
3. ¿Hay otros latinos o hispanos en la clase que no son de la misma nacionalidad que tú?
4. ¿De qué nacionalidades son?
5. Aunque son de otra nacionalidad, ¿por qué son latinos o hispanos también? ¿Qué les une?

D **Trabajando en grupos** Trabajen en grupos de tres o cuatro. Si es posible, pongan en cada grupo individuos de varias nacionalidades hispanas (de varias etnias). Hablen de sus costumbres, de su comida, de sus fiestas, de su familia, de lo que consideran responsabilidades, deberes. ¿Hay algunas diferencias entre sus costumbres aunque todos son latinos o hispanos? Pero, ¿hay también semejanzas? Discutan las diferencias y las semejanzas.

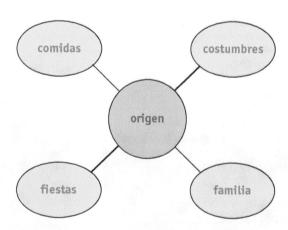

E **Trabajando en grupos** Trabajando con un grupo de tres o cuatro personas, discutan su sistema de valores. ¿Cuáles son los valores que ustedes consideran importantes y no importantes? Recuerden que diferentes grupos culturales tienen diferentes sistemas de valores. Algunos valores que pueden tomar en cuenta son: la honestidad, la obediencia, el deseo de trabajar, el deseo de recibir buenas notas, la limpieza, el papel del hombre, el papel de la mujer, la cortesía.

Gramática y lenguaje

Visit **ConnectEd** for additional practice

Adjetivos y sustantivos

Ya has aprendido que el adjetivo concuerda en género con el sustantivo al que modifica. Concuerda también en número: singular o plural. Singular significa uno y plural significa más de uno. Estudia los siguientes ejemplos.

SINGULAR	PLURAL
el muchacho alto	los muchachos altos
el grupo étnico	los grupos étnicos
la carabela antigua	las carabelas antiguas
la muchacha inteligente	las muchachas inteligentes

ACTIVIDAD 1 **El plural** Escribe las siguientes oraciones en el plural.

1. El muchacho alto es amigo íntimo de Roberto.
2. La amiga de José es inteligente.
3. El indígena es originario del país.
4. El palacio de los aztecas es magnífico.
5. La plaza de la ciudad es bellísima.
6. El criollo es hijo de europeos nacido en las Américas.

Plaza de Armas, Trujillo, Perú

ACTIVIDAD 2 **¿Qué falta?** Escribe el párrafo poniendo las terminaciones y artículos que faltan.

España, __1__ madre patria de __2__ lengua español__3__, tiene __4__ larg__5__ historia. Much__6__ grupos diferent__7__ han poblado el país. __8__ españoles de hoy son __9__ fruto de numeros__10__ mezclas de diferent__11__ razas y pueblos.

Monumento a Cristóbal Colón en Barcelona, España

Sinónimos y antónimos

1. Los sinónimos son palabras que tienen el mismo o un muy parecido significado.

Él es gordo.	**Él es obeso.**
Ella es flaca.	**Ella es delgada.**
Mi amigo es chistoso.	**Mi amigo es cómico.**

2. Los antónimos son palabras que significan lo contrario.

Es una calle ancha.	**Es una calle estrecha.**
Uno es gordo.	**Y el otro es delgado.**
Ella es cómica.	**Y la otra es seria.**

El Obelisco de Buenos Aires en la Plaza de la República, Buenos Aires, Argentina

 ACTIVIDAD 3

Sinónimos Parea los sinónimos.

1. flaco	**a.** árido
2. inteligente	**b.** corto
3. gordo	**c.** hermoso
4. bonito	**d.** listo
5. bajo	**e.** simple
6. seco	**f.** obeso
7. sencillo	**g.** delgado

 ACTIVIDAD 4

Antónimos Parea los antónimos.

1. alto	**a.** delgado
2. divertido	**b.** oscuro
3. bueno	**c.** aburrido
4. grande	**d.** guapo
5. fácil	**e.** feo
6. bonito	**f.** lejos
7. gordo	**g.** pequeño
8. feo	**h.** bajo
9. claro	**i.** malo
10. cerca	**j.** difícil

Una calle estrecha, Órgiva, España

Poder verbal ¿Cuántos sinónimos puedes dar?

1. gracioso
2. tonto
3. el tamaño
4. grueso
5. volver
6. vencer
7. el sueldo
8. extenso
9. hermoso
10. el cabello

Poder verbal ¿Cuántos antónimos puedes dar?

1. pequeño
2. salir
3. morir
4. dudar
5. izquierda
6. delantero
7. la paz
8. la juventud
9. exterior
10. el campo

Catedral Metropolitana, Plaza de la Constitución, conocida como el Zócalo en la Ciudad de México, México

El verbo ser

Repasa las formas del verbo irregular **ser** en el tiempo presente. Es un verbo de uso tan frecuente es probable que ya sepas perfectamente bien todas sus formas.

SINGULAR		PLURAL	
yo	soy	nosotros(as)	somos
tú	eres		
él, ella, Ud.	es	ellos, ellas, Uds.	son

Completa con el verbo ser.

¡Hola! Yo ____ Melinda Ochoa. Mi hermano ____ Gabriel. (Nosotros) ____ de ascendencia latina. Nuestros padres ____ de Guatemala. ¿Y tú? ¿De qué ascendencia ____ ? ¿De dónde ____ tus padres? ¿Ustedes ____ todos del mismo país o no?

Ser Escribe cada oración en el plural.

1. Soy de ____ .
2. Soy alumno(a) en la escuela ____ .
3. ¿De dónde eres?
4. ¿Eres amigo(a) de Marta?
5. Él es mexicano.
6. Ella es mexicanoamericana.

Tú o usted

El empleo de **tú** y **usted,** frecuentemente abreviado en **Ud.,** varía mucho en el mundo hispano. En algunas regiones la gente tutea casi enseguida, mientras que en otros lugares son más formales y siguen tratándose de **usted** hasta que se establezca una relación más íntima. Entre los jóvenes, sin embargo, se usa **tú** casi universalmente. En algunas regiones de México y España, aun a los padres se les trata de **usted,** pero es muy raro.

ACTIVIDAD 9 ¿**Tú o usted?** ¿Cuál es la práctica de **tú** y **usted** entre tus familiares y amigos? ¿A quiénes tuteas? ¿A quiénes no tuteas? ¿Sueles tutear enseguida o no?

¿Les diriges la palabra con tú o usted a estas personas?

Pronunciación y ortografía

Las vocales e, i

Pronuncia con cuidado las siguientes vocales.

e   i

Y ahora pronuncia las siguientes palabras.

Elena	Inés
eco	idea
elefante	inca

Como ya sabes, si pronuncias bien una palabra la podrás escribir correctamente. Pero si la pronuncias mal, y la escribes tal como la pronuncias, cometerás casi siempre un error de ortografía. Ten cuidado con la confusión que existe de vez en cuando entre las siguientes vocales.

e	i	i	e
CORRECTO	**INCORRECTO**	**CORRECTO**	**INCORRECTO**
decir	dicir	decidir	decedir
servir	sirvir	recibir	recebir
elegir	eligir	policía	polecía
encontrar	incontrar	medicina	medecina
manejar	manijar	mismo	mesmo
león	lión		

ACTIVIDAD 10 ¿**Hay errores?** Vas a ser redactor(a). Corrige los errores de ortografía en las siguientes oraciones.

1. Él te quiere dicir algo.
2. Tienes que decedir.
3. Van a eligir a un nuevo presidente.
4. Va a incontrar a su amigo.
5. Toma tu medecina.
6. Voy a sirvir la comida.
7. Va a llamar a la polecía.
8. Es lo mesmo.

(tr)Andrew Payti

La araucana de Alonso de Ercilla y Zúñiga

(bl)Sexto Sol/Getty Images

◆ **Vocabulario para la lectura**

Estudia las siguientes definiciones.

ágil ligero, suelto, diestro

fornido robusto y de mucho hueso

recio fuerte, robusto, vigoroso; duro, violento

Poder verbal

Es recio y fornido, ¿no?

 Sinónimos y antónimos Mira las definiciones y da tantos sinónimos o antónimos de cada palabra que puedas. Incluye las palabras en las definiciones.

Introducción

El primer poema de gran valor literario escrito en el continente americano es *La araucana* de Alonso de Ercilla y Zúñiga (1533–1594). Ercilla llegó a las Américas de España a los veintiún años y tomó parte en la conquista de Perú. Más tarde pasó a Chile donde luchó contra los feroces araucanos. Mientras peleaba, escribía, y así, surgió el primer poema épico americano. El autor dedicó el poema al rey de España, Felipe II. En su dedicatoria declaró al rey que los acontecimientos del poema representaban la verdad histórica. La obra *La araucana* fue la primera en que el poeta apareció como actor en la epopeya, y la primera que cantó acontecimientos o eventos todavía en curso.

En la estrofa que sigue, Ercilla describe a los indígenas que lo esperaban a su llegada a Chile—los araucanos.

Santiago de Chile

La araucana

❖ · ❖ · ❖

1   Son de gestos robustos, desbarbados,
bien formados de cuerpos y crecidos,
espaldas grandes, pechos levantados,
recios miembros, de nervios bien fornidos,
5   ágiles, desenvueltos,[1] alentados,[2]
animosos, valientes, atrevidos,
duros en el trabajo y sufridores
de fríos mortales, hambres y calores

···································
[1] **desenvueltos** que pueden obrar con soltura
o habilidad
[2] **alentados** animados, vigorosos

Estrategia de lectura

Hojeando Este trozo corto del poema famoso de Ercilla no es muy difícil. El poeta nos presenta sencillamente una lista de adjetivos calificativos para describir a los araucanos. No tienes que leer el poema muy detalladamente. Dale sólo una ojeada, es decir, léelo bastante rápido para tener una idea general de lo que nos está diciendo el autor. Al leerlo, determina si Ercilla les admira a los araucanos o no.

El valle del Elqui, Chile

Dave Moyer

Comprensión

A **Conectando con la gramática** Prepara una lista de todos los adjetivos calificativos en plural que aparecen en este fragmento del poema *La araucana*.

B **Conectando con el lenguaje—Sinónimos y antónimos** ¿Sí o no?

1. «Crecido» es sinónimo de «grande».
2. «Audaz» y «atrevido» son sinónimos.
3. «Cobarde» es un antónimo de «atrevido».
4. «Alentado» es sinónimo de «valiente».

C **Parafraseando** Parafrasear significa expresar la misma cosa de otra manera. ¿Cómo expresa el poeta las siguientes ideas en lenguaje más poético?

1. Los araucanos tienen cuerpos fuertes y atléticos.
2. Los araucanos tienen muy poco pelo en el cuerpo.
3. Los araucanos trabajan mucho. Son muy trabajadores.
4. Los araucanos saben y pueden sufrir.

Una peruana lleva ropa tradicional en Arequipa, Perú.

Comentarios reales Primera Parte: XXIV

del Inca Garcilaso de la Vega

◆ Introducción

El Inca Garcilaso de la Vega fue hijo de un conquistador español y una princesa incaica. Nació en 1539 y murió en 1616. Su reputación literaria se basa principalmente en dos obras históricas, la más importante de las cuales se llama **Los Comentario reales**, publicados en dos partes. En los Comentarios Garcilaso de la Vega describe el imperio de los incas, sus leyendas, costumbres y monumentos. Garcilaso fue inspirado por el verdadero y profundo amor que tenía por la civilización incaica. Sacó su información no solo por fuentes confiables escritas sino también por la memoria que tenía de las conversaciones con su madre y su gente. Fue durante estas conversaciones que aprendió de las costumbres, ritos y ceremonias de los antiguos incas.

El trozo que sigue es del Capítulo XXIV de la Primera Parte de **Los Comentarios reales** donde el autor nos habla de la importancia del maíz en la vida de los incas. El maíz sigue siendo un producto primordial (importantísimo) en la vida de los indígenas de hoy.

Los indígenas no tenían trigo. Usaban maíz para hacer pan.

Antes de leer

Hay mucho de interés humano en este trozo pero hay también muchos detalles minuciosos. Al leer tal escrito no es necesario leerlo muy detenidamente porque contiene mucho vocabulario específico al relato. Al leer tal escrito es mejor ojearlo, es decir, leerlo un poco superficialmente para sacar las ideas interesantes en vez de los detalles menos significantes.

Lo siguiente te ayudará a comprender términos mexicanos usados en el trozo que sigue.

muruchu un maíz duro

capia maíz tierno y sabroso

zancu pan de maíz usado en sacrificios solemnes

huminta el "zancu" pero solamente para comer, no para sacrificios

Una vendedora peruana en el mercado

Comentarios reales Primera Parte : XXIV

◆ · ◆ · ◆

DEL MAÍZ, Y LO QUE LLAMAN ARROZ, Y DE OTRAS SEMILLAS

1   Los frutos que el Perú tenía, de que se mantenáis antes de los españoles, eran de diversas maneras: unos que se crían sobre la tillara y otros debajo della. De los frutos que se crían encima de la tierra tiene el primer lugar el

5   grano, que los mexicanos y los baloventanos llaman maíz. Es de dos maneras: el uno es duro, que llaman muruchu, y el otro tierno y de mucho regalo, que llaman capia. Cómenlo en lugar de pan, tostado o cocido en agua simple; la semilla del maíz duro es la que se ha traído a

10   España; la del tierno no ha llegado acá. En unas provincias se cría más tierno y delicado que en otras, particularmente en la que llaman Rucana. Para sus sacrificios solemnes, como ya se ha dicho, hacían pan de maíz, que llaman zancu, y para su comer, no de ordinario,

15   sino de cuando en cuando por vía de regalo, hacían el mismo pan, que llaman huminta; diferenciábase en los nombres, no porque el pan fuese diferente, sino porque el uno era para sacrificios y el otro para su comer simple; la harina la molían las mujeres en unas losas anchas, donde

la tillara tierra tillada

de mucho regalo muy bueno, de mucho valor

Una isla flotante de los uros, Lago Titicaca, Puno, Perú

20 echaban el grano, y encima dél traían otra losa hecha a
manera de media luna, no redonda, sino algo prolongada,
de tres dedos de canto. En los cornejales de la piedra
hecha media luna ponían las manos, y así la traían de
canto de una parte a otra sobre el maíz; con esta
25 dificultad molían su grano y cualquiera otra cosa que
hubiesen de moler, por lo cual dejaban de comer pan de
ordinario.

No molían en morteros, aunque los alcanzaron, porque
en ellos se muele a fuerza de brazos por los golpes que
30 dan; y la piedra como media luna, con el peso que tiene,
muele lo que tomaba debajo, y la india la trae con
facilidad por la forma que tiene, subiéndola y bajándola
de una parte a otra.

El segundo lugar de las mieses que se crían sobre la haz
35 de la tierra dan a la que llaman quinua, y el español,
mujo o arroz pequeño, porque en el grano y el color se le
asemeja mucho al bledo, así en el tallo como en la hoja y
en la flor, que es donde se cría la quinua; las hojas tiernas
comen los indios y los españoles en sus guisados, porque
40 son sabrosas y muy sanas. También comen el grano en sus
potajes hechas de muchas maneras. De la quinua hacen
los indios brebaje para beber, como del maíz. Los indios
herbolarios usan de la harina de la quinua para algunas
enfermedades.

losa una placa o superficie de piedra

cornejal terreno cubierto de un tipo de árbol ramoso

canto medidas de grueso

el tallo órgano de la planta que se prolonga de la raíz y sirve de sustentáculo a las hojas, flores y frutas

Comprensión

 Buscando información. Contesta.

1. De los frutos que se crían encima de la tierra, ¿cuál cultivaban los mexicanos y los baloventanos?
2. ¿Cuántos tipos de maíz hay?
3. ¿Qué tipo de maíz se ha traído a España?
4. ¿Cómo se diferencian unas provincias entre otras en el tipo de maíz que cultivan?
5. ¿Qué es la Rucana?
6. ¿Cuál es la diferencia entre "zancu" y "huminta"?
7. ¿Qué es la quinua? ¿A qué fruto se asemeja?
8. ¿Qué hacen los indios con la quinua?
9. ¿Qué hacen los españoles con la quinua?
10. ¿Qué hacen los herbolarios con la quinua?

 Resumiendo En tus propias palabras da un resumen corto de la información más importante o interesante en esta selección.

Personalizando ¿Qué te interesaba más? ¿La manera de cultivar y preparar el maíz o los distintos usos del maíz?

¿Puedes dar una opinión de por qué?

Una mazorca de maíz

 Investigando Hoy en día la quinua, llamada también quinoa, se está poniendo muy apreciada en la nutrición nuestra. Haz unas investigaciones sobre los usos de la quinoa entre nosotros.

El negro sensible   de José Joaquín Fernández de Lizardi

Introducción

José Joaquín Fernández de Lizardi nació en 1776 y murió en 1827 en la Ciudad de México. Lizardi fue periodista, poeta y autor dramático. Estudió en la Universidad de México, tomó parte en la Guerra de Independencia y fue un crítico severo del gobierno virreinal. De ideas liberales e independentistas fue una figura popular que censuró las costumbres de su época.

Se le considera a Lizardi el iniciador de la literatura mexicana. Escribió una novela picaresca **El Periquillo Sarniento**. En la novela el autor satiriza la sociedad de la clase media mexicana al final del período colonial. Como veremos en la selección que sigue "El negro sensible" publicado en 1825, Lizardi no tenía miedo de comunicar lo que le parecía bien y lo que le parecía mal. Combatía con sinceridad los vicios de la sociedad colonial, el abuso de autoridad, los privilegios de ciertas clases y la mala distribución de la riqueza. Sus escritos se dirigen al pueblo y le habla usando ejemplos realistas.

El trozo que sigue es de una pieza teatral del mismo nombre "El negro sensible".

George Doyle/Getty Images

El negro sensible

◆ · ◆ · ◆

1   No se paga a estos pobres su trabajo
    porque fueron esclavos y vendidos;
    y aquel que los vendió, ¿con qué derecho
    pudo violar los más sagrados ritos
5   de la naturaleza? ¿Quién le ha dado
    al blanco sobre el negro este dominio,
    que se tiene abrogado injustamente
    sólo por un abuso permitido?
    ¿No son los negros hombres como todos?
10 ¿No nacieron dotados de albedrío?
    [...]
    El cielo, que a los blancos hizo libres,
    ¿sólo para los negros fue mezquino?
    ¿Pues por qué se les trata con tal odio?
15 ¿Por qué habemos de ser sus asesinos?
    [...]
    me acuerdo que soy hombre, y que lo mismo
    que soy eres tú, sin diferencia
    ninguna sustancial, y así te miro,
20 un hombre como yo.

Estrategia de lectura
Modernizando una obra Al leer este trozo de una obra teatral presentada hace casi ya unos doscientos años piensa en una obra actual – de hoy. ¿Tendrían validez o no las ideas que presenta Lizardi?

abrogado abolido, revocado

albedrío capacidad de poder obrar (hacer algo) por reflexión y elección

mezquino miserable, escaso

sustancial de importancia

Comprensión

 Buscando información Contesta.

1. ¿A quiénes no se pagaba?
2. ¿Contesta el autor con qué derecho pudo violar los más sagrados ritos de la naturaleza? ¿A qué se refiere la pregunta? ¿Cuál sería la respuesta del autor?
3. Según el tono del fragmento, cómo contestaría Lizardi a la pregunta ¿Quién le ha dado al blanco sobre el negro este dominio?

 Analizando Analiza el significado.

1. ¿No son los negros hombres como todos?
2. ¿Por qué hemos de ser sus asesinos?

 Explicando Explica el significado de lo siguiente.

1. ¿No nacieron dotados de albedrío?

 Interpretando Imagina que los últimos cuatro versos son una conversación entre el autor y una persona de raza negra. En tus propias palabras prepara la misma conversación. ¿Qué dice Lizardi que es profundamente sincero en lo que dice?

Comentando Contesta.
¿Se podría escribir las mismas líneas hoy o no? En los dos siglos, ¿ha cambiado mucho o no? Defiende tus opiniones.

La casa de los azulejos, Ciudad de México

Escribiendo un ensayo personal

En la escritura personal expresas tus propios pensamientos, sentimientos y reflexiones. Los recuerdos que tienes de un evento o eventos te pueden proveer muchos detalles interesantes, íntimos y aún emocionantes. Para darle vida a tu escrito personal, puedes incluir fotografías o, si tienes talento artístico, un dibujo.

Antes de escribir

- Piensa en tu familia y en sus costumbres
- Piensa en los valores que te enseñaban tus padres, abuelos u otros parientes
- Piensa en las cosas que hicieron que te dieron placer u orgullo

Ahora, ¡te toca a ti!

ACTIVIDAD 1

Vas a escribir un ensayo personal entitulado «Soy lo que soy» o «Soy quien soy». Antes de empezar a escribir tu ensayo lee de nuevo la sección «Cultura» de este capítulo. Repasa el significado de las palabras «tradiciones», «costumbres», «valores», «comportamiento». Luego piensa en el grupo cultural con el cual tú te identificas. Reflexiona sobre las tradiciones, costumbres, etc. que te son importantes. Piensa en las razones por las cuales te son importantes. Es posible que quieras preguntarles a tus padres o abuelos de donde vienen estas tradiciones y costumbres.

En tu ensayo personal puedes dar opiniones y puntos de vista. Explica por qué estás orgulloso(a) de ser quien eres.

Permíteles a tus lectores saber tus aspiraciones; lo que quieres hacer de tu vida y como esperas lograr tus aspiraciones. Trata de escribir con entusiasmo para que tus lectores tengan interés en leer tu escrito.

Sustantivos y adjetivos

1. Ya sabes que la mayor diferencia entre los sustantivos en español y en inglés es que el sustantivo en inglés no tiene género. Pero igual que en español, el sustantivo tiene una forma plural. Para formar el plural de la mayoría de los sustantivos en inglés se añade una *-s* o *-es*, por coincidencia las mismas terminaciones que las del español.

ESPAÑOL

SINGULAR	PLURAL
el muchacho	los muchachos
la escuela	las escuelas
la clase	las clases
la ciudad	las ciudades
el país	los países

INGLÉS

the boy	*the boys*	(z)
the school	*the schools*	(z)
the street	*the streets*	(s)
the class	*the classes*	(z)
the sandwich	*the sandwiches*	(z)

Nota que el plural se escribe siempre con **-s** o **-es** pero en muchos casos se pronuncia (z) o (ez).

2. Nunca se puede olvidar que en inglés siempre hay problemas de ortografía. Muchos sustantivos terminan en *-y*. En plural la *-y* se convierte en *-ies*.

SINGULAR	PLURAL
one city	*two cities*
one country	*two countries*
one candy	*two candies*

Blue skies over Miami, Florida

Málaga and Madrid are cities in Spain.

Adjetivos

Como el sustantivo en inglés no tiene género, el adjetivo no tiene que concordarse con el sustantivo que modifica. Tampoco tiene el adjetivo forma plural. Por consiguiente, no hay ninguna concordancia entre el sustantivo y el adjetivo.

ESPAÑOL

el muchacho inteligente	los muchachos inteligentes
la escuela grande	las escuelas grandes
la clase pequeña	las clases pequeñas
el sándwich delicioso	los sándwiches deliciosos

INGLÉS

SINGULAR	PLURAL
the smart boy	*the smart boys*
the big school	*the big schools*
the small class	*the small classes*
the delicious sandwich	*the delicious sandwiches*

Ser y *to be*

El verbo **ser** en español es un verbo irregular porque no conforma a ningún patrón. El verbo cambia con cada sujeto. Aquí tenemos la conjugación de todas las formas de los verbos **ser** y *to be* en el presente.

SER

SINGULAR	PLURAL
yo soy	nosotros(as) somos
tú eres	
él, ella, Ud. es	ellos, ellas, Uds. son

TO BE

SINGULAR	PLURAL
I am	*we are*
you are	*you are*
he, she, it is	*they are*

Nota que en inglés todas las formas plurales son iguales.

Tú o usted

En inglés no existe el tuteo. Hay solamente una manera de decir *you*. No importa si estás dirigiendo la palabra a un miembro de la familia, a un amigo íntimo, a un desconocido o a una persona mayor, siempre usas *you*. La antigua palabra *thou* existe pero actualmente no se usa nunca ni en conversación ni en forma escrita. Se encuentra casi únicamente en la Biblia o en obras literarias antiguas.

Contracciones

1. En inglés es muy común hacer de dos palabras una sola; es decir hacer **contracciones.** Para hacer una contracción se suprime una letra reemplazándola con un apóstrofo ('). Nota las contracciones con el verbo **ser.**

I am	*I'm*
he is	*he's*
she is	*she's*
we are	*we're*
you are	*you're*
they are	*they're*

2. Es también muy corriente la contracción en la forma negativa.

You are not	*You aren't*
He is not	*He isn't*
She is not	*She isn't*

¡Ojo! No hay contracción con *am not.* Sólo se puede decir: *I am not.*

Vicios o barbarismos

1. Los hablantes de todas las lenguas del mundo dirán de vez en cuando algo que no deben decir. No lo deben decir porque no es correcto desde el punto de vista gramatical. A estos errores gramaticales se les llama «vicios» o «barbarismos» y es aconsejable evitarlos si uno no quiere aparecer inculto.

    Un vicio o barbarismo muy corriente en inglés es *I ain't.* Como no hay contracción con *I am not* hay muchos que erróneamente hacen esta contracción. Es más frecuente con *I —ain't—*pero se oye también con *you, he* y *she: You ain't, she ain't,* etc. *Ain't* es un vicio que se debe evitar a todo costo al hablar inglés.

2. Hay una tendencia sobre todo entre hablantes cuya lengua materna no es el inglés de suprimir el verbo *are* en algunas preguntas o de no invertir el verbo y el sujeto.

CORRECTO	INCORRECTO
Where are you from?	*Where you from?*
Who are you?	*Who you are?*

Capítulo

3

Cuentos

Objetivos

En este capítulo vas a:

✿ estudiar dos géneros literarios—el cuento y la novela

✿ aprender algunas convenciones técnicas de escribir en forma narrativa; analizar una oración declarativa e interrogativa; aprender el uso de letras mayúsculas; estudiar algunos prefijos y sustantivos compuestos

✿ leer la biografía del famoso diseñador latino Óscar de la Renta; leer el cuento *El Conde Lucanor,* Capítulo XXIV de Don Juan Manuel

✿ preparar y tomar parte en una entrevista; escribir un cuento

✿ comparar oraciones declarativas e interrogativas en inglés y en español; comparar el uso de letras mayúsculas y prefijos y sustantivos compuestos en inglés y en español

Pico del volcán Orizaba, Veracruz, México

Vocabulario para la lectura

Estudia las siguientes definiciones.

la alta costura arte de coser para hacer (confeccionar) trajes elegantes

la empresa negocio, compañía, sociedad

la lencería ropa blanca en general y, especialmente, ropa interior

el modisto diseñador de ropa

el sordomudo persona que no puede oír ni hablar

confeccionado hecho, producido

desamparado que no tiene donde vivir; sin casa

natal relativo al nacimiento, nativo

destacarse sobresalir

Poder verbal

ACTIVIDAD 1 **Parafraseando** Expresa de otra manera.

1. Él *sobresale* en todo lo que hace.
2. Es una *compañía* de categoría.
3. Es un *diseñador* famoso.
4. Todo está *hecho* en casa.
5. El pueblo *donde nació* el diseñador es muy pequeño.
6. En esta tienda se vende *ropa interior* muy cara.
7. Es una escuela especial para *los que no pueden oír ni hablar.*
8. Esta agencia ayuda a los *que no tienen hogar.*

Escaparate de una tienda de ropa,
Puerto Banús, Marbella, España

Andrew Payti

Biografía de un diseñador famoso—Óscar de la Renta

El muy conocido diseñador de alta costura, Óscar de la Renta, nació en Santo Domingo, la capital de la República Dominicana, en 1936 pero ha pasado la mayoría de su vida en Estados Unidos. De joven, fue a Madrid a estudiar. Allí conoció al célebre modisto español Balenciaga. Fue a trabajar con Balenciaga y así empezó su distinguida carrera en alta costura. Después de unos años con Balenciaga, de la Renta fue a París, la capital mundial de la moda.

La Catedral Santa María la Menor y el Monumento a Cristóbal Colón, Santo Domingo, República Dominicana

De la Renta se hizo famoso por sus estilos lujosos. Se destacó en el diseño de elegantes trajes de noche confeccionados con telas extravagantes. Recibió tanta fama y aclamación que empezó a diseñar para la famosa modista Elizabeth Arden en Nueva York. Luego decidió establecer su propia empresa que ha tenido un éxito tremendo. La línea de la casa de Óscar de la Renta es caudalosa. Lo abarca todo: trajes de baño, trajes de noche, trajes de boda, pieles, perfumes y lencería.

El dominicano Óscar de la Renta es uno de los más renombrados modistos o diseñadores de este siglo. Su fama es mundial.

Larry Hamill

Y hay otras razones por la fama de este señor—razones muy humanas. Él ha jugado un papel importantísimo en varios proyectos caritativos en su país natal. Fundó un orfanato y un tipo de «Boy's Town» para niños desamparados. Estableció una guardería para niños muy jóvenes que pasan el día allí mientras sus padres trabajan. Recientemente fundó una escuela especial para sordomudos. Después de la muerte de su querida esposa, la actriz francesa Françoise de Langlade, el señor de la Renta cuidó personalmente a un niño abandonado que pesaba sólo dos libras. Él mismo le daba de comer, lo lavaba, cambiaba sus pañales y lo acariciaba. Los médicos creían que el niño iba a morir. Pero no murió gracias a la ayuda del señor de la Renta quien decidió que su Moisés se quedaría para siempre en su hogar.

Santo Domingo, la República Dominicana

Y ahora vamos a leer parte de una entrevista que dio Óscar de la Renta. Ya sabemos que el señor de la Renta ha hecho mucho para ayudar a los niños necesitados de su país natal. Dice el señor de la Renta: «Hoy en día nos ocupamos de aproximadamente cuatrocientos niños diariamente. Hemos ido creciendo, poco a poco, ayudando en las diferentes necesidades».

Una guardería para niños

Entrevistador: La fama, ¿ha cambiado en algo tu forma de ser?

de la Renta: Yo tengo la suerte de que en realidad, personalmente, nunca he cambiado. La razón por la cual a mí me encanta Santo Domingo es porque yo nunca trabajé en mi país. Me fui de él a los diecisiete años. Es el único sitio que no relaciono con el trabajo. Es como si no me hubiese ido nunca. Yo pienso en mí cuando tenía diecisiete años y mis amigos son los mismos que yo dejé en aquella época. En ese sentido, mi vida ha sido muy balanceada, por lo menos trato de que mis triunfos no me hagan cambiar.

Óscar de la Renta asegura que lo que más le satisface de su éxito es que los latinos se sientan plenamente orgullosos de él. «Tengo la inmensa responsabilidad de poner nuestro nombre muy en alto», concluye.

Comprensión

A Buscando hechos

Contesta las siguientes preguntas.

1. ¿Cómo se llama el diseñador?
2. ¿Dónde nació?
3. ¿Adónde fue a estudiar?
4. ¿Con quién trabajó?
5. ¿Dónde se instaló más tarde?
6. ¿Por qué se hizo famoso?
7. ¿Para quién diseñó?
8. ¿Qué estableció?
9. ¿Qué incluye la línea de la casa de la Renta?

Andrew Payti

B **Palabras en contexto** En esta selección has encontrado algunas palabras cuyas definiciones te pueden ser desconocidas, pero será fácil determinar su significado debido al contexto en que se usan. Lee lo siguiente.

1. La línea de la casa de Óscar de la Renta es *caudalosa*. Lo abarca todo: trajes de baño, trajes de noche, trajes de boda, etc.

Aun si no conoces la palabra «caudalosa», el contexto te indica su significado. Dice que su línea abarca todo. Entonces, ¿qué significa «caudalosa»?

   a. bonita   **c.** elegante
   b. famosa   **d.** grande

2. El dominicano Óscar de la Renta es uno de los más *renombrados* modistos o diseñadores de este siglo. Su fama es mundial.

Una vez más el contexto te ayuda a determinar el significado de «renombrado» porque continúa diciendo que «su fama es mundial». ¿Qué significa «renombrado»?

   a. cosmopolita   **c.** popular
   b. conocido   **d.** elegante

Adivinando el significado de una palabra por su contexto en la oración es una importante estrategia de lectura.

C **Resumiendo** En tus propias palabras, da un resumen de la obra caritativa del señor de la Renta.

D **Analizando** En la entrevista que dio Óscar de la Renta dijo: «Tengo la inmensa responsabilidad de poner nuestro nombre muy en alto». ¿A quiénes se está dirigiendo de la Renta a hacer esta declaración?

Escaparate de una tienda de ropa,
Calle Serrano, Madrid, España

Preparando y conduciendo una entrevista

Una entrevista es una reunión o charla entre dos personas. Una es el/la entrevistador(a)—la que le hace preguntas a la segunda persona para obtener información. La segunda persona es la que contesta y da la información. Se le llama «entrevista» también al reportaje escrito sobre tal reunión o charla. La entrevista sirve varios propósitos. Puede ser una entrevista para solicitar trabajo, una entrevista para recoger noticias o una entrevista para investigar un acto criminal, por ejemplo.

Nosotros vamos a hacer una entrevista para recoger noticias. Vamos a entrevistar a Óscar de la Renta. Hay que empezar la entrevista con una pregunta que introduzca o presente el sujeto a los oyentes (los que escuchan) o lectores (los que leen). Un ejemplo: «Pues, señor de la Renta. Usted se ha metido en muchas obras caritativas, ¿no?»

Hay que continuar a hacer preguntas con el motivo de obtener la información más importante. Las palabras favoritas de cualquier reportero(a) son: **quién, qué, dónde, cuándo.** Siempre trata de hacer una pregunta que no tenga respuesta fija. Luego continúa con preguntas más abiertas: **cómo, por qué.** Y por fin hace preguntas muy abiertas que no tengan una respuesta fija para permitir a la persona a quien entrevista decir lo que quiera. Ejemplos de unas preguntas abiertas son: «Señor de la Renta, yo he oído que usted sabe cambiar pañales. ¿Es verdad eso? ¿Cómo es posible que un señor tan distinguido como usted sepa cambiar pañales?» «Pues, ¿qué más quisieran saber nuestros oyentes (o lectores) de su vida tan interesante?»

E **Una entrevista** Ahora vamos a empezar la entrevista. Trabajen en grupos de tres. Uno(a) va a ser el/la entrevistador(a) y otro(a) va a ser Óscar de la Renta. El/La entrevistador(a) va a hacer las preguntas y el/la otro(a) va a contestarlas. El/La tercero(a) va a ser el/la reportero(a) y va a tomar notas. Si quieren, pueden hacer su entrevista delante de la clase. Los otros miembros de la clase serán sus oyentes. Luego los tres van a reagruparse. Trabajando juntos van a ayudar al (a la) reportero(a) a preparar un reportaje escrito sobre la entrevista.

Conexión con la literatura

El cuento y la novela

El cuento y la novela tienen muchas características en común. La diferencia principal entre estos dos géneros es extensión y profundidad. La novela es mucho más larga que el cuento. Vamos a señalar las principales características que les son comunes.

Argumento En el cuento y en la novela el autor narra unos hechos verdaderos o imaginados. Estos hechos relatan lo que pasa o sea la acción del cuento o de la novela. Estos hechos son el argumento.

Los protagonistas de la famosa novela *El Quijote* son don Quijote y Sancho Panza.

Molinos de viento en la Mancha

Personajes y protagonistas Los hechos suceden a unos personajes. Los personajes más importantes o principales son los protagonistas. La narración incluye diálogos o conversaciones que sostienen los personajes.

Lugar o ambiente Los sucesos tienen lugar en determinados lugares o ambientes. Por eso figuran en la narración descripciones de estos lugares o ambientes.

El cuento

El argumento del cuento suele ser muy sencillo. El cuento tiene sólo uno o dos personajes. Es bastante escasa la descripción de los lugares o ambientes. El cuentista tiene que decir mucho en pocas páginas.

La novela

La novela es más larga que el cuento y el argumento es más desarrollado. El asunto suele ser verosímil. Es decir que los hechos podrían haber ocurrido. En la novela el autor nos presenta las acciones de sus personajes y nos revela su carácter—lo que sienten y como piensan. Lo logra por medio de descripciones y diálogos. El novelista da a conocer el comportamiento de los personajes que participan en la acción.

La novela incluye también descripciones del ambiente social y natural. El novelista describe a sus lectores la sociedad y la naturaleza en que viven los personajes de la novela. Leyendo una novela podemos aprender mucho sobre la época en la cual tiene lugar la novela.

Narración realista y fantástica

En una narración realista los personajes y los lugares que se presentan y los hechos que ocurren son verdaderos o podrían serlo, aunque sea una obra ficticia. Pero en una narración fantástica, los personajes, ambientes y hechos ni existen ni podrían existir en la realidad.

Comprensión

A **Poder verbal** Palabras calientes
Da una definición de las siguientes palabras.

1. el argumento
2. el personaje
3. el protagonista
4. el ambiente
5. una narración realista
6. una narración fantástica
7. un diálogo
8. verosímil

B Comparando En tus propias palabras explica la diferencia entre un cuento y una novela.

Gramática y lenguaje

Visit **ConnectEd** for additional practice

Analizando una oración

1. Una oración es la palabra o el conjunto de palabras que expresa un pensamiento o una idea completa. Nota que en español una oración puede constar de una sola palabra.

> **Estudio.**
>
> **Mi amigo busca unos libros en la librería.**

2. Cada oración consta de un sujeto y un predicado (verbo). El sujeto es la persona o cosa de quien se dice algo. El predicado es lo que se dice del sujeto; lo que hace el sujeto.

> | SUJETO | PREDICADO |
> |---|---|
> | **Mi amigo** | **busca unos libros** |

3. Se puede suprimir el sujeto cuando el verbo o predicado nos da a entender fácilmente quien es el sujeto. Al sujeto suprimido se le llama «el sujeto tácito».

> | | SUJETO TÁCITO |
> |---|---|
> | **Estudio.** | **yo** |
> | **Hablas.** | **tú** |
> | **Escuchamos** | **nosotros** |

4. Hay varios tipos de oraciones.

   a. Una oración declarativa hace una declaración, es decir que te informa de algo de manera completa. Empieza con una letra mayúscula y termina con un punto.

   > **El modisto dominicano fundó un orfanato.**

   b. Una oración interrogativa hace una pregunta. Empieza y termina con un punto de interrogación « ¿ ?».
   Nota que en una oración interrogativa hay que invertir el sujeto y el verbo. El sujeto puede seguir el verbo o colocarse al final de la oración.

   > **¿Fundó el modisto dominicano un orfanato?**
   > **¿Fundó un orfanato el modisto dominicano?**

Una oración Indica si es una oración completa o no.

1. El cuento interesante.
2. Cervantes escribió *el Quijote.*
3. Una foto de su pueblo natal.
4. Él tiene una foto de su pueblo natal.
5. Su pueblo natal es bonito.
6. Un libro en la librería.
7. Elena quiere comprar un libro.
8. Va a la librería.
9. Lee.
10. En español.

La muchacha busca un libro en la biblioteca.

ACTIVIDAD 2 Una oración interrogativa Cambia cada oración declarativa en una oración interrogativa.

1. Óscar de la Renta nació en la República Dominicana.

2. Una novela es más larga que un cuento.

3. El novelista describe el ambiente.

4. El protagonista es el personaje más importante de la obra.

5. El argumento de esta novela es interesante.

Letras mayúsculas

En español la letra inicial se escribe con mayúscula en los siguientes casos.

a. la primera palabra de una oración.

> **Los alumnos llegan a la escuela a las ocho.**

b. los nombres o sustantivos propios

> **Federico Grávalos vive en San Marcos, Tejas.**

c. los nombres de instituciones

> **La Escuela Asenjo**
> **La Academia de Bellas Artes**

d. las abreviaturas

> **Sr. (Srta. Sra.) González**
> **González y Hmnos.**
> **Ud.**

e. la letra inicial de los títulos de obras artísticas, científicas y literarias

> *Las lanzas*
> *La camisa de Margarita*
> *Cien años de soledad*

Los alumnos vuelven a casa.

Un dependiente ayuda a los clientes.

ACTIVIDAD 3 Letras mayúsculas Corrige.

1. julián garza

2. isabel allende

3. los ángeles, california

4. el colegio hidalgo

5. el palacio de bellas artes

Gramática y lenguaje

ACTIVIDAD 4 **Abreviaturas** Escribe la forma abreviada.

1. señor
2. ustedes
3. doctora
4. hermanos
5. licenciado

ACTIVIDAD 5 **Letras mayúsculas y puntuación**
Escribe las siguientes oraciones correctamente.

1. los alumnos asisten al colegio hidalgo en monterrey, méxico
2. van a ver una exposición del artista rufino tamayo en el palacio de bellas artes
3. la tienda de abarrotes (la bodega) que más me gusta es hnos. delibes
4. vamos a ver la película *lo que el viento se llevó* en el cine rex
5. la sra. madero está leyendo *cien años de soledad* del colombiano gabriel garcía márquez
6. quién es el autor de la novela *conversación en la catedral*
7. creo que es mario vargas llosa de perú
8. van uds. a asistir a la universidad de texas en austin

Palacio de Bellas Artes, Ciudad de México

Los prefijos

1. Se puede hacer muchas palabras nuevas poniendo un prefijo ante la palabra original. El prefijo puede cambiar o aún darle un significado contrario a la palabra.

   Has visto la palabra **verosímil** en **Conexión con la literatura.** Verosímil significa algo que puede existir. El prefijo **in-** significa **no.** Así la palabra **inverosímil** significa algo que no puede existir.

2. Aquí tenemos algunos prefijos y su significado.

PREFIJO	PALABRA	SIGNIFICADO
in-	inactivo	no activo
	insuficiente	no suficiente
im- (delante de p)	imposible	no posible
	improbable	no probable
des-	desconocido	no conocido
	descontento	no contento
re-	reaparecer	aparecer otra vez
	reconstruir	construir otra vez

6 Prefijos Haz palabras nuevas añadiendo un prefijo.

1. cómodo
2. calentar
3. justo
4. agradar
5. correcto
6. considerar
7. conocido
8. acuerdo

7 Significado Explica el significado de cada una de las siguientes palabras.

1. hacer   rehacer   deshacer
2. cargar   recargar   descargar
3. coser   recoser   descoser

Sustantivos compuestos

Un sustantivo compuesto se compone de la raíz de una palabra, mayormente un verbo, y un sustantivo. Los sustantivos compuestos son masculinos.

abre - latas	el abrelatas
rasca - cielos	el rascacielos
guarda - ropa	el guardarropa

8 Sustantivos compuestos Forma un sustantivo compuesto de cada par de palabras.

1. limpiar   botas
2. lavar   platos
3. parar   aguas
4. sacar   corchos
5. cascar   nueces
6. sacar   puntas
7. cumplir   años

Literatura

El conde Lucanor, capítulo XXIV

de Don Juan Manuel

◆ **Vocabulario para la lectura**

la villa ciudad, población

los demás otras personas

el apodo otro nombre que toma una persona o que se le da a la persona

el mozo el joven

el provecho el beneficio

sabio(a) muy inteligente

mejorar hacer mejor

suceder ocurrir, pasar, tener lugar

olvidar no recordar

hacerle caso prestar atención

Faroles

Andrew Payti

Poder verbal

 Poder verbal Parea los contrarios.

1. los demás   **a.** no pasar nada
2. una villa   **b.** un pueblo pequeño
3. mejorar   **c.** empeorar
4. suceder   **d.** nosotros mismos

2 Usa cada palabra de la Actividad 1 en una frase original.

3 Da otra palabra o expresión.

1. ciudad o población
2. no tener en la memoria
3. un muchacho
4. prestar atención; fijarse en
5. de mucha inteligencia
6. los otros (refiriéndose a gente)

4 Expresa de otra manera.

1. Tenemos que proteger los derechos de *los otros*.
2. ¿Qué *pasa*?
3. Tienes que *prestarle atención* porque es *muy inteligente*.
4. Él tiene *varios nombres*.
5. Hay que sacar *beneficio* de la oportunidad.

Preparándote para la lectura

Leyendo una obra narrativa En cualquier obra narrativa, el autor se sirve de algunas convenciones literarias. El cuento, igual que la novela, tiene tres componentes importantes. Son la historia, el discurso y el tema.

La **historia** es el argumento—la acción, lo que pasa en la obra.
El **discurso** es la manera en que el autor narra—su estilo.
Y el **tema** es la significación de lo que pasa.

Mientras estés leyendo el siguiente capítulo de *El conde Lucanor* identifica los siguientes elementos.

1. la exposición   El autor empieza dándoles a sus lectores los datos necesarios para entender la acción de la obra.

2. el desarrollo   Es la introducción del asunto de la obra, es decir, las acciones de los personajes y sus motivos.

3. el suspenso   El autor introduce un elemento de tensión dramática—una especie de anticipación de lo que va a pasar.

4. el punto decisivo   Es algo que cambia la dirección de la obra.

5. el clímax   Es el momento culminante, el resultado del punto decisivo.

6. el desenlace   Es la parte que presenta las consecuencias finales.

Don Juan Manuel nació en un pueblo cerca de Toledo en España.

◆ **Introducción**

El autor de *El conde Lucanor* es don Juan Manuel (1282–1349?), sobrino del rey Alfonso X el Sabio. El plan del libro es sencillo. El conde Lucanor consulta a su consejero Patronio cada vez que tiene que enfrentar una situación difícil. Patronio le relata un cuento que le puede servir de guía al conde en la decisión que tiene que tomar. La moraleja del cuento se resume al final en unos versos cortitos.

El conde Lucanor Capítulo XXIV
De lo que conteció a un buen hombre con su hijo

1   En una ocasión ocurrió que el conde Lucanor le hablaba a Patronio, su consejero, y le dijo que estaba muy ansioso sobre una cosa que quería hacer. Estaba ansioso porque sabía que no importaba que lo hiciera o que no lo hiciera, habría gente que lo criticara. El conde
5 Lucanor quería que Patronio le diera consejos y Patronio le relató el siguiente cuento.

    Ocurrió que un labrador bueno y honrado tenía un hijo joven y muy inteligente pero cada vez que el padre quería hacer algo para mejorar su hacienda el hijo le contaba un montón de cosas negativas que
10 podrían suceder. Después de un tiempo el buen labrador se puso enfadado porque sabía que estaba sufriendo daños en su negocio porque siempre le hacía caso a lo que le decía su hijo. Por fin decidió que tenía que enseñarle una lección.

    El buen hombre y su hijo eran labradores que vivían cerca de una
15 villa. Un día fueron al mercado de la villa para comprar algunas cosas que necesitaban. Los dos se pusieron de acuerdo que llevarían un asno para cargar las compras. Iban al mercado a pie y el asno no llevaba ninguna carga. Encontraron a unos hombres que volvían de la villa. Estos hombres empezaron a hablar entre sí. El labrador oyó que decían
20 que no les parecía muy prudente que los dos iban a pie mientras el asno andaba descargado. El padre le preguntó a su hijo lo que pensaba de los comentarios de aquellos hombres. El hijo dijo que le parecía que decían la verdad. Entonces el buen hombre mandó a su hijo que subiera en el asno.

25   Seguían por el camino cuando encontraron a otros hombres que al verlos dijeron que no les parecía normal que un labrador viejo y cansado anduviera a pie y que un joven fuerte anduviera montado en el asno. Una vez más el padre le preguntó a su hijo lo que pensaba. El hijo creyó que tenían razón y el padre mandó a su hijo que se bajara

30 del asno para que él lo subiera.

    A poca distancia encontraron una vez más a otros hombres. Estos dijeron que el buen hombre hacía muy mal porque él estaba acostumbrado a las fatigas del trabajo y él, y no el hijo pequeño, debía andar en el asno. El buen hombre le preguntó a su hijo qué le parecía lo

35 que aquellos hombres decían. El mozo contestó que estaba de acuerdo con ellos. Entonces el padre mandó a su hijo que él también subiera al asno de manera que ninguno de los dos anduviera a pie.

    Después encontraron a otros hombres que comenzaron a decir que aquella bestia en que iban era tan flaca que era cruel que los dos

40 caballeros anduvieran montados en ella.

    El padre le habló a su hijo:

    —Mi hijo, ¿qué quieres que yo haga para que nadie me critique? Ya ves que todos nos han criticado—si los dos vamos a pie, si tú vas a pie, si yo voy a pie o si ninguno de los dos va a pie. Y cada vez que

45 nos han criticado tú has estado de acuerdo con lo que decían. Espero que esto te sirva de lección. No puedes hacer nada que les parezca bien a todos. Hay que hacer lo que te sea conveniente con tal de que no sea malo.

    —Y tú, señor conde, tienes que considerar el daño o el provecho que

50 puedes sacar de algo. Si no tienes total confianza en lo que quieres hacer, debes buscar el consejo de gente inteligente y fiel.

    Por miedo a lo que dirá la gente, no dejes de hacer lo que más apropiado y conveniente te parece ser.

Glow Images

Comprensión

A **Recordando hechos** Contesta.

1. ¿Cuál fue el problema que tenía el buen labrador con su hijo?
2. ¿Por qué decidió que tenía que enseñarle una lección?
3. ¿Dónde vivían el labrador y su hijo?
4. ¿Adónde iban? ¿Por qué?
5. ¿Sobre qué se pusieron de acuerdo los dos?

B **Describiendo** Describe lo que pasó cuando…

1. ninguno de los dos iba en el asno.
2. solo el hijo iba en el asno.
3. solo el padre iba en el asno.
4. los dos iban en el asno.

Un burro en una calle de un pueblo antiguo, España.

C Discute.

1. el porqué de los comentarios de los cuatro grupos de hombres que el padre y el hijo encontraron

2. la razón por la cual el padre se enfadó con su hijo

D Resumiendo En tus propias palabras da un resumen de la conclusión del cuento.

E Elemento literario Lee lo siguiente.

La lucha entre fuerzas en una historia es el **conflicto.**

Un conflicto es **externo** cuando un personaje lucha contra una fuerza fuera de sí. Puede ser una lucha con otra persona, con la naturaleza, la sociedad o el destino.

Un conflicto es **interno** cuando el personaje está dividido entre sentimientos, emociones o metas (goles) que tiene en su propia mente.

Mientras la historia o el argumento continúa, el conflicto se desarrolla en un clímax, el punto de mayor interés.

Y por fin el conflicto se acaba en la resolución de la historia.

Escribe un(os) conflicto(s) externo(s) e interno(s) en este capítulo de *El conde Lucanor.* Luego identifica el clímax del cuento y su resolución.

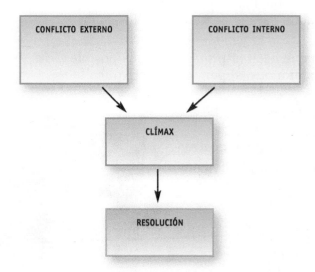

Composición

Escribiendo un cuento

Cuando escribes un cuento, tienes que contestar la pregunta «¿Qué pasó?» Para dar a tus lectores la idea entera de lo que ocurrió, tu cuento necesita un principio, un medio y un fin. Para escribir un cuento bueno, piensa en un cuento que a ti te gustó y por qué te gustó tanto.

Ahora, ¡te toca a ti!

1 Vas a escribir un cuento. Vas a ver lo fácil, divertido e interesante que será. Lo único que tienes que hacer es seguir este esquema.

- **Protagonista** Dale un nombre a tu protagonista. Explica quién es.

- **Descripción** Describe a tu protagonista. Explica cómo es.

- **Lugar o ambiente** Di de dónde es el/la protagonista. Indica también dónde tiene lugar la acción de tu cuento.

- **Descripción** Da una descripción del lugar. Puedes describir la casa del protagonista, su pueblo o ciudad— todo lo que sea importante para el desarrollo de la acción de tu cuento.

- **Argumento** Escribe lo que hace tu protagonista. Es posible que tengas que involucrar a otro(s) personaje(s). Explica lo que sucede.

- **Descripción** Déjanos saber cómo es la actuación o el comportamiento de tu protagonista. ¿Cómo sucede? ¿Qué ocurre?

- **Clímax** Explica lo que pasa al final y cómo termina la acción.

- **Desenlace** *(opcional)* Describe las consecuencias de las acciones de tu protagonista.

Conexión con el inglés

Una oración

1. Una oración en inglés igual que en español tiene que expresar un pensamiento o una idea completa.

ESPAÑOL	INGLÉS
Leí un cuento muy interesante.	*I read a very interesting story.*

2. Hay una diferencia en la puntuación de una oración interrogativa. En inglés, ningún punto de interrogación precede la pregunta. Hay solamente un punto de interrogación y se coloca al final de la oración interrogativa.

ESPAÑOL	INGLÉS
¿Fundó el modisto dominicano un orfanato?	*Did the Dominican designer found an orphanage?*

3. Nota que en inglés, igual que en español, es necesario invertir el sujeto y el verbo en una pregunta. Pero en inglés el sujeto se coloca inmediatamente después de lo que se llama «el verbo auxiliar». No se puede colocar el sujeto al final de la oración interrogativa tal como en español.

ESPAÑOL	INGLÉS
¿Encontró Andrés la moneda en el parque?	*Did Andrew find the coin in the park?*
¿Encontró la moneda en el parque Andrés?	

Letras mayúsculas

En todos los casos que es obligatorio el uso de la mayúscula en español, lo es en inglés también. Pero la mayúscula se usa con más frecuencia en inglés que en español.

1. Hay que escribir el título de una persona con mayúscula cuando se refiere a un individuo específico.

ESPAÑOL	INGLÉS
el presidente Suárez	*President Suarez*
la senadora Williams	*Senator Williams*
Sí, capitán	*Yes, Captain*

   Pero no se usa mayúscula si no se refiere a una persona específica.

   He was elected president.

2. En inglés hay que usar mayúscula con un término de parentesco cuando no está modificado.

> *I know Uncle Bill went with him.*
> *I know his uncle Bill went with him.*

3. El pronombre de sujeto *I* (**yo**) es siempre letra mayúscula.

> *Of course I know him.*

4. En inglés, la primera y la última palabras de un título y cualquier otra palabra importante de un título tienen que comenzar con letra mayúscula.

ESPAÑOL	INGLÉS
Conversación en la catedral	*Conversation in the Cathedral*
Cien años de soledad	*One Hundred Years of Solitude*
La bella y la bestia	*Beauty and the Beast*

5. Cualquier sustantivo o adjetivo de nacionalidad o lengua lleva mayúscula en inglés.

ESPAÑOL	INGLÉS
Hablo español.	*I speak Spanish.*
Me gusta la literatura española.	*I like Spanish literature.*
Hay muchos españoles aquí.	*There are many Spaniards here.*

6. En inglés, se escriben con mayúscula los días de la semana y los meses del año.

ESPAÑOL	INGLÉS
lunes	*Monday*
el primero de enero	*the first of January*

Los prefijos

Los prefijos existen en inglés igual que en español. Como los prefijos vienen del latín le dan el mismo significado a una palabra en inglés que en español.

ESPAÑOL		INGLÉS	
in-	incómodo	un-	uncomfortable
in-	increíble	in-	incredible
im-	imposible	im-	impossible
des-	desaparecer.	dis-	disappear
re-	reconstruir	re-	reconstruct

Sustantivos compuestos

En inglés hay muchos sustantivos compuestos. Son mucho más corrientes que en español.

- Algunos sustantivos compuestos forman una sola palabra.

  doorknob, homeroom, necklace, bookmark

- Otros tienen guión: -.

  age-group, great-grandmother, runner-up

- Y otros se componen de más de una palabra.

  dining room, music box, maid of honor

Is it a water fall, a water-fall, or a waterfall?

Angel Falls is located in Canaima National Park, Venezuela

Capítulo
4

Poesía

Objetivos

En este capítulo vas a:

✿ estudiar algunas fiestas hispanas o latinas; aprender lo que es la poesía; familiarizarte con algunas técnicas poéticas

✿ aprender el presente de los verbos regulares, lo que es el sujeto tácito y familiarizarte con el uso de **vosotros** y **vos**

✿ leer una *Rima* de Gustavo Adolfo Bécquer; y *Dicen que no hablan* de Rosalía de Castro;

✿ escribir una poesía corta

✿ aprender las diferencias en la formación del tiempo presente en español e inglés

Un palacio en la ladera de una montaña, España

Vocabulario para la lectura

Estudia las siguientes definiciones.

la deuda dinero que se debe

el puñado una cantidad pequeña; literalmente la porción que cabe
en la mano cerrada, el puño

anglosajón de habla inglesa

feriado dícese del día en que están suspendidos o cerrados los
negocios; festivo

estallar ocurrir violentamente

soler (ue) acostumbrar, hacer ordinariamente

Bailarines tradicionales entretienen a turistas,
Ciudad Oaxaca, Oaxaca, México

Poder verbal

ACTIVIDAD 1

¿Qué palabra necesito? Completa con una palabra
apropiada.

1. ____ una guerra.
2. El ejército no está preparado a luchar porque había sólo
un ____ de soldados.
3. Los ingleses son ____.
4. Ellos hacen ejercicios casi a diario. Los ____ hacer antes
de salir para la escuela.
5. Hoy no tenemos que levantarnos temprano. No hay
trabajo y no hay clases. Es un día ____.
6. Ella paga todo enseguida. No le gusta tener ____.

Lectura

Fiestas latinas

Días laborables y días feriados

En Estados Unidos no hay clases los sábados. Pero, ¿te sorprende aprender que en muchos países latinoamericanos y en España los alumnos tienen clases los sábados por la mañana? Pues sí, las tienen porque el concepto del fin de semana o *weekend* es más bien anglosajón que hispano. Es verdad que los alumnos y los trabajadores no suelen tener sus dos días de descanso a la semana. Pero tienen muchos días de fiesta. Y en los días festivos o feriados no hay clases ni trabajo.

Estrategia de lectura

Usando lo ya conocido Antes de empezar a leer algo es aconsejable mirar el título y pasar un ratito pensando en lo que ya sabes sobre el tópico o tema. Antes de leer esta selección, piensa en algunas fiestas que te son conocidas. Piensa también en la diferencia entre un día laborable y un día festivo.

Una marioneta de un esqueleto para el Día de los Muertos, Albuquerque, Nuevo México

El 16 de septiembre

Los mexicanos celebran el Día de la Independencia el 16 de septiembre. A las once de la noche del 15 de septiembre, en todas las plazas de México se repite «el grito» para conmemorar el grito que dio el humilde sacerdote Miguel Hidalgo. El padre Hidalgo se sublevó contra los españoles y con un puñado de indígenas dio «el Grito de Dolores», en el pueblecito de Dolores: «Viva Nuestra Señora de Guadalupe y mueran los gachupines[1]». Con este grito estalló la Guerra de la Independencia contra España en 1810. El día 16 de septiembre, y solo ese día, suena la campana de la iglesia parroquial del buen padre Hidalgo.

....

[1] **gachupines** sobrenombre despectivo dado a los españoles que se establecieron en las Américas

El Ángel de la Independencia en el Paseo de la Reforma, Ciudad de México, México

Glow Images

El Cinco de Mayo

Si el día 16 de septiembre es el Día de la Independencia de México, también es importante el 5 de mayo. Las celebraciones del Cinco de Mayo conmemoran la victoria de las tropas mexicanas contra las tropas francesas en Puebla en el año 1862. Napoleón III quería restaurar el prestigio francés en las Américas. Varios años de revolución y guerra en México habían costado caro y el gobierno del presidente Benito Juárez se vio obligado a suspender los pagos de deudas extranjeras. Napoleón se aprovechó del momento y envió tropas a México donde estableció una monarquía bajo el mando del archiduque Maximiliano de Austria. La oposición del pueblo mexicano y las protestas del gobierno de Estados Unidos resultaron en el retiro de las tropas francesas.

El Cinco de Mayo se celebra también en Tejas. Hay música, bailes, buena comida y otros eventos culturales de índole mexicana. Muchos tejanos creen erróneamente que están celebrando la independencia de México, pero no es el caso. El Día de la Independencia, como sabemos, se celebra en México el 16 de septiembre.

Mexicanoamericanos celebrando el Cinco de Mayo en Port Huron, Michigan

El Día de San Juan Bautista

En San Juan de Puerto Rico celebran el Día de San Juan. Claro que San Juan es el santo patrón de la capital puertorriqueña que lleva su nombre. La fiesta de San Juan es una fiesta móvil. Se celebra generalmente el día 20 o 21 de junio. Es siempre el día más largo del año. ¿Y dónde tienen lugar las festividades? Tienen lugar en la playa misma. A la medianoche los sanjuaneros caminan hacia atrás al agua para que sigan teniendo buena suerte durante el año próximo. Lo hacen tres veces.

El puerto de San Juan

El Día de la Raza

En Estados Unidos se celebra *Columbus Day* el 12 de octubre para conmemorar la llegada de Cristóbal Colón a tierra americana. Entre los latinos o los hispanos el 12 de octubre se llama «el Día de la Raza» o sea el día en que las dos etnias—la europea y la indígena—se unieron. Es un día feriado o festivo en todo Latinoamérica y entre la población latina en Estados Unidos. La Raza, sobre todo entre los mexicanoamericanos, tiene el significado de «el pueblo».

Durante la fiesta hay desfiles con flotillas que representan el descubrimiento y la conquista de las Américas.

Comprensión

A **Haciendo comparaciones** Compara la semana laborable anglosajona con la semana laborable en la mayoría de los países hispanos.

B **Buscando información** Contesta.
1. ¿Cuál es la fecha de la independencia de México?
2. ¿A qué se refiere «el grito»?
3. ¿Qué conmemora el 5 de mayo?
4. ¿Quién mandó tropas a México para establecer una monarquía en el país?
5. ¿Quién es el santo patrón de San Juan de Puerto Rico?
6. ¿Por qué es móvil la fecha de esta fiesta?
7. ¿Qué hacen los sanjuaneros para celebrar esta fiesta?
8. ¿Qué conmemora el Día de la Raza y cuándo se celebra?

Un desfile puertorriqueño en Nueva York

C **Fiestas** Da una breve descripción de una fiesta importante o popular que celebra la gente donde tú vives.

Conocimientos para superar

Conexión con la literatura

Al comentar un texto literario, además de analizar los personajes, el argumento, el tema, la estructura y el estilo debemos saber identificar el género literario al cual pertenece la obra.

Géneros literarios

Las obras literarias pueden dividirse en tres grandes géneros.

La lírica En una obra lírica el autor expresa sus sentimientos. A este género pertenecen casi todas las obras en verso y algunas en prosa.

La narrativa En una obra narrativa el autor relata unos hechos. Intercala los hechos con descripciones y diálogos o conversaciones entre sus personajes. La narrativa puede ser escrita en prosa o en verso.

El teatro En una obra teatral el medio de expresión es el diálogo entre los personajes.

¿Qué te gusta leer?

¿Qué es poesía?

Jessica Byrne

Nadie ha podido dar una definición definitiva de la poesía. ¿Qué es lo que hace que un escrito sea poesía y no prosa? Es difícil contestar. Pero se puede decir que lo que establece la mayor diferencia entre la prosa y la poesía es el ritmo—o sea la musicalidad de una línea de una poesía. De este ritmo musical surge el verso como contrario de la prosa. El verso es una forma de emplear el lenguaje y la prosa es otra. La poesía es la expresión de la belleza por medio del lenguaje artístico. No hay duda que la mayoría de la poesía está escrita en verso pero prosa también puede ser poesía. Aquí tenemos un ejemplo de poesía en verso.

> ¿Qué es poesía?—dices mientras clavas
>
>   En mi pupila tu pupila azul;
>
> ¿Qué es poesía? ¿Y tú me lo preguntas?
>
>   Poesía... eres tú.
>
>   *Rimas* de Gustavo Adolfo Bécquer

Plaza Mayor, Villa de Leyva, Colombia

Lee el trozo del siguiente poema *La pedrada* de Gabriel y Galán.

1   Yo he nacido en esos llanos
de la estepa castellana,
donde había unos cristianos
que vivían como hermanos
5   en república cristiana.

    Me enseñaron a rezar,
enseñáronme a sentir
y me enseñaron a amar;
y como amar es sufrir,
10   también aprendí a llorar.

Y ahora vas a estudiar una estrofa detalladamente.

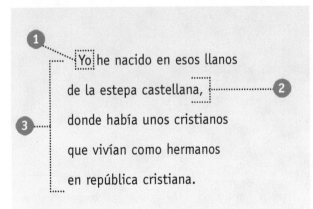

Yo he/na/ci/do e/ne/sos/lla/nos
de/la es/te/pa/cas/te/lla/na,
don/de ha/bí/a u/nos/cris/tia/nos
que/vi/ví/an/co/mo her/ma/nos
en/re/pú/bli/ca/cris/tia/na.

1 Un poema tiene casi siempre un hablante. El hablante en el poema es la voz de la persona que le habla al lector. No es necesariamente el poeta.

2 A cada una de las líneas del poema se le llama un «verso».

3 Cada serie de versos es una «estrofa».

4 Cada verso tiene un número fijo de sílabas. Es decir que tiene «medida».

5 Cada verso tiene colocados los acentos y las pausas de tal modo que tienen «ritmo».

6 La rima es la repetición de sonidos, por lo general al final de las palabras. No todas las poesías tienen rima.

Conocimientos para superar

Comprensión

A **Analizando** Vamos a analizar el poema *La pedrada* de Gabriel y Galán.

1. ¿Cuántos versos tiene cada estrofa?

2. Vamos a dividir cada verso en sílabas

Yo he/na/ci/do e/ne/sos/lla/nos
de/la es/te/pa/cas/te/lla/na,

¿Cuántas sílabas hay en cada verso? ¿Cuál es la medida del poema?

3. Lee los siguientes versos en voz alta. Determina dónde cae el acento o el estrés para oír el ritmo.

Me enseñaron a rezar,
enseñáronme a sentir
y me enseñaron a amar;
y como amar es sufrir,
también aprendí a llorar.

4. En esta poesía los versos terminan con sonidos iguales. Es decir que riman.

... llanos
... castellana
... cristianos
... hermanos
... cristiana

¿Cuál es la rima? Escoge.

a.	a	b	a	a	b
b.	a	b	a	b	a
c.	a	b	b	a	b

5. Ahora determina la rima de la segunda estrofa.

B **Expresión oral** En muchos casos es aconsejable leer una poesía en voz alta para apreciarla. Lee la rima de Bécquer en voz alta.

C **Buscando información** Contesta.

1. ¿Cuántos grandes géneros literarios hay?
2. ¿Cuáles son los géneros literarios?
3. ¿Cuál es la diferencia entre verso y prosa?
4. ¿Es prosa o poesía la mayoría de los escritos en verso?
5. ¿Es posible que la prosa sea poesía?

Gramática y lenguaje

Visit **ConnectEd** for additional practice

ColorBlind Images/age fotostock

Verbos

1. El verbo es la parte de la oración que expresa una acción o un estado.

ACCIÓN
Los alumnos van a la escuela.
Estudiamos mucho.

ESTADO
Los alumnos parecen ser inteligentes.
Ellos están en la escuela.

2. Las formas verbales en español constan de morfema lexical y morfema gramatical. La parte fija del verbo, o raíz, es el morfema lexical. El morfema lexical contiene el significado del verbo. Los morfemas gramaticales son las partes variables, las que cambian y que nos informan sobre la persona, el número y el tiempo.

MORFEMA LEXICAL, RAÍZ	MORFEMA GRAMATICAL
cant-	-a
estudi-	-o
mir-	-an
habl-	-amos

	PERSONA	NÚMERO	TIEMPO
hablas	tú	singular	presente
llegamos	nosotros	plural	presente

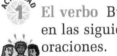

El verbo Busca el verbo en las siguientes oraciones.

1. José es mi mejor amigo.
2. Nosotros vamos a la misma escuela.
3. Llego a las ocho.
4. Todos parecen muy inteligentes.
5. ¿Qué escuchas?
6. Somos latinos.
7. Ella mira al profesor.
8. Toman el almuerzo en la cafetería.

Un presentador de noticias

Verbos regulares—el presente

1. En español muchos verbos siguen un patrón fijo. Es decir que son verbos regulares. Los verbos cuyos infinitivos terminan en **–ar** (**hablar, estudiar**) pertenecen a la primera conjugación. Los verbos cuyos infinitivos terminan en **–er** (**comer, aprender**) pertenecen a la segunda conjugación y los verbos cuyos infinitivos terminan en **–ir** (**vivir, escribir**) pertenecen a la tercera conjugación.

¿Qué compra ella?

RAÍZ O MORFEMA LEXICAL	HABLAR habl-	LEER le-	ESCRBIR escrib-	TERMINACIÓN O MORFEMA GRAMATICAL
yo	hablo	leo	escribo	-o
tú	hablas	lees	escribes	-as, -es
él, ella, Ud.	habla	lee	escribe	-a, -e
nosotros(as)	hablamos	leemos	escribimos	-amos, -emos, imos
vosotros(as)	habláis	leéis	escribís	-áis, -éis, -ís
ellos, ellas, Uds.	hablan	leen	escriben	-an, -en

2. Observa las formas de los verbos de la segunda y tercera conjugaciones en el tiempo presente. Nota que las terminaciones son las mismas con la excepción de la forma de **nosotros** (y **vosotros**).

RAÍZ O MORFEMA LEXICAL	COMER com-	APRENDER aprend-	VIVIR viv-	ESCRIBIR escrib-
yo	como	aprendo	vivo	escribo
tú	comes	aprendes	vives	escribes
él, ella, Ud.	come	aprende	vive	escribe
nosotros(as)	comemos	aprendemos	vivimos	escribimos
vosotros(as)	coméis	aprendéis	vivís	escribís
ellos, ellas, Uds.	comen	aprenden	viven	escriben

¡Ojo! Hay que tener cuidado de pronunciar y escribir bien la forma de nosotros de los verbos que terminan en **-ir.** Frecuentemente se oyen los siguientes errores de pronunciación y se ven los de ortografía.

CORRECTO	INCORRECTO
vivimos	**vivemos**
decidimos	**decidemos/decedemos**
escribimos	**escribemos**

ACTIVIDAD 2 **Morfemas** lndica el morfema lexical y el morfema gramatical.

1. Estudio.
2. Hablamos.
3. Aprendes.
4. Comprenden.
5. Escribo.
6. Escribimos.
7. Vives.
8. Él canta.
9. Buscan.
10. Comemos.

Gramática y lenguaje

3 Oraciones nuevas Escribe oraciones en el tiempo presente.

1. yo / hablar / español / e inglés
2. nosotros / tomar / almuerzo / cafetería
3. tú / estudiar / mucho
4. ella / comprar / un DVD
5. ustedes / llegar / temprano
6. Mara / trabajar / mucho
7. yo / pagar / caja
8. nosotros / necesitar / materiales escolares

4 Verbos Completa con la forma apropiada del verbo indicado.

1. Nosotros ____ en Texas. (vivir)
2. Nosotros ____ en casa. (comer)
3. Yo ____ el inglés y el español. (aprender)
4. Nosotros ____ mucho y ____ muy buenas notas. (estudiar, recibir)
5. Ella ____ muchas poesías. (leer)
6. Nosotros ____ composiciones en la clase de inglés y en la clase de español. (escribir)
7. Los alumnos ____ el almuerzo en la cafetería de la escuela. (tomar)
8. Mi primo ____ en el campo pero yo ____ en la ciudad. (vivir)
9. Nosotros ____ el inglés y el español. (aprender)
10. Nosotros ____, ____, ____, y ____ dos idiomas. (comprender, hablar, leer, escribir)

5 Morfemas Recuerda que el morfema lexical del verbo nos da su significado. El morfema gramatical o la terminación nos da la persona, el número y el tiempo. Empleando los siguientes morfemas lexicales, escribe oraciones en el tiempo presente.

1. com-
2. tom-
3. escrib-
4. viv-
5. recib-
6. habl-
7. comprend-
8. beb-
9. estudi-

6 ¿Y ustedes? Contesta.

1. ¿Dónde viven ustedes?
2. ¿Escriben ustedes mucho en la clase de español?
3. ¿Reciben notas buenas?
4. ¿Deciden hacer todas sus tareas?
5. ¿Hablan, leen y escriben Uds. mucho?

El sujeto tácito

Como la terminación del verbo llamada también el morfema gramatical nos da a entender fácilmente quien es el sujeto, se puede suprimir el sujeto. Al sujeto suprimido se le llama el sujeto tácito.

	Sujeto tácito
Estudio.	yo
Comes.	tú
Subimos	nosotros

Se usa el sujeto con más frecuencia con las terminaciones – *a, e, -an, -en* porque se pueden referir a varias personas.

Él habla y ella escucha.
Ellos hablan y ustedes escuchan.
Ella escribe poesías.

7 Completa con un sujeto cuando sea necesario aclarar el significado.

1. Canta
2. Estudiamos mucho
3. Come mucho
4. Come mucho pero no come mucho
5. Hablan español
6. ¿Dónde vives?

Vosotros

1. **Vosotros** es la forma plural de **tú—vosotros miráis, estudiáis, coméis, comprendéis, vivís, recibís.** El uso de **vosotros** se limita a varias regiones de España. La forma plural de **tú** en los países latinoamericanos es **ustedes miran, comen, reciben.**

2. Para nosotros es importante reconocer la forma de **vosotros** porque la vamos a encontrar en muchas obras literarias. De ninguna manera es necesario usar la forma de **vosotros** ni en la conversación ni en los escritos porque aunque es de uso corriente en muchas partes de España, se considera arcaica en todo Latinoamérica. En Latinoamérica se usa **ustedes.**

El voseo

En varios países latinoamericanos, sobre todo en Uruguay, Paraguay, Argentina, Chile, Nicaragua y Guatemala se usa **vos** en vez de **tú.** Se usa también en regiones de otros países, pero el uso no es universal.

Aquí tenemos las terminaciones que se emplean con **vos.**

-ar	**Vos hablás, estudiás, cantás.**
-er	**Vos comés, aprendés, comprendés.**
-ir	**Vos vivís, escribís, recibís.**

 8 Vos Explica a la clase de donde eres o de qué ascendencia eres. Explica si has usado o si has oído la forma de **vos.** Explica donde. Entre tu familia y tus amigos, ¿hay gente que usa la forma de **vos** en vez de **tú?** ¿De dónde son?

9 Vosotros ¿Has usado la forma de **vosotros?** Pero, ¿has oído la forma de **vosotros?** ¿Dónde? ¿Has encontrado **vosotros** en algo que has leído? ¿Dónde?

Dicen que no hablan de Rosalía de Castro

◆ **Vocabulario**

Estudia las siguientes definiciones.

la onda ola del mar

el rumor ruido confuso e insistente

el brillo lustre, luz, intensidad luminosa de un astro

el astro la estrella

la escarcha capa de hielo que se forma sobre la vegetación
en las madrugadas de invierno

el prado campo, césped

el sonámbulo individuo que se comporta como si estuviera
despierto mientras duerme o sueña

cano con pelo blanco

aterido helado, yerto

agostarse secarse las plantas del excesivo calor

abrasarse quemarse, agostarse

Poder verbal

1 **Una palabra relacionada** Da una palabra relacionada.
1. brillar
2. soñar
3. ambular
4. astronomía
5. ondulante

2 **¿Qué palabra necesito?** Completa.

1. Como hay tanto sol en julio las plantas siempre _____.
2. El _____ anda por la casa pero yo sé que está dormido.
3. Los _____ brillan de noche.
4. El _____ está cubierto de _____ porque hace mucho frío en la madrugada.
5. El señor viejo tiene el pelo _____.
6. Me encanta el _____ del mar. Lo encuentro tranquilizante.
7. Las _____ del mar se rompen a la orilla.

 3 **Sinónimos** Da una palabra que significa más o menos la misma cosa.

1. el césped
2. agostarse
3. la estrella
4. la ola
5. helado
6. el ruido

 4 **Oraciones originales** Escribe oraciones completas. Emplea una palabra de la Actividad 3 en cada oración.

Una vista de La Coruña, Galicia

Andrew Payti

Nota biográfica

Rosalía de Castro nació en 1837 en Santiago de Compostela, Galicia, en el nordoeste de España. Murió cuando tenía solo 48 años en Padrón en la provincia de La Coruña (A Coruña) en Galicia. Hoy su casa en Padrón es museo.

Se sabe muy poco de la niñez de Rosalía incluyendo su educación. Se sabe que empezó a escribir poesías cuando tenía doce años. Se casó muy joven con el historiador y cronista gallego Manuel Martínez Murguía. Tuvieron siete hijos y la mayoría de ellos murieron jóvenes. Rosalía cambió de domicilio varias veces entre Madrid y Valladolid. Rosalía nunca disfrutó de buena salud y vivió dedicada a su hogar y familia. A pesar de su gran producción literaria nunca aspiró a la fama. Fue su marido quien la convenció de publicar sus obras.

A Rosalía de Castro le encantaba el paisaje de su Galicia natal—los prados, las montañas, el mar, los ríos gallegos, la lluvia, que es abundante en Galicia y lo verde de su paisaje. Su poesía es directa, lírica, musical y sencilla. El famoso crítico del siglo XX, "Azorín", afirmó que Rosalía de Castro fue "uno de los más delicados, de los más intensos, de los más originales poetas que ha producido España". Se recuerda también por su sencillez y melancolía.

Introducción

Rosalía de Castro cantó el paisaje de su Galicia natal, los atardeceres, el río Sar, la lluvia, los rumores del mar y de los ríos gallegos. Y en ese paisaje cantó al campesino gallego, con sus fiestas, sus costumbres y sus penas.

En la poesía que sigue "Dicen que no hablan" el poeta personifica a las plantas, fuentes, pájaros, ondas y astros. Les atribuye la capacidad de criticar sus sueños de eterna primavera. Ella defiende esos sueños que la hacen capaz de admirar a la naturaleza. Sin esos sueños no podría vivir.

Una fuente antigua en La Coruña, Galicia

Dicen que no hablan
◆·◆·◆

1   Dicen que no hablan las plantas, ni las fuentes, ni los pájaros,
ni la onda con sus rumores, ni con su brillo los astros;
lo dicen, pero no es cierto, pues siempre cuando yo paso
de mí murmuran y exclaman: —Ahí va la loca, soñando
5   con la eterna primavera de la vida y de los campos,
y ya bien pronto, bien pronto, tendrá los cabellos canos,
y ve temblando, aterida, que cubre la escarcha el prado.

    —Hay canas en mi cabeza; hay en los prados escarcha,
mas yo prosigo soñando, pobre, incurable sonámbula,
10   con la eterna primavera de la vida que se apaga
y la perenne frescura de los campos y las almas,
aunque los unos se agostan y aunque las otras se abrasan.

    Astros y fuentes y flores, no murmuréis de mis sueños;
sin ellos, ¿cómo admiraros, ni cómo vivir sin ellos?

Andrew Payti

Comprensión

A **Analizando** Contesta.

1. Dicen que no hablan las plantas, ni las fuentes, ni los pájaros pero para Rosalía da Castro no es cierto. ¿Por qué no?
2. ¿Con qué sueña ella?
3. Pero bien pronto, ¿qué va a pasar?
4. ¿Qué simbolizan los cabellos canos y el prado cubierto de escarcha?
5. ¿Quién será la incurable sonámbula?
6. ¿Con qué sigue soñando ella?
7. ¿Qué les dice Rosalía de Castro a los astros y fuentes y flores?
8. ¿Por qué no quiere ella que ellos murmuren de sus sueños?

B **Interpretando** Un tema de este poema es "tempus fugit" o el tiempo pasa. Da tu interpretación de como el poeta presenta este tema.

Rima de Bécquer

◆ Nota biográfica

Gustavo Adolfo Bécquer (1836–1870) nació en Sevilla. Se considera el mejor poeta lírico español del siglo XIX por la sensibilidad, la fantasía y el tono melancólico de su poesía.

Los temas de su poesía son el amor y la muerte. En las setenta y nueve *Rimas* que fueron publicadas en 1871 después de su muerte, Bécquer nos presenta su vida emocional, sus esperanzas, sus desilusiones. Hay mucho de autobiográfico en la obra de Bécquer. Enlaza el amor con la soledad y la muerte porque él quedó huérfano muy de niño y más tarde en la vida no logró hallar compañía en la mujer con quien se casó.

Torre del Oro a orillas del río Guadalquivir, Sevilla

Rima

Hoy la tierra y los cielos me sonríen;
hoy llega al fondo de mi alma el sol;
hoy la he visto... la he visto y me ha mirado.

¡Hoy creo en Dios!

Comprensión

A **Analizando** Contesta.

1. ¿Quién es el hablante en esta poesía?
2. ¿Qué le sonríe a Bécquer?
3. ¿Qué llega al fondo de su alma?
4. ¿A quién ha visto?
5. ¿Qué ha hecho ella?
6. ¿Por qué cree en Dios hoy?

B **Interpretando** Contesta.

1. ¿Quién habla en el poema?
2. ¿De quién habla?
3. ¿Sabemos a quién habla?

Composición

Escribiendo poesía

Al escribir una poesía, uno comparte sus pensamientos y experiencias por medio de palabras que crean imágenes mentales. Los poetas emplean a menudo un lenguaje sensorial para compartir una sensación o una impresión.

Ahora, ¡te toca a ti!

Vas a escribir una poesía corta. La poesía que escribes no tiene que tener rima. Antes de empezar a escribir, lee lo siguiente para saber lo que tienes que hacer.

- escribe un sustantivo
- escribe dos adjetivos que describen el sustantivo
- escribe una oración de sólo tres palabras
- escribe un sinónimo de tu primer sustantivo

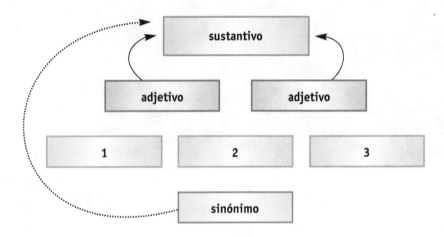

Un poco más

Ahora lee tu poesía a la clase. Léela con expresión y ten cuidado de pronunciar bien.

A continuar... Si quieres, escribe tantas poesías posibles siguiendo el mismo esquema.

Conexión con el inglés

Verbos en el tiempo presente

1. En inglés no hay clases ni conjugaciones de verbos como en español. Lo que diferencia el inglés del español en mayor grado es la falta de terminaciones en inglés. Por ejemplo en el presente hay solo una forma de un verbo regular que cambia. Es la forma de *he, she, it*. A algunos verbos se les agrega *-s* y a otros *-es*. Nota que aunque se escribe siempre *-s*, a veces se pronuncia *z*.

I talk	*I run*	*I rush*
you talk	*you run*	*you rush*
he, she talks (s)	*he, she runs (z)*	*he, she rushes (z)*
we talk	*we run*	*we rush*
you talk	*you run*	*you rush*
they talk	*they run*	*they rush*

2. Nota el cambio ortográfico de los verbos que terminan en *-y*.

   I carry   *he, she carries*
   I cry   *he, she cries*

3. En inglés no existen formas tácitas. No se puede suprimir el pronombre de sujeto.

   Como (**Yo** va entendido.) *I eat* (*I* es obligatorio.)
   Vivimos (**Nosotros** va entendido.) *We live* (*We* es obligatorio.)

4. Una sola forma de un verbo en español puede tener varios significados en inglés.

   hablo *I speak, I do speak, I am speaking*
   habla *she/he speaks, she/he does speak, she/he is speaking*

   Verbos tales como *do, does, am, is* son verbos auxiliares. Es necesario usarlos en la forma interrogativa.

   ¿Hablas español? **Sí, hablo español.**
   ¿Habla ella español? **Sí, habla español.**

PREGUNTA	CONTESTACIÓN CORTA	CONTESTACIÓN LARGA
Do you speak Spanish?	*Yes, I do.*	*Yes, I speak Spanish.*
Does she speak Spanish?	*Yes, she does.*	*Yes, she speaks Spanish.*
Is she speaking Spanish now?	*Yes, she is.*	*Yes, she's speaking Spanish now.*

Observa lo que pasa si la respuesta es negativa.

Do you speak Spanish?	*No I don't.*	*I speak French.*
Does she speak Spanish?	*No, she doesn't.*	*She speaks French.*
Is she speaking Spanish?	*No, she isn't.*	*She's speaking Italian.*

Nosotros y nuestro mundo

¿Qué hay en una palabra?

La lectura que sigue es una traducción de unos párrafos del libro *Everything You Need to Know about Latino History* de Himilce Novas.

¿Qué significa el término «hispano»? Pues, significa muchas cosas. La palabra se deriva de «Hispania», nombre que los romanos dieron a lo que es hoy «España», el nombre del país que conquistó y colonizó una gran parte de las Américas. Muchos de los indígenas que encontraron los españoles en las Américas adoptaron o se les impuso por la fuerza la lengua, cultura y religión de España. Los indígenas se mezclaron con los conquistadores y los colonos. Y a fines del siglo XV empezaron a llegar los africanos esclavizados a las orillas de las Américas y ellos también se mezclaron con los indígenas, conquistadores y colonos añadiendo otra dimensión importante a lo que se define por «hispano».

Dentro de la población estadounidense ningún grupo es tan diverso en su cultura, apariencia y tradiciones que los «hispanos». Los otros grupos que forman la población estadounidense son categorizados por el lugar geográfico de su origen— los irlandeses de Irlanda, los italianos de Italia, los afroamericanos de África. Pero los hispanos son clasificados no por su lugar de origen sino por su lengua materna o la de sus antecedentes. Por consiguiente, el término «hispano» incluye gente de España y unas veintiuna repúblicas cada una con su propia historia y cultura, sus propias tradiciones, costumbres y comidas y sus propias etnicidades e influencias raciales.

Latinoamérica es la tierra natal de la mayoría de la gente conocida como «hispanos» en Estados Unidos. Pero cuando están en México se llaman «mexicanos», en Cuba «cubanos», en Puerto Rico «puertorriqueños» y en Colombia «colombianos».

Los latinoamericanos, igual que los norteamericanos, lucharon valientemente para liberarse y ganar su independencia de un poder europeo—en el caso de Latinoamérica del Imperio español. La identidad de la gente se deriva de su tierra natal y de las culturas heterogéneas que viven allí. Como cada país latinoamericano alberga diversas culturas multiétnicas una sola palabra como «hispano» ni cualquier otra podría proveer una descripción adecuada. En muchos países latinoamericanos hay gente que habla una lengua autóctona y para ellos el español es sólo la lengua oficial del país.

Los hispanohablantes o hispanoparlantes que viven en Estados Unidos se dan cuenta de que no son sólo nicaragüenses, mexicanos o dominicanos. Pertenecen también a un grupo mucho más grande y más heterogéneo—al grupo «hispano».

Pero en Estados Unidos muchos hispanohablantes consideran la palabra «hispano» sólo un término burocrático usado por el gobierno para el censo. Prefieren llamarse latinos o mexicanoamericanos, cubanoamericanos, etc. Muchos latinos, sobre todo escritores y artistas, se oponen firmemente al uso de «hispano» y prefieren el término «latino». La muy conocida novelista mexicanoamericana Sandra Cisneros no permite aparecer ninguna de sus obras en ninguna antología que usa la palabra «hispana». Según Cisneros, este término «huele a» colonización. En una entrevista para *The New York Times* la autora declaró *It's a repulsive slave name».*

John Leguizamo, el escritor y actor colombiano puertorriqueño también prefiere «latino» pero no considera «hispano» ofensivo. Hay otros que han aceptado el término «hispano» porque creen que fortalece la solidaridad entre los varios grupos y ayuda a ganar más poder político. Raúl Yzaguire, ex-presidente del Consejo Nacional de la Raza y el ex-congresista de Nueva York Herman Badillo creen que «hispano» promueve la unidad. Enrique Fernández, el editor de la revista latina, o hispana, *Más,* prefiere «hispano» a «latino». Dice el señor Fernández que al tomar en cuenta la raíz de la palabra «latino», el término se refiere a un Imperio más antiguo—un Imperio que conquistó un enorme territorio y que se apoderó de España. ◆

Entérate México

Los secretos precolombinos

Hay misterios sobre dos ciudades en ruinas, declaradas Patrimonio Mundial de la Humanidad[1] por la UNESCO.

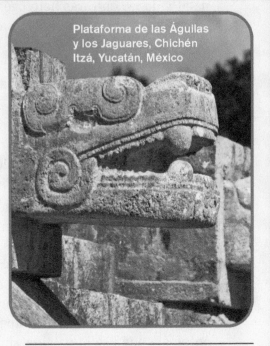

Plataforma de las Águilas y los Jaguares, Chichén Itzá, Yucatán, México

Teotihuacán

■ El nombre original de la ciudad es un misterio. Es un misterio también la lengua de los habitantes de la ciudad—igual que la escritura[2].

■ Sus monumentos principales datan de 200 después de Cristo.

■ Los aztecas dan el nombre de Teotihuacán a la ciudad. Teotihuacán significa "Ciudad de los Dioses". Antes de la llegada de los aztecas la ciudad está abandonada por unos 700 años.

■ En la ciudad hay dos pirámides famosas—la Pirámide del Sol[3] y la Pirámide de la Luna[4]. La Pirámide del Sol es muy grande. Es de una altura de 66 metros y una base de 225 metros. La pirámide tiene[5] dos millones de ladrillos[6].

■ En la ciudad hay estatuas de cabezas[7] grandes. Una es del dios Quetzalcóatl.

Chichén Itzá

■ La antigua ciudad de Chichén Itzá es una ciudad importante entre 300 y 900 antes de Cristo. Los habitantes de Chichén Itzá son los mayas. Ellos levantan las grandes construcciones de la ciudad sin usar bestias de carga (animales) ni rueda[8].

■ ¡Una cosa muy interesante! La pirámide Castillo de Kukulcán tiene una escalinata[9] de 365 peldaños[10]—un peldaño para cada día del año. La antigua civilización maya domina las matemáticas y ellos inventan un calendario muy exacto, muy preciso.

■ En los equinoccios[11] una sombra[12] forma una serpiente en la escalinata. Según[13] una leyenda la serpiente es el dios maya Kukulcán. El nombre que los aztecas dan a Kukulcán es Quetzalcóatl.

El Templo de Kukulkán, "El Castillo", Chichén Itzá, Yucatán, México

[1] Patrimonio Mundial de la Humanidad: World Heritage Sites
[2] escritura: writing
[3] sol: sun
[4] luna: moon
[5] tiene: has
[6] ladrillos: bricks
[7] cabezas: heads
[8] rueda: wheel
[9] escalinata: staircase
[10] peldaños: stairs
[11] equinoccios: the Equinoxes
[12] sombra: shadow
[13] según: according to

Un vistazo a Diego Rivera

Los últimos detalles sobre la vida del pintor y muralista que a los tres años sabe dibujar[1].

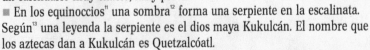

Tres pintores trabajan en la Casa Azul, la casa de Frida Kahlo y Diego Rivera, la Ciudad de México, México

■ Diego Rivera nace en 1892. Su nombre completo es Diego María Concepción Juan Nepomuceno Estanislao de la Rivera y Barrientos Acosta y Rodríguez.

■ Arriba he su autorretrato[2].

■ En las pinturas o murales de Rivera, él pinta escenas del pasado precolombino, la historia mexicana y la vida del campesino[3].

■ Se casa con[4] Frida Kahlo. Se divorcian y pronto se casan de nuevo. Frida Kahlo es una artista famosa también. Durante un tiempo ellos tienen un estudio uno al lado del otro. Diego Rivera muere[5] en 1957.

El taller de Frida Kahlo

[1] dibujar: sketch
[2] autorretrato: self-portrait
[3] vida del campesino: life of a peasant
[4] se casa con: he marries
[5] muere: dies

Calendario de fiestas

Muchas fiestas tradicionales varían según[1] el lugar donde se celebran.

Las Posadas — del 16 al 24 de diciembre

Durante las Posadas hay desfiles[2]. La gente va de una casa a otra como María y José cuando buscan alojamiento[3] en Belén. Los participantes en los desfiles llevan el mismo tipo de ropa que María, José y los pastores. El desfile termina en una casa donde todos celebran una fiesta con una piñata.

¿Has roto una piñata una vez?

El Día de la Independencia — el 16 de septiembre

Los mexicanos celebran el Día de la Independencia para conmemorar el día que comienza la lucha por la independencia de México, el 16 de septiembre de 1810. Hay desfiles, fuegos artificiales[4], fiestas con comida típica, bailes folklóricos y música de mariachi.

Los fuegos artificiales explotan.

El Día de los Muertos[5] — el 2 de noviembre

Las familias mexicanas van a las tumbas en el cementerio para honrar a sus parientes muertos. Tocan música y llevan flores[6] y comida tradicional. Llevan esqueletos de azúcar[7] y pan[8] de muertos. Pero no es un tiempo de luto[9]. Es un tiempo de alegría[10].

Una calavera pintada en el Zócalo, la Ciudad de México, México

[1]según: according to
[2]desfiles: parades
[3]alojamiento: lodging
[4]fuegos artificiales: fireworks
[5]muertos: dead
[6]flores: flowers
[7]azúcar: sugar
[8]pan: bread
[9]luto: mourning
[10]alegría: joy

SUCESOS

■ **Maná,** la banda de rock, tiene[1] mucho interés en la ecología. El grupo trabaja para proteger millas y millas de la costa del Pacífico de México. Trabajan para proteger la población de tortugas[2] amenazadas[3] por cazadores[4] de huevos[5].

■ El legendario actor **Anthony Quinn** interpreta muchos roles étnicos como Zorba el griego[6]. Es de Chihuahua, México. Su madre mexicana es de ascendencia indígena y su padre es mexicanoirlandés.

[1]tiene: has
[2]tortugas: turtles
[3]amenazadas: threatened
[4]cazadores: hunters
[5]huevos: eggs
[6]griego: Greek

(t to b) Thinkstock/JupiterImages/Alamy, McGraw-Hill Education, Glow Images

micocina

Croquetas de avena[1]

Ingredientes

4 huevos
2 tazas[2] de avena
1 cebolla
2 ramitos de perejil[3]
3–4 chiles, sin semillas[4] (opcional)
sal y pimienta al gusto[5]
aceite de oliva para freír

Preparación

Batir[6] los huevos, añadir[7] la avena y mezclar[8]. Picar[9] la cebolla y el perejil finamente. Incorporarlos a la mezcla de avena y huevo. Añadir sal, pimienta y los chiles. En una sartén[10], calentar el aceite de oliva. Formar pequeñas tortas[11] y aplastarlas[12] hasta lograr un disco de 1½ o 2 pulgadas de diámetro. Freírlas, secarlas[13] en un papel de cocina[14] y luego servirlas.

[1]avena: oat
[2]tazas: cups
[3]ramitos de perejil: sprigs of parsley
[4]sin semillas: without seeds
[5]al gusto: to taste
[6]batir: beat
[7]añadir: add
[8]mezclar: mix
[9]picar: chop up
[10]sartén: frying pan
[11]tortas: cakes
[12]aplastarlas: squash them
[13]secarlas: dry them
[14]papel de cocina: paper towel

¡Acción!

El famoso cartel de Hollywood, Los Ángeles, California

EN EL SET

Salma Hayek nace con estrella[1]

De pequeña, el sueño[2] de Salma Hayek es de ser actriz. Nace en Coatzacoalcos de madre mexicana y padre libanés. Durante su adolescencia pasa unos años en Houston, Texas con su tía pero regresa a México para ir a la universidad. En contra de la voluntad y los deseos de su familia deja[3] sus estudios para ser actriz. En muy poco tiempo es una actriz famosa con un papel (o rol) importante en una telenovela[4] mexicana. Pero Salma deja todo para ir a Hollywood.

Ella estudia inglés, toma clases de interpretación[5], va a audiciones y por fin tiene un papel secundario en un filme. Pero no es muy famosa en EE.UU. hasta tener un papel importante en el filme *Desesperado* con Antonio Banderas. Luego Hayek aparece en numerosos filmes incluyendo *El coronel no tiene quien le escriba* basado en la novela del famoso autor colombiano Gabriel García Márquez.

Desde 1999 Hayek produce varios filmes con su propia compañía. Uno es *Frida*. Ella misma juega un papel[6] importante en el filme que trata de[7] la vida de la pintora mexicana Frida Kahlo. Por su interpretación en el filme Hayek fue[8] nominada al Óscar. Y, es ella la primera latina inmortalizada con una estatua de cera[9] en el Museo de Cera de Madame Tussaud en Nueva York.

Alfonso Cuarón, director
Alfonso Cuarón es director de películas hollywoodenses (filmes) como *A Little Princess* y *Great Expectations*. Además rueda[1] películas en México. Pero Cuarón hace[2] historia cuando es seleccionado para ser director de *Harry Potter and the Prisoner of Azkaban*. Es la tercera parte de la famosa serie de películas basadas en las aventuras de Harry Potter. Es quizás la primera vez en la historia del cine que un latino tuvo[3] la oportunidad y responsabilidad de ser director de un filme tan espectacular—un filme cuyo éxito de taquilla[4] fue[5] garantizado antes de comenzar la producción.

Gael García Bernal, actor
Es nativo de Guadalajara. Varias veces trabaja en películas que tienen el honor de ser candidatas al Óscar.

Diego Luna, actor
Desde la infancia él es amigo de Gael García Bernal. En la película *Frida*, con Salma Hayek, él interpreta el papel del primer novio[6] de Frida Kahlo.

[1]rueda: he films
[2]hace: makes
[3]tuvo: had
[4]filme cuyo éxito de taquilla: film whose box office success
[5]fue: was
[6]novio: boyfriend

[1]nace con estrella: was born with luck
[2]sueño: dream
[3]deja: she gives up
[4]telenovela: soap opera
[5]interpretación: acting

[6]juega un papel: plays a part
[7]trata de: deals with
[8]fue: was
[9]cera: wax

En la tele y la radio

Ana María Canseco da su mejor sonrisa[1] como copresentadora del show *Despierta América* (Univisión). Si da una interviú a un cantante, prueba algún plato[2] o habla de la moda o algo político, siempre es encantadora, muy simpática.

María Hinojosa es autora, corresponsal de CNN, y presentadora de programas de National Public Radio. De su nuevo libro *Raising Raúl* dice[3] "Habla de encontrar nuestras voces[4] como mujeres[5] y encontrar cosas en común que van más lejos de[6] la raza y la cultura."

---

[1]su mejor sonrisa: her best smile

[2]prueba algún plato: trying a dish

[3]dice: she says

[4]encontrar nuestras voces: finding our voices

[5]mujeres: women

[6]van más lejos de: go further than

¿Cómo utilizas tu teléfono?

¿Qué es un mp3?

música

Lo mejor del año

La firma[1] de autógrafos de **Café Tacuba**, siempre es "un desmadre," lo que en el argot[2] es un "caos[3]." Nada extraño[4] para el grupo que cruza fronteras con un sonido original, producto de la fusión de ritmos mexicanos con rock, punk, ska, reggae y balada.

Los Tucanes[5] de Tijuana no son tucanes y no son de Tijuana. Pero su nombre refleja el carácter imaginativo de este grupo importante de la música regional mexicana. Tienen muchos aficionados y seguidores[6] que compran millones de sus discos.

En el CD *Shaman* del famoso músico **Carlos Santana**, figura la valiosa colaboración de **Michelle Branch** con la canción "The Game of Love." Además de Branch, Plácido Domingo, entre varios otros, colabora en este CD del guitarrista y cantante mexicano.

---

[1]firma: signing

[2]argot: slang

[3]caos: chaos

[4]nada extraño: nothing unusual

[5]tucanes: a type of bird

[6]aficionados y seguidores: fans and followers

Nuestros Hits

Bajo el azul de tu misterio / Jaguares. Este super álbum doble de rock contiene 10 temas grabados[1] y 11 en concierto. Con un trabajo de guitarras excelente y el timbre agridulce[2] de las interpretaciones es el grupo uno de los más universales y mexicanos de todos los tiempos.

El más grande homenaje a los Tigres del Norte / varios. Si en el pasado medio mundo[3] respeta y escucha a los Tigres del Norte, después de este homenaje[4] el otro medio mundo va a adorar a los Tigres del Norte. Los Lobos y Café Tacuba, entre otros grupos, presentan la música y las letras[5] de los Tigres del Norte—y la realidad del México de la frontera[6].

---

[1]grabados: recorded

[2]timbre agridulce: bittersweet ring

[3]mundo: world

[4]homenaje: tribute

[5]letras: lyrics

[6]frontera: border

Capítulo
5

En casa o en el café

Objetivos

En este capítulo vas a:

○ estudiar como el aumento de la población está afectando la vida en muchas ciudades hispanas

○ aprender términos relacionados con las finanzas y la importancia de las finanzas en nuestra vida diaria

○ aprender verbos irregulares en el presente; contracciones; los sustantivos que comienzan en **-a** acentuada, y problemas de ortografía con la letra **d**

○ leer el cuento *Olor a cacao* de José de la Cuadra

○ escribir un escrito expositivo

○ aprender el presente de unos verbos irregulares en inglés; familiarizarte con contracciones y vulgarismos en inglés; aprender el pronombre *it*; cómo expresar posesión en español y en inglés y el significado de *a* y *en*

San Antonio, Tejas, Estados Unidos

Costumbres que cambian

Nosotros llegamos a la escuela por la mañana. Y aquí pasamos casi todo el día. No volvemos a casa a tomar el almuerzo. Almorzamos en la cantina o la cafetería de la escuela, ¿no es cierto? También cuando nuestros padres van al trabajo, es raro que vuelvan a casa para almorzar. Es raro que una familia en Estados Unidos se reúna para almorzar. Pero hasta recientemente no era así en los países hispanohablantes. En España y en Latinoamérica la gente regresaba a casa para almorzar. La familia se reunía para el almuerzo que era la comida principal del día y en muchos países se llamaba «la comida», no «el almuerzo». Después del almuerzo, todos tomaban una siesta y luego regresaban al trabajo. Y trabajaban hasta las siete u ocho de la tarde. Y la cena era una comida más ligera: una sopita, un bocadillo o una ensalada.

Los niños comen en la escuela.

(tb)©Jose Luis Pelaez Inc/Blend Images LLC, (c)DreamPictures/Blend Images LLC

¿Prefieres comer en casa o en un restaurante?

Tres generaciones de una familia comparten la comida en casa.

El tráfico

Pero todo esto está cambiando. Como en Estados Unidos, la gente en España y Latinoamérica está comiendo en la cafetería de la escuela o de la empresa donde trabajan. Si no comen en la cafetería, van a un restaurante o a un café cerca del lugar de su trabajo. ¿Por qué no siguen volviendo a casa para comer? ¿Prefieren hacer lo que se hace en Estados Unidos? No, no es el caso. Pero la vida moderna está exigiendo cambios mundialmente en algunas costumbres y tradiciones. Hoy en día hay tanto tráfico en las calles de las ciudades hispanas que es casi imposible volver a casa para almorzar. Hay también muchos embotellamientos o tapones en las carreteras y autopistas sobre todo durante las horas de más afluencia. Muchas veces uno tarda una hora o más para llegar al trabajo. ¿Cómo puede uno pasar unas dos horas de ida y vuelta sólo para ir a almorzar a casa? Es imposible. Así es que los cambios sociales exigen que la gente adapte sus costumbres. Hoy en día la gente suele almorzar o comer cerca de donde trabaja y no en casa.

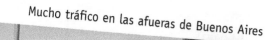

Mucho tráfico en las afueras de Buenos Aires

El tráfico en la Plaza de Cibeles en Madrid

Los suburbios

Otro contraste entre Estados Unidos, Latinoamérica y España son las áreas donde vive la gente. En Estados Unidos es común que la gente de bajos recursos económicos viva en la ciudad misma. Los más acomodados suelen vivir en los suburbios, en las afueras o en los alrededores de las ciudades. En Latinoamérica y España es lo contrario. Dentro de las grandes ciudades hay zonas residenciales con elegantes condominios y casas lujosas donde viven los más adinerados. Eran los menos afortunados los que vivían en las afueras, en los suburbios. Pero hoy en día con el tremendo aumento de la población están surgiendo también suburbios placenteros con parques bonitos, áreas deportivas y centros comerciales.

Barcelona, España

El Viejo San Juan, Puerto Rico

Los barrios pobres

Sigue siendo en las afueras que se encuentran los barrios deprimentes donde viven los más pobres. Los nombres de estos barrios, arrabales o vecindades pobres donde la gente vive en chabolas o chozas en muchos casos sin luz, ni gas, ni agua potable ni servicios higiénicos varían de país en país. En México son ranchos, villas miseria en Argentina, pueblos jóvenes en Perú y callampas en Chile.

Barrio humilde,
Coquimbo, Chile

Construcción nueva en un barrio humilde,
Trujillo, Perú

Poder verbal

ACTIVIDAD 1 Definiciones Busca la palabra cuya definición sigue.

1. una carretera de muchos carriles en cada sentido; frecuentemente los usuarios tienen que pagar peaje
2. las horas en que hay mayor tráfico vehicular y peatonal
3. gente que tiene mucho dinero
4. casas muy humildes
5. localidad en los suburbios donde hay tiendas, restaurantes, cines y aparcamiento para muchos carros

Málaga, España

Una calle con mucho tráfico en la Ciudad de México, México

ACTIVIDAD 2 Sinónimos Busca sinónimos de las siguientes palabras.

1. volver
2. una vecindad
3. la cantina
4. un tapón
5. un sándwich
6. una chabola
7. los ricos
8. las afueras

(t)Andrew Payti, (b)Glow Images

Comprensión

A **Buscando hechos** Contesta.

1. Hasta recientemente, ¿por qué volvían a casa al mediodía a almorzar o comer muchas familias de Latinoamérica y España?
2. ¿Por qué es difícil hacerlo ahora?
3. En Estados Unidos, ¿dónde suele vivir la gente de escasos recursos económicos?
4. ¿Es así en España y Latinoamérica?
5. ¿Qué hay en las ciudades hispanas?
6. ¿Qué está surgiendo en las afueras de las ciudades actualmente? ¿Por qué?
7. ¿Qué hay en los suburbios?
8. ¿Dónde y cómo viven los pobres?

La Interestatal 405 es una de las autovías más congestionadas en el mundo. Los Ángeles, California.

Condominios, Miraflores, Lima, Perú

B **Haciendo comparaciones** En tus propias palabras haz algunas comparaciones entre una ciudad y sus alrededores hispana y estadounidense.

C **Prediciendo consecuencias** Prediciendo consecuencias es una capacidad (habilidad, destreza) de lectura muy importante. Al leer o después de haber leído debes pensar y reflexionar sobre las consecuencias de lo que acabas de leer. ¿Qué va a ocurrir o qué va a resultar debido a la información que has leído? En efecto, ¿cuáles serán las consecuencias?

Acabas de leer que están ocurriendo algunos cambios en la manera de vivir en muchas ciudades del mundo hispano. Una razón por muchos de estos cambios es el aumento de la población. Es un problema mundial y en muchas partes la población está creciendo tan rápido que existe la sobrepoblación. Con algunos compañeros discutan cuales serán las muchas consecuencias de este continuo aumento de población.

Haciendo un picnic

D **Expresión escrita** Escribe uno o dos párrafos en los cuales indicas si prefieres vivir en una ciudad o en un suburbio. Defiende tus opiniones.

(t)Digital Vision Ltd./SuperStock, (c)Andrew Payti, (b)Brand X/SuperStock

Conocimientos para superar

Conexión con las finanzas

Hay un verso de un poema español de Quevedo que dice «Poderoso caballero es don dinero». Desgraciadamente parece ser la verdad. Los asuntos financieros nos ocupan siempre. Y hay toda una terminología que tenemos que saber para comprender las finanzas, aún nuestras finanzas personales. Por ejemplo, para mantener en orden el funcionamiento del hogar es aconsejable establecer un presupuesto.

Billetes internacionales

Presupuesto

En el presupuesto figura la cantidad de dinero que uno tiene disponible para cada uno de sus gastos. Un presupuesto nos asegura que los egresos no van a exceder los ingresos. Los egresos son los gastos mensuales que tenemos que pagar: la comida, las facturas o cuentas para la luz, el gas, la hipoteca, o el alquiler, etcétera. Los ingresos son las rentas y el dinero que recibimos.

Para la mayoría de nosotros los ingresos, o nuestras rentas, vienen del sueldo o salario que recibimos por el trabajo que hacemos. Algunos, los más adinerados, reciben también intereses de sus cuentas de ahorros en el banco y dividendos de sus inversiones tales como bonos o títulos municipales y acciones de la Bolsa de Valores. Lo más importante del presupuesto es que al fin del mes se puede conciliar el saldo sin tener un déficit—más gastos (egresos) que rentas (ingresos).

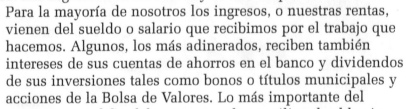

Préstamos

A veces tenemos que pedir un préstamo al banco. Pedimos préstamos (pedimos prestado dinero) para comprar un carro o una casa, por ejemplo. Al préstamo que recibimos para comprar una casa se le llama «hipoteca». Una hipoteca es un préstamo a largo plazo—es a largo plazo porque el deudor tiene que hacer pagos al acreedor por un plazo de veinticinco o treinta años. Un préstamo para comprar un carro es un préstamo a corto plazo porque, por lo general, es por un plazo de sólo tres años. La tasa de interés de un préstamo a corto plazo suele ser más alta que la de un préstamo a largo plazo.

Compras a plazos

A veces queremos comprar algo a plazos. Al comprar algo a plazos tenemos que hacer un pago inicial en forma de cheque o en efectivo que es un pronto, un pie, o un enganche. El resto—la diferencia entre el costo o precio del artículo y el pronto—es lo que nos queda a pagar a plazos o a cuotas. Hay que tener mucho cuidado porque la tasa de interés puede ser muy alta, hasta el 18 por ciento o más. Así nuestra compra nos puede costar mucho más de lo que habíamos pensado. Al ver en la vitrina o escaparate de una tienda el aviso «Con facilidades de pago», hay que verificar lo que son las condiciones antes de comprar. Es necesario investigar y ser un consumidor inteligente.

¿Utilizas una chequera?

El señor paga sus facturas en línea.

Cuentas del banco

Mucha gente tiene una cuenta corriente. Es mucho más conveniente pagar una factura con cheque que pagar en efectivo. Hay que depositar dinero en la cuenta. Después podemos escribir cheques contra el saldo de la cuenta. El banco nos provee de una chequera o talonario en algunos casos gratis y en otros por un cargo nominal. La chequera contiene cierta cantidad de cheques. Una vez al mes el banco nos manda un estado bancario. Al recibir el estado mensual es necesario conciliar el saldo para verificar que estamos de acuerdo con el banco, es decir, que no hay ninguna diferencia entre el saldo que tiene el banco y el saldo que nosotros tenemos en la chequera. Cada vez que escribimos un cheque tenemos que restar el monto del cheque del saldo corriente.

Pero una vez más la vida está cambiando. Actualmente mucha gente no paga sus facturas ni en efectivo ni con cheque. Las pagan «online» o en línea, y el monto de cada factura se retira electrónicamente de su cuenta bancaria.

Conocimientos para superar

El cajero automático

El cajero automático es una conveniencia excelente porque le permite a uno hacer la mayoría de sus transacciones bancarias sin tener que entrar en el banco. Se puede depositar o retirar fondos aún cuando el banco está cerrado. Si uno está viajando al extranjero puede servirse del cajero automático para cambiar dinero. Si te encuentras en España, por ejemplo, y necesitas cambiar dólares en euros sólo tienes que introducir tu tarjeta bancaria en el cajero automático. Enseguida te salen instrucciones en la pantalla en la lengua que selecciones. Luego pulsas u oprimes unos botones para entrar tu pin o código. En unos momentos te sale el monto que has pedido—en efectivo—y un recibo si lo deseas. Inmediata y electrónicamente se retira ese monto de tu cuenta bancaria. Se retira el monto en dólares y te paga en euros.

Estepona, España

El hombre tiene que sacar dinero del cajero automático.

Comprensión

A Poder verbal Da la palabra cuya definición sigue.

1. un plan que proyecta nuestros gastos y rentas
2. el dinero que gastamos, que tenemos que pagar
3. el dinero que recibimos
4. el dinero que recibimos por nuestro trabajo
5. el dinero que se pide prestado a un banco para comprar una casa
6. lo que paga el banco sobre una cuenta de ahorros
7. la cuenta bancaria que nos permite escribir cheques
8. el pago inicial que tenemos que hacer, con cheque o en efectivo, cuando hacemos una compra a plazos
9. el dinero que nos queda en una cuenta
10. lo que paga una compañía o empresa a sus accionistas, a los que tienen acciones en la empresa
11. donde se comercian las acciones, la más grande de este país está en Wall Street, en la ciudad de Nueva York
12. un estado que nos manda el banco
13. el libro que nos provee el banco; contiene cheques

Andrew Payti

B Explicando Explica.

1. ¿Por qué es importante tener un presupuesto?
2. ¿Por qué es aconsejable no comprar mucho a plazos?
3. ¿Qué se debe hacer al ver «Con facilidades de pago» en la vitrina o el escaparate de una tienda?
4. ¿Qué es un consumidor inteligente?
5. ¿Por qué es a veces necesario pedir un préstamo?

Cerca del aeropuerto de
Trelew, Patagonia, Argentina

C Resumiendo En tus propias palabras explícale a alguien como usar el cajero automático.

Conocimientos para superar

D **Preparando un presupuesto** No hay que esperar hasta que seas mayor para preparar un presupuesto. Todos tenemos gastos. Queremos comprar un refresco, ir al cine, comprar un DVD o una camiseta. Pero no los podemos pagar sin tener los recursos necesarios.

Prepárate un presupuesto por una semana. Empieza con tus ingresos—sueldo de un trabajo a tiempo parcial, dinero que recibes de tus padres, la mesada, por ejemplo. Suma el total de tus ingresos.

Luego haz una lista de lo que quieres o tienes que comprar. Incluye cualquier otro gasto que tengas.

Compara el monto de ingresos y gastos (egresos). ¿Te sale bien o tienes que revisar tu presupuesto?

E **Preparando otro presupuesto** Es más complicado preparar un presupuesto para una familia porque hay más gastos—la mayoría de los cuales son obligatorios.

Vas a preparar un presupuesto para una familia ficticia por un mes.

Toma un sueldo que te parece satisfactorio. Al sueldo añade los otros ingresos que tiene la familia.

Luego haz una lista de los gastos o egresos. Entre los gastos incluye: impuestos, seguros, hipoteca o alquiler (renta), luz, gas, carro, gasolina, comida, ropa, transporte al trabajo y cualquier otro gasto o gastos.

¿Alcanza el sueldo o no? ¿Será necesario revisar el presupuesto?

Conocimientos para superar

F Conectando con la literatura El Arcipreste de Hita nació en Alcalá de Henares en España en la primera mitad del siglo XIII. Escribió un libro famoso titulado *El libro de buen amor*. En el fragmento de su poema que sigue, habla del dinero. Lee esta estrofa interesante y luego comenta si estás de acuerdo con lo que dice este señor del siglo XIII. ¿Sigue siendo verdad hoy o no?

La gente gasta mucho dinero comiendo en un restaurante.

Ejemplo de la propiedad que el dinero ha

Mucho hace el dinero y mucho es de amar;
Al torpe hace bueno y hombre de prestar,
Hace correr al cojo y al mudo hablar;
El que no tiene manos dineros quiere tomar.
Sea un hombre necio y rudo labrador;
Los dineros le hacen hidalgo y sabedor,
Cuanto más algo tiene, tanto es de más valor;
El que no ha dineros, no es de sí señor.

Gramática y lenguaje

Visit **ConnectEd** for additional practice

Verbos irregulares en el presente

1. En español hay varios verbos que son irregulares; lo que significa que no siguen el mismo patrón que los verbos regulares.

> ser: **soy eres es somos sois son**
>
> tener: **tengo tienes tiene tenemos tenéis tienen**

2. Casi todos los verbos irregulares en el presente tienen una sola forma irregular–la forma de **yo**, llamada la primera persona singular.

3. Los verbos **estar, dar** e **ir** funcionan como un verbo regular en **–ar** en todas sus formas menos la de **yo**.

	estar	dar	ir
yo	estoy	doy	voy
tú	estás	das	vas
él, ella, Ud.	está	da	va
nosotros(as)	estamos	damos	vamos
vosotros(as)	estáis	dais	vais
ellos, ellas, Uds.	están	dan	van

4. Los siguientes verbos son irregulares también en la forma de **yo**.

	poner	hacer	valer	traer	salir
yo	pongo	hago	valgo	traigo	salgo
tú	pones	haces	vales	traes	sales
él, ella, Ud.	pone	hace	vale	trae	sale
nosotros(as)	ponemos	hacemos	valemos	traemos	salimos
vosotros(as)	ponéis	hacéis	valéis	traéis	salís
ellos, ellas, Uds.	ponen	hacen	valen	traen	salen

	aparecer	conocer	conducir	producir
yo	aparezco	conozco	conduzco	produzco
tú	apareces	conoces	conduces	produces
él, ella, Ud.	aparece	conoce	conduce	produce
nosotros(as)	aparecemos	conocemos	conducimos	producimos
vosotros(as)	aparecéis	conocéis	conducís	producís
ellos, ellas, Uds.	aparecen	conocen	conducen	producen

 Contesta.

1. ¿Vas a la escuela de lunes a viernes?
2. ¿A qué hora sales de casa?
3. ¿Pones tus materiales escolares en una mochila?
4. ¿Vas a la escuela a pie o conduces el carro?
5. ¿Estás en la escuela hasta qué hora?
6. ¿Conoces bien a tus profesores y profesoras?

 Cambia cada oración del singular al plural o viceversa.

1. Ellos hacen un viaje.
2. Nosotros hacemos el viaje también.
3. Yo salgo de casa.
4. Voy al aeropuerto.
5. Conduzco con cuidado en la carretera.
6. ¿Dónde pones el equipaje?

Completa en el presente.

1. Nosotros ____ mucho pero ellos ____ poco. producir
2. Yo ____ a todos y tú no ____ a nadie. conocer
3. Ellos ____ ahora y nosotros ____ más tarde. salir
4. Yo ____ un paseo largo y él ____ un paseo corto. dar
5. Ellos ____ mucho trabajo y yo mucho también. hacer

Los verbos cuyo infinitivo termina en **–uir** se escriben con **y** en todas las formas con la excepción de nosotros (y vosotros).

	construir	huir	concluir
yo	construyo	huyo	concluyo
tú	construyes	huyes	concluyes
él, ella, Ud.	construye	huye	concluye
nosotros(as)	construimos	huimos	concluimos
vosotros(as)	construís	huís	concluís
ellos, ellas, Uds.	construyen	huyen	concluyen

Otros verbos que terminan en –uir son **atribuir, disminuir, distribuir, incluir, sustituir.**

¡Ojo! Nota las formas del **verbo** oír.   **oigo, oyes, oye, oímos, (oís), oyen.**

 Escribe las oraciones en el plural.

1. Incluyo muchos detalles en mi presupuesto.
2. Siempre huyo de una mala situación.
3. No sustituyo nada en los formularios bancarios.
4. Distribuyo los regalos a los niños.
5. Oigo la música.

 Forma oraciones completas.

1. Ellos | contribuir | mucho | iglesia
2. Nosotros | distribuir | comida | víctimas
3. Carlos | oír | el | ruido
4. Tú | incluir | muchos | detalles
5. Uds. | construir | palacio

Contracciones

1. Las preposiciones **a** y **de** se combinan con el artículo definido **el** para formar una sola palabra—una contracción. Estudia los siguientes ejemplos.

   Voy al laboratorio.
   Venimos del laboratorio.

2. Nota que la preposición **de** se usa también para expresar posesión.

   el libro del profesor
   ¿De quién es el periódico? Es del jefe.

Andrew Payti

6 Completa con la forma apropiada de la preposición **a** o **de.**

1. Nosotros vamos ____ café y ellos vienen ____ café.
2. Nosotros vamos ____ colegio y ellos vienen ____ colegio.
3. Nosotros vamos ____ escuela y ellos vienen ____ escuela.
4. Nosotros vamos ____ hotel y ellos vienen ____ hotel.
5. Nosotros vamos ____ fiesta y ellos vienen ____ fiesta.

Sustantivos que comienzan en -a acentuada

1. Ya sabemos que la gran mayoría de los sustantivos que terminan en **-o** son masculinos y los que terminan en **-a** son femeninos.

2. Hay un grupo de sustantivos femeninos que empiezan con **a (ha)** acentuada. Aunque estos sustantivos son femeninos, van acompañados de los artículos masculinos **el** y **un** por lo difícil que es pronunciar dos **aes** consecutivas cuando la segunda va acentuada.

el arma	el águila
el área	el ama
el ala	el arpa
el agua	las aguas tranquilas
el hacha	el hacha pequeña

El agua de la fuente es potable.

7 Oraciones Forma oraciones según el modelo.

> **agua / salado / mar →**
> **El agua salada es del mar.**

1. águila / pequeño / bonito
2. arma de fuego / agente de policía
3. hacha / bombero
4. agua / salado / mar
5. agua / dulce / lago
6. música / arpa / bonito

8 Más oraciones Escribe una oración con cada una de las siguientes palabras.

1. ala
2. alma
3. áreas
4. ama de casa
5. hadas
6. arpa

Pronunciación y ortografía

La consonante d

La consonante **d** se pronuncia de una manera muy suave en español. Por consiguiente es facíl «comérsela»; es decir, no pronunciarla sobre todo cuando se encuentra en medio o al final de una palabra. No te olvides que el que pronuncia mal la palabra casi siempre la escribe mal. Observa las formas correctas e incorrectas.

La ciudad de Los Ángeles, California

CORRECTO	INCORRECTO
ciudad	ciudá
universidad	universidá
cuidado	cuidao
hablado	hablao
pescado	pescao
Guadalupe	Gualupe
donde	'onde

ACTIVIDAD 9 Completa con la palabra que falta.

1. Los Ángeles es una ____ grande.
2. Hay que tener mucho ____ de pronunciar bien.
3. Yo sé ____ está su casa.
4. A mí me gusta mucho la carne pero no me gusta el ____.
5. Al terminar con la escuela secundaria quiero estudiar en la ____.
6. Yo no he ____ a Juan porque no lo he visto.
7. No la llaman ____. Todos la llaman Lupita.

©TongRo Image Stock/Alamy

Literatura

Olor a cacao de José de la Cuadra

◆ **Vocabulario para la lectura**

Estudia las definiciones de las siguientes palabras.

el asco repugnancia

el limpión paño para limpiar y secar los platos

solícito diligente, deseoso de servir

fastidiado enojado

mansamente apaciblemente, suavemente

agregar unir unas cosas con otras, añadir

musitar hablar en voz muy baja

suplicar rogar

La cliente está fastidiada.

Poder verbal

Parafraseando Expresa de otra manera.

1. Él nos *rogó* ayudarlo.
2. Me da *repugnancia* pensar en lo que está haciendo.
3. Ella estaba *enojada;* pero se la va a pasar.
4. No lo pude oír porque *habló en voz muy baja.*
5. Tienes que *añadir* un poco de sal.
6. Él es siempre tan *afanoso de ayudar.*
7. Necesito un *paño* para limpiar estos platos.

Nota biográfica

José de la Cuadra, un cuentista ecuatoriano muy admirado, nació en Guayaquil, en 1903. Murió en la misma ciudad en 1941. José de la Cuadra hizo estudios de abogado y fue uno de los grandes animadores del grupo literario de las corrientes literarias en Ecuador.

En sus cuentos José de la Cuadra interpreta la vida montubia, o sea la vida de la región costeña de Ecuador. Presenta personajes humildes de los arrabales de Guayaquil o de las aldeas a orillas de la selva o del litoral ecuatoriano.

El cuento *Olor a cacao* tiene lugar en un café humilde y rústico de Guayaquil. Entra en el café un señor que no es de Guayaquil. Por casualidad la muchacha que trabaja en el café es de la misma región que el señor. Esta humilde sirvienta revela el amoroso asimiento a la tierra o región nativa por aislada que esté.

La Amazonia, Ecuador

Lectura

Olor a cacao

◆ · ◆ · ◆

Estrategia de lectura
Visualización Al leer este cuento debes visualizar el ambiente del café y las expresiones que tendrían en la cara los personajes mientras hablan.

1   El hombre hizo un gesto de asco. Después arrojó la buchada, sin reparar que añadía nuevas manchas al sucio mantel de la mesilla.

   La muchacha se acercó, solícita, con el limpión en la
5 mano.

   —¿Taba° caliente?

   Se revolvió el hombre, fastidiado.

   —El que está caliente soy yo, ¡ajo! —replicó.

   De seguida soltó a media voz una colección de
10 palabrotas brutales.

   Concluyó:

   —¿Y a esta porquería le llaman cacao? ¿A esta cosa intomable?

   Mirábalo la sirvienta, azorada° y silenciosa. Desde
15 adentro, de pie tras el mostrador, la patrona espectaba°.

   Continuó el hombre:

   —¡Y pensar que ésta es la tierra del cacao! A tres horas de aquí ya hay huertas.

   Expresó esto en un tono suave, nostalgioso, casi dulce...
20   Y se quedó contemplando a la muchacha.

   Después, bruscamente, se dirigió a ella:

   —Yo no vivo en Guayaquil, ¿sabe? Yo vivo allá, allá... en las huertas...

   Agregó, absurdamente confidencial:
25   —He venido porque tengo un hijo enfermo, ¿sabe?, mordido de culebra... Lo dejé esta tarde en el hospital de niños... Se morirá, sin duda... Es la mala pata°...

taba estaba

azorada confundida
espectaba miraba

mala pata mala suerte

Vegetación densa en la región costeña de Ecuador

La muchacha estaba ahora más cerca. Calladita, calladita. Jugando con los vuelos del delantal.

30 Quería decir:

—Yo soy de allá, también; de allá... de las huertas...

Habría sonreído al decir esto. Pero no lo decía. Lo pensaba, sí, vagamente. Y atormentaba los flequillos de randaº con los dedos nerviosos.

35 Gritó la patrona:

—¡María! ¡Atiende al señor del reservado!

Era mentira. Sólo una señal convenida de apresurarse era. Porque ni había señor, ni reservado. No había sino estas cuatro mesitas entre estas cuatro paredes, bajo la

40 luz angustiosa de la lámpara de querosén. Y, al fondo, el mostrador... Nada más.

Se levantó el hombre para marcharse.

—¿Cuánto es?

—Nada... nada...

45 —¿Eh?

—Sí; no es nada... no cuesta nada... Como no le gustó...

Sonreía la muchacha mansamente, miserablemente; lo mismo que, a veces, suelen mirar los perros.

50 Repitió, musitando:

—Nada...

Suplicaba casi al hablar.

El hombre rezongóº, satisfecho:

—Ah, bueno...

55 Y salió.

Fue al mostrador la muchacha.

Preguntó la patrona:

—¿Te dio propina?

—No; sólo los dos reales de la taza...

60 Extrajo del bolsillito del delantal unas monedas que colocó sobre el zinc del mostrador.

—Ahí están.

Se lamentó la mujer:

—No se puede vivir... Nadie da propina... No se puede

65 vivir...

La muchacha no la escuchaba ya.

Iba, de prisa, a atender a un cliente recién llegado.

Andaba mecánicamente. Tenía en los ojos, obsesionante, la visión de las huertas natales, el paisaje cerrado de las

70 arboledas de cacao. Y le acalambrabaº el corazón un ruego para que Dios no permitiera la muerte del desconocido hijo de aquel hombre entrevisto.

flequillos de randa borlas

Pulingue San Pablo, Chimborazo, Ecuador

rezongó gruñó, refunfuñó

acalambraba se contraía los músculos

Comprensión

A **Buscando hechos** Contesta.
1. ¿Qué había tomado el señor?
2. ¿Le gustó?
3. ¿Qué produce la tierra cerca de allí?
4. ¿Vive en Guayaquil el señor?
5. ¿Dónde vive?
6. ¿Por qué vino a Guayaquil?
7. ¿Qué le quería decir la muchacha?
8. ¿Se lo dijo?
9. ¿Cuánto le cobró por el cacao la muchacha?
10. ¿Qué le preguntó la patrona a la muchacha cuando fue al mostrador?
11. ¿Le dejó una propina?
12. ¿Qué le dio la muchacha a la patrona?

B **Explicando** Explica lo que significa.
1. El hombre hizo *un gesto de asco.*
2. La muchacha se acercó, *solícita.*
3. ¿Y a *esta porquería* le llaman «cacao»?
4. Andaba *mecánicamente.*

C **Describiendo** Da una descripción del café.

D **Analizando** ¿Cómo reacciona y qué hace la humilde sirvienta que nos revela el amoroso asimiento que tiene a su tierra natal? ¿Se enamoró ella del cliente también? Explica.

E **Enfoque** Lee de nuevo los párrafos siguientes.

«—¡María! ¡Atiende al señor del reservado!

Era mentira. Sólo una señal convenida de apresurarse era. Porque ni había señor, ni reservado. No había sino estas cuatro mesitas entre estas cuatro paredes, bajo la luz angustiosa de la lámpara de querosén. Y, al fondo, el mostrador... Nada más.»

Y ahora contesta.

¿Sabes lo qué está pasando aquí? A veces es necesario verificar nuestra comprensión. ¿Cuánta gente hay esperando atención? ¿Por qué le dice la patrona que atienda al señor del reservado? ¿Qué es el reservado? ¿Quién es el señor del reservado?

Composición

El escrito expositivo

Generalmente lo que tienes que escribir para explicar y dar información es expositivo. La mayoría de lo que tienes que escribir para tus tareas escolares es expositivo. El escrito expositivo da a los lectores información y explicaciones. Un tipo de escrito expositivo le indica al lector como hacer algo, como hacer una ensalada, por ejemplo. Le da instrucciones. Otro le explica como funciona algo. Otro tipo de escrito expositivo explica por qué ha ocurrido algo.

El proceso de escribir

Escribiendo claramente

Los detalles que incluyes en un escrito expositivo deben ayudar a tus lectores a comprender tu tópico. Aquí tienes las calidades de un buen escrito expositivo.

CLARO	Es fácil leerlo.
CONCISO	Es exacto y específico.
INFORMATIVO	Incluye ideas y juicios.

Ahora, ¡te toca a ti!

ACTIVIDAD 1

Vas a escribir una explicación de lo que ha ocurrido. Sírvete de la información que has leído en Sección 1 de este capítulo.

- Escribe una lista de las cosas que están cambiando en el mundo hispano.
- Escribe por qué están ocurriendo estos cambios.
- Si quieres, da tus opiniones sobre estos cambios.
- Escribe cuales serán las consecuencias de estos cambios.

Ordena los detalles de tal manera que tus lectores comprendan precisamente lo que ha ocurrido y por qué.

Ella está estudiando para un examen.

Conexión con el inglés

Verbos irregulares en el presente

1. En inglés hay muy pocos verbos irregulares en el tiempo presente. Sin embargo los verbos *to be* (ser) y *to have* (tener) son irregulares e importantísimos.

	to have	to be
I	have	am
you	have	are
he/she/it	has	is
we	have	are
you	have	are
they	have	are

2. Los verbos *do* y *go* añaden una *–e* con *he, she, it*.

I	do	I	go
he/she	does	he/she	goes

It

1. El pronombre *it* no existe en español porque cada sustantivo tiene género, masculino o femenino, y el pronombre que lo reemplaza lleva el mismo género. El pronombre *it* en inglés es «neutro» y reemplaza una cosa.

Where's the pencil?	*It's on the desk.*
Where's the book?	*It's on the desk, too.*

2. Se emplea *it* en muchas expresiones que en español no tienen ningún sujeto.

Es importante.	*It's important.*
Es necesario.	*It's necessary.*
Es posible.	*It's possible.*
Es una buena idea.	*It's a good idea.*
Es una pena.	*It's a shame.*
Parece que sí.	*It seems so.*
¿Qué quiere decir?	*What does it mean?*
Llueve.	*It's raining.*
Hace viento.	*It's windy.*
Salió bien.	*It turned out OK.*

Conexión con el inglés

Contracciones

En inglés, hay muchas contracciones. Las siguientes se usan casi siempre.

> *do + not = don't*
> *I don't, you don't, we don't,* and *they don't*

> *does + not = doesn't*
> *He doesn't* and *she doesn't*

> *are + not = aren't*
> *You aren't, we aren't,* and *they aren't*

> *is + not = isn't*
> *He isn't* and *she isn't*

> *am + not* No hay contracción.
> *I am not.*

¡Ojo! Vulgarismos

Ya has aprendido que *ain't* es un vulgarismo. En vez de *ain't* hay que decir:

> *I am not.*   *He isn't.*   *They aren't.*

Otro vulgarismo es:

CORRECTO	INCORRECTO
He doesn't	*He don't*
She doesn't	*She don't*
It doesn't	*It don't*

Se debe evitar siempre la palabra *don't* con *he, she* o *it*.

They're friends from school. Aren't they?

FabioFilzi/Getty Images

Posesión

En español se usa la preposición **de** para expresar posesión.
En inglés se usa *'s* (apóstrofo *s*). Observa los siguientes ejemplos.

ESPAÑOL	INGLÉS
el libro de Juan	*John's book*
los apuntes de los alumnos	*the students' notes*
la reunión de los profesores	*the teachers' meeting*

El significado de **a** y **en**

Las preposiciones en inglés son problemáticas porque pueden tener
muchos significados diferentes. Nota los distintos significados de las
preposiciones **a** y **en** en inglés.

Vamos a México.	*We are going to Mexico.*
Llegamos a la iglesia.	*We arrived at church.*
Llegamos a las cuatro.	*We arrived at four o'clock.*
Van a caballo.	*They are going on horseback.*
Poco a poco.	*Little by little.*
Están en la escuela.	*They're in school.*
¿Quién está en (a) la puerta?	*Who's at the door?*
Estamos en el aeropuerto.	*We're in (at) the airport.*
Está en el cine.	*He's at the movies.*
El libro está en la mesa.	*The book's on the table.*

¿Qué preposición necesito?

Capítulo

6

El hogar y la familia

Objetivos

En este capítulo vas a:

✿ estudiar algunos cambios sociales que están afectando la estructura de la familia

✿ aprender el vocabulario especializado relativo a los seguros y familiarizarte con la importancia de los seguros

✿ estudiar la puntuación: el uso del punto y de la coma; los signos de interrogación y admiración; sustantivos que tienen dos géneros; problemas ortográficos con **b, v**; palabras homófonas

✿ leer *El Cid* de autor anónimo, *Canción del pirata* de José de Espronceda y *Los pazos de Ulloa* de Emilia Pardo Bazán

✿ escribir una descripción

✿ estudiar el uso de la coma en inglés y palabras homófonas y los signos de interrogación y admiración en inglés

El abuelo y su nieto juegan ajedrez.

Vocabulario para la lectura

Estudia las siguientes definiciones.

el lazo el enlace

dispuesto apto, capaz, preparado

asumir responsabilizarse de algo

enlazarse unir, casar, contraer matrimonio

Poder verbal

ACTIVIDAD 1 Palabras emparentadas
Da una palabra relacionada.

1. la aptitud
2. la disposición
3. el enlace
4. la capacidad
5. la unión

La pareja contrae matrimonio.

Un brindis

Lectura

La familia

La familia es una de las instituciones básicas de la sociedad. Y la familia es una institución importantísima en nuestras culturas latinas o hispanas. Si damos una fiesta para celebrar un evento familiar, acuden todos los parientes: abuelos, tíos, primos. Cuando un miembro de la familia se casa, la familia se hace aún más grande porque el matrimonio une o enlaza a dos familias.

El compadrazgo

Entre muchas de nuestras familias hay una costumbre bastante antigua—el compadrazgo. Esta institución constituye una relación casi de parentesco entre el padrino, la madrina y el ahijado o la ahijada. Comienza con la ceremonia del bautizo y perdura por toda la vida. El padrino y la madrina asumen la obligación de complementar a los padres naturales y sustituirlos, en el caso de su muerte, por ejemplo. En la clase alta se escoge un padrino o a una madrina que sea capaz de manejar los bienes del ahijado cuando sea necesario. En el caso de los pobres, los padres tratan de encontrar una persona de recursos suficientes para asumir el papel de padre o madre si es necesario. Por eso, no es raro que un personaje conocido o dueño de grandes negocios o tierras tenga muchos ahijados y ahijadas. Significa que este individuo está dispuesto a aceptar la obligación de mantener a estos jóvenes en el futuro.

> ## Estrategia de lectura
> ### Identificando la idea principal
> Mientras lees, es importante identificar la idea principal que expresa el autor. Cada párrafo usualmente discute una idea diferente. Puedes encontrar la idea principal en la primera o segunda oración de un párrafo. Lee rápidamente para encontrar la idea principal. No leas cada palabra. Después de familiarizarte con la idea principal de la lectura, lee la selección de nuevo con más cuidado.

una quinceañera, Miami

Cambios sociales

Aunque los lazos familiares siguen siendo muy fuertes, la estructura familiar tradicional está cambiando en los países hispanos igual que en Estados Unidos.

La edad legal para contraer matrimonio varía de un país a otro. Actualmente los jóvenes no se están casando tan jóvenes como antes. En algunos países el divorcio sigue siendo ilegal. Pero en general el número de divorcios está en aumento. También está en aumento el número de familias que consta de sólo la madre o el padre, en la mayoría de los casos la madre. La mayoría de los divorciados se casan de nuevo y establecen otra familia. Así, la familia recompuesta es otra consecuencia del divorcio. Los niños de una familia recompuesta tienen que adaptarse a un padrastro o una madrastra, a unos hermanastros y en muchos casos a medios hermanos.

Se emplean los términos «madrastra», «hermanastro», etc., pero hay quienes los consideran despectivos y suelen evitarlos. A veces dirán, por ejemplo, «el esposo de mi madre» en vez de «padrastro» o «el hijo de la esposa de mi padre» en vez de «hermanastro».

Una abuela con su hija y nieta

Comprensión

A Buscando hechos Contesta.

1. ¿Cómo es la familia en las sociedades hispanas?
2. ¿Qué hacen los padrinos?
3. ¿A quiénes trata de escoger como padrinos la gente de muy pocos recursos económicos?
4. ¿Cuál es la edad legal para contraer matrimonio en los países hispanos?
5. Hoy en día, ¿son mayores o menores los jóvenes cuando se casan?
6. ¿Qué está en aumento?
7. ¿Cuáles son dos consecuencias del divorcio?
8. ¿A quiénes tienen que adaptarse los niños de una familia recompuesta?

Él es un padre orgulloso.

B **En mi familia** ¿Existe el compadrazgo en tu familia? A veces el padrino o la madrina es un(a) pariente consanguíneo(a) y a veces es un(a) amigo(a) o conocido(a) de la familia. Tus padrinos, ¿son parientes o amigos?

C **Aprendiendo más** En las comunidades indígenas de Latinoamérica no existía la institución del compadrazgo. En las comunidades indígenas prevalecía la práctica de la endogamia, o sea, el matrimonio casi exclusivo entre los habitantes de la misma aldea. Toda la comunidad era un tipo de familia grande. El espíritu comunal eliminaba la necesidad de tener un padre o una madre «adicional». El niño podía depender de todos los adultos de la aldea que representaran su «familia».

Como no existía el compadrazgo en las comunidades indígenas de las Américas, ¿de dónde vino?

D **Trabajando en grupos** La familia está cambiando radicalmente en la sociedad moderna. Está cambiando aquí en Estados Unidos igual que en España y Latinoamérica. Para mantener a la familia es frecuentemente necesario que ambos padres trabajen. Muchas madres que en el pasado se quedaban en casa están saliendo temprano por la mañana para ir a trabajar. Como consecuencia, muchos niños pasan el día en una guardería infantil. Hay muchos que dicen que esto es beneficioso para los niños y hay otros que creen que tiene consecuencias negativas. En grupos de tres o cuatro discutan como está cambiando la vida familiar. Citen ejemplos. Discutan lo que Uds. consideran cambios positivos y negativos.

Niños de una guardería infantil, Barcelona

EL HOGAR Y LA FAMILIA

Conexión con las finanzas
Los seguros

Los seguros son sumamente importantes para la protección de la familia. El concepto del seguro ha existido siempre. Los hombres prehistóricos se unían para colaborar en caso de peligro. A través de los siglos, los hombres han almacenado víveres para no morirse de hambre durante épocas de escasez. Si a la casa de uno le prendiera fuego, todos vendrían a apagar el fuego para que no se incendiara toda la vecindad. Poco a poco este tipo de colaboración voluntaria para protección mutua se transformó en mutualidades, grupos de personas que se aseguran recíprocamente contra ciertos riesgos por medio del pago de una cuota o contribución. Más tarde vinieron las compañías de seguros modernas, dirigidas como empresas comerciales.

Objeto de los seguros

El objeto de los seguros es el de ofrecer una protección financiera. El que compra una póliza de seguros, el asegurado, está buscando protección para él mismo, para su familia o para su negocio. El asegurado tiene que pagar a la compañía de seguros una prima. Paga la prima en cuotas mensuales o anuales. La manera de determinar el monto de la prima se basa en las probabilidades. Por ejemplo, el riesgo de incendio es mayor para una casa de madera que para una casa de piedra o ladrillo. Los que calculan las probabilidades de incendios, muertes, accidentes, etc. durante el transcurso de un año se llaman «actuarios». Las primas para las pólizas de seguros se basan en los cálculos de los actuarios. Las compañías de seguros indemnizan a los asegurados por los daños sugeridos con el dinero pagado por todos los otros asegurados.

Compañías de seguros

Cuando se piensa en seguros, se piensa en una compañía privada. Sin embargo, en Estados Unidos el asegurador más importante es el gobierno federal. La mayor parte de los programas del gobierno se dedican a proteger a la gente contra una pérdida de rentas debido a varios factores: la enfermedad, la invalidez, los accidentes, la huelga, la vejez. En Estados Unidos el Seguro Social cubre a nueve de cada diez trabajadores. Por lo general, los empleados pagan una porción de la cuota o contribución y los patronos pagan la otra porción.

Tipos de seguros

Hay varios tipos de seguros. El tipo que le interesa a la mayoría de la gente es el seguro de responsabilidad civil. El asegurador paga a un tercero que sufre daños causados por el asegurado. Por ejemplo, los médicos se aseguran contra los riesgos de daños causados por ellos mismos o por sus empleados. Otra clase de seguros de responsabilidad civil son los seguros de automóvil contra todo riesgo. En muchos estados es ilegal conducir un vehículo sin tener seguro. Hay también seguros contra todo tipo de accidentes, incendios, inundaciones, huracanes, terremotos (catástrofes naturales), robos, etc.

Hay que leer bien una póliza antes de firmarla.

El huracán Andrés causó mucha destrucción.

Antes de comprarse una póliza de seguros el consumidor prudente debe leerla detenidamente para comprender todas las condiciones de la póliza. La mayoría de los seguros contienen una cantidad deducible. El asegurador retiene de la indemnización la cantidad deducible.

Conocimientos para superar

Deducibles

Tienes un accidente y debes ir al médico o al hospital. Tu póliza de seguros médicos cubre los gastos para los médicos. Pero la cantidad deducible es de $500. Eso significa que tú tienes que pagar los primeros quinientos dólares personalmente y el asegurador pagará la diferencia. Por lo general, el asegurador no paga la totalidad de la diferencia sino un porcentaje de la diferencia—según las condiciones en la póliza.

El seguro médico sigue siendo un problema serio en Estados Unidos. El costo del seguro médico es muy alto y desafortunadamente prohibitivo o sea fuera de las posibilidades para muchas familias. En la actualidad se están estudiando numerosos proyectos de seguro médico nacional para tratar de solucionar este problema serio.

Hospital Costa del Sol, Marbella, España

El seguro de vida

Otro tipo de seguro importante es el seguro de vida. El asegurado paga sus primas a nombre de un beneficiario. El beneficiario es el que recibe el dinero (el valor de la póliza) cuando muere el asegurado. Una gran ventaja de los seguros de vida es que los beneficios no son gravables. El gobierno federal no cobra impuestos sobre los beneficios que recibe el beneficiario de una póliza de seguro de vida.

Comprensión

A Poder verbal Parea la palabra con su definición.

1. el asegurado
2. el beneficiario
3. el deducible
4. la prima
5. la cuota
6. el actuario
7. la indemnización

    a. la parte de la indemnización que no paga la compañía de seguros
    b. el dueño de una póliza de seguro
    c. el que determina el monto de la prima de una póliza de seguros
    d. el monto que el asegurado paga a la compañía de seguros
    e. el que recibe el dinero de una póliza de seguros de vida después de la muerte del asegurado
    f. la contribución, el pago
    g. el dinero que uno recibe para recuperar su pérdida

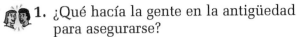

Andrew Payti

B Buscando información Contesta.

1. ¿Qué hacía la gente en la antigüedad para asegurarse?
2. ¿Cuál es el objeto de los seguros?
3. ¿Qué tiene que pagar el asegurado a la compañía de seguros? ¿Cuándo la paga?
4. ¿Qué es un actuario?
5. ¿Cuáles son algunos tipos de seguros?
6. ¿Es la prima de una póliza de seguros de automóvil contra todo riesgo más alta para los menores que para los mayores?
7. ¿Qué contiene la mayoría de los seguros?
8. ¿Qué es un deducible?
9. ¿Cuándo recibe el beneficiario el dinero de una póliza de seguro de vida?
10. Los beneficios de seguro de vida no son gravables. ¿Qué significa esto?

Un quiosco delante de una compañía de seguros, Estepona, España

C Preparando una lista Prepara una lista de varias cosas contra las cuales uno puede asegurarse.

D Llegando a una conclusión En un párrafo, escribe por qué son importantes los seguros.

E Resolviendo un problema Tienes una póliza de seguros médicos. La cantidad deducible es $500. Después de retener la cantidad deducible, la compañía de seguros te pagará el 80 por ciento del resto de tus gastos médicos. Has tenido un accidente y el monto de tus gastos es $1.200. ¿Cuánto tendrás que pagar por tu propia cuenta?

F Expresión oral Prepara un discurso en el cual presentas la importancia y los beneficios de los seguros. Incluye consecuencias desafortunadas que podrían resultar si un individuo no tuviera seguros. En tu discurso contesta personalmente la pregunta siguiente: ¿Crees que el gobierno debe hacer más para ayudar a los que no tienen los recursos suficientes para asegurarse? ¿Qué podría hacer el gobierno según tu punto de vista?

Gramática y lenguaje

Visit **ConnectEd** for additional practice

La puntuación

Para hacer más comprensibles nuestras oraciones escritas, usamos los signos de puntuación. Con los signos de puntuación podemos distinguir las pausas y el tono de la oración.

El punto y la coma

1. Se pone el punto al final de una oración.

   La familia González vive en San Juan.
   Tiene una casa de campo en Barranquitas.

2. Se usa la coma para separar palabras de la misma categoría o clase, o sea, para separar palabras que aparecen en la frase en forma de lista.

   Los primos, abuelos, tíos y padrinos van a asistir a la fiesta.
   La casa tiene sala, comedor, cocina y tres dormitorios.

3. Se usan comas para separar palabras que aclaran otra palabra.

   José, un muchacho de dieciséis años, vive en Nueva York.

Hay muchas casas bonitas en el Viejo San Juan, un barrio pintoresco de la ciudad.

4. Se usan comas para poner de relieve palabras que interrumpen la idea o pensamiento de la frase.

> **Las pólizas de seguros, como puedes imaginar, son muy importantes para familias con niños.**

5. Se usa una coma para indicar una pausa después de una palabra introductoria.

> **Sí, se consideran los seguros muy importantes.**

6. Se usa una coma para poner de relieve una cita.

> **Teresa dijo, «Esto es algo muy importante».**
> **Sra. Ramos, «¿Compró usted una póliza de seguros?»**

¡Ojo! Nota también el uso de comillas para encerrar el discurso directo.

7. Se usa una coma delante de ¿**no**? o ¿**verdad**?.

> **Él te lo dijo, ¿no?**

Sí, en verano hace mucho calor en Nueva York y los niños juegan en una fuente de la ciudad.

1 Oraciones Pon las palabras en orden y haz oraciones completas.

1. tipos / varios / de / hay / seguros
2. que / hay / una / mensual / anualmente / o / prima / pagar / una
3. seguros / una / deducible / cantidad / contienen / los
4. póliza / tiene / cada / condiciones / sus

La familia celebra un cumpleaños en San Antonio, Texas.

2 ¿Necesito una coma? Pon comas cuando sea necesario.

1. Si damos una fiesta acuden los abuelos tíos primos y padrinos.
2. Una familia recompuesta tiene madrastra padrastro hermanastros y medios hermanos.
3. Ella pasó su juventud en Los Ángeles California y Ensenada México.
4. Maïte su hermana mayor se casó con José Antonio el hermano de mi mejor amigo.
5. El señor Florit dijo «Mañana vamos a celebrar el cumpleaños de mi hija».
6. Los matrimonios tienen lugar por lo general en la iglesia.

(b)©Hero/Corbis/Glow Images, (t)©Lars A. Niki

Gramática y lenguaje

Los signos de interrogación y de admiración

1. Se usan los signos de interrogación con una pregunta. El signo de interrogación se dobla. Se coloca antes y después de la pregunta o frase interrogativa.

   ¿Dónde vive la familia González?
   ¿Tiene una casa de campo?

2. El signo de admiración (exclamación) también es doble. Uno se coloca al principio de la exclamación y otro al final.

   ¡Qué lindas son las playas de México!
   ¡No me lo digas!

Cancún, México

3 **Exclamaciones** Pon los signos de interrogación o de admiración cuando sea necesario.

1. Cuándo se casó la pareja
2. Dónde va a vivir la pareja
3. Qué pareja más guapa
4. Van a estar muy contentos no
5. Ojalá
6. Dales mis mejores recuerdos

4 **Puntuación** Escribe los signos de puntuación apropiados.

1. Ellos viven en Laredo Texas
2. Laredo Texas está en la frontera de Estados Unidos y México
3. La casa de la familia Bustamante tiene sala comedor cocina tres recámaras dos cuartos de baño y garaje
4. Julia la hermana de Pablo y Eduardo estudia en la Universidad de Texas en Austin
5. Eduardo el menor de los dos hermanos tiene quince años
6. Él estudia en una escuela secundaria en Laredo
7. Él estudia español inglés historia álgebra y biología
8. Cuántos años tiene Julia
9. Increíble Ella tiene diecinueve años
10. Dónde has dicho que ella estudia

Santa Elena Canyon, Parque Nacional Big Bend, Texas

(t)Adalberto Ríos Szalay/Sexto Sol/Getty Images, (b)National Park Service

Sustantivos que tienen dos géneros

Hay algunos sustantivos que cambian de significado según su género.

el cólera una enfermedad
la cólera la ira

el capital el monto de las inversiones y rentas financieras
la capital la ciudad que sirve de sede al gobierno

ACTIVIDAD 5 ¿El o la? A ver si sabes el género de las siguientes palabras. Completa.

1. Los niños tienen que aprender ____ orden alfabético.
2. Él me dio ____ orden y tengo que hacer lo que quiere.
3. Ella pertenece a ____ orden de las hermanas del Sagrado Corazón.
4. Él tiene que discutir el problema con ____ cura.
5. ____ cura de muchas enfermedades es bastante fácil.
6. ¿Cuál es ____ capital de México?
7. El no tiene ____ capital para invertir en tal proyecto.
8. ____ coma separa una lista de palabras en la misma oración.
9. Aunque es raro, ____ coma puede durar años antes de que se despierte el paciente.
10. ¿Quién te dio ____ corte de pelo?
11. Han llevado al criminal a ____ corte.
12. ____ cólera es una enfermedad epidémica. *El amor en los tiempos* ____ *cólera* es una novela famosa de Gabriel García Márquez.

Pronunciación y ortografía

Las consonantes b, v

En nuestra lengua, la pronunciación varía mucho según la zona donde vivimos. Según la fonética española, la **b** y la **v** se pronuncian con el mismo sonido pero hay personas que según su región de residencia las diferencian un poco. Aunque en el lenguaje oral no hay diferencia entre la **b** y la **v** en la mayoría de las regiones, en el lenguaje escrito es evidente. Hay palabras que se escriben con **b** y hay otras que se escriben con **v**: «**b** de burro» y «**v** de vaca».

B DE BURRO　　　　　**V DE VACA**

Es necesario saber escribir estas palabras correctamente. Estudia las siguientes palabras.

bebe	bote	vive	nieva
bebemos	barco	vivimos	bravo
búho	busto	vuelo	activo
bicicleta	estaba	cueva	estuvo
cabra	busca	víbora	nave
bolso	basta	nuevo	vasto
bola		va	voy

En el invierno hay nieve.

6 Dictado Aprende lo siguiente para un dictado.

1. La nave lleva pasajeros bolivianos.
2. El vino estaba en la cueva.
3. Nieva en invierno, no en verano.
4. No beben vino de una botella.
5. La nave estuvo en Bilbao.
6. No vivimos en un bote nuevo.
7. Vamos a ver los búhos y las víboras.
8. No va a haber problema.
9. No va a ver la vaca.
10. Veo una abeja y una oveja.
11. A ver, ¿qué vamos a beber?
12. A ver, ¿qué vamos a ver?

7 Escoge la forma correcta.

1. una vez más / una bez más
2. buen biaje / buen viaje
3. las nubes / las nuves
4. la nabe / la nave
5. voy / boy
6. él lo tuvo y yo lo tuve / él lo tubo y yo lo tube
7. la víbora / la bívora
8. vuelvo / buelbo
9. el vuelo / el buelo
10. el balle / el valle
11. la corbina / la corvina
12. mi avuelo / mi abuelo

Palabras homófonas

Las palabras homófonas se pronuncian de la misma manera pero se escriben de forma diferente. Por ejemplo, las palabras **botar** y **votar** son palabras homófonas. Se pronuncian igual, se escriben de forma diferente y tienen significados muy distintos.

botar arrojar o echar fuera algo

votar dar su voto en una elección

8 Palabras homófonas En el diccionario busca una definición de las siguientes palabras homófonas.

1. basto   vasto
2. bello   vello
3. barón   varón
4. tubo   tuvo

¿Botar o votar?

Andrew Payti

El Cid de autor anónimo

◆ Vocabulario para la lectura

Estudia las siguientes definiciones.

anónimo dícese del autor de nombre desconocido

dotar darle a una persona algo para mejorarla o perfeccionarla

encomendar (ie) entregar, confiar al amparo de alguien

Poder verbal

ACTIVIDAD 1 ¿Cuál es la palabra?

1. darle un don a alguien
2. de nombre desconocido
3. darle a alguien

Una vista de la ciudad de Valencia, España

Introducción

No hay amor más perfecto que el amor entre marido y mujer y padres e hijos. Es un amor del cual se trata con frecuencia en nuestras letras. El poeta anónimo que cantó las hazañas del sin par héroe castellano Rodrigo Díaz de Vivar, El Cid, revela que conoció muy bien aquel amor. En los versos que siguen nos ha dejado un retrato que, a pesar de los siglos que han transcurrido, no ha perdido la emoción y fidelidad con que lo dotó su autor. El Cid fue desterrado por su rey. Camino del exilio, pasa por donde están su mujer e hijas para despedirse de ellas. Lo describe el poeta.

Lectura

El Cid ♪

◆·◆·◆

1 El Cid a doña Jimena   la iba a abrazar

doña Jimena al Cid   la mano va a besar

llorando de los ojos,   que no sabe que hacer.

Y él a las niñas   las tornó a mirar

5 A Dios os encomiendo   y al padre espiritual,

ahora nos partimos   Dios sabe el ajuntar.

Llorando de los ojos   como no viste jamás

así parten unos de otros   como la uña de la carne.

> **Estrategia de lectura**
> Visualizando Lee la poesía en voz alta visualizando lo que estás leyendo.

Comprensión

A **Expresión escrita** Escribe este fragmento del *Cantar de Mio Cid* en forma de prosa.

B **Símiles** Busca el símil que emplea el autor en este poema.

C **Conectando con la historia** Lee.

El Cid es el gran héroe nacional de España. Es en realidad, Rodrigo Díaz de Vivar. Nació en el siglo XI en el pequeño pueblo de Vivar, cerca de Burgos, en el norte de España. Allí vivió felizmente con su mujer y sus dos hijas.

Había habido un conflicto entre el Cid y el rey Alfonso, y como consecuencia de este conflicto fue necesario que el Cid saliera de Castilla. ¡Qué día más triste para él! Casi todo el pueblo de Burgos se puso a llorar cuando salió el Cid. Este también se puso muy triste porque no quería dejar a su familia.

El Cid montó en su caballo, Babieca, y salió de Burgos. Viajó por Castilla hasta llegar a Valencia. En aquel entonces los árabes ocupaban una gran parte de España. Habían invadido España en 711. Durante todo su viaje el Cid luchó valientemente contra los invasores árabes. Recibió la admiración de muchos que decidieron ayudarlo en su lucha contra los árabes. Su título, «el Cid» viene de la palabra árabe *Sidi* que significa «señor».

Cuando el Cid llegó a Valencia fue imposible entrar en la ciudad porque había sido ocupada por los árabes. Después de una lucha difícil, el Cid y sus hombres se apoderaron de la ciudad de Valencia y entraron victoriosos. En seguida el Cid mandó por su querida mujer y sus queridas hijas. Subieron a la parte más alta del Alcázar de donde miraron la bonita ciudad de Valencia. El Cid reinó en esta ciudad hasta 1099, el año de su muerte.

D **Buscando hechos** Contesta.

1. ¿Quién es el Cid?
2. ¿Dónde nació y vivió con su familia?
3. ¿Por qué tuvo que salir de Castilla el Cid?
4. ¿Por dónde viajó?
5. ¿Contra quiénes luchó?
6. ¿Cuál es el origen de su título?
7. Al llegar a Valencia, ¿por qué fue imposible entrar en la ciudad?
8. En cuanto entraron victoriosos los soldados del Cid en Valencia, ¿qué hizo el Cid?
9. ¿Hasta cuándo reinó en Valencia el Cid?

Canción del pirata de José de Espronceda

◆ **Vocabulario para la lectura**

Estudia las siguientes definiciones.

la lona tela con que se confecciona (hace) una vela

el pendón bandera, estandarte

la popa parte posterior de una nave

el rumbo dirección, sentido

el viento en popa viento que sopla en la misma dirección que se dirige el buque

sujetar dominar o someter a alguien

torcer (ue) cambiar, desviar

El pirata mira por el telescopio.

Poder verbal

 ACTIVIDAD 1 **Parafraseando** Expresa de otra manera.

1. Él no quiere cambiar *su dirección*.
2. El capitán no está en *la parte posterior del barco*. Está en la proa.
3. No puede hacerle *cambiar* su rumbo.
4. No lo pueden *dominar*.
5. ¡Qué *estandarte* más bonito!

 ACTIVIDAD 2 **Definiciones** ¿Cuál es la palabra?

1. desviar
2. el sentido
3. la bandera
4. tela fuerte a impermeable
5. contrario de «proa»
6. someter

Dr. Edwin P. Ewing, Jr./CDC

Introducción y nota biográfica

«Quiero ser más libre que un pájaro». ¿Quién diría eso? Lo diría el que quiere escaparse de su rutina diaria para ir a ver el mundo y explorar las zonas exóticas de nuestro planeta. Y hoy en día, ¿cómo lo haría? Sin duda, se compraría un boleto de avión y como un pájaro volaría alrededor del mundo. Y las alas serían las de un jumbo, uno de los grandes jets que cada día circumnavegan el globo. Pero en tiempos pasados, el que tenía ganas de ir a ver los lugares exóticos del mundo no pensaba en el avión. Pensaba en el barco y en alta mar. Nos lo dice el muy conocido poeta español, José de Espronceda.

José de Espronceda (1808–1842) nació en la provincia de Badajoz en España. Fue educado en Madrid y se dedicó a la poesía desde una edad muy temprana. Se considera a Espronceda uno de los mejores poetas líricos del siglo XIX. Es un poeta romántico que está hecho para amar la vida. Tiene una pasión por la libertad total como vamos a ver en el fragmento de su famoso poema que sigue.

Canción del pirata

◆·◆·◆

1   Con diez cañones por banda,
    Viento en popa a toda vela
    No corta el mar, sino vuela
    Un velero bergantín[1]:

5   Bajel[2] pirata que llaman
    Por su bravura el *Temido*,
    En todo mar conocido
    Del uno al otro confín.

    La luna en el mar ríela,
10 En la lona gime el viento,
    Y alza en blando movimiento
    Olas de plata y azul;

    Y ve el capitán pirata,
    Cantando alegre en la popa,
15 Asia a un lado, al otro Europa
    Y allá a su frente Stambul.

    ┄┄┄┄┄┄┄┄┄┄
    [1] **bergantín** velero de dos palos
    [2] **bajel** barco, buque

Estrategia de lectura

Visualizando Al leer esta poesía hazte una pintura mental. La primera vez que la lees, léela en voz alta.

El Bósforo, Estambul, Turquía

«Navega, velero mío,
Sin temor,

Que ni enemigo navío[3],
20 Ni tormenta, ni bonanza
Tu rumbo a torcer alcanza,
Ni a sujetar tu valor».

«Veinte presas
Hemos hecho
25 A despecho[4]
Del inglés,
Y han rendido
Sus pendones
Cien naciones
30 A mis pies».

«Que es mi barco mi tesoro
Que es mi Dios la libertad,
Mi ley la fuerza y el viento.
Mi única patria la mar.»

....
[3] **navío** nave, barco
[4] **a despecho** a pesar

Andrew Payti

Torre del Oro, Sevilla, España

Comprensión

A Visualización Dibuja lo que ves al leer este poema.

B Buscando detalles Lee de nuevo el poema *Canción del pirata* y contesta las siguientes preguntas.

1. ¿Cuántos cañones hay en el barco?
2. ¿De dónde viene el viento?
3. ¿Cómo anda el barco?
4. ¿Cómo llaman el barco? ¿Por qué?
5. ¿Dónde está el capitán? ¿Cómo está?
6. ¿Qué ve? ¿A quién habla?
7. ¿Qué puede hacer cambiar el rumbo del barco?
8. Para él, ¿qué es su barco?
9. ¿Qué es su Dios?
10. ¿Cuál es su única patria?

C Analizando ¿Qué simboliza la última estrofa de este fragmento de *Canción del pirata*?

D Expresión escrita Lee una vez más el poema *Canción del pirata* y escríbelo en prosa, en forma narrativa.

E Metáforas Busca todas las metáforas en esta poesía.

Los pazos de Ulloa de Emilia Pardo Bazán

◆ Vocabulario

Estudia las siguientes definiciones.

el inquilino persona que alquila o renta una propiedad

la jaula caja hecha de metal, madera u otro material que sirve para encerrar animales o pájaros

la pulcritud la belleza

el vidrio el cristal

el archivo local en el cual se guardan documentos

Poder verbal

ACTIVIDAD 1 ¿Qué palabra necesito? Completa.

1. Se debe mantener el ____ en muy buen orden para que sea fácil encontrar algún papel importante.
2. A veces los ____ no cuidan bien la propiedad.
3. ¿Por qué no pones el perro en la ____ para que no muerda a nadie?
4. Las ventanas no tienen ____.
5. Se usa más la palabra la belleza que ____.

Introducción

Emilia Pardo Bazán nació en 1851 en la Coruña, Galicia. Heredó el carácter abierto o independiente de su padre, un político liberal. Es de él que recibió también su gran afición por la lectura.

Poco después del nacimiento de Emilia la familia se mudó a una casa en un barrio aristocrático. A los nueve años Emilia Pardo Bazán comenzó a demostrar interés en la escritura. Era muy aficionada a las literaturas francesa y rusa. Conoció personalmente a Victor Hugo y apreció mucho la obra de Émile Zola.

Emilia Pardo Bazán está considerada la mejor novelista española del siglo XIX. Además de novelas y cuentos escribió libros de viajes, obras dramáticas, poemas y artículos periodísticos.

En 1886 salió una de sus novelas más famosas – Los pazos de Ulloa. Por la novela narra la historia de don Pedro, el marqués de Ulloa. La acción comienza con la llegada de don Julián, un joven sacerdote criado en la casa del tío de Pedro. Él ha sido enviado como administrador de la hacienda del marqués.

En el trozo corto de la novela que sigue Pardo Bazán describe una parte de la casa familial que había tenido inquilinos. Al leerla fíjate en el estilo literario de la autora. Como tantos novelistas realistas su estilo es en ocasiones minucioso. Predomina lo funcional. No se busca la belleza de la expresión sino la exactitud de la descripción y la verosimilitud de los hechos.

La Coruña, Galicia

Andrew Payti

Los pazos de Ulloa

◆·◆·◆

Primera parte. Tomo I. Capítulo III

Emilia Pardo Bazán

1　　Despertó Julián cuando entraba de lleno en la habitación
un sol de otoño dorado y apacible. Mientras se vestía,
examinaba la estancia con algún detenimiento. Era
vastísima, sin cielo raso; alumbrábanla tres ventanas
5　guarnecidas de anchos poyos y de vidrieras faltosas de vidrios
cuanto abastecidas de remiendos de papel pegados con
obleas. Los muebles no pecaban de suntuosos ni de
abundantes, y en todos los rincones permanecían señales
evidentes de los hábitos del último inquilino, hoy abad de
10　Ulloa, y antes capellán del marqués: puntas de cigarros
adheridas al piso, dos pares de botas inservibles en un
rincón, sobre la mesa un paquete de pólvora y en un poyo
varios objetos cinegéticos, jaulas para codornices, gayolas,
collares de perros, una piel de conejo mal curtida y peor
15　oliente. Amén de estas reliquias, entre las vigas pendían
pálidas telarañas, y por todas partes descansaba
tranquilamente el polvo, enseñoreado allí desde tiempo
inmemorial. Miraba Julián las huellas de la incuria de su
antecesor, y sin querer acusarle, ni tratarle en sus adentros
20　de cochino, el caso es que tanta porquería y rusticidad le
infundía grandes deseos de primor y limpieza, una aspiración
a la pulcritud en la vida como a la pureza en el alma.

　　(…)

　　—Vamos a ver la casa—indicó el señor de Ulloa—.
25　Es la más grande del país—añadió con orgullo.

　　Mudaron de rumbo, dirigiéndose al enorme caserón, donde
penetraron por la puerta que daba al huerto, y habiendo
recorrido el claustro formado por arcadas de sillería, cruzaron
varios salones con destartalado mueblaje, sin vidrios en las
30　vidrieras, cuyas descoloridas pinturas maltrataba la humedad,
no siendo más clemente la polilla con el maderamen del
piso. Pararon en una habitación relativamente chica, con
ventana de reja, donde las negras vigas del techo semejaban
remotísimas, y asombraban la vista grandes estanterías de
35　castaño sin barnizar, que en vez de cristales tenían enrejado
de alambre grueso. Decoraba tan tétrica pieza una
mesa-escritorio, y sobre ella un tintero de cuerno, un
viejísimo balde de suela, no sé cuántas plumas de ganso y
una caja de obleas vacía. Las estanterías entreabiertas

apacible dulce, agradable y sereno

detenimiento con seriedad

cielo raso cielo sin nubes

poyos bancos de piedra construidos junto a las paredes

faltosas sin

remiendos reparaciones

obleas hojas finas hechas de harina y agua o de goma

cinegéticos relativo al arte de la caza

gayolas partes más altas de un teatro

oliente que tiene un olor

incuria negligencia

primor delicadeza con que se hace una casa

sillería juego de sillas o de sillas y sofá

destartalado deteriorado

polilla especie de insectos que destruyen tejidos

maderamen – conjunto de diferentes maderas

barnizar dar o aplicar barniz

alambre hilo de metal

40　dejaban asomar legajos y protocolos en abundancia; por el suelo, en las dos sillas de baqueta, encima de la mesa, en el alféizar mismo de la enrejada ventana, había más papeles, más legajos, amarillentos, vetustos, carcomidos, arrugados y rotos; tanta papelería exhalaba un olor a humedad, a rancio,

45　que cosquilleaba en la garganta desagradablemente. El marqués de Ulloa, deteniéndose en el umbral y con cierta expresión solemne, pronunció:

　　—El archivo de la casa.

　　Desocupó en seguida las sillas de cuero, y explicó muy

50　acalorado que aquello estaba revueltísimo—aclaración de todo punto innecesaria—y que semejante desorden se debía al descuido de un fray Venancio, administrador de su padre, y del actual abad de Ulloa, en cuyas manos pecadoras había venido el archivo a parar en lo que Julián veía...

55　　—Pues así no puede seguir —exclamaba el capellán—. ¡Papeles de importancia tratados de este modo! Hasta es muy fácil que alguno se pierda.

legajos papeles importantes

vetustos muy viejos
carcomidos roídos por un insecto

acalorado fatigado

viga pieza horizontal de una construcción frecuentemente destinada a soportar el techo

Comprensión

A **Categorizando** Mientras leas, haz una lista de todos los muebles y utensilios mencionados.

B **Una descripción narrativa** Prepara tu propia descripción de la condición de la casa. Recuerda que no tienes que incluir todos los detalles. Puede ser una descripción general.

C **Explicando** Explica el significado de lo siguiente: Miraba Julián las huellas de la incuria de su antecesor, y sin querer acusarle, ni tratarle en sus adentros de cochino, el caso es que tanta porquería y rusticidad le infundía grandes deseos de primor y limpieza, una aspiración a la pulcritud en la vida como a la pureza en el alma.

D **Creando** Escribe unos párrafos describiendo una casa que unos inquilinos dejaron en muy malas condiciones. La casa puede ser imaginaria.

Composición

Describiendo

Escogiendo un orden apropiado Hay varias maneras de organizar los detalles cuando escribes algo. La organización que escoges dependerá del propósito de tu escrito. Si vas a describir un lugar físico, será aconsejable usar el orden espacial, es decir, seguir el plano del lugar—de la izquierda a la derecha o de la parte inferior a la superior.

Plantación Drayton Hall, Charleston, Carolina del Sur

Ahora, ¡te toca a ti!

ACTIVIDAD 1

Vas a escribir unos parrafos para describir la casa o el apartamento donde vives. O, si prefieres, puedes usar tu imaginación y describir la casa de tus sueños.

- Hazte una imagen mental de la casa. Si quieres, la puedes dibujar.
- Recuerda que tu gol (o la meta) de tu escrito es el de transportar a tu lector al lugar. Quieres que tu lector se sienta como si estuviera en la casa o que pudiera pintarle un cuadro.
- Determina el orden que usarás para organizar los detalles de tu descripción.
- Empieza cada párrafo con una oración tópico. Luego sigue dando detalles descriptivos que soportan la oración tópico *(topic sentence)*.
- Al terminar tu escrito, revísalo. Léelo detenidamente buscando errores de ortografía. Verifica también las terminaciones de los verbos y adjetivos.

Un poco más

ACTIVIDAD 2

Conectando con la literatura

Busca en la biblioteca o en el Internet otras obras literarias en que el autor describe una casa.

Biblioteca, Barranco, Lima, Perú

Conexión con el inglés

La coma

Notarás que en inglés se usa la coma igual que en español. Pero, en algunos casos el uso de la coma es más obligatorio en inglés que en español.

1. En inglés, como en español, se usa la coma para separar palabras que aparecen en la frase en forma de lista. En inglés se usa la coma antes de *and* y *or*. Pero en español, no se usa antes de **y** u **o.**

   Maria, Antonio, and Elena are going to the party.
   María, Antonio y Elena van a la fiesta.

2. En inglés no es correcto usar una coma en un predicado compuesto si el sujeto no se repite.

   CORRECTO
   She started the car and then drove down the hill.

   INCORRECTO
   She started the car, and then drove down the hill.

3. En inglés se usa la coma para separar adjetivos que modifican el mismo sustantivo. En español se usa la conjunción **y** en vez de una coma.

   the tall, skinny boy
   el muchacho alto y delgado

Los signos de interrogación y de admiración

1. Se usan los signos de interrogación con una pregunta igual en inglés que en español. Pero en inglés el signo de interrogación no se dobla. Se coloca solo después de la pregunta–al final de la oración.

   Where does the Gonzalez family live?

   Do they have a country house?

2. El signo de admiración (exclamación) tampoco es doble. En inglés se coloca solo al final de la exclamación.

   What a beautiful house!
   Don't tell me!

The Gonzalez-Alvarez House is located in Saint Augustine, Florida, USA.

Photographs in the Carol M. Highsmith Archive, Library of Congress, Prints and Photographs Division

Palabras homófonas

1. Hay varios tipos de palabras homófonas en inglés y pueden ser muy problemáticas sobre todo para quienes el inglés no es su lengua materna. Aquí tienes algunos ejemplos. Las palabras homófonas que siguen se escriben igual pero no se pronuncian igual y tienen significados muy diferentes.

óbject	*a thing*	**una cosa**
objéct	*to oppose*	**oponer**

I objéct to using such an óbject.

lead	*to go in advance*	**guiar, conducir, llevar**
lead	*type of metal*	**plomo**

A lead bicycle cannot lead.

wind	*air that moves*	**el viento**
wind	*to wrap around*	**arrollar, enrollar**

Help me wind up this thread before the wind comes.

2. Las siguientes palabras homófonas se pronuncian igual pero no se escriben igual y tienen significados diferentes.

to	**a**
too	**también**
two	**dos**

These two go to school too.
Estos dos van a la escuela también.

here	**aquí**
hear	**oír**

Why can't you hear me if you're here?
¿Por qué no me puedes oír si estás aquí?

there	**allí, allá**
their	**su**
they're	**ellos están**

They're with their friends over there.
Ellos están con sus amigos allá.

sail	**la vela**
sale	**la venta**

The sails are for sale.
Las velas están en venta.

for	**para**
four	**cuatro**

There are four for me.
Hay cuatro para mí.

They're enjoying the program with their family.

Capítulo

7

Atletas y deportes

Objetivos

En este capítulo vas a:

✪ estudiar el sistema de impuestos y aprender términos relacionados con el pago de tributos

✪ estudiar el tiempo presente de los verbos de cambio radical; aprender el uso del infinitivo que sigue algunos verbos; aprender la ortografía de palabras con las letras **c**, **z** y **s**

✪ leer la biografía del famoso beisbolista y héroe puertorriqueño Roberto Clemente

✪ leer *Ahora que vuelvo, Ton,* de René del Risco Bermúdez

✪ hacer investigaciones, preparar y presentar un debate

✪ comparar los verbos de cambio radical en español con los verbos modales en inglés

Un atleta y héroe puertorriqueño

Un terremoto en Managua

Dos días antes de Navidad, un terremoto destruyó la ciudad de Managua, Nicaragua. El centro de la ciudad presentaba una vista de destrucción total. Edificios, hoteles y comercios quedaron destruidos. Miles de personas murieron en las ruinas de la capital. Otros miles que se encontraban fuera de los edificios cuando ocurrió el terremoto se salvaron. Pero perdieron todas sus posesiones.

El gobierno de Nicaragua pidió ayuda. El socorro vino de Europa y de las Américas, Norte y Sur. La Cruz Roja Internacional y muchos gobiernos enviaron medicinas y alimentos a las víctimas.

Hubo una persona que oyó las noticias de la catástrofe y decidió hacer algo. Fue Roberto Clemente. Nadie dijo que Clemente tenía que hacer algo, pero él siempre quería ayudar.

Ahora iba a ayudar a sus hermanos nicaragüenses. ¿Quién era este hombre, este gran atleta, este héroe? ¿Y qué hizo?

R.D. Brown, Jr./U.S. Geological Survey

Destrucción causada por un terremoto en 1972, Managua, Nicaragua

Roberto Clemente

Andrew Payti

Roberto Clemente nació en Puerto Rico en el pueblo de Carolina, cerca de San Juan. Cuando tenía sólo diecisiete años ya era jugador profesional de béisbol. Clemente jugó con los Piratas de Pittsburgh por más de quince años. Su promedio como bateador durante su carrera fue de .317. Cuatro veces fue campeón de los bateadores con promedios de .351, .339, .329 y .357. Diez veces recibió el premio del Guante de Oro por ser el mejor jardinero derecho de su liga.

Era diciembre en Puerto Rico. El calor tropical era perfecto para el atleta cansado. Clemente ya no era ningún niño. Tenía treinta y ocho años. Muy pocos jugadores de esa edad están todavía en las Grandes Ligas. En su última temporada bateó su hit número tres mil. Él iba a descansar en su Puerto Rico querido y prepararse para la próxima temporada. Pero la naturaleza intervino. En Centroamérica la tierra se abrió y las víctimas necesitaban ayuda. Roberto Clemente tenía que hacer algo para ellos. Oyó las noticias el día de Nochebuena. Durante la siguiente semana se dedicó a organizar la ayuda para Nicaragua. Los puertorriqueños contribuyeron generosamente. El Comité de Auxilio, con Clemente como jefe, consiguió un avión. Llenaron el avión de medicinas, comestibles y ropa. Una semana después de recibir la noticia, Clemente tenía todo listo.

Viejo San Juan, Puerto Rico

Otra catástrofe

La víspera del Año Nuevo el avión viejo está en la pista del aeropuerto internacional de Isla Verde en Puerto Rico, hoy el aeropuerto, Luis Muñoz Marín. Los motores están en marcha. Clemente está en la cabina de mando con el piloto. El avión corre por la pista y despega. Pero nunca llega a Managua. Momentos después del despegue, el avión cae en las aguas del Caribe y Roberto Clemente muere.

Dijo un famoso entrenador de las Grandes Ligas: «Nunca podrán hacer una película sobre la vida de Roberto. ¿Por qué no? Porque ningún actor podría hacer el papel de Roberto Clemente».

Las banderas de los Estados Unidos y Puerto Rico, Viejo San Juan, Puerto Rico

Un transporte aéreo distribuye provisiones.

Hoy día hay un gran centro deportivo en Puerto Rico para los niños de la isla. Esto fue el sueño de Roberto Clemente. El centro lleva su nombre. Y su nombre se encuentra en la lista de campeones del *Hall of Fame* del béisbol. La calle en donde él vivía lleva su nombre. Pero la señora de Clemente y sus hijos prefieren el nombre original porque cuando la calle llevaba otro nombre, Roberto vivía.

Comprensión

A **Buscando información** Busca la siguiente información.

1. lo que hubo en Managua, Nicaragua, dos días antes de la Navidad
2. lo que pidió el gobierno nicaragüense
3. de donde llegó ayuda
4. donde nació Roberto Clemente
5. donde hubo un terremoto catastrófico
6. el equipo con el que jugó Clemente
7. su promedio como bateador
8. la posición en que jugó
9. el día que salió para Nicaragua
10. como murió

B **Haciendo una lista** Prepara una lista de los premios y honores que han sido otorgados a Roberto Clemente.

National Baseball Hall of Fame, Nueva York

C **Llegando a conclusiones** Explica por qué es lógica la siguiente información.

Clemente ya tenía treinta y ocho años. Muy pocos jugadores de esa edad están todavía en las Grandes Ligas.

©Liz Boyd/Alamy

Conocimientos para superar

Conexión con las finanzas

Una parte importante de nuestras finanzas personales son los impuestos que tenemos que pagar al gobierno. Como verás, los impuestos dependen de las rentas del individuo.

JGI/Blend Images LLC

Impuestos

Hay muchos que hablan de los salarios tan altos que están recibiendo hoy en día los jugadores profesionales de béisbol, fútbol y básquetbol. Algunos creen que estos sueldos son merecidos y otros dicen que son una injusticia. Merecidos o injustos, una cosa es cierta. Estos atletas tienen que pagar muchos impuestos porque la tasa de impuesto sube según el ingreso del individuo: a mayor ingreso, más alta la tasa de impuesto.

Algún día todos nosotros tendremos que pagar impuestos porque, en Estados Unidos, cada residente tiene que pagar al gobierno federal un impuesto sobre el ingreso personal. El ingreso personal no se limita a los sueldos o salarios. Incluye también las propinas (muy importantes en el caso de los meseros, taxistas, etc.), el ingreso en forma de intereses y dividendos (cuentas de ahorro, bonos, certificados de depósito, acciones, etc.), rentas, regalías (dinero que se recibe por algunos privilegios, como derecho de autor) y pensiones por divorcio. Todos estos ingresos se suman para llegar al ingreso bruto.

Ingreso bruto ajustado

Del ingreso bruto el contribuyente, o sea, el que paga los impuestos, puede hacer algunas deducciones o ajustes. Estos ajustes reducen el total del ingreso bruto e incluyen los gastos de mudanza, gastos de negocio, contribuciones a pensiones por divorcio y contribuciones a una cuenta individual de retiros (IRA). Se suman todos los ajustes. Luego se resta esta suma del ingreso bruto. Lo que queda es el ingreso bruto ajustado.

El hombre completa un formulario 1040.

Exenciones

Del ingreso bruto ajustado se restan las exenciones personales. La exención personal en EE.UU. es de $3.900 para el contribuyente y $3.900 para cada persona dependiente.

Si el contribuyente es ciego o si tiene más de sesenta y cinco años de edad, el gobierno le concede una exención adicional. Del ingreso bruto ajustado se restan también algunas deducciones personales. Las deducciones pueden ser pormenorizadas. Entre las deducciones pormenorizadas figuran los intereses pagados por hipoteca, contribuciones caritativas y otras. Si un contribuyente no tiene suficientes deducciones para pormenorizarlas, puede tomar una deducción fija o estándar.

La joven pareja escucha al asesor financiero.

Ingreso gravable

Lo que queda después de las exenciones y las deducciones al ingreso bruto ajustado es el ingreso gravable. El ingreso gravable es el ingreso sobre el cual se calcula la contribución a pagar. La tasa de impuesto sube según el ingreso gravable del contribuyente. No se puede precisar el porcentaje que uno tiene que pagar porque la tasa cambia con frecuencia. Lo que se puede decir es que depende del ingreso gravable. Si uno tiene un ingreso gravable alto, paga un porcentaje más alto. Al contrario si uno tiene un ingreso gravable más bajo, paga un porcentaje menos alto.

Poder verbal

ACTIVIDAD 1 Antónimos Parea.

1. bruto
2. ingreso
3. alto
4. la deducción
5. sumar
6. la suma
7. independiente

a. el aumento
b. dependiente
c. neto
d. restar
e. egreso
f. la diferencia
g. bajo

ACTIVIDAD 2 Palabras relacionadas Parea.

1. imponer
2. contribuir
3. deducir
4. ajustar
5. gastar
6. mudar
7. pormenorizar
8. la caridad
9. gravar
10. regalías

a. el ajuste, ajustado
b. caritativo
c. la mudanza
d. el impuesto
e. el regalo
f. el contribuyente, la contribución
g. gravable
h. la deducción
i. la pormenorización
j. el gasto

ACTIVIDAD 3 Oraciones Emplea cada término en una oración original.

1. los dividendos
2. un certificado de depósito
3. una exención personal
4. pormenorizar
5. gravable

Comprensión

A Buscando información Contesta.

1. ¿Qué tiene que pagar cada residente de EE.UU. al gobierno federal?
2. ¿Qué se incluye en los ingresos personales?
3. ¿Cuáles son algunas deducciones que puede hacer el contribuyente?
4. ¿Cómo varía la tasa de impuesto?

B Explicando Explica.

1. lo que es una cuenta individual de retiros (IRA)
2. lo que es el Servicio de Rentas Internas

Preparándose para pagar sus impuestos

C Comparando Explica la diferencia entre el ingreso bruto, el ingreso bruto ajustado y el ingreso gravable.

EL INGRESO BRUTO	EL INGRESO BRUTO AJUSTADO	EL INGRESO GRAVABLE

D Trabajando en grupos Trabajen en grupos de cuatro a seis personas. Vayan a una oficina del Servicio de Rentas Internas para conseguir un formulario en español para las contribuciones al IRS. Su grupo va a ser una familia imaginaria. Van a determinar un salario, otros ingresos recibidos y una lista de deducciones (ajustes) y exenciones aplicables. Luego llenen el formulario y determinen la contribución que tienen que hacer al gobierno. Si es necesario, pídanle ayuda al profesor o a la profesora de matemáticas o contabilidad.

Gramática y lenguaje

Visit **ConnectEd** for additional practice

Eclipse Studios/McGraw-Hill Education

Verbos de cambio radical

1. Varios grupos de verbos tienen un cambio en la raíz de algunas formas del presente. La raíz de los verbos **empezar, comenzar, perder, sentir** y **preferir** cambian de **-e** en **-ie** en todas las formas menos las de **nosotros** y **vosotros**.

EMPEZAR	QUERER	PREFERIR[1]	SENTIR[1]
empiezo	quiero	prefiero	siento
empiezas	quieres	prefieres	sientes
empieza	quiere	prefiere	siente
empezamos	queremos	preferimos	sentimos
empezáis	queréis	preferís	sentís
empiezan	quieren	prefieren	sienten

2. La raíz de los verbos **volver, poder** y **dormir** cambian de **-o** en **-ue** en todas las formas con la excepción de **nosotros** y **vosotros**.

VOLVER	PODER	DORMIR[1]
vuelvo	puedo	duermo
vuelves	puedes	duermes
vuelve	puede	duerme
volvemos	podemos	dormimos
volvéis	podéis	dormís
vuelven	pueden	duermen

El niño duerme en el sofá.

3. Los verbos **pedir, servir, repetir, freír, seguir** y **vestirse** tienen un cambio radical en el presente. La **–e** del infinitivo cambia en **–i** en todas las formas excepto las de **nosotros** (y **vosotros**).

	pedir	servir	seguir	vestirse
yo	pido	sirvo	sigo	me visto
tú	pides	sirves	sigues	te vistes
él, ella, Ud.	pide	sirve	sigue	se viste
nosotros(as)	pedimos	servimos	seguimos	nos vestimos
vosotros(as)	pedís	servís	seguís	os vestís
ellos, ellas, Uds.	piden	sirven	siguen	se visten

4. ¡Ojo! El verbo decir tiene los mismos cambios radicales y es irregular en la forma de yo.

digo   dices   dice   decimos   decís   dicen.

5. El voseo

Vos   pedís,   repetís,   seguís,   servís,   decís.

[1] Estos verbos cuyo infinitivo termina en **-ir** tienen otro cambio radical en el pasado.

6. ¡Ojo! **Ortografía** Cuidado con la ortografía del verbo elegir.

elijo **eliges** **elige** **elegimos** **elegís** **eligen**

7. ¡Ojo! Ten cuidado de producir bien la pronunciación
y ortografía del cambio radical que se efectúa en los
siguientes verbos.

CORRECTO	INCORRECTO
pedimos	pidemos
servimos	servemos
decimos	decemos

¿Se puede nadar aquí o no?

 ACTIVIDAD 1 **¿Cuál es la forma?** Completa.

1. Yo v____lvo y ellos v____lven también.
2. Tú emp____zas y nosotros emp____zamos también.
3. Tú p____des y nosotros p____demos también.
4. El niño d____rme y nosotros d____rmimos también.
5. Nosotros lo pref____rimos y ellos lo pref____ren también.

 ACTIVIDAD 2 **Oraciones** Escribe tres oraciones originales con cado uno de
los siguientes verbos.

1. volver   3. poder   5. prefiere   7. querer
2. devolver 4. empezar 6. dormir

 ACTIVIDAD 3 **Redacción** Corrige todos los errores.

1. Nosotros preferemos ir pero no puedemos.
2. Yo podo salir pero él no quiere.
3. Él dorme y nosotros dormemos.
4. ¡Qué pena! Lo sintemos mucho.

ACTIVIDAD 4 Completa en el presente.

1. **pedir**
   Ella ____ pescado.
   Sus amigos ____ carne.
2. **servir**
   Ustedes ____ muy bien.
   Yo no ____ muy bien.
3. **vestirse**
   Ustedes ____ de manera muy formal.
   Yo ____ en ropa deportiva.
4. **elegir**
   Tomás, yo te ____ presidente de la clase y tú me ____
   vice-presidente. ¿De acuerdo?

Gramática y lenguaje

Infinitivo

1. Muchos de estos verbos de cambio radical van seguidos de un infinitivo. El infinitivo es la forma del verbo que termina en **-ar, -er** o **-ir.**

> **Siento no poder acompañar a mis amigos.**
> **Preferimos ver una película.**
> **Ellos quieren salir.**

2. El infinitivo sigue muchos verbos directamente. Con otros es necesario usar una preposición.

> **Él empieza a trabajar mañana.**
> **¿Comienzas a estudiar italiano?**
> **El volvió a hacerlo.**

3. Otros verbos y expresiones que van seguidos del infinitivo son:

preferir	**deber**	**ponerse a**	**tratar de**
sentir	**tener que**	**volver a**	**poder**
querer	**hay que**	**ir a**	**gustar**
acabar de	**saber**		

5 **Infinitivos** Completa con la terminación del infinitivo.

1. Ella quiere sal____ pero no puede sal____ porque tiene que trabaj____.
2. Yo quiero hac____ un viaje a España pero ella prefiere visit____ a nuestros amigos en México.
3. Ellos tienen que gan____ este partido si quieren recib____ el premio.
4. Yo sé que debo estudi____ y que tengo que hac____ mis tareas pero mañana quiero jug____ fútbol.
5. Ella va a viv____ en México porque le gusta visit____ los sitios arqueológicos y quiere tom____ cursos de arqueología en la Universidad Nacional.
6. Ahora yo sé explic____la solución porque el profesor acaba de explic____ la teoría.

Ruinas en Palenque, una ciudad maya en México

ACTIVIDAD 6

¿Qué palabra necesito? Completa con una preposición o **que** cuando necesario.

1. Vamos ____ empezar a jugar.
2. No puedo ____ jugar.
3. Tengo ____ trabajar.
4. Voy ____ tratar ____ hacerlo.
5. Me gusta ____ ir a la playa.
6. A nadie le gusta ____ pagar impuestos pero todos tenemos ____ pagarlos.
7. Él volvió ____ repetir lo mismo.
8. Ella quiere ____ ir pero no puede ____ acompañarnos porque tiene ____ trabajar.

Mallorca, España

ACTIVIDAD 7

Infinitivos Completa para formar una oración completa empleando un infinitivo.

1. Debo....
2. Tengo....
3. Hay....
4. Ellos van....
5. Ellos empiezan....
6. Me gusta....
7. Tú prefieres....
8. Queremos....
9. ¿Quién puede....
10. ¿Por qué no tratas....

Gramática y lenguaje

Pronunciación y ortografía

Las consonantes c, z, s

En casi todas partes de España, salvo Andalucía y las Canarias, las letras **c** y **z** se pronuncian /θ/, o sea, como la *th* en inglés. En todo Latinoamérica, igual que en Andalucía y las Canarias, la **c** y la **z** se pronuncian como **s**. A esta práctica se le llama «el seseo». El seseo es una modalidad fonética que consiste en pronunciar la **c** y la **z** como si fueran **s**. A los que usan el seseo no es raro que tengan dificultad en diferenciar estas tres letras cuando las escriben. Hay que tener mucho cuidado con la ortografía de palabras con **z**, **c** y **s**.

cocina, cerveza, cazuela, cacerola, celos

zapato, zaguán, zona, pizarra

azote, caza, azulejo, azafrán

lápiz, pez, paz, vez

Nota que la **z** final de un sustantivo se convierte en **c** en forma plural.

el lápiz   los lápices   una vez   dos veces

8 Dictado Prepárate para un dictado. Aprende a escribir lo siguiente.

1. Zoraida zurce los calcetines en la cocina.
2. los zapatos de Susana
3. la civilización costarricense y la venezolana
4. la cacerola del cocinero
5. la tiza para la pizarra (el pizarrón)
6. el zaguán de la casa del cazador
7. dos a la vez
8. un pez en paz
9. dos veces más
10. Conceden una exención adicional.
11. los consejos del concilio
12. el bisabuelo y su bisnieto
13. sazonar los sesos rebozados
14. bizco y zurdo, pero sordo no
15. un bizcocho de azúcar

¿Cómo se dice «Cruz roja española» en mayorquín?

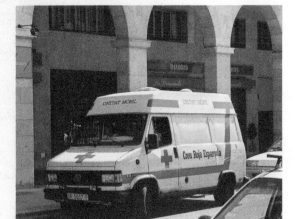

9 Más ortografía En la biografía de Roberto Clemente hay muchas palabras con las letras **c**, **z** y **s**. Estúdialas y prepárate para un dictado.

1. una ciudad nicaragüense
2. el centro de la ciudad
3. edificios y comercios
4. la Cruz Roja Internacional
5. decidió hacer algo
6. qué hizo
7. nació cerca de San Juan
8. recibió el Guante de Oro diez veces
9. recibió la noticia

Andrew Payti

ACTIVIDAD 10 **Palabras homófonas** Emplea cada uno de los siguientes pares de palabras homófonas en una oración original.

1. caza, casa
2. zeta, seta
3. ciervo, siervo
4. sien, cien
5. coser, cocer
6. sierra, cierra

ACTIVIDAD 11 **¿Cuál es?** Escoge la forma correcta.

1. consejo, concejo
2. consilio, concilio
3. selos, celos
4. bisnieto, biznieto
5. selda, celda
6. cacerola, caserola, cazerola
7. casique, cacique
8. sédula, cédula
9. cebolla, sebolla
10. celoso, celozo, seloso
11. cesa, ceza
12. cenisa, ceniza
13. sereno, cereno
14. rascar, razcar
15. sirugía, cirugía
16. sirujano, cirujano
17. maís, maíz
18. país, paíz

Una gran selección de pescado,
Mercado de Angelmó, Puerto Montt, Chile

ACTIVIDAD 12 **El plural** Escribe en el plural.

1. la vez
2. el pez
3. el lápiz
4. feliz
5. el juez
6. la nuez
7. capaz

Literatura

Ahora que vuelvo, Ton de René del Risco Bermúdez

♦ **Vocabulario para la lectura**

Estudia las siguientes definiciones.

la cojera lo que le causa a uno cojear; es decir, andar inclinando el cuerpo más a un lado que a otro por no poder sentar con regularidad ambos pies

la glorieta plazoleta, generalmente en un jardín; encrucijada de calles y alamedas

el recinto espacio cerrado y comprendido dentro de ciertos límites

berrendo manchado de dos colores

timorato tímido, indeciso

corretear ir corriendo de un lado para otro

empeñarse en insistir con firmeza en algo

juntar reunir, agrupar

¿Es timorato o atrevido?

Poder verbal

1 ¿Qué palabra necesito? Completa.

1. Él tiene una ____ porque de niño le hizo mucho daño a su pierna derecha.
2. Él no es atrevido. Al contrario es bastante ____.
3. En EE.UU. el «campus» es el ____ de la universidad.
4. El parque es muy bonito pero no puedo andar más. ¿Por qué no nos sentamos un rato aquí en ____?

2 Parafraseando Expresa de otra manera.

1. Él es *un poco tímido e indeciso.*
2. Se *reunieron en la plazoleta del parque.*
3. Los niños *van corriendo de un lado para otro.*
4. Él *insiste* en hacer cada tarea hasta terminarla— y con éxito.

Introducción

El fútbol es el deporte más popular de la América del Sur. Y en las Antillas, lo es el béisbol. Todos los *scouts* en busca de gran talento beisbolístico para los equipos de las Grandes Ligas acuden al pequeño pueblo de San Pedro de Macorís en la República Dominicana. ¿Por qué acuden los *scouts* a este pueblecito dominicano? Van a San Pedro de Macorís porque este pueblecito ha producido más beisbolistas de las Grandes Ligas que cualquier otro pueblo del mundo de su tamaño.

Y en su cuento *Ahora que vuelvo, Ton,* el autor dominicano René del Risco Bermúdez recuerda los días de la niñez de un grupo de muchachos de un barrio de Santo Domingo. Al describir su niñez no puede olvidar su deporte favorito, el béisbol.

HAITÍ

REPÚBLICA DOMINICANA

Santo Domingo

San Pedro de Macorís

Lectura

©Shalom Ormsby/Blend Images LLC

Estrategia de leer
Usando lo ya conocido A veces facilita leer algo recordando información que ya has aprendido. Antes de leer este cuento piensa en todo el vocabulario que conoces para describir un partido de béisbol.

Ahora que vuelvo, Ton

◆·◆·◆

1   Eras realmente pintoresco, Ton; con aquella gorra de los Tigres del Licey°, que ya no era azul sino berrenda, y el pantalón de caqui que te ponías planchadito los sábados por la tarde para ir a juntarte con nosotros en la glorieta

5   del parque Salvador, a ver las paradas° de los *Boy Scouts* en la avenida y a corretear y bromear hasta que de repente la noche oscurecía el recinto y nuestros gritos se apagaban por los muchachos como tú y entonces me empeño en recordar esa tu voz cansona y timorata y

10   aquella insistente cojera que te hacía brincar a cada paso y que, sin embargo, no te impedía correr de home a primera, cuando Juan se te acercaba y te decía al oído: «vamos a sorprenderlos, Ton; toca por tercera y corre mucho». Como jugabas con los muchachos de «Aurora»

15   compartiste con nosotros muchas veces la alegría de formar aquella rueda en el box «¡rosi, rosi, son bom-bá-Aurora-Aurora-ra-ra-rá!» y eso que tú no podías jugar todas las entradas de un partido, porque había que esperar a que nos fuéramos por encima del «Miramar» o

20   «La Barca» para «darle un chance° a Ton que vino tempranito» y «no te apures, Ton, que ahora entras de emergente».

Licey de la palabra francesa «lycée»; escuela superior

paradas desfiles

chance oportunidad

El bateador quiere golpear un jonrón.

Comprensión

A **Poder verbal** Sinónimos Escribe de nuevo las siguientes oraciones empleando un sinónimo.

1. Ibas a *reunirte* con tus amigos en la glorieta del parque.
2. Veíamos *los desfiles.*
3. *Me obligo* a recordar tu voz.
4. Quiero *acordarme de* tu voz cansona.
5. Te hacía *dar saltos.*
6. Te decía en *la oreja,* «Ton, toca por tercera».

B Buscando detalles Busca la siguiente información.

1. lo que llevaba Ton
2. el color de su gorra
3. el color de su pantalón
4. cómo estaba su pantalón, el que llevaba los sábados
5. el nombre del parque adonde iban
6. quienes tenían paradas
7. como era su voz
8. una aflicción que tenía Ton

C Analizando Según lo que has leído, ¿qué tipo de jugador de béisbol era Ton? ¿Qué alusiones hace el autor a sus habilidades?

D Conexión con la ortografía Completa las siguientes palabras encontradas en *Ahora que vuelvo, Ton.*

1. a __er las paradas en la a__enida
2. la noche oscure __ía el re__into
3. y enton__es recuerdo tu vo__ can__ona
4. esa cojera que te ha__ía brincar
5. se te a__ercaba y te de__ía: __amos a sorprenderlos
6. Ton; toca por ter__era
7. ha__ía que esperar a que nos fuéramos por en__ima

Discurso

Un debate

Preparándote para un debate

Trabajando en dos equipos de tres personas cada uno, vamos a preparar un debate. En el debate vamos a exponer nuestros diferentes puntos de vista sobre el tema **Los sueldos de los atletas profesionales, ¿merecidos o injustos?** No hay duda que cada uno de nosotros tendrá una opinión sobre el tema. En el debate tenemos que argumentar nuestro punto de vista. No sólo tenemos que argumentarlo, sino que tenemos que defenderlo. Para defenderlo tenemos que saber de lo que estamos hablando. Debemos ofrecer más que opiniones. Debemos tener algunos datos. Por lo tanto, es probable que sea necesario hacer unas investigaciones antes de empezar nuestro debate.

Ahora, ¡te toca a ti!

ACTIVIDAD 1

Haciendo investigaciones necesarias Antes de preparar y presentar el debate que sigue, tienes que estar al tanto de unos datos específicos. Busca la siguiente información.

* cuáles son los sueldos de algunos jugadores típicos
* cuánto tiempo tienen que practicar, entrenar, jugar, etc.
* a qué edad suelen retirarse; ¿por qué?
* de dónde viene el dinero con el cual les pagan
* cuáles son los sueldos que reciben los miembros de otros oficios o profesiones
* cómo se comparan estos sueldos con los de los jugadores profesionales
* cómo se comparan las horas de trabajo, la preparación, etc.

Un juego de béisbol, Detroit, Michigan

El Senador John Kerry y el Presidente George W. Bush durante un debate en San Luis, Missouri, Estados Unidos.

ACTIVIDAD 2

Organizando el debate Y ahora vamos a organizar el debate. Primero tenemos que dividirnos en dos equipos—los que estamos a favor de los sueldos en un equipo y los que estamos en contra en otro equipo. Luego será necesario nombrar a un moderador o moderadora. El/La moderador(a) tiene que:

- dar la palabra al portavoz del equipo que está a favor y después al portavoz del que está en contra
- dar la palabra a los que quieran intervenir; permitir e insistir en que respondan brevemente
- no permitir que nadie interrumpa mientras otro habla
- resumir los argumentos
- levantar la sesión

ACTIVIDAD 3

Y el público Y ahora cada grupo va a presentar su debate a la clase.

Conexión con el inglés

Verbos seguidos de un infinitivo

1. Muchos de los verbos de cambio radical que acabamos de aprender van seguidos de un infinitivo. Muchos verbos en inglés van seguidos de lo que se llama la forma sencilla o simple del verbo. La forma simple es el infinitivo sin *to*.

    ~~to~~ *sing*   ~~to~~ *play*   ~~to~~ *win*

   Muchos de esos verbos se llaman «modales auxiliares». Los modales son:

can	*must*
could	*ought to*
had better	*shall*
may	*should*
might	*will*
	would

2. Los modales van seguidos directamente de la forma simple del verbo.

CORRECTO	**INCORRECTO**
He can go.	*He can to go.*
He should go.	*He should to go.*

   El único verbo seguido del infinitivo es *ought*.

    He ought to go.

3. La tercera persona *he, she, it* de los modales no toma *-s*. Todas las formas de un verbo modal auxiliar son las mismas.

I	*can*	*may*	*should*	
you	*can*	*may*	*should*	
he, she, it	*can*	*may*	*should*	
we	*can*	*may*	*should*	*go*
you	*can*	*may*	*should*	
they	*can*	*may*	*should*	

CORRECTO	**INCORRECTO**
She can do it.	*She cans do it.*
He should go.	*He shoulds go.*
She can do it.	*She can to do it.*
He should go.	*He should to go.*

She should buy the CD, shouldn't she?

4. Los modales en inglés expresan las actitudes del hablante. Observa lo siguiente.

Dad must be reading something interesting.

habilidad, capacidad: *can, could*
>> *He can play.*
>> *He could play.* (a veces significado pasado)

consejo: *should, ought to*
>> *You should pay attention.*
>> *You ought to pay attention.*

necesidad: *must, can't*
>> *She must (not) go.*
>> *She can't go.*

posibilidad futura: *may, might, could*
>> *They might start early.*
>> *They could start early.*

suposición, conjetura: *may, might, could, must*
>> *They may be professional players.*
>> *They might (not) be professional players.*
>> *They could (not) be professional players.*
>> *They must (not) be professional players.*

futuro: *will*
>> *He will play tomorrow.*

en expresiones de cortesía: *would*
>> *Would you please tell me?*
>> *Would you help me, please?*
>> *Would you pass the salt, please?*

5. Existen también modales frasales. Son expresiones corrientes cuyo significado es semejante al de un modal auxiliar pero van seguidos del infinitivo.

semejante a ***can:*** *to be able to*
>> *He can go.*   *He's able to go.*

semejante a ***will:*** *be going to*
>> *I will (I'll) play.*   *I am going to play.*

semejante a ***should:*** *be supposed to*
>> *We should arrive early.*   *We're supposed to arrive early.*

semejante a ***must:*** *have to*
>> *We must do it.*   *We have to do it.*

Ingram Publishing

Nosotros y nuestro mundo

¿De dónde somos y dónde vivimos?

Actualmente los latinos o hispanos somos la minoría más numerosa de Estados Unidos. Como latinos todos compartimos algo muy importante—nuestro idioma—el español. Aunque todos hablamos el mismo idioma no somos todos de la misma nacionalidad y pertenecemos a una diversidad de etnias y razas, cada una con su propia cultura.

A ver lo que sabemos de nuestra comunidad latina. ¿Quiénes somos y de dónde venimos? Aquí tenemos un «Examencito». Vamos a ver las preguntas que puedes contestar correctamente. Las respuestas las siguen.

Examencito

1. Según los datos de 2002, ¿cuál es la población latina o hispana de EE.UU.?
   a. unos 25 millones
   b. unos 35 millones
   c. unos 40 millones

2. ¿En qué parte del país vive el mayor número de hispanos o latinos?
   a. en el nordeste
   b. en Texas
   c. en California

3. ¿Cuál es el estado con el menor número de latinos?
   a. Minnesota
   b. West Virginia
   c. Vermont

4. ¿Cuál es el grupo más grande de latinos o hispanos en EE.UU.?
   a. los mexicanoamericanos
   b. los puertorriqueños
   c. el total de las nacionalidades sudamericanas

Respuestas

1. b. Según los datos disponibles en 2002 la población total de latinos o hispanos es 37.500.000.

2. c. California tiene el mayor número: 10.966.555; Texas: 6.689.666; y los estados del nordeste: 5.254.087.

3. c. Vermont con 5.504; West Virginia tiene 12.279 y Minnesota tiene 143.382.

4. a. Los mexicanoamericanos con 20.640.711. El segundo grupo más grande son los puertorriqueños con 3.406.178 seguidos de los cubanoamericanos con 1.241.685. El total de origen sudamericano alcanza 1.353.562.

Misión San José, San Antonio, Texas, Estados Unidos

Los españoles

Todo el mundo sabe que los españoles descubrieron y colonizaron la mayor parte de Centro y Sudamérica. Menos conocido es el hecho de que los españoles también exploraron y colonizaron gran parte de la América del Norte. En 1512 Juan Ponce de León, el gobernador de Puerto Rico, llegó a la Florida. Poco después Lucas Vázquez de Ayllón fundó una colonia en la Carolina del Sur mientras Alonso Núñez Cabeza de Vaca exploraba todo el sudoeste desde Tampa, Florida, hasta el golfo de California.

También vinieron sacerdotes que establecieron misiones que a través de los años dieron sus nombres a pueblos y ciudades como San Antonio, Santa Bárbara, San Diego y tantas más. Los españoles llegaron a lo que hoy es Estados Unidos mucho antes de que los ingleses fundaran su primera colonia en Jamestown en 1607.

Juan Ponce de León

Los mexicanoamericanos

Ya sabemos que el grupo más grande de latinos o hispanos en Estados Unidos son los mexicanoamericanos. Viven en todas partes del país pero se concentran en los estados del suroeste entre Texas y California—territorio que una vez fue mexicano. Muchos de ellos nacieron allí antes de que el territorio pasara a manos de Estados Unidos. Después de la Revolución mexicana hubo otra ola de inmigración de gente que salía de México por razones políticas y económicas. Hoy también muchos mexicanos vienen en busca de trabajo con la esperanza de lograr una vida mejor para sus familias.

Una familia hispana

Entre los inmigrantes más recientes hay quienes que no se consideran formalmente mexicanoamericanos porque en muchos casos no se establecen permanentemente en Estados Unidos. Dentro de la comunidad mexicanoamericana hay una gran diversidad social, económica, lingüística y política. Una gran mayoría de los mexicanoamericanos mantienen elementos de la cultura mexicana y la lengua española. Se sienten participantes en dos culturas igualmente importantes—la mexicana y la estadounidense.

Los puertorriqueños

En 1899 Estados Unidos salió victorioso en una guerra con España. Como consecuencia de esta guerra Cuba ganó su independencia y España cedió Puerto Rico a Estados Unidos. En 1917 el presidente Woodrow Wilson firmó el Jones Act otorgándoles a los puertorriqueños la ciudadanía estadounidense. Pero la gran migración hacia el «continente» no se realizó hasta después de la Segunda Guerra mundial. El mayor motivo por esta migración fue económico. Muchos puertorriqueños salieron de su querida Isla del Encanto en busca de trabajo. La mayoría de ellos se establecieron en el nordeste, sobre todo en zonas urbanas de Nueva York y Nueva Jersey. Mucha gente de ascendencia puertorriqueña sigue viviendo en el nordeste pero hoy en día están en todas partes con comunidades bastante numerosas en Illinois, Texas y la Florida.

San Juan, Puerto Rico

(l)Ingram Publishing, (b)Andrew Payti

Una vista de Miami, Florida

Los cubanoamericanos

Desde 1868 ha habido colonias de cubanos en Estados Unidos. En ese año Vicente Martínez Ybor trasladó su fábrica de tabacos de La Habana a Key West. Poco después otros tabaqueros lo siguieron y se establecieron en Tampa en un barrio que todavía hoy se llama Ybor City. Pero la gran migración de los cubanos empezó en 1959 cuando los guerrilleros bajo Fidel Castro dieron fin a la dictadura de Fulgencio Batista y establecieron en Cuba un gobierno marxista. Muchos cubanos, sobre todo los más acomodados, decidieron abandonar su patria y tomar el duro camino del exilio. Muchos de ellos se dirigieron a Nueva Jersey y Florida. Aún hoy muchas partes de la ciudad de Miami siguen siendo otra versión de La Habana.

Pero la original Pequeña Habana de la Calle Ocho está cambiando para recibir a nuevos inmigrantes. Hay se refiere a la Pequeña Habana como la Nueva Managua.

Los nuevos inmigrantes

Sigue llegando gente de muchas partes de Latinoamérica añadiendo a la población latina o hispana de este país. Dentro de poco los dominicanos van a sobrepasar la población puertorriqueña en Nueva York.

La mayoría de los recién llegados—dominicanos, colombianos y peruanos—vienen por motivos económicos y políticos. A causa de una serie de guerras y conflictos muchos nicaragüenses, guatemaltecos y salvadoreños han tenido que tomar el camino del exilio.

Nuestra comunidad latina es una vasta comunidad heterogénea que ha contribuido y sigue contribuyendo con su arte, su talento y su sabor al bienestar y al progreso de la nación entera.

Un hombre preparando comida en una calle de la ciudad de Nueva York

©Lars A. Niki

Entérate Cono sur

Monumentos naturales e históricos

Argentina tiene nueve lugares que la UNESCO considera Patrimonio de la Humanidad. Entre ellos se destacan:

Quebrada de Humahuaca Montañas de intensos colores que el ser humano habita[1] desde hace 10 mil años.

Parque Nacional de Ischigualasto Más conocido como el "Valle de la Luna", es un terreno de formas fantásticas y fósiles de vegetales, dinosaurios y otros animales de hace 180 millones de años.

Cueva[2] de las Manos Cueva de la provincia de Santa Cruz, con más de 800 impresiones de manos y otras pinturas rupestres[3], a la que los científicos calculan unos 9,300 a 13,000 años de antigüedad.

Parque Nacional Los Glaciares En la provincia de Santa Cruz hay 47 glaciares mayores. El más conocido e imponente[4] es el Perito Moreno.

Cataratas[5] del Iguazú Son las cataratas más anchas[6] del mundo, entre Argentina, Paraguay y Brasil

Éstas son algunas de las maravillas de Chile:

Isla de Pascua[7] Isla del Pacífico; aún hoy la cultura de sus antiguos[8] habitantes se considera muy avanzada, especialmente por la arquitectura y los conocimientos[9] de astronomía.

Valparaíso Se la llama Perla del Pacífico. Los chilenos la consideran su capital cultural. Toda ella es un museo, con tranvías y ascensores[10] para ascender por los cerros[11].

Isla de Chiloé Tiene palafitos[12], que son construcciones de madera, y varias iglesias declaradas Patrimonio de la Humanidad.

Un moai en la playa de Anekena, Isla de Pascua, Chile

En Uruguay tienes que visitar esta joya de ciudad:

Colonia del Sacramento Es la única ciudad fundada por los portugueses en las costas del Río de la Plata. Todas las tardes, los jóvenes de esta ciudad colonial se reúnen a charlar y a ver las maravillosas puestas de sol[13] sobre el río.

Y si vas por Paraguay, no olvides visitar estos bellos lugares:

Ciudad del Este Es parte del complejo de parques donde se hallan las Cataratas del Iguazú.

Misiones de Jesús de Tavarangue y Santísima Trinidad Estas construcciones se consideran Patrimonio de la Humanidad desde 1993.

---

[1] habita: *inhabits*

[2] cueva: *cave*

[3] pinturas rupestres: *cave paintings*

[4] imponente: *impressive*

[5] cataratas: *waterfalls*

[6] anchas: *wide*

[7] Isla de Pascua: *Easter Island*

[8] antiguos: *ancient*

[9] conocimientos: *knowledge*

[10] ascensores: *elevators*

[11] cerros: *hills*

[12] palafitos: *stilt houses*

[13] puestas de sol: *sunsets*

el mundo salvaje

Gigantes del reino vegetal en Chile

Los bosques de araucarias se consideran monumentos nacionales en Chile. Algunos de estos árboles tienen 600 a 1,200 años de edad.

La Patagonia argentina

■ ¿Te imaginas un bosque hecho piedra? El bosque petrificado de Jaramillo mide 10,000 hectáreas y en él se encuentran los árboles petrificados más grandes del mundo.

■ Si tienes que ir a Usuahia, la capital de Tierra del Fuego, vas a estar en la ciudad más austral[1] del planeta.

■ ¿Te interesan las ballenas? Ver jugar a estos gigantes horas y horas con sus crías[2] es un espectáculo[3] que se disfruta[4] desde las playas de Península de Valdés.

■ Al pingüino de magallanes no le preocupa el frío. No hay nadie como este animalito para soportar[5] las bajas temperaturas.

Piedras semipreciosas del Uruguay

Muchas ágatas y amatistas que adornan joyas[6] y decorados en todo el mundo son uruguayas.

Reserva Biológica Huilo Huilo, Patagonia, Chile

---

[1]austral: *southernmost*

[2]crías: *calves*

[3]espectáculo: *show*

[4]se disfruta: *one enjoys*

[5]soportar: *withstand*

[6]joyas: *jewelry*

SUCESOS

Mariel Davesa vive contra viento y marea[1]. Es campeona nacional de *windsurf* en Estados Unidos.

Eva Perón es un personaje de la política argentina. Es tema de una ópera y Madonna la representa en la película *Evita*.

Un día, **Pablo Neruda** escribe a un amor: "Puedo escribir los versos más tristes esta noche". Hoy grupos de rock como **Maná** y **Los Fabulosos Cadillacs** y cantantes como **Alejandro Sanz** y **Beto Cuevas** rinden tributo[2] en un CD a este famoso poeta chileno.

---

[1]contra viento y marea: *against all odds*

[2]rinden tributo: *pay tribute*

Un plato de empanadas

micocina

Candela comparte una sabrosa tradición

A la argentina Candela Ferro, presentadora de "Ocurrió así" (Telemundo), le gusta cocinar para sus amigos. ¿Su receta preferida? ¡Empanadas! Las empanadas son un plato típico del Cono sur. La preparación varía según la región. ¡Anímate a prepararlas!

Ingredientes

Discos
　　2 tazas de harina de trigo
　　½ taza de manteca[1]
　　1 huevo pequeño
　　1 cdta. de pimentón rojo dulce[2]
　　½ cdta. de sal
　　agua tibia

Relleno
　　½ taza de aceitunas deshuesadas[3]
　　6 huevos duros en rodajas
　　1 lb. de carne de res molida
　　1 cebolla
　　1 pimiento morrón[4] cortado finito
　　2 dientes de ajo
　　½ taza de pasas o ciruelas[5]
　　sal y pimienta al gusto
　　2 cucharadas de aceite de oliva

Preparación

Masa: Batir el huevo con el pimentón, sal y agua. Mezclar la harina con la manteca y la mezcla de huevo. Formar una bola con la masa y dejarla reposar. Dividir la masa, amasar[6] y hacer los discos.

Relleno: Calentar el aceite en una sartén. Sofreír[7] la cebolla, el ajo y el pimiento. Agregar la carne y sofreírla. Poner los huevos, las aceitunas y las pasas.

Armar las empanadas. Ponerlas al horno, precalentado a 200 grados, hasta que estén doradas, y ¡buen provecho!

---

[1]manteca: *Arg.: butter*

[2]pimentón rojo dulce: *sweet paprika*

[3]aceitunas deshuesadas: *pitted olives*

[4]pimiento morrón: *canned roasted peppers*

[5]pasas o ciruelas: *raisins or prunes*

[6]amasar: *knead*

[7]sofreír: *sautee*

¿Qué te gusta leer?

El mundo según Mafalda (¡y Quino!)

Joaquín Salvador Lavado, conocido como Quino, es el genial creador de Mafalda, personaje de una tira cómica[1], leída[2] y querida en todo el mundo. Los personajes principales de Mafalda son niños, pero Quino dice que siempre se dirige[3] a los adultos. Mafalda es sinónimo de imaginación y visión crítica y cuestionadora de la vida. Sus numerosos premios[4] lo confirman. En 1977, la UNICEF ilustra con Mafalda y sus amigos la Declaración de los Derechos del Niño. ¿Te interesa conocer a Mafalda? Arriba tienes una muestra[5].

[1] tira cómica: *comic strip*

[2] leída: *read*

[3] dirige: *addresses*

[4] premios: *awards*

[5] muestra: *example*

Una vida de cuento

A Isabel Allende la llaman la Scherezada latinoamericana. Como el personaje de *Las mil y una noches*, esta escritora chilena sabe tejer[1] un cuento tras otro y encantar[2] a grandes y chicos. Dos de sus novelas son ya películas: *La casa de los espíritus* y *De amor y de sombra*. ¿Sabes que todos los 8 de enero empieza un nuevo libro? Hoy tiene un estudio muy bien montado[3] en Sausalito, California, pero en sus comienzos, ¡escribía[4] por las noches en la cocina de su casa!

Isabel Allende es una excelente escritora y una gran recicladora[5]. ¡Tiene el poder de convertir a sus familiares y amigos en personajes de novelas! Sus abuelos, por ejemplo, son dos de los personajes de *La casa de los espíritus*, su primera novela. En *Paula*, su hija del mismo nombre es personaje y motivo[6] del libro. ¡Incluso la novela *Afrodita* es el producto de un sueño en el que aparece su amigo Antonio Banderas!

Si todavía no conoces *El Reino del Dragón de Oro*, su libro más reciente, tienes que hacerlo pronto y dejarte encantar.

[1] tejer: *weave*

[2] encantar: *charm*

[3] montado: *equipped*

[4] escribía: *would write*

[5] recicladora: *recycler*

[6] motivo: *inspiration*

Justo para ti

Ingram Publishing

Damas y caballeros… ¡aquí viene Justo! ¡Sí, **Justo Lamas,** el que canta "La bamba", "Magdalena" y "Cielito lindo"! Verlo actuar[1] es asistir[2] a algo más que un concierto. Sus actuaciones[3] derrochan[4] inspiración a la par[5] que permiten aprender español. Ha grabado tres discos compactos: "Justo para ti", "Un día especial" y "Vivir". El cantautor[6] siempre tiene algo importante que comunicar: "Si piensas que la vida a veces te lastima[7], despierta[8], tú puedes, confía[9]…" dice en "No hay camino sin salida".

[1]actuar: *perform*	[6]cantautor: *singer-songwriter*
[2]asistir: *attend*	[7]lastima: *hurts*
[3]actuaciones: *performances*	[8]despierta: *wake up*
[4]derrochan: *radiate*	[9]confía: *trust*
[5]a la par: *at the same time*	

¿Argentina o mexicana?

Al decir música argentina, se piensa en tango, rock o folklore. **Dorismar** quiere algo diferente: Canta música grupera[1], ¡y lo hace muy bien! Cuando no está de gira[2] con Los Tucanes de Tijuana o actúa en telenovelas, esta joven argentina prefiere la tranquilidad de su apartamento en Miami.

[1]música grupera: *Mexican regional music*
[2]gira: *tour*

De sur a norte

Desde la década de los setenta, **Alejandro Lerner** canta y vive "todo a pulmón"[1], como se titula[2] una de sus canciones. El legendario Carlos Santana sabe cuánto vale este argentino, y por eso cantan juntos en la gira del famoso guitarrista por Estados Unidos.

[1]todo a pulmón: *with my best efforts*
[2]titula: *entitled*

Reto[1] de a dos

El tango, baile de argentinos y uruguayos, se impone[2] cada vez más en fiestas y salones de todo el mundo. No es sólo un baile. Es más que un ritmo, ¡es un rito![3] Su influencia llega hasta el lenguaje de todos los días.

Carlos Saura, el director de cine español, muestra en su película "Tango", pasos de bailes espectaculares. La música de la película es de Lalo Schifrin, compositor argentino muy reconocido por su tema de la serie de televisión "Misión imposible".

La pareja feliz baila el tango.

Un toque de lunfardo

El tango tiene su propio idioma[4]: el lunfardo. ¿Te interesa saber un poco de lunfardo? Estas son palabras que dicen los jóvenes argentinos y uruguayos.

al divino botón: *inútilmente*[5]
bronca: *enojo*[6]
guita: *dinero*
laburo: *trabajo*
macanudo: *excelente*
morfar: *comer*

[1]reto: *challenge*	[4]idioma: *language*
[2]impone: *gains recognition*	[5]inútilmente: *uselessly*
[3]rito: *ritual*	[6]enojo: *anger*

Capítulo

8

México

Objetivos

En este capítulo vas a:

✪ estudiar la historia de la conquista de México

✪ familiarizarte con algunos términos de especializaciones médicas importantes

✪ aprender el uso de los verbos **ser** y **estar,** sustantivos problemáticos, como dividir las palabras en sílabas, donde poner el acento en una palabra, cuando es necesario poner un acento escrito o una tilde, como deletrear palabras con **ca, que, qui, co, cu**

✪ leer *Si eres bueno...* de Amado Nervo y *Triolet* de Manuel González Prada

✪ escribir un escrito personal

El Río Bravo en el Parque Nacional Big Bend

Vocabulario para la lectura

Estudia las siguientes definiciones.

la **azotea** techo llano

la **pedrada** acción de arrojar una piedra; golpe dado con una piedra lanzada

el **rehén** persona que queda en poder del enemigo como garantía o fuerza mientras se tramita la paz o un acuerdo

alojar hospedar, aposentar; dar para donde vivir

emprender dar principio a una obra o empresa

prender agarrar; arrestar, detener o poner preso

por su cuenta por el beneficio de uno y sin ayuda alguna

El hostal aloja a muchos viajeros jóvenes.

Poder verbal

ACTIVIDAD 1 ¿Qué palabra necesito? Completa.

1. Lo prendieron de ____ y no consiguió su libertad hasta que terminó la guerra.
2. Ellos ____ al rey en un palacio.
3. Él ____ el viaje para conquistar a los indígenas.
4. Él quería conquistar a México ____, sin la ayuda de otro comandante.
5. Le arrojaron una piedra en la cabeza y él murió de la ____.
6. Él dio el discurso desde la ____ de su palacio.
7. Ellos lo ____ y fue hecho prisionero.

ACTIVIDAD 2 Sinónimos Da cuantos sinónimos posibles.

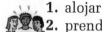

1. alojar
2. prender

ACTIVIDAD 3 Palabras emparentadas Da una palabra relacionada.

1. el preso
2. el alojamiento
3. la piedra
4. el hospedaje
5. el arresto
6. la detención
7. el aposento
8. golpear

Lectura

Una conquista llena de intrigas

Expedición a Cuba

En el año 1511 Diego Colón, hijo del famoso navegador Cristóbal Colón, decidió conquistar a Cuba. Diego Colón le nombró a Diego Velázquez jefe de la expedición. Un cierto Hernán Cortés acompañó a Velázquez en la expedición a Cuba como secretario. Después de la conquista de Cuba, Velázquez nombró a Cortés alcalde de Santiago de Cuba. Siete años más tarde, en 1518, Velázquez nombró a Cortés capitán de una expedición para conquistar a México. Pronto empezaron a surgir muchos problemas y muchas intrigas entre estos dos señores.

Catedral Metropolitana, Ciudad de México, México

Hernán Cortés

Plaza de las Tres Culturas, Ciudad de México

Expedición a México

Aún antes de la salida de Cortés de Cuba, Velázquez había oído rumores de que Cortés no le iba a ser fiel. Así Velázquez trató de parar la expedición de Cortés pero no pudo. Como Velázquez estaba en la Habana y Cortés estaba en Santiago, Cortés ya había salido antes de la llegada de Velázquez a Santiago. Cortés salió de Cuba en febrero de 1519 con sólo once barcos y unos quinientos hombres.

Una vista de la Habana, Cuba

Conquista de México

El Viernes Santo de 1519 Cortés y sus hombres llegaron a la costa de México. Cortés nombró el pueblo «Veracruz». Cortés era un hombre atrevido y no había duda de que él quería emprender la conquista de México por su cuenta. Él había oído que algunos de sus hombres querían volver a Cuba. Él sospechaba que estaban con Velázquez y no con él. Así, al llegar a México, Cortés decidió quemar los barcos y así lo hizo. Quemó todos los barcos para hacer imposible el regreso de sus hombres a Cuba. Luego empezó la marcha hacia el interior del país.

La marcha a Tenochtitlán

Durante esta marcha los españoles pasaron por muchos pueblos indígenas. En aquel entonces el emperador de los aztecas era Moctezuma. Su capital era Tenochtitlán, hoy la Ciudad de México. Muchos de los habitantes fuera de la capital eran enemigos de Moctezuma y ellos se unieron a Cortés y le dieron ayuda. Así Cortés pudo marchar a la capital sin mucha dificultad. Cuando Cortés llegó a la capital, Moctezuma en persona salió a recibirlo. ¿Por qué había decidido recibir a un enemigo? Pues, Moctezuma había oído que venía un hombre blanco. Él creía que este hombre extraño tenía que ser Quetzalcóatl. Entre los aztecas había una leyenda que decía que el dios Quetzalcóatl había salido de Tenochtitlán con algunos hombres hacia el golfo de México. Según la leyenda, Quetzalcóatl había dicho que iba a regresar a Tenochtitlán en el año de «acatl». En el calendario azteca el año «acatl» era el año 1519, el año en que Cortés llegó a México. Para no ofender al «dios», Moctezuma le dio regalos a Cortés y lo alojó en un gran palacio en la magnífica capital azteca de Tenochtitlán.

Templo Mayor, Ciudad de México, México

Encuentro de dos culturas

(t)Dave Moyer, (b)Library of Congress, Prints and Photographs Division (LC-US262-104362)

En Tenochtitlán

La bonita ciudad de Tenochtitlán estaba completamente rodeada de agua. Dentro de la ciudad había muchos canales. Cortés, que ahora tenía menos de quinientos hombres, se veía a la merced de más de trescientos mil habitantes de Tenochtitlán. Así, él decidió capturar al emperador y le prendió a Moctezuma como rehén en su propio palacio. Poco después de tomar a Moctezuma, Cortés recibió noticias de que Velázquez había mandado una expedición dirigida por Pánfilo de Narváez a prender a Cortés. Ya había llegado a la costa de México. Cortés volvió a Veracruz donde él y los doscientos cincuenta hombres que lo habían acompañado derrotaron a los ochocientos hombres de Velázquez y le tomaron prisionero a Narváez. Enseguida Cortés volvió a Tenochtitlán.

Durante su ausencia de Tenochtitlán, Cortés había puesto a cargo a Pedro de Alvarado. Los habitantes de Tenochtitlán no podían aceptar las crueldades de los españoles, sobre todo las de Alvarado. Tampoco podían aceptar lo que ellos consideraban la cobardía de su monarca. Las relaciones entre los españoles y los indígenas eran malísimas. A su regreso Cortés persuadió a Moctezuma a hablar con sus capitanes para calmarlos. Moctezuma trató de hablarles desde la azotea de su palacio pero sus hombres le dieron una pedrada tan fuerte en la cabeza que a los tres días él murió. Después de su muerte los aztecas atacaron a los invasores. La noche del 30 de junio de 1520 murieron más de cuatrocientos españoles. Cortés y los pocos hombres que quedaban tuvieron que huir de Tenochtitlán. Se llama la «Noche triste». Se dice que aquella noche Cortés se sentó debajo de un árbol en las afueras de Tenochtitlán y lloró la pérdida de la ciudad.

Hernán Cortés conoce a Moctezuma.

La conquista

¿Terminó así la conquista de México por los españoles? No. Cortés esperó refuerzos y el 21 de mayo de 1521 él comenzó de nuevo el sitio de Tenochtitlán. Fue una batalla horrible. Murieron más de ciento cincuenta mil indígenas, y el emperador Cuauhtémoc fue bárbaramente torturado por no revelar dónde tenía escondidos sus tesoros. Él prefería morir a ser traidor. Hoy Cuauhtémoc es un gran héroe del pueblo mexicano.

Comprensión

A **Figuras históricas** Parea la figura de la primera columna con su descripción en la segunda columna.

1. Diego Colón

2. Diego Velázquez

3. Hernán Cortés

4. Moctezuma

5. Pánfilo de Narváez

6. Quetzalcóatl

7. Pedro de Alvarado

8. Cuauhtémoc

a. emperador de los aztecas cuando los invasores españoles llegaron por primera vez a la capital azteca

b. señor enviado a México por Velázquez para prender a Cortés

c. hijo del navegador que decidió conquistar a Cuba

d. dios blanco de los aztecas que, según una leyenda, iba a regresar a la capital

e. emperador de los aztecas que fue torturado por los españoles; hoy un gran héroe del pueblo mexicano

f. señor que fue nombrado jefe de la expedición a Cuba por Diego Colón

g. señor puesto a cargo de Tenochtitlán por Cortés mientras Cortés fue a luchar contra las tropas de Narváez

h. señor que acompañó a Velázquez como secretario en la expedición a Cuba; fue nombrado alcalde de Santiago y más tarde decidió conquistar a México

Hernán Cortés

B **Lugares** Pareo.

1. España
2. Cuba
3. Santiago
4. la Habana
5. Veracruz
6. Tenochtitlán

a. isla del Caribe conquistada por los hombres de Velázquez

b. capital y ciudad más importante de Cuba

c. gran capital de los aztecas; hoy la Ciudad de México

d. ciudad de Cuba que una vez tenía como alcalde Hernán Cortés

e. puerto en la costa de México adonde llegaron Cortés y sus hombres

f. país europeo de donde salieron muchos descubridores y conquistadores del Nuevo Mundo

C **Fechas** Pareo.

1. 1511
2. 1519
3. 1519
4. 1520
5. 1521

a. año en que Cortés salió de Cuba perseguido por los hombres de Velázquez

b. año en que Cortés conquistó a México; perdieron la vida miles y miles de indígenas y fue bárbaramente torturado el emperador

c. año en que perdieron la vida muchos españoles cuando los indígenas les hicieron huir de Tenochtitlán

d. año en que Diego Colón decidió conquistar a Cuba

e. año en que Cortés llegó a Veracruz, quemó sus barcos y se marchó al interior

La Habana, Cuba

D **Organizando** Pon los siguientes sucesos en orden cronológico, o sea, de tiempo.

1. Diego Colón decidió conquistar a Cuba.
2. Cortés quemó sus barcos en el puerto de Veracruz.
3. Hernán Cortés salió de España como secretario de Velázquez en la expedición a Cuba.
4. Cortés salió de Santiago para ir a conquistar a México.
5. Diego Colón nombró a Diego Velázquez jefe de la expedición a Cuba.
6. Velázquez nombró a Cortés alcalde de Santiago.
7. Cortés y sus hombres se marcharon a Tenochtitlán para tomar la capital de los aztecas.
8. Cortés y sus hombres llegaron a un puerto en la costa de México que él nombró «Veracruz».

Templo Calendárico Tlatelolco en la Ciudad de México, México

E **Comprensión y análisis** Contesta.

1. Velázquez trató de bloquear la expedición de Cortés a México. ¿Por qué?
2. Al llegar a la costa de México, Cortés quemó sus barcos. ¿Por qué?
3. Aunque Cortés era un enemigo de Moctezuma, el emperador de los aztecas recibió personalmente a Cortés, le dio regalos y lo alojó en un palacio magnífico. ¿Por qué recibió personalmente a Cortés de tal manera?
4. ¿Por qué tuvo que salir Cortés de Tenochtitlán y volver a la costa?
5. Fueron los aztecas mismos quienes mataron a Moctezuma. ¿Por qué mataron a su emperador?
6. Después de la muerte de Moctezuma, los españoles tuvieron que huir. ¿Por qué?
7. Casi un año después de haber huido, los españoles regresaron a Tenochtitlán con refuerzos. En aquel entonces el emperador de los aztecas fue Cuauhtémoc. Los españoles lo torturaron de una manera bárbara. ¿Por qué?
8. ¿Por qué es Cuauhtémoc un gran héroe del pueblo mexicano?

Conocimientos para superar

Conexión con la medicina

Historia de la medicina

El siglo XVI fue un siglo de progreso y avances médicos gracias a las disecciones y estudios minuciosos de cadáveres que hizo el famoso pintor y científico italiano Leonardo da Vinci y gracias a los estudios e investigaciones de André Vesalio. Es a André Vesalio a quien se debe la medicina moderna porque es el padre de la anatomía—el estudio de la estructura del cuerpo humano—y de la fisiología—el estudio de las funciones del organismo humano, tales como la nutrición, la motricidad, la sensación y la percepción. En 1544 él publicó su famoso tratado *La estructura del cuerpo humano.*

Especializaciones médicas

La medicina ha progresado mucho desde el siglo XVI y ha habido avances increíbles. Aquí tienes una lista de especializaciones y los correspondientes especialistas médicos que tenemos a nuestra disposición hoy en día.

Leonardo da Vinci, un pintor, escultor, arquitecto, e ingeniero de Italia

ESPECIALIZACIÓN	ESPECIALISTA	DEFINICIÓN
alergología	alergista alergólogo	Es el estudio de los mecanismos de la alergia y las enfermedades alérgicas.
cirugía	cirujano	Es la parte de la medicina que tiene por objeto curar las enfermedades por medio de operaciones o intervenciones quirúrgicas.
dermatología	dermatólogo	Es el tratado de las enfermedades de la piel.
medicina interna	internista	Es el estudio y tratamiento de las enfermedades que afectan los órganos internos.
cardiología	cardiólogo	Es el tratado o estudio del corazón y la circulación, sus funciones, sus padecimientos y tratamiento.

ESPECIALIZACIÓN	ESPECIALISTA	DEFINICIÓN
endocrinología	endocrinólogo	Es el estudio de las glándulas de secreción interna.
gastroenterología	gastroenterólogo	Es la rama de la medicina que se ocupa del estómago, los intestinos y todo el aparato digestivo y sus enfermedades.
ginecología	ginecólogo	Es el estudio de las enfermedades de la mujer.
infectología	infectólogo	Como indica el término, es la rama de la medicina que trata las enfermedades contagiosas.
neumología	neumólogo	Es la rama de la medicina que estudia y trata las enfermedades de los pulmones y del aparato respiratorio.
nefrología	nefrólogo	Es la rama de la medicina que estudia el riñón y sus enfermedades.
neurología	neurólogo	Es el estudio del sistema nervioso.

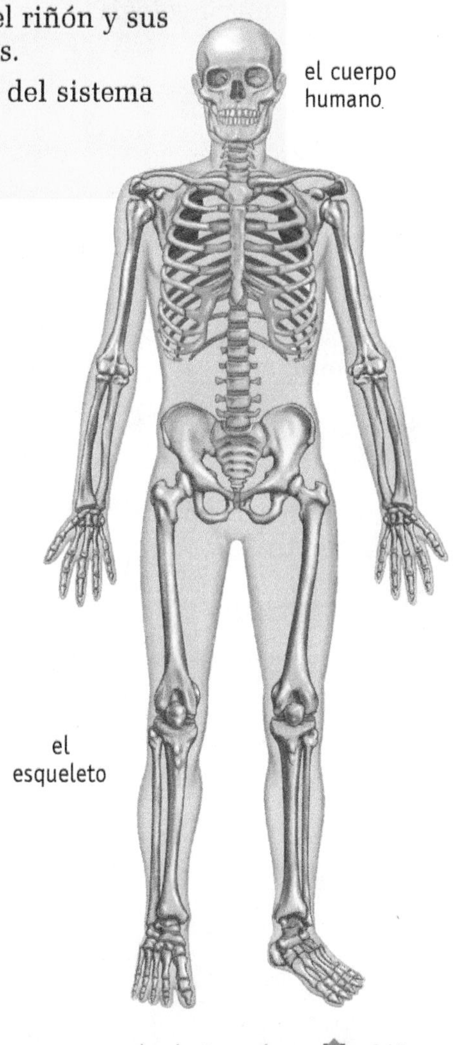

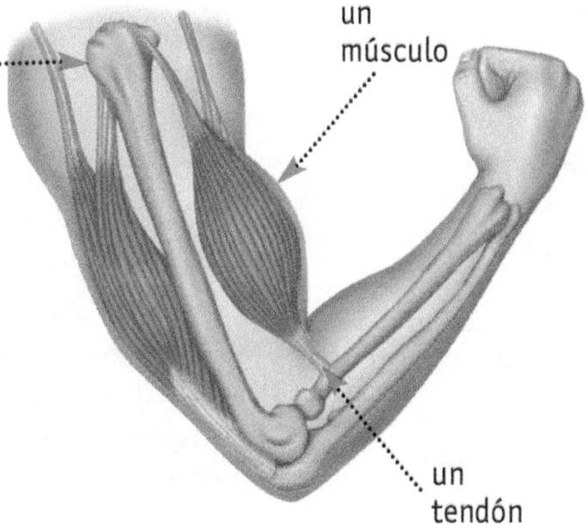

el cuerpo humano

un hueso

un músculo

un tendón

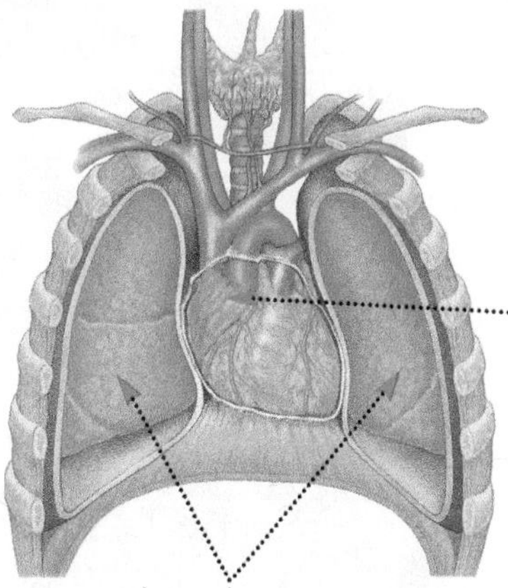

el corazón

el esqueleto

los pulmones

Conocimientos para superar

ESPECIALIZACIÓN	ESPECIALISTA	DEFINICIÓN
obstetricia	obstetra	Es la parte de la medicina que trata de la gestación, el parto y el puerperio.
oftalmología	oftalmólogo	Es la parte de la medicina que trata de las enfermedades del ojo.
oncología	oncólogo	Es la rama de la medicina que se ocupa de los crecimientos neoplásicos, del cáncer y su tratamiento incluyendo la quimioterapia.
ortopedia	ortopedista	Es la rama de la cirugía relacionada con el tratamiento correctivo de deformidades y enfermedades del aparato locomotor, en especial las que afectan los huesos, músculos y articulaciones.
otorrinolaringología	otorrinolaringólogo	Es la parte de la medicina que trata las enfermedades del oído, de la nariz y de la laringe (garganta).
pediatría	pediatra	Es la rama de la medicina que estudia las enfermedades de los niños y su tratamiento.
psiquiatría	psiquiatra	Es la ciencia que trata las enfermedades mentales.
radiología	radiólogo	Es la parte de la medicina que estudia las radiaciones, especialmente los rayos X, en sus aplicaciones al diagnóstico y tratamiento de enfermedades.
urología	urólogo	Es la parte de la medicina que estudia y trata el aparato urinario.

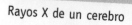

Rayos X de un cerebro

Comprensión

A **Buscando información** Contesta.

1. ¿Qué siglo fue un siglo de progreso y avances médicos?
2. ¿Qué hizo Leonardo da Vinci?
3. ¿Quién era André Vesalio?
4. ¿Por qué debe tanto la medicina moderna a Vesalio?
5. ¿Qué es la anatomía?
6. ¿Qué es la fisiología?
7. ¿Qué publicó Vesalio? ¿Cuándo?

B **¡Al médico!** Indica a qué médico tiene que consultar el o la paciente.

1. Dice que tiene dificultad para leer porque no ve bien la página. Todo le parece muy borroso.
2. Tiene dificultad en respirar. Cree que tiene asma.
3. Está encinta.
4. Necesita unos rayos X.
5. Está orinando con mucha frecuencia.
6. Tiene una erupción en la piel.
7. Le duele mucho el estómago y tiene vómitos.
8. Siempre está estornudando y le pican los ojos. Es posible que tenga la fiebre del heno.
9. Tiene sinusitis.
10. No oye bien.
11. Tiene problemas con la regla (la menstruación).
12. Tiene un hueso dislocado.
13. Necesita una inyección contra el cólera.
14. Le duele mucho el pecho.
15. Quiere que su bebé tenga un examen médico.

C **Poder verbal** ¿Has oído la palabra «galeno»? ¿A quién le llaman un galeno? En español se le llama un galeno a un médico. Viene del nombre de un famoso médico griego que vivió entre 131 y 210. ¿Cómo se llamaba? Se llamaba Galeno.

Hospital, El Callao, Perú

Andrew Payti

Visit **ConnectEd** for additional practice

Ser y estar

Los verbos **ser** y **estar** tienen usos muy definidos. El verbo **ser** se deriva del verbo latín **esse** del cual tenemos la palabra **esencia.** Por consiguiente se usa el verbo **ser** para expresar una calidad o característica inherente. El verbo **estar** se deriva del verbo latín **stare** del cual tenemos la palabra **estado.** Se usa el verbo **estar** para expresar un estado o condición temporal.

1. Cuando el predicado es un sustantivo, un predicado nominal, se usa siempre el verbo **ser** porque el sujeto y el predicado (el objeto) son la misma persona o cosa.

> **El carbón es un mineral.**
> **El doctor Martínez es médico.**
> **Caracas es la capital.**

2. Se usa el verbo **ser** para expresar origen— de donde es una persona o cosa.

> **El señor Florit es de Cuba.**
> **El queso es de Chile.**

Como extensión se usa el verbo **ser** para expresar posesión o para indicar de lo que se hace algo.

> **Ese libro es de Juan.**
> **La casa es de los Amaral.**
> **El anillo es de oro.**
> **La casa no es de madera. Es de piedra.**

Caracas, Venezuela

Mercado, Puerto Montt, Chile

3. Se usa el verbo **estar** para expresar colocación. No importa si es colocación permanente o temporal.

> **Madrid está en España.**
> **Nuestra casa está en la calle Asturias.**
> **Carlota está en Nueva York.**

4. Se usa el verbo **ser** para indicar cuando o donde tiene lugar algo.

> **El concierto será mañana.**
> **Será en el parque Florida.**

5. Un adjetivo puede seguir el verbo **ser** o **estar**. El uso de cada verbo depende del mensaje del hablante.

- Para expresar una calidad o característica inherente se usa el verbo **ser**.

  La casa es moderna.
  Carlos es guapo.

- El hablante usa el verbo **ser** cuando quiere decir que el sujeto pertenece a un grupo, tipo o clase especial.

  Estas frutas son agrias. (Todas son agrias.)
  Juan es enfermo. (Como muchos otros, tiene una enfermedad crónica.)

- El hablante usa el verbo **estar** para indicar que el adjetivo describe un estado o una condición temporal en vez de una característica inherente.

  Estas manzanas están agrias. (Esas, sí, pero muchas manzanas están dulces.)
  Juan está enfermo. (Tiene algo pero dentro de poco va a estar mejor.)

- Con algunas palabras, se puede usar **ser** o **estar** pero el sentido cambia.

  María es bonita. (Es una persona muy bonita.)
  María está bonita hoy. (Se ve muy bonita vestida así.)

  La sopa es muy buena. (En general la sopa es buena para la salud.)
  Esta sopa está muy buena. (Tiene buen sabor.)

- Con palabras tales como **soltero(a)**, **casado(a)**, **viudo(a)**, se puede usar **ser** o **estar**.

  Estoy soltero. (Todavía no me he casado.)
  Soy soltero. (Pertenezco a este grupo y no pienso casarme.)

- Con **muerto** y **vivo** se usa el verbo **estar**. Aunque la muerte es eterna, se considera un estado.

  Él está vivo. No está muerto.

6. Se usa el verbo **estar** para indicar el resultado de una acción.

  Él escribió el libro. Está bien escrito.
  Ellos lo hicieron. Está bien hecho.

Esta joven hispana participa en un desfile. El desfile es en Nueva York.

©Lars A. Niki

7. Muchas palabras cambian de sentido con **ser** o **estar**.

©Lars A. Niki

Él es aburrido.	Él aburre a todos.
Él está aburrido.	Algo o alguien le está aburriendo a él.
Ella es divertida.	Ella divierte a otros.
Ella está divertida.	Alguien o algo la ha divertido.
Son muy listos.	Son inteligentes, son astutos.
Están listos.	Están preparados.
Él es triste.	Es un tipo muy triste.
Él está triste.	Algo le ha pasado que le hace triste.

Él está aburrido.

¿Ser o estar? Completa son la forma apropiada de **ser** o **estar**.

1. La Habana _____ la capital de Cuba.
2. La capital _____ en la costa.
3. La fiesta _____ el ocho de julio en el restaurante Luna.
4. El restaurante _____ en la calle San Martín.
5. Las flores que _____ en la mesa _____ de nuestro jardín.
6. El agua _____ muy fría hoy.
7. Esta comida _____ riquísima. Tiene muy buen sabor.
8. Y además la comida _____ muy buena para la salud.
9. ¡Qué guapo _____ Carlos vestido así!
10. Aquel señor _____ ciego.
11. Yo _____ ciega con tantas luces.
12. Todos estos productos _____ de México.
13. Aquel chico _____ de San Juan pero ahora _____ en Caracas.
14. La conferencia _____ aburrida y yo _____ aburrido.
15. El concierto _____ en Nueva York, en Radio City.
16. El museo _____ en las afueras de la ciudad.
17. La nieve _____ blanca.
18. Es una persona muy tranquila, pero hoy _____ muy nervioso.
19. Su padre _____ muerto.
20. La escuela _____ cerrada durante el verano.

Él es aburrido.

Radio City está en la ciudad de Nueva York. Nueva York está en el nordeste de los Estados Unidos.

ACTIVIDAD 2 ¿Característica o condición? Completa con la forma apropiada de **ser** o **estar.**

1. Tienes que comer más verduras. Las verduras tienen muchas vitaminas y ____ muy buenas para la salud.
2. ¡Qué deliciosas! ¿Dónde compraste estas verduras? ____ muy buenas.
3. Él ____ tan aburrido que cada vez que empieza a hablar todo el mundo se duerme.
4. No, no está enferma. Es su color. Ella ____ muy pálida.
5. No sé lo que le pasa a la pobre Marta. Tiene que estar enferma porque ____ muy pálida hoy.
6. No, no se murió el padre de Carlota. Él ____ vivo.
7. El ____ muy vivo y divertido. A mí, como a todo el mundo, me gusta mucho estar con él.
8. El pobre Antonio ____ tan cansado que sólo quiere volver a casa para dormir un poquito.
9. ¿____ listos todos? Vamos a salir en cinco minutos.
10. Ella ____ muy lista. Ella sabe exactamente lo que está haciendo y te aseguro que lo está haciendo a propósito.

—Hola, Luis. ¿Cómo estás?

Sustantivos problemáticos

la hinchazón

1. El género de ciertos términos médicos son problemáticos, por ejemplo: **la dosis** y **la diagnosis.** Hay gente que dice **el** con **dosis** y sobre todo **diagnosis** pero estos dos sustantivos son femeninos. **El diagnóstico** es un sinónimo de **la diagnosis** y se usa con frecuencia.

2. Al oír la terminación **-ón** se le atribuye al género masculino. Pero el sustantivo **hinchazón** es femenino: **la hinchazón.**

3. La palabra mar es **el mar**– ¡Qué bonito es **el mar!** Pero en el habla de los poetas, marineros y pescadores y en términos náuticos es **la mar.**
   en alta mar, hacerse a la mar, la mar llama, la mar picada (revuelta)

4. Algunas palabras tienen diferentes géneros en varias partes de España o la América Latina. Sin embargo la mayoría son femeninas en España y masculinas en Latinoamérica. Aquí tienes unos ejemplos.

la bombilla	**el bombillo**
la llamada	**el llamado**
la vuelta	**el vuelto**

La sartén es variable: **el sartén, la sartén.**

DISPONIBLE EN ESTA FARMACIA
Servicio de Enfermería

farmacias ahumada

• Colocación de inyecciones
• Curaciones
• Extracción de puntos
• Test de embarazo
• Test de glicemia
• Test de colesterol
• Control de presión arterial

Andrew Payti

Silabeo y acento

Sílabas

1. Una sílaba es una o más letras que se
   pronuncian con un solo esfuerzo de voz.
   Pronuncia con cuidado las siguientes palabras.

mapa	**costa**
pico	**selva**
playa	**isla**

   En estas palabras, ¿cuántas sílabas oyes? ¿Dos?
   Pues, tienes razón. Nota que por lo general una
   sílaba se separa después de una vocal (**ma pa**)
   y entre dos consonantes (**cos ta**).

San Andrés, Colombia

2. Nota que las consonantes **l** y **r** cuando van
   precedidas de cualquier otra consonante,
   con la excepción de **s,** se enlazan con esta
   consonante y no pueden ser separadas.

blan	**co**	**bra**	**vo**	
cla	**se**	**cru**	**el**	
fla	**co**	**fran**	**co**	
glo	**bo**	**gru**	**po**	
pla	**za**	**pri**	**mo**	
		tro	**pi**	**cal**

3. Ahora pronuncia cuidadosamente las siguientes palabras de tres y
   cuatro sílabas.

tropical	**continente**
Caribe	**montañoso**
andino	**caluroso**

4. A las sílabas que terminan en vocal se les llama «sílabas directas»
   y a las que terminan en consonante se les llama «sílabas inversas».

DIRECTA	INVERSA
Ca ri be	**in spec tor**

3 **Sílabas** Separa las siguientes palabras en sílabas.

1. zona	**9.** eterna
2. clima	**10.** calor
3. andina	**11.** tempestad
4. tropical	**12.** alojar
5. costa	**13.** conquista
6. occidental	**14.** capital
7. continente	**15.** barco
8. primavera	**16.** leyenda

El acento

1. Lee con cuidado las siguientes palabras.

ca sa	**me se ta**	**mon ta ño so**
me sa	**co li na**	**con ti nen te**

Nota que todas estas palabras terminan en vocal. La sílaba recuadrada es la que se pronuncia con más fuerza. Es la sílaba que recibe el acento y se llama «la sílaba tónica». Mira las palabras una vez más. ¿Cuál es la sílaba que recibe el acento, o sea, cuál es la sílaba tónica? ¿La última? ¡No! ¿La que precede a la última? ¡Sí! La sílaba que precede a la última es «la penúltima sílaba». En general, las palabras que terminan en vocal reciben el acento en la penúltima sílaba.

2. Lee las siguientes palabras.

CONSONANTE	N, S
mo tor	**ha blan**
fac tor	**An des**
ca lor	**co men**
ci vil	**ca sas**
ver dad	**a pren den**
u ni ver si dad	**mon ta ñas**

Nota que una palabra que termina en consonante, con la excepción de **n** y **s,** recibe el acento en la última sílaba. Las palabras que terminan en **n** o **s** reciben el acento en la penúltima sílaba, al igual que las palabras que terminan en vocal.

3. Una palabra cuya sílaba tónica, la que recibe el acento, es la última es «una palabra aguda». Una palabra cuya sílaba tónica es la penúltima es «una palabra llana o grave».

AGUDA	LLANA
ha blar	**ha blan**
co mer	**ex a mi na**

Real de Asientos, Aguascalientes, México

Andrew Payti

ACTIVIDAD 4 **Acento** Indica la sílaba tónica de las siguientes palabras.

1. zona
2. Cuba
3. calor
4. caluroso
5. continente
6. neblina
7. casa
8. meseta
9. hablas
10. venden

11. hablar
12. vender
13. regalo
14. habitante
15. llegado
16. debajo
17. verdad
18. tesoro
19. capital
20. emperador

ACTIVIDAD 5 **¿Sí o no?** Corrige las oraciones que no son correctas.

1. La palabra «brisa» termina en vocal.
2. La palabra «calor» termina en vocal.
3. Una sílaba tónica es la que recibe el acento.
4. La sílaba que recibe el acento en una palabra que termina en vocal es la última.
5. La sílaba que recibe el acento en una palabra que termina en consonante es la última.
6. Las palabras que terminan en **-d** o **-s** reciben el acento en la penúltima sílaba.
7. Una palabra aguda recibe el acento en la última sílaba.
8. Una palabra llana recibe el acento en la última sílaba.

La tilde

1. Lee con cuidado las siguientes palabras.

A	B	C	D
teléfono	Perú	árbol	salón
fenómeno	café	túnel	tacón
húmedo	comí		corazón
compró			riñón

Todas estas palabras llevan un acento ortográfico escrito que se llama «una tilde». ¿Por qué es necesario escribir la tilde? Es necesario escribirla porque estas palabras no conforman con la regla para la acentuación y la tilde nos indica la sílaba tónica o acentuada de la palabra.

2. Según la regla, la sílaba tónica (la que recibe el acento) de una palabra que termina en vocal es la penúltima. Pero en el caso de las palabras en la columna A, la sílaba tónica no es la penúltima sino la antepenúltima. No conforma con la regla. Por eso es necesario poner la tilde en la sílaba tónica. A estas palabras que reciben el acento en la antepenúltima sílaba se les llama «palabras esdrújulas».

húmedo **teléfono** **amazónico**

San Andrés, Colombia

Gramática y lenguaje

3. En el caso de las palabras en la columna B, la sílaba tónica es la última y no la penúltima. Rompen la regla, y por consiguiente, es necesario escribir la tilde.

   café   **comí**   **compró**

4. Si una palabra termina en consonante, la sílaba tónica es la última pero ese no es el caso de las palabras en la columna C. No conforman con la regla y es necesario escribir la tilde.

   árbol   **túnel**   **cáncer**

5. Las palabras que terminan en las consonantes **-n** o **-s** reciben el acento en la penúltima sílaba. Hay que escribir la tilde si hay una excepción. Las palabras de la columna D reciben el acento en la última sílaba, no en la penúltima y por consiguiente requieren la tilde.

   salón   **tacón**   **hablarás**   **venderás**

ACTIVIDAD 6 **La tilde** Escribe las siguientes palabras en una hoja de papel y escribe la tilde cuando sea necesario. Luego prepárate para un dictado de estas palabras.

1. gripe
2. dolor
3. estomago
4. riñon
5. catarro
6. esta enfermo
7. medico
8. clinica
9. pildora
10. comprimido
11. Tomas
12. sintoma
13. fisico
14. facil
15. dificil
16. vitamina
17. globulo
18. azucar
19. mineral
20. celula
21. higado
22. aparato
23. indigena
24. carcel
25. corazon
26. arbol
27. digestivo
28. conquistar
29. leyenda
30. habitante
31. Mexico
32. barbaro
33. republica
34. tecnico
35. algebra
36. laboratorio

Miraflores, Perú

7 Definiciones Da una definición de cada palabra.

1. una sílaba
2. la sílaba tónica
3. la penúltima
4. una palabra aguda
5. una palabra llana
6. un acento ortográfico
7. una tilde
8. una palabra esdrújula

Pronunciación y ortografía

ca, que, qui, co, cu

Ya has aprendido que la **c** en combinación con **e** o **i** (**ce, ci**) se pronuncia igual que **se, si**. Tiene un sonido suave.

cero celos cinco cielo

La consonante **c** en combinación con **a, o** y **u** (**ca, co, cu**) tiene un sonido duro. Con las vocales **e** e **i** es necesario escribir **que, qui** para mantener el sondido duro. Observa.

ca	que	qui	co	cu
cama	que	equipo	como	cubano
casa	queso	aquí	médico	ocupa
catarro	parque	química	cocina	culebra
cansado	pequeño	quirófano	oncólogo	cuchara
cabeza	quemar	tranquilo	contagioso	
boca		quirúrgica	barco	
cáncer		conquista	cola	

 8 Dictado Lee las siguientes oraciones y prepárate para un dictado.

1. Quiero que el médico me explique el diagnóstico.
2. El médico le hace una intervención quirúrgica en el quirófano.
3. El oncólogo se ocupa de los pacientes que sufren de cáncer.
4. Guarda cama en casa porque tiene catarro y dolor de cabeza.
5. El cubano come el queso tranquilamente aquí en el parque pequeño.
6. Cortés quemó los barcos en la costa de México.

El señor come queso.

Si eres bueno... de Amado Nervo

◆ **Vocabulario para la lectura**

Estudia las siguientes definiciones.

insoluble que no se puede resolver

adquirir obtener, conseguir

fatigar cansar, molestar

Poder verbal

ACTIVIDAD 1 **Palabras emparentadas** Da una palabra relacionada.

1. la adquisición   **3.** la fatiga

2. la solución   **4.** la molestia

ACTIVIDAD 2 **¿Qué palabra necesito?** Completa.

1. Tanto trabajo te ____.

2. Es un problema ____, sin resolución.

3. Él quiere ____ bienes y hacerse rico.

Nota biográfica

El poema que sigue del poeta mexicano Amado Nervo trata de la paz. Según el poeta, si estamos en paz y no sufrimos de ningún estrés, estaremos sanos y contentos. En su poema titulado «Si eres bueno...» el célebre poeta Amado Nervo nos dice como podemos alcanzar la paz.

El verdadero nombre de Amado Nervo (1870–1919) es José. Pero él prefirió Amado, el nombre de su padre. Fue seminarista pero dejó la carrera religiosa y entró en el servicio diplomático. Sirvió de ministro en Perú, Argentina, Paraguay y Uruguay. Murió en Montevideo en 1919. Era un hombre tan popular y tan amado que hubo duelo nacional. El gobierno uruguayo habilitó un crucero para llevar sus restos a su querido México natal.

Amado Nervo cultivó varios géneros literarios. Pero se destacó como poeta. En sus poesías, despojadas de adornos, quedan huellas del hombre religioso. La forma de sus poesías tiende a la sencillez.

La Ciudad de México, México

Lectura

Si eres bueno...
◆ · ◆ · ◆

1   Si eres bueno, sabrás todas las cosas
sin libros: y no habrá para tu espíritu
nada ilógico, nada injusto, nada
negro, en la vastedad del universo.

5   El problema insoluble de los fines
y las causas primeras,
que ha fatigado a la Filosofía.
será para ti diálogo sencillo.

   El mundo adquirirá para tu muerte
10 una divina transparencia, un claro
sentido, y todo tú serás envuelto
en una inmensa paz...

Estrategia de lectura
Palabras calientes En esta poesía hay dos palabras calientes o sea dos palabras clave. Si no las comprendes, será difícil sacar el sentido de la poesía. Estas dos palabras son los fines y las causas. Los filósofos siempre están pensando en los fines y lo que serán sus causas. Si no tienes una idea clara del significado de estas dos palabras, busca su definición en un diccionario antes de leer la poesía.

¿Está reflexionando sobre la poesía la joven?

Comprensión

A Contesta.
1. ¿Quién será el hablante en la poesía?
2. Si eres bueno, ¿qué vas a saber?
3. ¿Qué vas a comprender?
4. ¿Cómo te vas a sentir?

B Emociones ¿Cuál es una emoción que el poema «Si eres bueno...» de Amado Nervo evoca en ti? ¿Cómo te sientes al leerlo?

Triolet de Manuel González Prada

♦ **Nota biográfica**

Una catarata, Sabandía, Perú

Aquí tenemos una poesía que habla de los ojos. Empieza con «Algo me dicen tus ojos». Aún los médicos dicen que los ojos son muy reveladores. Al mirar los ojos pueden discernir si el paciente goza de buena salud o no. En esta poesía del autor peruano Manuel González Prada el poeta dice que no sabe exactamente lo que le están diciendo los ojos. Pero están diciendo algo.

Manuel González Prada nació en Lima en 1848. Analizó y criticó todos los males de su patria con la esperanza de renovarla y hacerla sana. Aborreció toda forma de servidumbre, violencia y mentira. Amó la libertad, la justicia, la belleza y la verdad. González Prada viajó mucho y leyó las obras de los autores de muchos países europeos. Él escribió muchos versos de una variedad extraordinaria.

Triolet
♦ · ♦ · ♦

1   Algo me dicen tus ojos
    mas lo que dicen no sé.
    Entre misterio y sonrojos,
    algo me dicen tus ojos.
5   ¿Vibran desdenes y enojos
    o hablan de amor y de fe?
    Algo me dicen tus ojos
    mas lo que dicen no sé.

¿Qué dicen los ojos?

Comprensión

A **Poder verbal** Definiciones Lee el poema *Triolet* de González Prada y busca las palabras cuyas definiciones siguen.

1. indiferencia despreciativa, desprecio
2. rubor causado por la vergüenza
3. cólera, molestia
4. creencia, confianza
5. cosa secreta

B **Poder verbal** Vocabulario en contexto
La palabra **mas** sin tilde no se usa mucho hoy. Busca la palabra **mas** sin tilde en la poesía. ¿Qué significará?

a. en mayor grado
b. pero
c. afortunadamente

C Rima ¿Cuál es la rima de *Triolet* de González Prada?

D Analizando ¿Te dice el poeta lo que están diciendo los ojos? ¿Tienes una idea personal de lo que están diciendo? ¿Cuál será?

Lima, Perú

Composición

Un escrito personal

A veces querrás o tendrás que escribir algo personal, algo que tiene que ver contigo mismo(a). Una de las mejores maneras de empezar a escribir algo sobre ti mismo(a) es sentarte y empezar a escribir porque no hay quien te conozca mejor que tú mismo(a). Permíteles salir tus ideas y escribe cualquier cosa que te venga a la mente. A veces pensarás en una palabra o idea y te vendrá otra. O contrariamente encontrarás una dificultad. No puedes pensar en la palabra o idea que quieres. Toma algunos minutos para encontrar inspiración. En cuanto te venga la idea, sigue escribiendo. Pensando o meditando para encontrar inspiración se llama *brainstorming*. *Brainstorming* puede ser la mejor técnica para escribir algo personal.

Ahora, ¡te toca a ti!

ACTIVIDAD 1

Vas a escribir algo personal. Vas a pensar en ti—en tus intereses, en tus gustos. Vas a pensar también en lo que no te interesa y lo que no te gusta. Y nunca vas a olvidarte de tu personalidad. En tu escrito vas a contestar las siguientes preguntas.

¿Podrías ser médico o no?

¿Quisieras ser médico o no?

Nota que es muy posible que las ideas que te salgan para explicar por qué pudieras o no pudieras ser médico(a) no serán las mismas que te salen para explicar por qué quisieras ser médico(a). ¡Ya verás!

ACTIVIDAD 2

Todavía eres muy joven. El futuro te espera. Por unos momentos siéntate tranquilamente con los ojos cerrados y dale rienda suelta a tu imaginación. Piensa en todo lo que quisieras hacer algún día. Piensa en cosas divertidas y en cosas serias. Luego empieza a escribir. Escribe rápido contando todo lo que quisieras hacer o quisieras ser. Explica por qué, como, etc.

Sustantivos problemáticos

En inglés nunca es problemático el género de un sustantivo porque no existe el género. Pero sí hay problemas en cuanto al número a la formación del plural del sustantivo. En inglés hay muchas formas plurales problemáticas. Aquí tenemos unos ejemplos.

Singular	Plural
child	children
woman	women
man	men
hero	heroes
volcano	volcanoes
tomato	tomatoes
potato	potatoes
calf	calves
knife	knives
mouse	mice
deer	deer
sheep	sheep
aircraft	aircraft
analysis	analyses
basis	bases

El acento escrito

No hay acento escrito en inglés para ayudarte a determinar dónde cae el acento tónico o la sílaba que lo recibe. En inglés se dice que la sílaba tónica o acentuada es la que recibe el *stress*. La pronunciación inglesa se considera muy difícil. Una razón es que nunca se sabe cuál es la sílaba que recibe el *stress*.

Capítulo 9

Verano o invierno

Objetivos

En este capítulo vas a:

✿ aprender a diferenciar entre el clima y el tiempo y estudiar los climas de Latinoamérica

✿ estudiar el pretérito de los verbos regulares, los verbos de cambio radical y los verbos *ir* y *ser*

✿ aprender la ortografía de palabras con los sonidos **ga, gue, gui, go, gu**

✿ leer un artículo sobre la diferencia entre el aprendizaje y uso de la lengua materna y un segundo idioma; leer un artículo de una revista sobre monosílabos; leer una leyenda puertorriqueña *El grano de oro*

✿ escribir un escrito persuasivo

✿ estudiar los verbos regulares e irregulares en el pasado en inglés

Historia y cultura

Vocabulario para la lectura

Estudia las siguientes definiciones.

la entonación el movimiento melódico o musical de la frase
hablada (oral)

la espiración la salida de aire de los pulmones hacia el exterior

la fluidez la facilidad

Poder verbal

ACTIVIDAD 1 Palabras emparentadas Da una palabra relacionada.

1. espirar
2. entonar
3. fluido

Preparándote para la lectura

Ya hemos aprendido en nuestros estudios de sociología que la base
de cualquier cultura es el idioma o la lengua y la nuestra es el español.
Vamos a leer dos artículos sobre la importancia y el buen uso de una
lengua. El primero es de María Vaquero. Ella nació en España y reside
en Puerto Rico donde ha tenido una larga carrera de enseñanza en la
Universidad de Puerto Rico. La señora Vaquero es Académica de
Número de la Academia Puertorriqueña de la Lengua Española y
Académica Correspondiente de la Real Academia Española de la
Lengua de Madrid.

Fortín de San Gerónimo de Boquerón y el Condado, San Juan, Puerto Rico

Lectura

Estrategia de lectura

Leer preguntas guía Te puede ayudar a comprender una lectura si primero lees unas preguntas guía. Estas preguntas te dan una idea de la información que debes buscar mientras leas.

Preguntas guía

1. ¿Qué es una lengua o idioma?
2. ¿Para qué usamos las lenguas o idiomas?
3. ¿Cómo se adquiere una lengua o idioma de forma natural?
4. ¿Cómo se aprende un idioma que no es lengua materna?
5. ¿Cuál es la función básica de la respiración?
6. ¿Para qué aprovechamos secundariamente el aire espiratorio?
7. ¿Cuáles son los mecanismos básicos que hay que adquirir para hablar?
8. ¿Cómo adquirimos estos mecanismos básicos?
9. ¿Por qué es importante aprender más de una lengua?
10. ¿Por qué es importante conocer bien la lengua materna?

Nosotros y las lenguas de María Vaquero

Nosotros, porque somos seres humanos y sociales, disponemos de poderosos instrumentos de comunicación, llamados «lenguas» o «idiomas», que nos permiten expresar las ideas, relacionarnos con nuestros semejantes y transmitir el conocimiento. Toda persona culta debe conocer más de una lengua, pero, si tenemos en cuenta la comodidad que sentimos al expresarnos en una lengua determinada, debemos aceptar que no todas las lenguas tienen la misma importancia para nosotros.

Esto quiere decir que podemos aprender varios idiomas a lo largo de nuestra vida, pero (con excepciones muy marcadas) sólo adquirimos uno de ellos de forma natural, y es éste el que nos hace sentirnos cómodos y seguros cuando nos comunicamos. Es útil, por lo tanto, distinguir entre lenguas «adquiridas de forma natural» y lenguas «aprendidas».

Somos de Estados Unidos. Hablamos inglés y español.

Somos de Japón. Hablamos japonés.

(l)©Brooklyn Production/Corbis, (r)Pixtal/age fotostock

Una lengua, o idioma, se adquiere de forma natural en los primeros años de la vida, oyendo a las primeras personas que nos hablan y que hablan entre sí delante de nosotros. Poco a poco, y después de muchos esfuerzos, llegamos a entender lo que se dice a nuestro alrededor, hasta que, por fin, somos capaces de pronunciar las palabras oídas y de producir nuestros propios mensajes.

Compartimos una lengua materna con los miembros de la comunidad en la que nacemos.

La adquisición natural del idioma es un proceso muy complicado, aunque, al crecer, perdamos la conciencia de esta dificultad. Con el paso de los años, las difíciles operaciones mentales que requiere la expresión de cualquier idea se hacen automáticas, y, cuando somos adultos, nos parece que haber aprendido a hablar ha sido algo tan normal como haber aprendido a correr. Debemos añadir que este proceso natural abarca una etapa de la primera infancia más o menos larga en cada individuo y que la situación particular de cada uno influye mucho en la duración de dicha etapa y en el resultado final. La lengua así adquirida es nuestra «lengua materna». Sin que haya sido elegida por nosotros, la lengua materna nos acompaña desde el nacimiento, y con ella aprendemos a vivir: es la lengua de nuestros padres y el elemento más importante de nuestro patrimonio cultural.

Somos de Túnez. Hablamos árabe y francés.

Todos los individuos de una comunidad tienen su propia lengua materna, y algunos pueden manejar otras lenguas con distintos grados de conocimiento y fluidez. Estos segundos idiomas, sin embargo, no han sido adquiridos espontáneamente en las relaciones directas de cada persona con su propia familia y en la sociedad en que vive; son, por el contrario, idiomas aprendidos, elegidos por distintas razones culturales, iniciados en la escuela y practicados cuando ya se dominan los mecanismos básicos del habla, adquiridos previamente con la lengua primera o materna, podemos citar los siguientes, indispensables para que todo ser humano pueda hablar:

1. *El mecanismo relativo al aprovechamiento del aire espiratorio* para producir sonido lingüístico: respiramos para vivir, pero aprovechamos el aire de la espiración para hablar. Adquirimos este mecanismo en nuestros primeros años, con la lengua materna.

2. *El mecanismo de la articulación,* como conjunto de movimientos coordinados destinados a producir los posibles sonidos lingüísticos de un idioma: por ejemplo, la abertura o cierre de la boca, en coordinación con la posición de la lengua, de los labios, del velo del paladar, etc., permite la pronunciación de vocales y de consonantes. Llegamos a coordinar automáticamente estos movimientos al adquirir nuestra lengua materna, al pronunciarla.

3. *El mecanismo de la entonación,* que se refiere a la modulación de la voz de acuerdo con los mensajes que necesitamos transmitir: la modulación de una pregunta no es igual que la de una respuesta, por ejemplo. Llegamos a adquirir este mecanismo de la voz en nuestra primera infancia, gracias a la adquisición de la lengua materna, porque, a través de ella, identificamos las diferencias de entonación de los distintos mensajes recibidos.

En conclusión: debemos distinguir claramente las diferencias entre «lengua materna» y «segunda o tercera lenguas». También debemos recordar que es necesario conocer más de un idioma, pues este conocimiento amplía nuestros horizontes y nos ayuda a entender la complejidad del mundo en que vivimos. Debemos tener muy presente, sin embargo, que el conocimiento profundo de la lengua materna es el punto de partida indispensable para acercarnos a la cultura universal y para adquirir todos los conocimientos, incluidas las demás lenguas. Por el hecho de vivir en sociedad, el uso adecuado del idioma materno es, además, nuestra mejor garantía de éxito como personas.

A veces lo que leemos en una revista nos enseña algo. Lee este artículo y aprenderás algo sobre los monosílabos.

¡Dominemos mejor el español!

Dominar las reglas que rigen la acentuación es uno de los elementos más difíciles de nuestro idioma; además de conocer las normas generales que existen para ello, debemos tener en cuenta las situaciones particulares en que estas no pueden cumplirse. Tal es el caso de los «monosílabos», con los que—según experimentados maestros—suelen surgir frecuentes confusiones... ¿Pueden acentuarse estas palabras?

Las normas gramaticales indican que los monosílabos no llevan acento ortográfico; al tener una sola sílaba no es preciso señalar dónde se encuentra la mayor intensidad de énfasis. Es por eso que las palabras **pan, vas, doy, fe**... así como las formas verbales **fue, fui, vio** y **dio** se escriben sin acento. Sin embargo, existen múltiples situaciones en las que un mismo monosílabo tiene diferentes significados, y entonces es necesario acentuarlos para distinguirlos. Nos referimos al llamado «acento diacrítico», la tilde que señala la función gramatical que están realizando. Veamos algunos ejemplos:

- Las palabras **mi, tu** y **el** son acentuadas cuando realizan la función de pronombres personales.

  Tu libro será para mí.

- Cuando el monosílabo **si** actúa como pronombre personal o adverbio afirmativo, requiere acento.

  Sólo piensa en sí mismo.
  Sí, es él.

- El monosílabo **se** es acentuado, cuando se trata del presente indicativo del verbo **saber** o del imperativo de **ser**.

  Yo sé que estás aquí.
  Por favor, sé disciplinado.

- En el caso del adverbio **más**, cuando este abandona su función adverbial y actúa como conjunción, pierde la tilde.

  «Todo en amor es triste, mas triste y todo, es lo mejor que existe».

Comprensión

©Hero/Corbis/Glow Images

A **Buscando información** Contesta las preguntas guía que acompañan la estrategia de lectura.

B **La idea principal** Contesta.
¿Cuál es la idea principal o más importante de este artículo de María Vaquero?

C **Personalizando** A veces es una buena idea personalizar lo que estamos leyendo. En esta lectura sobre la adquisición de lenguas la señora Vaquero dice que hay que distinguir entre lenguas «adquiridas de forma natural» y lenguas «aprendidas». Sigue diciendo que los segundos idiomas no han sido adquiridos espontáneamente en las relaciones directas de cada persona con su propia familia y en la sociedad en que vive.

Habla de tu propia experiencia. Relata como aprendiste el español y el inglés. ¿Aprendiste las dos lenguas de formal natural o no? ¿Tienes más confianza al comunicarte en español o en inglés? ¿Puedes decir por qué?

¿Estarán hablando su lengua materna o una lengua adquirida?

D **Explicando** Contesta.
¿Qué es un monosílabo?

E **La idea principal** Contesta. ¡Dominemos mejor el español!
Según el artículo ¿cuál es el mayor problema que tenemos con los monosílabos?

Conocimientos para superar

Conexión con la geografía

El clima y el tiempo

El clima y el tiempo son dos cosas muy diferentes. «Clima» es el término que se usa para el tiempo que prevalece en una zona por un período de larga duración. El clima es el tiempo que hace cada año en el mismo lugar. El clima apenas cambia.

El tiempo es la condición de la atmósfera en un lugar durante un período breve. El tiempo puede cambiar frecuente y repentinamente. Puede cambiar varias veces en un solo día. Por ejemplo, la mañana puede estar soleada con temperaturas altas mientras en la tarde hay nubes y aguaceros con temperaturas más bajas.

Playa Linda, Ixtapa, Guerrero, México

La meteorología

La meteorología es la ciencia que se dedica al estudio de los fenómenos atmosféricos incluyendo el clima y el tiempo. Así es que cuando queremos saber sobre el tiempo que hará mañana, escuchamos la radio o televisión o leemos el pronóstico meteorológico en el periódico.

El clima en Latinoamérica

Hay mucha gente que cree que todo Latinoamérica tiene un clima tropical, pero es erróneo. El clima de Latinoamérica varía de una región a otra. Un factor que influye mucho en el clima es la elevación y las corrientes en los océanos.

Una cordillera de los Andes en el altiplano entre Puno y Cuzco, Perú

Zonas tropicales

Toda la cuenca amazónica es una región tropical. Allí hace mucho calor durante todo el año. Es una región muy húmeda donde las lluvias son frecuentes y abundantes durante todo el año. La vegetación de las selvas amazónicas es tan densa que es imposible penetrar en algunas regiones.

Hay también zonas tropicales en partes de Venezuela, Colombia, Centroamérica, el sur de México y las islas del Caribe. Estas áreas son calurosas y húmedas pero no necesariamente durante todo el año. Gozan de dos estaciones: el verano y el invierno. Pero las estaciones tienen más que ver con la lluvia que con la temperatura. El invierno es la estación lluviosa y el verano es la estación seca. Las variaciones en temperatura entre las dos estaciones del año son mínimas.

La cuenca amazónica, Perú

Conocimientos para superar

Zonas montañosas

En las zonas montañosas de México, Centroamérica y la costa occidental de la América del Sur, el clima depende de la elevación. Al nivel del mar puede hacer calor pero en los picos andinos, a una altura de unos 3.000 metros, hace mucho frío porque cuando el aire sube, se enfría. Por consiguiente, en la misma latitud de la línea ecuatorial hay selvas tropicales en la cuenca amazónica y picos nevados en la región andina. En las regiones muy altas, el terreno es muy rocoso y hay muy poca vegetación.

Algunas ciudades como San José en Costa Rica, Tegucigalpa en Honduras, Medellín en Colombia y la Ciudad de México en México están a una elevación ideal y gozan de una «primavera eterna».

Popocatépetl us un volcán activo, en el centro de México.

(t)Marco Regalia/Alamy, (b)NASA/JPL/NIMA

Contrastes

Si miras el mapa de la América del Sur, vas a ver que Lima, Perú, en el Pacífico y Salvador, Brasil, en el Atlántico están en la misma latitud. En Salvador siempre hace calor pero no sucede así en Lima. ¿Por qué, si están en la misma latitud y ambas están al nivel del mar? Porque la corriente Humboldt, llamada también la corriente de Perú o del Pacífico, baña la costa occidental de la América del Sur desde Chile hasta Perú. Esta corriente de agua fría afecta el litoral de Chile y Perú bajando las temperaturas. Un fenómeno especial en Lima es la garúa, un tipo de neblina que cubre la ciudad de mayo a septiembre. Durante el invierno limeño no se ve el sol, aunque brilla a poca distancia al este de la ciudad en las colinas al pie de los Andes.

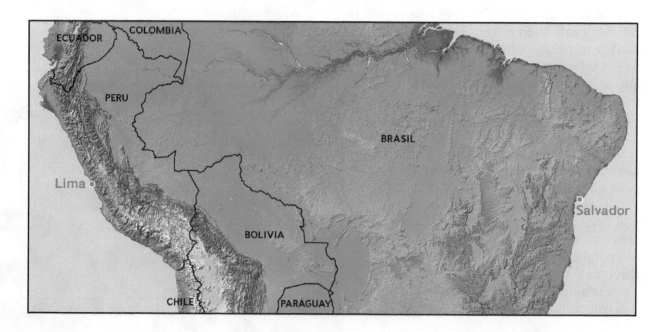

El Lago Nahuel Huapi, San Carlos de Bariloche, Argentina

Clima templado

Unas partes de Argentina, Uruguay y Chile tienen un clima templado con cuatro estaciones: verano, otoño, invierno y primavera. Y el tiempo cambia con cada estación. Bariloche en la frontera entre Argentina y Chile y la región cerca de Santiago son paraísos para los esquiadores que acuden en el invierno, de junio a septiembre. Las estaciones en la América del Sur son inversas a las de la América del Norte.

La Patagonia es la región meridional de Chile y Argentina. En la Patagonia, sobre todo en el sur que está bastante cerca de la Antártida, hace mucho frío y casi siempre soplan vientos fuertísimos. Es una tierra escarpada y rocosa con muy poca vegetación, casi inhóspita.

Parque Nacional Torres del Paine, Patagonia, Chile

Monte Fitz Roy y Cerro Torre en el Parque Nacional Los Glaciares, Santa Cruz, Argentina

Conocimientos para superar

Dave Moyer

Comprensión

A **Comparando** En tus propias palabras explica la diferencia entre el clima y el tiempo. Da por lo menos un ejemplo de clima y otro de tiempo.

B **Dando detalles** Describe el clima de los

siguientes lugares.

1. la cuenca amazónica
2. las islas del Caribe
3. la altiplanicie andina

C **Razonamiento** Explica.

1. Explica como es posible que en la misma latitud cerca de la línea ecuatorial haya picos cubiertos de nieve y selvas tropicales.
2. Explica por qué es posible que el clima de Lima y el de Salvador sean muy diferentes aunque estas dos ciudades están en la misma latitud y a la misma altura.
3. Explica por qué se dice que ciudades tales como San José, Tegucigalpa y la Ciudad de México son ciudades de «primavera eterna».

Puerto Escondido, Oaxaca, México

D **Buscando hechos** Contesta.

1. ¿Qué es la garúa?
2. ¿Dónde hay garúa?
3. En muchas áreas de Latinoamérica, ¿qué es el verano? ¿Y qué es el invierno?
4. ¿Qué es la corriente de Humboldt?
5. ¿Qué hace esta corriente?

E **El tiempo, hoy** Describe el tiempo que está haciendo hoy donde tú vives.

F **El clima** Describe el clima donde tú vives. ¿Cuántas estaciones hay donde vives? ¿Qué tiempo hace en cada una de estas estaciones?

Conocimientos para superar

G **Poder verbal** Trabajando en grupos de tres o cuatro, lean las siguientes palabras. Todas pueden emplearse para describir el tiempo. Es posible que no conozcan todas estas palabras. Ayúdense con sus definiciones.

agradable	espléndido	lluvioso
apacible	estupendo	magnífico
bochornoso	feo	malo
caluroso	fresco	nublado
delicioso	frío	revuelto
desagradable	horrible	seco
desapacible	húmedo	sereno
despejado	inclemente	tempestuoso
duro	inestable	variable
		ventoso

Después de leer estas palabras y determinar su significado, escojan los adjetivos que pueden usar para describir el buen tiempo y los que pueden usar para describir el mal tiempo. Luego trabajando juntos, escriban un párrafo describiendo un día magnífico y un día horrible.

¿Va a ser un día magnífico y soleado o un día nublado y tempestuoso?

H Unos versos Lee lo siguiente y en tus propias palabras explica el significado.

Cuando marzo mayea, abril marcea;
marzo marcea y abril acantalea,
marzo ventoso y abril lluvioso
sacan a mayo florido y hermoso.

Gramática y lenguaje

Visit **ConnectEd** for additional practice

El pretérito

1. El pretérito es el tiempo que se emplea para expresar un evento o una acción que tuvo lugar en un tiempo específico del pasado. Es una acción terminada—empezó y se acabó en un tiempo pasado. Estudia las formas del pretérito de los verbos regulares.

RAÍZ O MORFEMA LEXICAL	HABLAR habl-	COMER com-	RECIBIR recib-	TERMINACIONES O MORFEMAS GRAMATICALES
yo	hablé	comí	recibí	-é, í
tú	hablaste	comiste	recibiste	-aste, - iste
él, ella, Ud.	habló	comió	recibió	-ó
nosotros(as)	hablamos	comimos	recibimos	amos, - imos
vosotros(as)	hablasteis	comisteis	recibisteis	-asteis, - isteis
ellos, ellas, Uds.	hablaron	comieron	recibieron	-aron, - ieron

Nota que las terminaciones del pretérito de los verbos de la segunda y tercera conjugaciones (-er, -ir) son las mismas.

2. Recuerda que la parte fija del verbo, o raíz, es el morfema lexical. Los morfemas gramaticales son las partes variables que informan sobre la persona, el número y el tiempo.

	PERSONA	NÚMERO	TIEMPO
miras	**tú**	singular	presente
miraste	**tú**	singular	pretérito
comemos	**nosotros**	plural	presente
comimos	**nosotros**	plural	pretérito
escribo	**yo**	singular	presente
escribí	**yo**	singular	pretérito

3. Nota que el cambio radical que tienen muchos verbos de la primera y segunda conjugaciones en el presente no se efectúa en el pretérito.

PRESENTE	PRETÉRITO
juego	**jugó**
empiezan	**empezaron**

PRESENTE	PRETÉRITO
pierdes	**perdiste**
vuelve	**volvió**

Los jugadores celebraron porque salieron victoriosos en el último juego.

4. **¡Ojo!** Muchos de nosotros cometemos un error en una forma del pretérito. Como estamos acostumbrados a oír una **s** en la forma de **tú** en el presente—**miras, comes, escribes**—, ponemos equivocadamente una **s** en la forma de **tú** en el pretérito.

CORRECTO	INCORRECTO		CORRECTO	INCORRECTO
hablaste	**hablastes**		**viviste**	**vivistes**
comiste	**comistes**			

5. **Voseo** Las formas apropiadas del pretérito con **vos** son:

vos	**hablaste**	**comiste**	**escribiste**

Pero muchos dicen erróneamente **hablastes, comistes, escribistes.**

6. Recuerda que el pretérito es el tiempo que se emplea para expresar un evento o una acción que tuvo lugar en un tiempo específico en el pasado: ayer, anteayer, el otro día, el año pasado, hace dos semanas etc.

> **Ellos salieron anoche.**   **Hablé con ellos ayer.**
> **Jugamos en el partido el sábado pasado.**

Nota también que el verbo dar se conjuga como un verbo de la segunda o tercera conjugación en el pretérito.

dar: di, diste, dio, dimos, disteis, dieron

1 **Morfemas gramaticales** Para cada oración indica el sujeto y el tiempo.

1. Comes mucho
2. Comemos mucho
3. Como mucho
4. Comió mucho
5. Comimos mucho
6. ¿Vives en Santiago?
7. No, vivo en Santa Cruz.
8. Vivimos en una casa grande.
9. Viví con mi familia.
10. ¿Cuándo viviste con tu familia?
11. Hablo.
12. Habló.
13. Hablamos.
14. Hablaste.

2 **Una guerra desastrosa** Cambia al pretérito.

La desastrosa Guerra Civil española dura casi tres años. Empieza el 17 de julio de 1936 y no termina hasta el primero de abril de 1939. Deja un millón de muertos y otro millón de españoles en el exilio. Cuando termina la guerra los españoles quedan divididos entre vencedores – los que ganan–y vencidos–los que pierden.

Después de la guerra el general Franco establece un régimen totalitario. Emprende una campaña de castigo y represión contra los vencidos. España se ve completamente aislada y el pueblo sufre hambre y frustración. La represión dura hasta la muerte de Franco en 1975.

ACTIVIDAD 3 Un concierto Completa con el pretérito.

Gladys __1__ (salir) anoche con su amigo Tadeo. Ellos __2__ (asistir) a un concierto de Enrique Iglesias, el cantante español que goza de tanta popularidad. A Gladys le __3__ (gustar) mucho el concierto. Dice que Enrique __4__ (cantar) muy bien y que __5__ (escoger) canciones preciosas. El concierto __6__ (empezar) y __7__ (terminar) a tiempo. Gladys __8__ (volver) a casa a eso de las once. Antes de volver a casa los dos amigos __9__ (tomar) un refresco en la cafetería Metropol en la Gran Vía.

¡Qué coincidencia! Anoche yo __10__ (salir) también. Yo __11__ (salir) con mi amiga Sarita. Sarita y yo __12__ (ver) una película muy buena en el cine Colón. Cuando nosotros __13__ (salir) del cine __14__ (decidir) ir a la cafetería Metropol a tomar un refresco. Desgraciadamente no __15__ (ver) a Gladys y a Tadeo porque ellos __16__ (salir) de la cafetería a eso de las diez y media y nosotros __17__ (llegar) a las once y pico..

Los verbos **ir** y **ser** en el pretérito

Las formas de los verbos **ir** y **ser** en el pretérito son las mismas. Se establece el significado por el contexto de la oración.

SER, IR	
fui	fuimos
fuiste	fuisteis
fue	fueron

Ellos fueron a la playa.
El fue presidente en los años noventa.

ACTIVIDAD 4 ¿Ser o ir? Indica si el significado es el de **ir** o de **ser**.
1. Él fue el arquitecto de su propia vida.
2. Ella fue a la Universidad de los Andes.
3. Ellos fueron compañeros constantes.
4. Y ella nunca fue sola.

ACTIVIDAD 5 Oraciones Escribe seis oraciones originales empleando **ir** o **ser** en el pretérito. Nota como el significado se determina por el contexto.

Los amigos fueron a un café donde tomaron un refresco.

Verbos de cambio radical en el pretérito

1. Los verbos **pedir, repetir, freír, servir** y **vestirse** cambian la **-e** del infinitivo en **-i** en las formas de **él, ellos** en el pretérito.

	PEDIR	REPETIR	VESTIRSE
yo	pedí	repetí	me vestí
tú	pediste	repetiste	te vestiste
él, ella, Ud.	pidió	repitió	se vistió
nosotros(as)	pedimos	repetimos	nos vestimos
vosotros(as)	pedisteis	repetisteis	os vestisteis
ellos, ellas, Uds.	pidieron	repitieron	se vistieron

2. Los verbos **preferir, divertirse, sentir** y **dormir** tienen un cambio radical en el pretérito también. La **e** del infinitivo cambia en **-i** con **él, ellos** y la **o** de **dormir (morir)** cambia en **-u**.

	PREFERIR	DIVERTIRSE	DORMIR
yo	preferí	me divertí	dormí
tú	preferiste	te divertiste	dormiste
él, ella, Ud.	prefirió	se divirtió	durmió
nosotros(as)	preferimos	nos divertimos	dormimos
vosotros(as)	preferisteis	os divertisteis	dormisteis
ellos, ellas, Uds.	prefirieron	se divirtieron	durmieron

ACTIVIDAD 6 **Un sujeto nuevo** Escribe con el nuevo sujeto indicado.

1. Yo pedí carne. **Él**
2. Ellos repitieron la misma cosa. **Nosotros**
3. Yo lo preferí así. **Ellos**
4. El niño durmió ocho horas. **Su mamá también**
5. Él sirvió una comida deliciosa. **Tú**
6. Yo freí las papas. **Ella**
7. Yo lo sentí mucho. **Ellas**
8. Tú prefiriste ir al cine. **Yo**
9. Ellos me pidieron algo. **Tú**
10. Ella se vistió elegantemente. **Todos**

7 **A un restaurante** Completa en el pretérito.

Anoche José y yo_____(ir) a un restaurante. José_____(pedir) corvina, un pescado delicioso del Pacífico. Él lo_____(pedir) frito y el cocinero lo_____(freir) perfectamente. El mesero_____(servir) la corvina con una salsa de mantequilla y limón.

Yo no_____(pedir) pescado. Yo_____(pedir) un plato delicioso de mejillones, almejas y camarones. Me gustan mucho los mariscos. El mesero_____(servir) el plato muy caliente con una salsa un poco picante. ¡Delicioso!

Después nosotros_____(pedir) un postre rico. Nosotros_____(divertirse) mucho.

8 **Un poco de historia** Completa con el pretérito para aprender algo sobre la historia de España.

1. La hija de los Reyes Católicos, Juana la Loca, _____ con Felipe el Hermoso de la familia de los Hapsburgos de Austria. (casarse)

2. Su esposo _____ muy joven. (morir)

3. El hijo de Juana, Carlos I de España, _____ mucho territorio. (heredar)

4. Carlos V _____ contra los protestantes de Alemania, Francia e Inglaterra. (luchar)

5. Carlos V _____ la política imperialista y religiosa de sus abuelos, los Reyes Católicos. (seguir)

6. Bajo Felipe II, el hijo de Carlos V, las guerras religiosas _____ y el gran Imperio español _____ a decaer. (continuar, empezar)

7. España se _____ en un país de segundo orden. (convertir)

8. El rey Carlos II _____ sin sucesión y las familias reales _____ por ganar la corona de España. (morir, luchar)

9. Luis XIV de Francia _____ y él _____ a su nieto rey de España con el nombre de Felipe V. Así la Corona española _____ de los Hapsburgos a los Borbones (de Francia). (ganar, nombrar, pasar)

10. Bajo el mando de los tres primeros Borbones la decadencia _____ . En 1808 Napoleón _____ <<prisionero>> a Carlos IV y _____ a su hermano José Bonaparte rey de España. Hombres y mujeres _____ contra los invasores franceses con cuchillos y aceite hirviente. Fue la primera guerra de guerrilleros. (continuar, tomar, proclamar, luchar)

Pronunciación y ortografía

ga, gue, gui, go, gu

La consonante **g** tiene un sonido duro combinado con **a, o, u** (**ga, go, gu**). Para mantener el sonido duro con las vocales **e, i** hay que escribir **gue, gui.** Observa las siguientes palabras.

ga	**gue**	**gui**	**go**	**gu**
gafa	guerra	guiso	gota	agua
amiga	guerrilla	guisante	largo	guante
paga	Rodríguez	águila	juego	pregunta
gato			tengo	lengua

¡Ojo! Como la **g** en español se pronuncia de una manera tan suave es fácil comérsela; es decir suprimirla sin pronunciarla.

CORRECTO	INCORRECTO
agua	aua
Ignacio	Inacio
ignorante	inorante

Aquí hay otras confusiones que existen con la **g.** Son vicios que se deben evitar.

CORRECTO	INCORRECTO
agujero	abujero
devuelvo	degüelvo
abuelo	agüelo
vomitar	gomitar
ahora	agora

ACTIVIDAD 9

Dictado Lee las siguientes oraciones y prepárate para un dictado.

1. El águila tiene ganas de agarrar el gato.
2. Tengo una pregunta sobre la lengua guaraní.
3. El gatito toma unas gotitas de agua.
4. Gómez igual que Rodríguez lleva guante cuando juega.
5. Hay muchos guisantes en el guiso.

ACTIVIDAD 10

¿Cómo se escribe? Corrige.

1. Agora el agüelo de Inacio toma aua.
2. Su agüelo no es inorante.
3. Le degüelvo al agüelo el dinero que tengo en el uante.

Literatura

El grano de oro Una leyenda

◆ **Vocabulario para la lectura**

Estudia las siguientes definiciones.

el capataz el jefe, el patrón

la codicia un deseo exagerado de riquezas y otras cosas

el emprendedor el que tiene iniciativas, especialmente en los negocios

la maraña la maleza, la espesura

el yacimiento acumulación natural y local de una sustancia mineral susceptible de ser explotada

desalentado sin aliento, que no puede respirar

deslumbrante que ofusca (disminuye) la vista con demasiada luz

pecoso que tiene pequeñas manchas en la piel

rasgado de ojos de forma de almendra

trigueño que tiene el color del trigo

amortiguar moderar, disminuir, hacer menos violento

aparentar parecerse a; tener aspecto de determinada cosa

la alforja

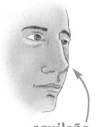

aguileño
(nariz aguileña)

Poder verbal

ACTIVIDAD 1 Sinónimos Da un sinónimo.

1. el patrón
2. brillante, ofuscante
3. moderar
4. la maleza
5. la avaricia
6. sin aliento
7. parecerse a

ACTIVIDAD 2 ¿Qué palabra necesito? Completa.

1. Él ____ siempre toma la iniciativa para hacer algo nuevo.
2. Él tiene una nariz ____, el color ____ y ojos ____.
3. El vaquero lleva lo que necesita en una ____.
4. Él corrió tan rápido que llegó ____.
5. Sí, tiene pecas. Ella es ____.

Preparándote para la lectura

Puerto Rico—la isla del encanto—es una isla bellísima. Es un paraíso para los aficionados al mar y al sol. El interior montañoso tiene algunos picos desde los cuales se puede disfrutar de vistas preciosas. Mirando hacia el sur se ve el Caribe y hacia el norte se ve el Atlántico.

La leyenda *El grano de oro* nos cuenta la historia de uno de los picos cerca del pueblo de Utuado. Una leyenda es una narración en que se mezclan casi siempre la verdad y la ficción. Como la leyenda suele pasar de generación en generación por transmisión oral, es fácil que entren elementos ficticios. Al leer *El grano de oro* puedes decidir si crees que contiene cositas ficticias.

Lectura

El grano de oro (1530)

◆·◆·◆

Monedas antiguas

1   I

Entre los pobladores de Borinquén° había dos
emprendedores jóvenes sevillanos dedicados a la busca de
oro, Antonio Orozco y Juan Guilarte. Tenían ambos
5   aproximadamente treinta años, eran amigos íntimos. Vivían
en Caparra y disponía cada uno de un pedazo de tierra, un
establo de caballos y una encomienda de cuarenta indios,
quienes les cernían a diario las arenas del río Mabiya en
busca de los deslumbrantes fragmentos del precioso metal.
10   Orozco, alto, delgado, blanco, pecoso y pelirrojo, era
atrevido y ambicioso, de mirada picaresca. Su nariz
aguileña y pequeños ojos grises revelaban la sangre
vándala° en sus antepasados. Guilarte, de pura raza
bereber,° era de buena musculatura, trigueño, con ojos
15   negros y rasgados, nariz recta y fina. Su cara ovalada y
alegre terminaba en una barba negra, brillante y rizada.
A Guilarte le atraía el canto de los pájaros y el rasguear
de una guitarra; le gustaba enamorar a las indias; había
aprendido con ellas a cantar y a bailar los areytos°.

Borinquén nombre indígena para
Puerto Rico

vándala (de los vándalos) pueblo
germánico que invadió a España
bereber tribu nómada del norte
de África

areytos canciones y bailes
rítmicos del indígena
puertorriqueño

Una vista de San Juan, Puerto Rico

20   Un viernes por la tarde Orozco fue a visitar a Guilarte y le dijo:

    —El lunes próximo, al romper el alba, vámonos tierra adentro a ver si encontramos un nuevo yacimiento de oro. Podemos ir hacia el suroeste, sin otra guía

25 que nuestra brújula y con provisiones en las alforjas para unos cuantos días. Nuestros capataces pueden manejar a los trabajadores aquí en el Mabiya.

    —¡Formidable!—exclamó Guilarte entusiasmado,

30 —acuérdate de traer tu manta, que en esos montes hace un frío atroz de madrugada.

    II

    Orozco y Guilarte exploraron la selva semitropical por ocho días. Llegaron, por fin, a una cumbre de donde

35 se veía a un lado el mar Caribe y al otro el Atlántico. Era un panorama espléndido: valles y montañas de diferentes tonalidades de verde se desplegaban a ambos lados de la escarpada cumbre hasta llegar a una orilla azul turquí.

40   —¡Qué bello!—exclamó Guilarte.

    —Aquí fabricaría yo una casa.

    —Valiente estupidez. Esto es bueno para mirarlo un rato pero después aburre.

    —Pues yo no me cansaría de verlo—reiteró Guilarte

45 mientras miraba el imponente e irregular descenso que llevaba hasta el mar.

    —¡Bah! Esto es el fin del mundo, Juan. Lo mejor que podemos hacer es reunir mucho oro y regresar a España. ¡De Sevilla al cielo!

50   —Pues chico, para eso tendremos que lavar muchas arenas, particularmente cuando tenemos que dar la quinta parte de nuestras ganancias al Rey. Ya verás. Nos tomará muchos años salir de nuestra pobreza.

    Los dos amigos se sentaron en una roca a explorar con

55 la vista el magnífico paisaje mientras se repartían pedazos de queso blanco y tortas de casabe. De pronto Guilarte se levantó.

—¡Mira, mira en ese llano! ¿Ves algo?

—¡Sí! Una piedra que brilla como un topacio° con los
60 rayos del sol.

—Fíjate bien, Antonio. Parece un trozo de oro
incrustado en una piedra de cuarzo°.

—Efectivamente. ¡Y es grandísimo!

—Pero, ¿quién diablos puede llegar hasta allá abajo
65 para recogerlo?

—Pues tú y yo, naturalmente.

—Eso es más fácil decirlo que hacerlo.

—Mira, Juan, acampemos aquí en tu sitio favorito y
tejeremos sogas de majagua°. Si las reforzamos con
70 bejucos° y enredaderas° podemos hacer una buena
escalera.

—¡Una idea fantástica, Antonio! Empecemos.

El espléndido sol de la tarde aclaraba la impenetrable
maraña de la selva. Un follaje raquítico° bordeaba el
75 precipicio y de una piedra pulida salía un chorrito de agua
fría y clara que, brincando de roca en roca, se perdía en el
fondo de aquel inmenso hoyo. Pero la contemplación de
aquella hermosa naturaleza virgen había cedido su lugar a
la codicia por el valioso grano de oro.

80 III

Orozco y Guilarte tejieron la escalera con rápidez. Después
de asegurarla de un cedro° gigante, descendieron por el
rocoso borde del precipicio hasta el fondo. La piedra
deseada era más grande de lo que aparentaba desde la
85 distancia.

—Antonio, observa la cantidad de oro en esa piedra.
Una vez separada del cuarzo este grano de oro valdrá de
cuatro a cinco mil castellanos°.

—Esto es suficiente para sacar adelante a uno de los
90 dos—comentó Orozco,—pero no a ambos. Busquemos otro.

Pero no encontraron más oro.

Desalentado dijo Orozco a Guilarte:

—Te propongo un negocio. Juguemos a los dados. El que
gane puede quedarse con el grano de oro. El que pierda se
95 quedará en Caparra a cargo de ambas encomiendas y
explotará la encomienda del otro en sociedad.

—Bueno—contestó Guilarte. —¿Tienes dados encima?

—Sí.

—¡Pues tíralos!

topacio piedra preciosa

cuarzo cristal de roca

majagua árbol de madera fuerte
bejucos diversas plantas
tropicales de tallos largos
y delgados
enredaderas plantas

raquítico débil, enfermizo

cedro árbol alto de tronco grueso

castellanos monedas antiguas

Jessica Byrne

100 La suerte favoreció a Orozco. Guilarte lo felicitó con
sinceridad, y añadió:

—Se han cumplido tus deseos. Regresemos.

—Sube tú primero, Juan, yo iré después con la piedra.

Guilarte trepó ágilmente por la escalera. Cuando llegó
105 arriba, se sentó al borde del precipicio a esperar a su
amigo. Orozco subía con dificultad mientras llevaba la
piedra aurífera° en la mano izquierda. Pero a mitad de la
escalera se rompió un escalón y estuvo a punto de caerse.

—¿Qué hago?—le preguntó Guilarte.

110 —Tira de la escalera. ¡Pronto, pronto!

Guilarte se apoyó contra el cedro y empezó a recoger la
escalera rápidamente. Pero de pronto rodó por tierra. Las
fibras verdes de majagua reforzadas con bejucos no habían
podido resistir el roce° áspero de la peña. El infeliz
115 Orozco cayó en la hondonada°. Aunque la maleza
amortiguó el golpe, quedó mal herido sobre la yerba.
Guilarte no podía descender a ayudarle. Desalentado,
caminó día y noche hasta llegar a su campamento al lado
del río Mabiya.

120 **IV**

Guilarte regresó a socorrer a su amigo acompañado por
indios y escaleras fuertes. Cuando llegó a su lado aún
estaba vivo. Lo encontró abrazado a la maldita piedra que
le costaba la vida. No había podido moverse de
125 donde cayera porque tenía rotas las piernas.

Cuando vio a Guilarte acercarse, Orozco pidió
agua y después de beber le dijo:

—¡Voy a morir! ¡Óyeme! Tú descubriste el grano
de oro y yo te lo quité con dados falsos. Dios, me
130 ha castigado. ¡Perdóname!

El cadáver de Orozco fue conducido al
campamento Mabiya donde se le dio cristiana
sepultura. Guilarte regaló a la Catedral de Sevilla
la enorme pepita de oro por la cual Orozco, en su
135 ansia de enriquecerse, había traicionado su
amistad. Los oficiales reales dieron cuenta al Rey
de lo sucedido, quien concedió a Guilarte todas
las tierras exploradas por él y su infiel y
desgraciado amigo.

140 En la Cordillera Central que divide la isla, al
sur de Utuado, se encuentra hoy una cumbre que
nos recuerda esta leyenda. Se llama la Sierra de Guilarte.

aurífera que lleva o contiene oro

roce pasar una cosa tocando
ligeramente la superficie de otra
hondonada parte del terreno que
está más honda que la que la
rodea

Paisaje montañoso y nebuloso

Comprensión

A **Poder verbal** Utiliza las siguientes palabras en oraciones.

1. trigueño
2. aguileño
3. pecoso
4. pelirrojo
5. rizado

B **Describiendo** Da una descripción de Orozco y de Guilarte.

C **Buscando detalles** Contesta las siguientes preguntas.

1. ¿Cómo se llamaban los dos jóvenes?
2. ¿Dónde estaban?
3. ¿A qué se dedicaban?
4. ¿De dónde eran?
5. ¿Adónde llegaron durante una de sus expediciones?
6. ¿Qué vieron desde allí?
7. ¿Qué vio Guilarte?
8. ¿Qué tejieron los amigos? ¿Por qué?
9. ¿Qué hallaron?
10. ¿Cómo decidieron a quien pertenecería el grano de oro?
11. ¿Quién ganó?
12. ¿Qué le pasó a Orozco?
13. ¿Adónde fue Guilarte?
14. ¿Cómo estaba Orozco cuando Guilarte volvió con los indios?
15. ¿Qué le dijo Orozco antes de morir?
16. ¿Qué hizo Guilarte con el oro?
17. ¿Qué le dieron los oficiales reales a Guilarte?
18. ¿Dónde está la Sierra de Guilarte?

D **Conectando con la historia** En esta leyenda hay referencias a dos hechos históricos importantes.

Orozco y Guilarte tenían una encomienda de cuarenta indios. El pueblo indígena en las Américas fue esclavizado a través del sistema conocido bajo el nombre de «encomienda» o «repartimiento». Los indígenas fueron asignados a campos de cultivo o a minas donde trabajaban como peones bajo la «protección» de los dueños españoles—los patrones.

Orozco le dice a Guilarte que tendrán que lavar muchas arenas para encontrar suficiente oro cuando tienen que dar la quinta parte de sus ganancias al Rey. Los colonos tenían que pagar tributos o impuestos al Rey de España. Tenían que compartir con el monarca todo lo que habían encontrado en las Américas. Esta fue una de las razones importantes por la guerra de la Independencia.

Composición

Un escrito persuasivo

Cuando tienes una opinión muy fuerte sobre algo es posible que la quieras compartir con otros. Es posible que les quisieras convencer o persuadir de aceptar tu opinión, tu comportamiento o tu acción. Un escrito persuasivo puede estimular a otros a aceptar tu opinión.

Cuando busques un tópico o tema, toma en cuenta experiencias de tu vida diaria que te hayan inspirado opiniones fuertes. Prepara una lista mental. Luego empieza a escribir por unos diez minutos para determinar en qué dirección tu escrito te esté llevando.

Antes de llegar a una decisión final sobre tu tópico, estudia cada posibilidad. Luego hazte unas preguntas.

Preguntas para escoger un tópico:

1. ¿Tengo una opinión fuerte sobre este tópico?

2. ¿Es este un tópico que tenga más de una cara? ¿Es posible que haya quienes no estén de acuerdo con mis opiniones?

3. ¿Puedo decir (escribir) bastante sobre este tópico para persuadir a otros que acepten mi posición?

Una vez que hayas establecido un tópico, piensa en tu punto de vista. Es posible que tengas que hacer algunas investigaciones. Al aprender más sobre el tópico, es posible que cambie la opinión que tenías. O quizás descubrirás que todo el mundo tendría la misma opinión que tú. El explorar un tópico te puede ayudar a decidir si es un tópico válido.

En tu propósito final debes puntualizar tu punto de vista o sea tu opinión. Prepara una lista de razones por las cuales tus lectores deben aceptar tu opinión. Luego recoge pruebas para apoyar tus razones.

Para persuadir es necesario capturar y mantener el interés y la atención de tus lectores. Piensa en una oración que le diga a tu público lo que debe hacer o pensar. Puede ser tu «oración tópico» típicamente la primera o la última oración del primer párrafo.

Un consejo importante

No intentes escribir una composición perfecta en un solo borrador. Al empezar a escribir, la tarea más importante es la de apuntar todas tus ideas. Puedes revisar y «pulir» tu escrito en un segundo o tercer borrador.

Ahora, ¡te toca a ti!

1 Puedes escoger un tópico tuyo o seleccionar uno de los siguientes.

1. Todo el mundo debe aprender más de un idioma.
2. La escuela debe tener un código de vestir.
3. Debemos abolir la pena de muerte.

2 Mira esta fotografía de un balneario popular en México. Imagina que pasaste una semana allí y lo encontraste fabuloso. Quieres volver lo más pronto posible. Prepara un escrito persuasivo en el cual compartes tu entusiasmo con tus amigos. Trata de convencerles o persuadirles que visiten este lugar en cuanto tengan la oportunidad.

Cancún, Quintana Roo, México

Conexión con el inglés

They stood in line and then bought their tickets.

Verbos regulares

1. A los verbos que terminan en consonante se les añade *-ed* para formar el pasado simple.

return	*returned*
look	*looked*

2. Si el verbo termina en *-e,* se añade *-d.*

live	*lived*
die	*died*

3. Con un verbo de una sola sílaba hay que doblar la consonante final.

skip	*skipped*
rub	*rubbed*

   Pero si termina en *-w, -x* o *-y,* no se dobla la consonante.

bow	*bowed*
fix	*fixed*
play	*played*

4. Si el verbo termina en una consonante + *-y,* la *-y* se cambia en *-i.*

worry	*worried*
carry	*carried*

5. Si el verbo termina en una vocal + *-y,* la *-y* no cambia en *-i.*

annoy	*annoyed*

   Excepciones:

lay	*laid*
pay	*paid*
say	*said*

Verbos irregulares

1. Muchos verbos tienen formas irregulares en el pasado sencillo y estas formas tan comunes pueden ser muy problemáticas hasta para los anglohablantes. Aquí tienes una lista de las más corrientes.

become	became	swear	swore
come	came	wake	woke
drink	drank	win	won
eat	ate	write	wrote
forgive	forgave		
give	gave	get	got
make	made	forget	forgot
ring	rang	take	took
begin	began	stand	stood
sing	sang	understand	understood
sink	sank		
sit	sat	bring	brought
swim	swam	buy	bought
		catch	caught
bleed	bled	fight	fought
creep	crept	seek	sought
fall	fell	teach	taught
feed	fed	think	thought
flee	fled		
grow	grew	cut	cut
hold	held	put	put
lead	led	quit	quit
lend	lent	shut	shut
leave	left		
sleep	slept	dig	dug
		draw	drew
bite	bit	fly	flew
do	did	throw	threw
fit	fit	see	saw
hide	hid	find	found
slide	slid		
		do	did
break	broke	have	had
choose	chose		
drive	drove		
freeze	froze		
lose	lost		
rise	rose		
arise	arose		
sell	sold		
speak	spoke		
steal	stole		

Capítulo

10

Arte y música

Objetivos

En este capítulo vas a:

✿ estudiar la obra artística de varios artistas hispanos o latinos famosos

✿ aprender la terminología necesaria para discutir las artes plásticas y la música

✿ estudiar el pretérito de los verbos irregulares; aprender los pronombres de complemento; aprender palabras con **ge, je, gi, ji**

✿ leer *La camisa de Margarita* de Ricardo Palma

✿ escribir y preparar un cartel

✿ comparar el pretérito en español con el pasado sencillo en inglés; comparar los pronombres de complemento en español y en inglés

Museo Guggenheim Bilbao, Bilbao, España

Vocabulario para la lectura

Estudia las definiciones de las siguientes palabras.

las llamas lo que surge de un fuego o incendio

el relincho voz del caballo

el siervo sirviente

la sublevación rebelión, motín

el testigo persona que presencia (ve) algo; persona que da testimonio

azotado golpeado con azotes, látigos

prodigioso excepcional

aliarse unirse con otro, juntarse

Poder verbal

ACTIVIDAD 1 Palabras emparentadas Da una palabra relacionada.

1. el aliado
2. relinchar
3. servir
4. el prodigio
5. atestiguar
6. sublevar

ACTIVIDAD 2 ¿Qué palabra necesito? Completa.

1. El pintor trabaja con ____ y ____.
2. Él fue ____ porque vio y oyó lo que había pasado.
3. Pintó miles de cuadros y retratos. Fue un pintor de ____ actividad.
4. Había un incendio horrible. Las ____ se veían por kilómetros.
5. El ____ del caballo me indica que está agitado.

Lectura

El arte en el mundo hispano

Diego Velázquez, Francisco Goya, Pablo Picasso, Diego Rivera, José Clemente Orozco y Frida Kahlo figuran entre los más destacados artistas del mundo hispano.

Catedral de Santa María de la Sede de Sevilla, Sevilla, Andalucía, España

Estrategias de lectura

Usando títulos y subtítulos Antes de empezar a leer mira el título y los subtítulos. Te ayudarán a saber de lo que trata la lectura. Si tienes una idea del contenido, será más fácil comprender lo que estás leyendo.

Diego Velázquez

Velázquez nació en Sevilla en 1599 de una familia noble. Su deseo de ser pintor cuando todavía era joven le presentó algunos problemas. En aquel entonces el hijo de un noble no trabajaba como pintor común. Su padre le dijo que sólo podía seguir su carrera artística si encontraba un puesto en la Corte Real. El joven Velázquez fue a Madrid con una carta de presentación a uno de los pajes del rey. En muy poco tiempo fue reconocido por su talento. Le pidieron pintar un retrato del rey, Felipe IV. Al terminar el retrato el rey estaba tan contento que afirmó que sólo Velázquez, y nadie más, podía pintar su retrato. Y así fue. Velázquez pintó unos treinta y cuatro retratros de Felipe IV.

Una estatua de Diego Velázquez

Velázquez fue un retratista atrevido y autor de obras de maravillosa ejecución, de colorido y relieve admirables. Uno de sus cuadros más famosos es *Las Meninas*.

En su cuadro, *Las Meninas*, vemos a la hija del rey rodeada de sus damas y su perro. Vemos al autor mismo de pie con su pincel delante del caballete. Más atrás hay algo maravilloso, el reflejo del rey y la reina en el espejo. Es impresionante la manera en que crea el artista la ilusión de espacio. Aún en el fondo divisamos una puerta abierta por la cual vemos ya una sala más.

Francisco Goya

Francisco Goya nació en Aragón en 1746. Fue un pintor de prodigiosa actividad. Pintó experimentando con muchos géneros y estilos, siempre con el mayor éxito.

Goya estaba en Madrid cuando las tropas napoleónicas invadieron España. Uno de sus cuadros más impresionantes, *El tres de mayo*, conmemora la sublevación de los madrileños contra los invasores franceses. Habían corrido por la ciudad rumores de que los franceses iban a llevar a los hijos del rey a Francia. Estalló una batalla y murieron algunos ciudadanos madrileños y soldados franceses. Esa misma noche y a la mañana siguiente los franceses ejecutaron a los patriotas españoles. No se sabe si Goya fue testigo de esta escena trágica.

Real Basílica de San Francisco, Plaza de San Francisco, Madrid, España

Baltasar Carlos, de Francisco Goya y Lucientes

Pablo Picasso

Pablo Picasso (1881–1973)

Pablo Picasso nació en Málaga en 1881. De niño dibujaba durante cada momento libre que tenía. Su madre siempre decía que sabía dibujar antes que hablar. Su padre era pintor y profesor de arte. Fue a enseñar en el prestigioso Instituto de Bellas Artes en Barcelona. Quería matricular a su hijo pero el examen era tan difícil que muchos candidatos tomaban todo un mes para completarlo. Picasso tomó el examen en un solo día y fue aceptado en cursos avanzados.

Cuando tenía dieciocho años Picasso fue a París, la capital artística del mundo de aquel entonces. Allí visitó todos los museos y vio todas las exposiciones de arte contemporáneo.

Durante su carrera cambió frecuentemente de estilo y materia. En colaboración con Georges Braque, el famoso artista francés, empezó a experimentar y creó un nuevo movimiento artístico—el cubismo.

Una obra famosa de Picasso es *Guernica*. El bombardeo de la antigua ciudad española, Guernica, por los pilotos alemanes durante la Guerra Civil española inspiró al pintor. La destrucción de esta pequeña ciudad sin ninguna importancia militar no sirvió ningún propósito y durante el bombardeo perdieron la vida muchos habitantes inocentes de la ciudad.

El cuadro tiene toda una serie de imágenes trágicas. A la derecha vemos a una mujer cayendo de un piso a otro en un edificio en llamas. Otra señora está corriendo en un pánico ciego. Un caballo con una espada en el lomo da relinchos de terror. Una señora con su hijo muerto en los brazos levanta la cabeza hacia el cielo para gritar en estado de horror a los aviones que los bombardean.

En el cuadro el artista no hace ningún esfuerzo para mostrar el evento o suceso mismo—el horrendo bombardeo. En cambio, combina una serie de imágenes vivas que representan el horror, la agonía y la insensatez de la guerra.

Diego Rivera

A principios del siglo XX reinaban en México la inquietud e inestabilidad políticas. Los peones pobres trataban de mejorar sus vidas. Querían liberarse de los terratenientes corruptos que los trataban como siervos. En 1911 cayó la dictadura de Porfirio Díaz y estalló la Revolución mexicana que duró hasta 1921.

Durante esta época triste y sangrienta surgió un grupo de muralistas que dentro de poco tiempo gozarían de popularidad mundial. Diego Rivera fue uno de los primeros y más famosos de estos muralistas mexicanos. De joven, Rivera fue a Italia donde estudió las obras de los pintores de frescos italianos, sobre todo los frescos de Giotto. Este estudio le inspiró a representar en arte la valiente lucha del peón mexicano.

La liberación del peón es un fresco sobre yeso. Representa a un grupo de tristes soldados revolucionarios cortando las cuerdas con que está atado un peón muerto. Tienen una manta para cubrirle el cuerpo desnudo y azotado. A lo lejos se ven las llamas de una hacienda que está ardiendo. Esto nos indica que el dueño responsable de la muerte del pobre peón ya ha recibido su castigo. Y ahora, silenciosa y tristemente, los soldados hacen lo que pueden por su compañero.

El general Roque González Garza entra en la Ciudad Juárez durante la Revolución mexicana, 1911

La Bolsa de Nueva York donde se encuentra el cuadro *La liberación del peón*, de Diego Rivera

José Clemente Orozco

José Clemente Orozco es otro de los famosos muralistas mexicanos. Tiene un estilo lleno de emoción, una emoción que expresa su ira y odio contra la tiranía. En su pintura *Zapatistas* vemos a los partidarios del líder revolucionario Emiliano Zapata que van a la guerra. El caminar pausado y laborioso de los peones, la inclinación de los cuerpos hacia adelante y la repetición de los sombreros y sarapes dan la impresión de una marcha determinada. Los peones de Orozco están unidos en una causa común: su determinación de derrocar a sus opresores ricos y poderosos. Mientras caminan, más y más gente se aliará con ellos. Nada los refrenará ni los disuadirá hasta que su enemigo haya sido destruido y la justicia y la libertad les hayan sido restauradas.

La Revolución mexicana, 1911

Frida Kahlo

La historia de la vida de la famosa artista mexicana Frida Kahlo empieza y termina en el mismo lugar—en una casa típica de Coyoacán, una colonia o zona residencial en las afueras de la Ciudad de México. Es aquí donde nació (1910) y murió (1954) Frida. Hoy su casa es el Museo Frida Kahlo.

Wilhelm, el padre de Frida, un fotógrafo muy exitoso, hizo construir la casa unos tres años antes del nacimiento de Frida. Los padres de Wilhelm eran judíos húngaros de Arad, hoy parte de Rumania. Su madre murió cuando Wilhelm tenía sólo diecinueve años. Después de la muerte de su madre, el padre de Wilhelm le dio el dinero para el pasaje a México. Al llegar a México cambió su nombre en Guillermo y nunca volvió a su tierra natal.

Guillermo se casó con Matilde Calderón, una señora muy bonita y astuta. Fue ella quien le persuadió a ser fotógrafo y quien les dio a sus hijas una educación mexicana tradicional de la época, enseñándoles tareas domésticas y buenos modales. Pero desde joven Frida era bastante audaz y traviesa.

El 17 de septiembre de 1925 Frida regresaba a Coyoacán con su novio de la Preparatoria, Alejandro. El camión (el bus) que tomaban chocó con un tranvía. Frida fue atrapada debajo del camión y sufrió numerosas heridas y lesiones graves. Al llegar al Hospital de la Cruz Roja los médicos dijeron que no podrían salvarla pero Frida luchó por la vida y durante el resto de su vida sufrió de dolores horribles y frecuentes estadías en el hospital.

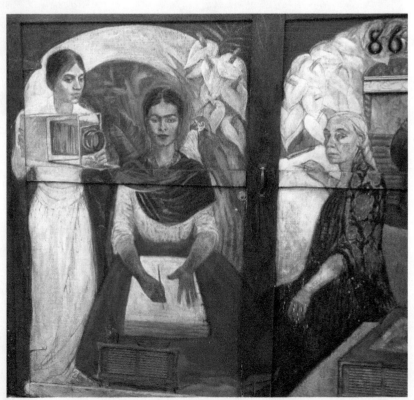

Las Milagrosas, San Francisco, California, Estados Unidos

John Flournoy/McGraw-Hill Education

Andrew Payti

Frida fue una persona que tenía mucha gracia e inteligencia. En la Preparatoria exhibía un talento artístico pero no indicó ninguna ambición para las artes. Pero esto cambió después del accidente. Esta muchacha joven tenía que guardar cama y aprender a quedarse tranquila. Con su cuerpo en yeso y tendida en la cama, Frida empezó a pintar. Hoy figura entre los artistas más famosos no sólo de Latinoamérica sino del mundo entero.

A pesar de sus sufrimientos Kahlo llevó una vida activa. Viajó por Europa y Estados Unidos. Se exhibieron sus pinturas en muchas galerías famosas. Conoció a muchos personajes famosos de su época incluyendo a los Trotsky, los Ford y los Rockefeller. Pero no le fascinó nada la vida de la alta sociedad. Le encantaba vestirse

El museo Frida Kahlo

en el traje típico de las indígenas de Tehuantepec con una blusa bordada y una falda larga de terciopelo violeta y roja. A veces llevaba huaraches o botas de cuero como las que llevaban las soldaderas que luchaban con los hombres en la Revolución mexicana. Frida se casó con el famoso muralista Diego Rivera. Por muchos años compartieron un estudio en una casa en la misma calle de Coyoacán donde había nacido Frida.

La obra artística de Kahlo es caudalosa. Muchos cuadros tratan de temas mexicanos, de la muerte y del sufrimiento—el compañero constante de Kahlo. Ella es famosa por su serie de autorretratos. Uno de ellos es el *Autorretrato con ella como tehuana* pintado en 1943. La mirada fija y penetrante, las cejas oscuras, los labios rojos y bigote borroso le dan a Frida una expresión casi perversa que hace evidente su sufrimiento continuo. En su frente se ve un retrato de Diego Rivera que reposa sobre sus cejas. La presencia de Rivera en los pensamientos de Frida es constante, casi obsesiva.

Kahlo murió el 13 de julio de 1954. Terminó su último cuadro un mes antes de su muerte—una naturaleza muerta de sandías.

Famosos murales de Juan O'Gorman en la Biblioteca Central de la Universidad de México

Comprensión

A **Buscando información** **Diego Velázquez** Contesta.

1. ¿Dónde nació?
2. ¿Cuándo?
3. ¿Qué le dijo su padre?
4. ¿A quién conoció Velázquez en Madrid?
5. ¿A quién le pintó un retrato?
6. ¿Cuál fue la reacción del rey?
7. ¿Cuál es el cuadro más famoso de Velázquez?
8. ¿Son las meninas las damas de la princesa?
9. ¿A quiénes vemos en el cuadro? ¿Dónde?
10. ¿Qué divisamos en el fondo?

Catedral de Santa María de la Sede de Sevilla, Sevilla, Andalucía, España

B **Buscando hechos** **Francisco Goya** Identifica.

1. los géneros en que pintó
2. quienes invadieron España
3. el nombre de uno de sus cuadros más famosos
4. lo que conmemora
5. lo que pasó esa misma noche

C **¿Verdad o falso?** **Picasso**

1. De joven, a Pablo Picasso no le gustaba dibujar.
2. Su padre enseñó en El Instituto de Bellas Artes de Málaga.
3. Picasso no fue aceptado en el prestigioso Instituto de Bellas Artes de Barcelona.
4. En colaboración con el francés Georges Braque, Picasso creó el movimiento artístico llamado «cubismo».

Glow Images

D Buscando información Contesta sobre Diego Rivera y
José Clemente Orozco.

1. ¿Cómo era la situación política en México a
   principios del siglo XX?
2. ¿Quiénes querían mejorar su vida?
3. ¿De quiénes querían liberarse?
4. ¿Cuándo estalló la Revolución mexicana?
5. ¿Qué surgió en México durante esa época?
6. ¿Quién fue uno de los primeros y más famosos de los
   tres muralistas?
7. ¿Adónde fue a estudiar Rivera?
8. ¿Qué expresa el muralista José Clemente Orozco en
   su obra?

E Describiendo La familia de Frida

1. Di todo lo que sabes de la familia de
   Frida Kahlo.
2. Describe la personalidad de Frida.
   ¿Qué tipo de persona era?

El Palacio Nacional en la Plaza de la
Constitución, Ciudad de México, México

F Explicando Frida Kahlo

1. Explica lo que le cambió la vida a
   Frida Kahlo.

G Identificando ¿Quién pintó qué?

1. *Zapatistas*
2. *Las Meninas*
3. *La Liberación del peón*
4. *Autorretrato con ella como tehuana*
5. *Guernica*
6. *El tres de mayo*

H Resumiendo Una sinopsis es un resumen de
los puntos salientes de algo que hemos
leído. Escoge a uno de los artistas y escribe
una sinopsis de su vida y obra.

Pixtal/age fotostock

Describiendo De todos los cuadros descritos en este capítulo, escoge tu favorito. Descríbelo y explica por qué tú lo consideras tu favorito o predilecto.

Analizando Mira una vez más el mural *Las Milagrosas*, en la página 272. ¿Por qué se titularía así? ¿Quiénes crees que sean las mujeres que aparecen en el cuadro?

Un sello con el Guernica de Pablo Picasso

K Aprendiendo más Un mural es un gran diseño o cuadro por lo general ejecutado o creado en la pared de un edificio público. A los muralistas mexicanos les gustaba pintar murales porque las pinturas en las paredes de edificios públicos llevaban su obra y su mensaje al pueblo. Y sus murales cuentan de revoluciones, tradiciones indígenas, fiestas y leyendas.

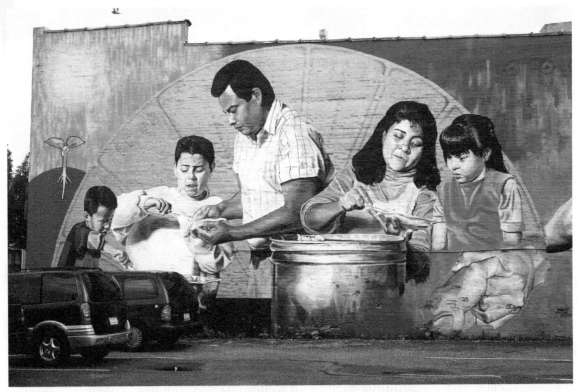

Un mural en tributo a la gastronomía latinoamericana

Conexión con el arte y la música

Las artes plásticas

Cuando pensamos en un evento cultural interesante, podemos pensar en una visita a un museo. Pero para apreciar nuestra visita, o sea, apreciar lo que estamos viendo en el museo, debemos tener a lo menos un conocimiento elemental del arte: la pintura, la escultura y el dibujo.

La pintura

Antes de empezar a pintar, el pintor o artista tiene que tener su lienzo preparado. Tiene que tensarlo y colocarlo en el caballete. El pintor escoge su medio. Los tres medios que más emplean los pintores son la acuarela, el óleo y el acrílico. La espátula se usa para mezclar los colores y a veces para aplicarlos. Por lo general el artista aplica los colores con un pincel, sobre todo cuando pinta con acuarelas.

Elementos de composición

Al mirar una pintura hay que fijarse en la composición. Hay algunos elementos de composición muy importantes. La perspectiva es la representación de los objetos en tres dimensiones—alto, ancho, profundidad—sobre una superficie plana. El pintor tiene que tomar en cuenta su alejamiento y su posición en el espacio con respecto a la del observador.

El tema o motivo de una obra de arte es el principal elemento de interés para el observador. Es la materia que pinta el artista. El estilo es el modo o expresión del artista. El estilo puede clasificarse en términos básicos en figurativo y abstracto. A las obras de arte que enfatizan la importancia de los elementos y principios de diseños a favor de asunto o de la materia se les llama obras de arte abstracto. Una obra figurativa presenta una rendición más literal, o sea, más realista de la materia.

¿Te gusta dibujar?

La escultura

El escultor crea objetos o formas bellas en tres dimensiones o en relieve. Puede servirse de varios materiales como barro, yeso, madera, piedra o bronce. Unas esculturas, las de piedra o madera, por ejemplo, pueden ser talladas con cincel. Otras, de materiales blandos como el yeso, barro o bronce fundido pueden ser modeladas sobre un esqueleto o armadura. La cocción y la fundición en un horno son dos procesos que prolongan la duración de (hacen más duraderas) las esculturas.

Una joven escultora

Esta estela en las ruinas Mayas de Copán, Honduras, tiene un relieve.

El relieve

Un relieve es cualquier cosa que resalta sobre una superficie plana. Una escultura de relieve es una escultura hecha sobre una superficie de modo que las figuras están talladas solamente en parte. Bajorrelieve significa que la figura tallada es menos de la mitad del bulto natural de la figura. Y altorrelieve significa que es más de la mitad del bulto de la figura. Se ven muchas esculturas de relieve en las catedrales, iglesias y otros edificios monumentales.

Conocimientos para superar

La música

Dice un viejo refrán español, «Sobre gustos no hay nada escrito», y no hay duda que en cuanto a la música los gustos son muy personales. Lo que a ti te gusta, no le gusta nada a tu mejor amigo. Puede ser que al que le encanta el jazz, no aguanta una sinfonía y viceversa.

La orquesta sinfónica

Los instrumentos musicales se clasifican en cuatro grupos: cuerda, viento, metal y percusión. Una orquesta sinfónica es una orquesta grande. La orquesta se divide en secciones de cuerda, viento y metal. Hay varios músicos para cada instrumento; es decir, que hay varios violinistas, flautistas y trompetistas. Una sinfonía es una composición musical ambiciosa ejecutada por una orquesta y dura de veinte a cuarenta y cinco minutos. Una sinfonía se efectúa en un gran salón sinfónico.

Una orquesta

La orquesta de cámara

En una orquesta o conjunto de música de cámara hay sólo un instrumentalista en cada sección. La música de cámara se toca en un ambiente íntimo tal como la sala (cámara) de una casa privada o palacio, no en un gran salón público. Hay sólo un grupo pequeño de músicos en el conjunto u orquesta. No es necesario que cada sección de una gran orquesta esté representada.

Orquesta y banda

¿Cuál es la diferencia entre una orquesta y una banda o charanga? En una banda no hay instrumentos de cuerda. Y en las bandas militares tampoco hay oboes, fagotes ni flautas.

Ópera

La ópera es un drama cantado con acompañamiento de orquesta. La ópera es una fusión de música, actuación, poesía, danza, escenario y trajes. Los personajes y el argumento de la ópera se revelan en las canciones. Algunas óperas tienen temas serios y otras tienen temas divertidos. Pueden tener de uno a cinco actos divididos en escenas. Lo que les atrae a los aficionados a la ópera son las arias. Un aria es una canción interpretada por una sola voz con el acompañamiento de la orquesta. Tiene una melodía emotiva y al final del aria hay aplausos y gritos de «bravo».

Una escena de la Ópera del Mendigo, William Hogarth

Música popular

Además de la música clásica hay muchas variaciones de música popular. Hay jazz y blues de influencia afroamericana; rock que se caracteriza por su ritmo y el sonido amplificado de la guitarra; reggae, oriundo de Jamaica y plena; salsa y merengue de origen antillano; tango, un ritmo rioplatense. Hay una relación íntima entre el canto (la canción) y la danza (el baile) en la música latinoamericana.

La pareja baila el tango.

Comprensión

A **Poder verbal** Definiciones
Busca la palabra cuya definición sigue.

1. el que pinta
2. dos instrumentos que utiliza el artista para aplicar colores al lienzo
3. el soporte en que descansa el lienzo mientras pinta el artista
4. pintura que se hace con colores diluidos en agua
5. pintura a base de aceites
6. la representación de objetos en tres dimensiones sobre una superficie plana
7. una parte de una figura menos de la mitad del bulto natural
8. el modo de expresión de un artista
9. la materia que pinta el artista
10. forma u objeto bello tallado o modelado en tres dimensiones
11. algunos instrumentos que usa un escultor
12. algunos instrumentos que usa un pintor

Gallup, Nuevo México, Estados Unidos

(t)Dave Moyer, (bl, br)C Squared Studios/Getty Images

B Haciendo comparaciones En un párrafo corto, explica en tus propias palabras la diferencia entre un cuadro figurativo y un cuadro abstracto.

C Explicando Contesta y explica.

1. ¿Cuál es la diferencia entre una orquesta sinfónica y una orquesta de cámara?
2. ¿Cuál es la diferencia entre una orquesta y una banda o charanga?
3. ¿Qué es una ópera?
4. ¿Cuáles son algunas variaciones de la música popular?

D Categorizando Trabajando en grupos de cuatro, clasifiquen cada uno de los instrumentos musicales: cuerda, viento, metal o percusión.

el arpa	el contrabajo
el violín	el trombón
la tuba	los platillos
la trompeta	el clarinete
el timbal	el flautín
la corneta inglesa	el violonchelo
la viola	la trompa
la flauta	el fagot

el violín

la guitarra

E **Aprendiendo más** Las formas musicales en Latinoamérica son en casi su totalidad el resultado de una mezcla de influencias europeas, africanas e indígenas. A ver si conoces estas canciones y bailes.

1. el bolero de Cuba
2. la bomba de Puerto Rico
3. la conga del Caribe
4. el corrido de México
5. la cumbia de Panamá y Colombia
6. la danza de la culebra de México
7. el jarabe tapatío de México
8. el merengue de la República Dominicana y otras regiones del Caribe
9. el joropo de Venezuela
10. la plena de Puerto Rico
11. la salsa de muchas partes
12. el tango de Argentina

F **Aprendiendo más** ¿Cuántos de los siguientes instrumentos musicales reconoces? Muchos son de origen africano o indígena.

MÉXICO
el arpa
el acordeón
el bajo sexto

CENTROAMÉRICA
la marimba

AMÉRICA DEL SUR
el chekeré
la zampoña doble

CARIBE
la bandurria
la bomba
el bongó
la clave
el güiro
la maraca

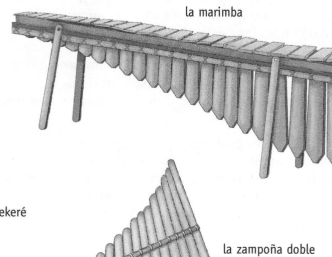

la marimba

el chekeré

la zampoña doble

Gramática y lenguaje

Visit **ConnectEd** for additional practice

Verbos irregulares en el pretérito

1. Como sabes, para hablar de lo ocurrido en el pasado, nos valemos de un tiempo pasado del verbo. Uno de los tiempos del pasado es el pretérito cuyas formas regulares ya has estudiado. Varios verbos son irregulares en el pretérito, por ejemplo **hacer, querer** y **venir.** Los tres verbos presentan una **-i** en la raíz. Además, las terminaciones para las primera y tercera personas del singular—**yo, él, ella, usted**—se diferencian de los verbos regulares.

HACER	hice	hiciste	hizo	hicimos	hicisteis	hicieron
QUERER	quise	quisiste	quiso	quisimos	quisisteis	quisieron
VENIR	vine	viniste	vino	vinimos	vinisteis	vinieron

2. Los verbos **estar, andar** y **tener** son irregulares en el pretérito. En cada uno hay una **-u** en la raíz.

ESTAR	estuve	estuviste	estuvo	estuvimos	estuvisteis	estuvieron
ANDAR	anduve	anduviste	anduvo	anduvimos	anduvisteis	anduvieron
TENER	tuve	tuviste	tuvo	tuvimos	tuvisteis	tuvieron

¡Ojo! Cuidado con el verbo **andar.** No es regular en el pretérito. Se dice **anduve,** no **andé.**

Ortografía Cuando escribes, tienes que acordarte que las formas del pretérito de **estar, andar** y **tener** se escriben con **v** y no con **b: estuve, estuviste, estuvo, estuvimos, estuvieron.**

3. Los verbos **poder, poner** y **saber** también son irregulares en el pretérito. Igual que hay una **u** en las raíces de **estar, andar** y **tener,** hay una **u** en las raíces de **poder, poner** y **saber.**

PODER	pude	pudiste	pudo	pudimos	pudisteis	pudieron
PONER	puse	pusiste	puso	pusimos	pusisteis	pusieron
SABER	supe	supiste	supo	supimos	supisteis	supieron

¡Ojo! El mayor problema que nos presenta el pretérito es la pronunciación de la segunda persona singular (**tú**). En el habla popular se le agrega una **s** indebidamente al final. Sin duda es por analogía con los otros tiempos del verbo que llevan una **s** al final de la segunda persona singular. No es **estuvistes,** sino **estuviste; supiste** y no **supistes.** Repite los siguientes ejemplos.

Tú estuviste.	**Tú pudiste.**
Tú anduviste.	**Tú pusiste.**
Tú tuviste.	**Tú supiste.**

Ella no tuvo que traducir lo qu dijo y no lo tradujo.

4. Los verbos **traer**, **decir**, **producir**, **conducir** y **traducir** tienen una **–j** en todas las formas del pretérito. Fíjate bien en la terminación de la tercera persona plural.

trajeron   **dijeron**   **tradujeron**   **condujeron**

TRAER	traje	trajiste	trajo	trajimos	trajisteis	trajeron
DECIR	dije	dijiste	dijo	dijimos	dijisteis	dijeron
TRADUCIR	traduje	tradujiste	tradujo	tradujimos	tradujisteis	tradujeron

5. Los verbos cuyos infinitivos terminan en **–uir** (**contribuir**, **distribuir**) tienen una **–y–** en la tercera persona singular y en la tercera persona plural. Los verbos **leer** y **oír** se conjugan igual que estos verbos en el pretérito.

CONTRIBUIR	contribuí	contribuiste	contribuyó	contribuimos	contribuisteis	contribuyeron
LEER	leí	leiste	leyó	leimos	leisteis	leyeron
OÍR	oí	oiste	oyó	oimos	oisteis	oyeron

Elecciones Completa con la forma apropiada del verbo indicado.

1. Oye, tú. ¿Por qué no ____ votar en las elecciones? (querer)
2. No es que yo no ____. Yo ____ todo lo posible para votar. (querer, hacer)
3. Nosotros ____ para buscarte y llevarte allí. (venir)
4. El problema es que ____ unos parientes de afuera. (venir)
5. Ellos ____ el viaje sólo para vernos. (hacer)
6. Y yo no ____ abandonarlos. (querer)

Ayer Cambia **hoy** en **ayer** y los verbos del presente en el pretérito.

Hoy tenemos la oportunidad de ver un sitio arqueológico. Andamos por los antiguos caminos. Yo estoy muy contento de ver estas maravillosas ruinas. Todos estamos interesados en las palabras del guía. Él no tiene tiempo para enseñarnos todo porque tenemos que volver a la ciudad temprano.

¿B o v? Escribe las siguientes oraciones en el pretérito.

1. Ellos están en el campo.
2. Allí andan por las veredas.
3. Nosotros no tenemos tiempo para ir con ellos.
4. Estamos muy ocupados.
5. Y tú, ¿tienes tiempo para acompañarlos?

4 **El Club de español** Completa con el pretérito.

El otro día yo __1__ (saber) que había elecciones en el club de español. Yo __2__ (poner) mi nombre en la lista. Pero también __3__ (poner) sus nombres otros cuatro compañeros. Cuando los compañeros __4__ (saber) que yo era candidato __5__ (querer) retirar sus nombres, pero no lo __6__ (hacer). Mi amiga, Lucinda, __7__ (poder) haber ganado, pero ella nunca __8__ (poner) su nombre en la lista. ¡Lástima!

 5 **En el pasado** Escribe las siguientes oraciones en el pretérito.
1. Él me lo dice pero ella no dice nada.
2. ¿Qué dices?
3. Uds. lo traducen al español, ¿no?
4. ¿Quién lo trae?
5. Nosotros leemos la novela pero él no la lee.
6. Ellos no oyen nada pero yo oigo todo.

 6 **Entretenimientos** Pregúntale a un(a) compañero(a) lo que él o ella y los amigos hicieron para entretenerse la semana pasada. Él o ella te hará las mismas preguntas.

Pronombres de complemento

1. El objeto directo de una oración es el que (la que) recibe directamente la acción del verbo. El objeto indirecto es el que (la que) recibe la acción del verbo indirectamente.

   Ella tiró   la pelota   a Juan.

   Un pronombre es una palabra que reemplaza a un nombre o sustantivo. Los pronombres **me**, **te**, **nos (os)**, pueden servir de complemento directo o indirecto.

Directo		**Indirecto**
Él <u>me</u> vió	y	<u>me</u> devolvió el dinero que <u>me</u> debe.
Yo <u>te</u> miré	pero	no <u>te</u> dije nada.
Ella <u>nos</u> saludó	pero	no <u>nos</u> habló.

   Nota que el pronombre se coloca delante de la forma conjugada del verbo.

2. Los pronombres **<u>le</u>** y **<u>les</u>** son objetos indirectos. **<u>Le</u>** y **<u>les</u>** pueden reemplazar a un sustantivo masculino o femenino.

Hablé <u>a Juan</u>.	**<u>Le</u> hablé.**
Hablé <u>a Susana y Amalia</u>.	**<u>Les</u> hablé.**

Como los pronombres **le** y **les** pueden referirse a varias personas se aclaran frecuentemente con una expresión preposicional.

	al paciente.			a los pacientes.
	a la paciente.			a las pacientes.
Él **le** dio una receta	a él.		Él **les** habló	a ellos.
	a ella.			a ellas.
	a usted.			a ustedes.

3. Los pronombres **lo**, **la**, **los** y **las** son pronombres de objeto directo. Pueden reemplazar a una persona o cosa y tienen que concordar en número y género con el nombre que reemplazan.

Personas	Cosas
Vi **a Juan.** **Lo** vi.	Leí **el libro.** **Lo** leí.
Vi **a mis amigos.** **Los** vi.	Leí **los libros.** **Los** leí.
Vi **a María.** **La** vi.	Leí **la novela.** **La** leí.
Vi **a sus amigas.** **Las** vi.	Leí **las novelas.** **Las** leí.

4. Cuando aparecen un pronombre de complemento directo e indirecto en la misma oración el pronombre de complemento directo precede al objeto indirecto.

No me lo dio. Me lo vendió.
No te la envié. Te la entregué.

5. **Le** y **les** cambian a **se** cuando van acompañados de **lo**, **la**, **los** o **las** en la misma oración.

¿A quién le vendió el carro?		¿A quiénes les vendió las entradas?	
	a usted.		a ustedes.
Se lo vendió	a él.	**Se** las vendió	a ellos.
	a ella.		a ellas.

6. Estudia la siguiente tabla de pronombres que has aprendido.

SUJETO	COMPLEMENTO DIRECTO	COMPLEMENTO INDIRECTO	SUJETO	COMPLEMENTO DIRECTO	COMPLEMENTO INDIRECTO
yo	me	me	nosotros(as)	nos	nos
tú	te	te	vosotros(as)	os	os
él	lo	le	ellos	los	les
ella	la	le	ellas	las	les
usted	lo, la	le	ustedes	los, las	les

Gramática y lenguaje

7 ¿Cuál es? Indica el complemento directo y el indirecto.

1. El médico dio la receta al paciente.
2. José miró el cuadro.
3. Orozco pintó el mural.
4. González lanzó la pelota a otro jugador de su equipo.
5. La profesora explicó la regla a los alumnos.
6. ¿Quién tiene el periódico?
7. Los alumnos oyeron el concierto.
8. Yo di el programa a mi padre.

8 Pronombres Escribe cada oración empleando un pronombre de complemento directo.

1. Alejandro practicó *el surfing*.
2. Yo compré *los anteojos de sol*.
3. Yo tengo *los guantes*.
4. Él tiene *las botas*.
5. Ella compró *los boletos* en la ventanilla.
6. Ellos tomaron *el telesilla*.
7. No conozco *al primo de María*.
8. Pero tú conoces *a su primo*, ¿no?

9 Conversaciones Completa con el pronombre apropiado.

1. —¿____ diste la dirección a José?
   —Sí, ____ di la dirección ayer.
2. —¿Ellos vieron a los artistas?
   —Sí, ellos ____ vieron pero no ____ hablaron.
3. —Los padres de Anita, ¿____ dijeron lo que pasó?
4. —¿Qué ____ explicó a los turistos el guía?
   ____ explicó las técnicas del artista.

10 Escribe las oraciones usando pronombres de complemento directo e indirecto.

1. María me mostró los cuadros.
2. Ella nos devolvió el dinero.
3. Yo le mandé el regalo a mi amigo.
4. Teresa le mostró las fotografías a su amiga.
5. Ella me mostró las fotografías también.
6. ¿Te explicó la regla la profesora?

Pronunciación y ortografía

ge, je, gi, ji

1. Las consonantes **g** y **j** en combinación con **e, i (ge, je, gi, ji)** se pronuncian igual. Como no existe ninguna diferencia en la pronunciación, hay que tener mucho cuidado en escribirlas bien.

je	ji	ja	jo	ju
Jesús	ají	Javier	dijo	junto
objeto	jíbaro	ojalá	joven	julio
jefe	jitomate	jamás	escojo	junio
		jaguar		

ge	gi
general	biología
gente	alergia
generoso	higiénico
escoge	original
gemelos	gigante
genio	prodigio
	escogió

2. ¡Ojo! A veces se confunde la **j** y la **f**, pronunciando la **f** como una **j**.

CORRECTO	INCORRECTO
fuerte	juerte
afuera	ajuera
fui, fue	jui, jue

3. La palabra **garaje** es de origen francés. En algunas partes se escribe **garage.** Las dos formas son correctas.

ACTIVIDAD 11 **Dictado** Lee las siguientes oraciones y prepárate para un dictado.

1. El hijo del viejo general José trabaja en junio en Gijón.

2. Él me dijo que el jíbaro y el jitomate son palabras regionales.

3. Jamás escoge el joven Javier el objeto original.

4. ¡Ojalá el general generoso se escape!

5. Javier y Jesús no son gemelos pero trabajaron juntos en una joyería general.

6. Yo lo escojo, tú lo escoges y él lo escogió también.

7. El jíbaro generoso fue a la relojería.

8. El jefe de los egipcios no es gigante.

9. El cirujano practica cirugía haciendo intervenciones quirúrgicas

La camisa de Margarita de Ricardo Palma

◆ **Vocabulario para la lectura**

Estudia las siguientes definiciones.

la dote bienes que la mujer aporta al matrimonio

el litigio disputa, contienda

el mancebo hombre soltero

el postulante persona que pide algo

altivo muy orgulloso, soberbio

gallardo que presenta bello aspecto; valiente y noble

mimado muy consentido; casi malcriado

testarudo que se mantiene en una opinión fija a pesar de razones convincentes en contra

acontecer suceder

cautivar captar, atraer, seducir

entablar dar comienzo a alguna cosa, tal como una conversación

obsequiar agasajar, darle a alguien un regalo, galantear a una mujer

ponderar pensar, meditar

Es un señor gallardo.

Poder⚡verbal

ACTIVIDAD 1 **¿Cuál es la palabra?** Escoge la palabra apropiada para completar la oración.

1. Él no va a decidir enseguida. Lo va a ____.
   a. ponderar   **b.** entablar   **c.** acontecer

2. Él tiene una confianza exagerada en sí mismo. Es muy ____.
   a. gallardo   **b.** testarudo   **c.** altivo

3. Nunca están de acuerdo. Habrá otro ____.
   a. postulante   **b.** testarudo   **c.** litigio

4. Sus padres le dan todo lo que quiere. Es muy ____.
   a. altivo   **b.** gallardo   **c.** mimado

5. Es evidente que ese mancebo quiere ____ a la hija de tu amigo.
   a. cautivar   **b.** ponderar   **c.** entablar

6. Me parece que van a ____ una conversación.
   a. obsequiar   **b.** acontecer   **c.** entablar

ACTIVIDAD 2 **¿Cómo lo digo?** Expresa de otra manera.

1. Es un tipo *soberbio*.
2. Lo va a *meditar*.
3. Ella lo quiere *atraer*.
4. Él es *valiente y noble*.
5. Habrá *otro litigio*.
6. No sé lo que va a *suceder*.
7. Siempre le quiere *ofrecer un regalo*.
8. Es un *soltero* gallardo.

Introducción

Ricardo Palma es uno de los más renombrados hombres de letras peruanas de todos los tiempos. Él dio origen a un nuevo género literario llamado «la tradición». La tradición es una anécdota histórica que Palma mismo define en una carta a su amigo, Rafael Obligado.

«La tradición es romance y no es romance, es historia y no es historia. La forma ha de ser ligera y recogida; la narración, rápida y humorística.»

Ricardo Palma fue bibliotecario en la Biblioteca Nacional de Perú. Fue allí donde recibió su inspiración para la producción de sus *Tradiciones peruanas*. Hizo sus investigaciones estudiando las antiguas crónicas, documentos legales, mapas y dibujos que encontró en la Biblioteca Nacional.

Publicó sus *Tradiciones peruanas* en diez tomos de 1872 a 1910. Las tradiciones presentan toda la historia de Perú desde la época precolombina hasta la guerra con Chile (1879–1883). Las más interesantes de las tradiciones son las que tratan de la época virreinal, o sea, la época colonial. La tradición que sigue, *La camisa de Margarita* es de esta época.

La Estación de Desamparados Lima, Perú

Estrategia de lectura
Identificando protagonistas
Al leer un cuento o una novela, identifica enseguida a los protagonistas. Al seguir leyendo presta mucha atención a lo que dicen y lo que hacen. Esto te permitirá seguir el hilo del argumento y te ayudará a comprender lo que está aconteciendo.

La camisa de Margarita

❖ · ❖ · ❖

1   Probable es que algunos de mis lectores hayan oído decir a las viejas de Lima, cuando quieren ponderar lo subido de precio de un artículo: —¡Qué! ¡Si esto es más caro que la camisa de Margarita Pareja!

5   Margarita Pareja era (por los años 1765) la hija más mimada de don Raimundo Pareja, caballero de Santiago y colector° general del Callao.

colector de impuestos

La muchacha era una de esas limeñitas que, por su belleza, cautivan al mismo diablo y lo hacen persignarse.

10   Lucía un par de ojos negros que eran como dos torpedos cargados de dinamita y que hacían explosión sobre el alma de los galanes limeños.

Llegó por entonces de España un arrogante mancebo llamado don Luis de Alcázar. Tenía éste en Lima un tío

15   aragonés, solterón y acaudalado°.

acaudalado muy rico

Mientras le llegaba la ocasión de heredar al tío, vivía nuestro don Luis tan pelado° como una rata. Hasta sus trapicheos° eran al fiado y para pagar cuando mejorase de fortuna.

pelado pobre, sin un centavo
trapicheos maneras de conseguir algo

20   En la procesión de Santa Rosa conoció Alcázar a la linda Margarita. La muchacha le llenó el ojo y le flechó el corazón. Le echó flores, y aunque ella no le contestó ni sí ni no, dio a entender con sonrisitas y demás armas del arsenal femenino que el galán era plato muy de su gusto.

25   La verdad es que se enamoraron hasta la raíz del pelo.

Como los amantes olvidan que existe la aritmética, creyó don Luis que para el logro de sus amores no sería obstáculo su presente pobreza, y fue al padre de Margarita, y le pidió la mano de su hija.

30   A don Raimundo no le cayó en gracia la petición, y cortésmente despidió al postulante, diciéndole que Margarita era aún muy niña para tomar marido; pues a pesar de

35   sus diez y ocho mayos, todavía jugaba a las muñecas.

Palacio Arzobispal y Catedral de Lima, Lima, Perú

Pero no era ésta la verdadera madre del ternero°. La
negativa nacía de que don Raimundo no quería ser suegro
de un pobretón; y así hubo de decirlo en confianza a sus
40 amigos, uno de los que fue con el chisme a don Honorato,
el tío aragonés. Éste, que era más altivo que el Cid, trinó°
de rabia y dijo:

—¡Cómo se entiende! ¡Desairar° a mi sobrino! Muchos
se darían con un canto en el pecho por emparentar con el
45 muchacho, que no hay más gallardo en todo Lima. Pero,
¿adónde ha de ir conmigo ese colectorcillo?

Margarita gimoteó°, y se arrancó el pelo, y si no
amenazó con envenenarse, fue porque todavía no se
habían inventado los fósforos.

50 Margarita perdía colores y carnes, se desmejoraba° a
vista de ojos, hablaba de meterse a monja.

—¡O de Luis o de Dios!—gritaba cada vez que los
nervios se le sublevaban, lo que acontecía una hora sí y la
otra también.

55 Alarmóse el caballero santiagués, llamó a físicos y
curanderos, y todos declararon que la única medicina
salvadora no se vendía en la botica. O casarla con el
varón de su gusto, o encerrarla en el cajón. Tal fue el
ultimátum del médico.

60 Don Raimundo (¡al fin, padre!) se encaminó como loco
a casa de don Honorato y le dijo:

—Vengo a que consienta usted en que mañana mismo
se case su sobrino con Margarita; porque, si no, la
muchacha se nos va por la posta.

65 —No puede ser—contestó con desabrimiento° el tío—.
Mi sobrino es un pobretón, y lo que usted debe buscar
para su hija es un hombre que varee la plata.

El diálogo fue borrascoso°. Mientras más rogaba don
Raimundo, más se subía el aragonés a la parra, y ya aquél
70 iba a retirarse desahuciado° cuando don Luis, terciando en
la cuestión, dijo:

—Pero, tío, no es de cristianos que matemos a quien no
tiene la culpa.

—¿Tú te das por satisfecho?

75 —De todo corazón, tío y señor.

—Pues bien, muchacho, consiento en darte gusto: pero
con una condición, y es ésta: don Raimundo me ha de
jurar que no regalará un ochavo° a su hija ni le dejará un
real en la herencia.

verdadera madre del ternero
verdadera razón por su decisión

trinó tembló

desairar despreciar, desestimar

gimoteó gimió, se quejó

se desmejoraba iba perdiendo la
salud

desabrimiento disgusto

borrascoso agitado, violento

desahuciado sin esperanza de
conseguir lo que quiere

ochavo moneda antigua

Rodrigo Torres/Glow Images

80   Aquí se entabló un nuevo y más agitado litigio.

   —Pero, hombre—arguyó don Raimundo—, mi hija tiene veinte mil duros de dote.

   —Renunciamos a la dote. La niña vendrá a casa de su marido nada más que con lo encapillado°.

85   —Concédame usted entonces obsequiarle los muebles y el ajuar de novia.

   —Ni un alfiler. Si no acomoda, dejarlo y que se muera la chica.

   —Sea usted razonable, don Honorato. Mi hija necesita
90 llevar siquiera una camisa para reemplazar la puesta.

   —Bien. Para que no me acuse de obstinado, consiento en que le regale la camisa de novia, y sanseacabó.

   Al día siguiente don Raimundo y don Honorato se dirigieron muy de mañana a San Francisco, arrodillándose
95 para oír misa, y, según lo pactado, en el momento en que el sacerdote elevaba la Hostia divina, dijo el padre de Margarita: —Juro no dar a mi hija más que la camisa de novia. Así Dios me condene si perjurare.

   Y don Raimundo Pareja cumplió su juramento; porque ni
100 en la vida ni en muerte dio después a su hija cosa que valiera un maravedí°.

   Los encajes de Flandes que adornaban la camisa de la novia costaron dos mil setecientos duros°. El cordoncillo que ajustaba al cuello era una cadeneta de brillantes,
105 valorizada en treinta mil morlacos°.

   Los recién casados hicieron creer al tío aragonés que la camisa a lo más valdría una onza, porque don Honorato era tan testarudo que, a saber lo cierto, habría forzado al sobrino a divorciarse.
110   Convengamos en que fue muy merecida la fama que alcanzó la camisa nupcial de Margarita Pareja.

encapillado lo que tiene puesto

maravedí antigua moneda española de poco valor

duros antiguas monedas

morlacos monedas

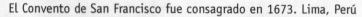

El Convento de San Francisco fue consagrado en 1673. Lima, Perú

Comprensión

A **Los personajes** Identifica y describe a los siguientes personajes.
1. Margarita Pareja
2. Luis de Alcázar
3. don Raimundo
4. don Honorato

B **Buscando detalles** Contesta.
1. ¿De dónde era Margarita Pareja?
2. ¿De dónde era Luis?
3. ¿Cómo vivía Luis al llegar a Lima?
4. ¿Cómo se puso Margarita cuando se dio cuenta de que su padre no la permitiría casarse con Luis?
5. ¿Cómo se dio cuenta el tío de Luis de que el padre de Margarita no consentiría en el matrimonio?
6. ¿Cuál fue el ultimátum médico que recibió el padre de Margarita?
7. ¿Cuál fue la condición que el tío de Luis le dio al padre de Margarita?
8. ¿Qué quería darle a Margarita su padre?
9. ¿En qué consintió el tío de Luis?
10. ¿Qué juró el padre de Margarita? ¿Dónde lo juró?
11. ¿Cómo es que la camisa valía tanto?
12. ¿Por qué no quería que el tío de Luis supiera su valor?

Catedral de Lima, Plaza Mayor, Lima Perú

C **Analizando** Explica por qué el padre no le dio permiso a Luis para casarse con su hija. ¿Qué excusa le dio? ¿Cuál fue su verdadera razón?

D **Describiendo** Escribe una descripción completa de Margarita.

E **Analizando** Explica cuando y por qué dicen en Lima, «¡Qué! Si esto es más caro que la camisa de Margarita Pareja».

Composición

Preparando un cartel

A veces tienes que preparar un cartel para anunciar y promover algo. Puede ser, por ejemplo, un evento que va a tener lugar en la escuela.

El evento para el cual vas a preparar el cartel puede ser una obra teatral que va a presentar el club dramático. En este caso es posible que quieras usar sencillamente el título de la obra para encabezar el cartel.

Bodas de sangre *de Federico García Lorca*

O puede ser un evento deportivo de los cuales hay muchos durante el año. En vez de indicar sólo los equipos que van a jugar es posible introducir un elemento de interés o suspenso en tu encabezamiento.

El evento deportivo más sensacional del año

Luego tienes que seguir, dando todos los detalles que tienen que saber tus lectores que querrán asistir al evento o a la función. Tienen que saber detalles como:

- quienes van a tomar parte
- donde
- la hora
- la fecha
- precio de los boletos
- cualquier cosa que les capte la atención

Ahora, ¡te toca a ti!

ACTIVIDAD 1 Vas a preparar un cartel para anunciar un evento que tendrá lugar en tu escuela. Puede ser una exposición de arte, un concierto, una obra teatral, un juego deportivo, una feria, un baile. En tu cartel da todos los detalles necesarios y a lo menos una o dos frases para animar y captar al prospectivo público.

Un póster de la película *La frontera*

El pasado

El pretérito en español

Ya sabes que el pretérito es el tiempo que se usa en español para expresar una acción o un suceso que tuvo lugar en un tiempo determinado del pasado. Es la terminación del verbo, el morfema gramatical, la que informa sobre la persona y el tiempo.

Hablé en el pasado.   **Comiste en el pasado.**

El pasado simple o sencillo en inglés

El tiempo que se usa para expresar una acción terminada en un tiempo determinado en el pasado en inglés es el pasado sencillo. Se llama el pasado sencillo o simple porque una sola palabra indica el tiempo pasado—pero no indica el sujeto, como en español. El sujeto tiene que acompañar el verbo cuya forma no cambia.

Hay verbos regulares e irregulares en el tiempo pasado sencillo.

Oraciones en el tiempo pasado

1. Nota que las formas de los verbos en el tiempo pasado sencillo, sean regulares o irregulares, no cambian según el sujeto.

I	*lived*	*ran*	*fell*	*understood*	*wrote*
you	*lived*	*ran*	*fell*	*understood*	*wrote*
he, she, it	*lived*	*ran*	*fell*	*understood*	*wrote*
we	*lived*	*ran*	*fell*	*understood*	*wrote*
you	*lived*	*ran*	*fell*	*understood*	*wrote*
they	*lived*	*ran*	*fell*	*understood*	*wrote*

2. Pero los verbos en inglés funcionan de una manera muy diferente que los verbos en español. Estudia los siguientes ejemplos del pasado.

ORACIÓN AFIRMATIVA	ORACIÓN NEGATIVA
He went yesterday.	*He didn't go yesterday.*
They sold the house.	*They didn't sell the house.*

PREGUNTAS CON SÍ O NO	RESPUESTAS CORTAS	RESPUESTAS LARGAS
Did he go yesterday?	*Yes, he did.*	*Yes, he went yesterday.*
	No, he didn't.	*No, he didn't go yesterday.*
Did they sell the house?	*Yes, they did.*	*Yes, they sold it.*
	No, they didn't.	*No, they didn't sell it.*

PREGUNTAS CON PALABRAS INTERROGATIVAS

Where did she go?	*She went to the office.*
When did he go?	*He went yesterday.*
What did they sell?	*They sold the house.*

pero

Who went yesterday?	*He went yesterday.*	or	*He did.*
Who sold the house?	*They sold the house.*	or	*They did.*

El complemento directo

1. Cada oración tiene un sujeto y un predicado.

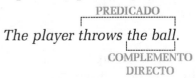

SUJETO   PREDICADO

The player throws the ball.

2. Con frecuencia la oración provee más información. El predicado puede precisar quien o que recibió la acción del verbo.

PREDICADO

The player throws the ball.

COMPLEMENTO
DIRECTO

En esta oración *the ball* recibe la acción del verbo *throws*. *The ball* es el complemento directo de la oración. El complemento directo responde a la pregunta *who* o *what* después de un verbo de acción.

Los pronombres de complemento directo

1. Un pronombre es una palabra que reemplaza a un sustantivo. Los pronombres de complemento directo en español **lo, la** pueden reemplazar a una persona o una cosa. Nota la diferencia en inglés.

ESPAÑOL	INGLÉS
José vio el juego de tenis.	*Jose saw the tennis match.*
José lo vio.	*Jose saw it.*
José vio la tabla hawaiana.	*Jose saw the surfboard.*
José la vio.	*Jose saw it.*
José vio a su padre.	*Jose saw his father.*
José lo vio.	*Jose saw him.*
José vio a su madre.	*Jose saw his mother.*
José la vio.	*Jose saw her.*

En el singular el pronombre de complemento directo *it* se refiere a una cosa. *Him* se refiere a una persona masculina y *her* se refiere a una persona femenina. Nota que el pronombre de complemento directo en español se coloca delante del verbo y en inglés se coloca después del verbo.

2. Los pronombres de complemento en forma plural en inglés no cambian. Nota los siguientes ejemplos.

ESPAÑOL	INGLÉS
José vio los partidos.	*Jose saw the games.*
José los vio.	*Jose saw them.*
José vio las tablas.	*Jose saw the boards.*
José las vio.	*Jose saw them.*
José vio a sus amigos.	*Jose saw his friends.*
José los vio.	*Jose saw them.*
José vio a sus amigas.	*Jose saw his friends.*
José las vio.	*Jose saw them.*

Them se refiere a personas y cosas. Compara los pronombres de sujeto con los pronombres de complemento directo.

SUJETO	COMPLEMENTO DIRECTO
he	*him*
she	*her*
it	*it*
they	*them*

Conexión con el inglés

El complemento indirecto

1. El complemento indirecto en inglés, igual que en español, es el receptor indirecto de la acción del verbo.

COMPLEMENTO DIRECTO	COMPLEMENTO INDIRECTO
John threw	the ball	to another player.

He threw the ball to the coach.
He threw the ball to him.

2. En español, se usan los siguientes pronombres **me, te, nos, os** como complemento directo e indirecto. Pero en la tercera persona, los pronombres cambian. **Lo, la, los, las** son pronombres de complemento directo y **le, les** son pronombres de complemento indirecto.

3. En inglés, los pronombres no cambian. Los pronombres de complemento directo e indirecto son los mismos.

DIRECTO	INDIRECTO
I saw *him*.	I gave *him* a present.
I invited *her*.	I told *her* the truth.
I called *them*.	I left *them* a message.

4. Compara los pronombres en español y en inglés.

	ESPAÑOL			INGLÉS	
SUJETO	COMPLEMENTO DIRECTO	COMPLEMENTO INDIRECTO	SUJETO	COMPLEMENTO DIRECTO	COMPLEMENTO INDIRECTO
yo	me	me	*I*	*me*	*me*
tú	te	te	*you*	*you*	*you*
él	lo	le	*he*	*him*	*him*
ella	la	le	*she*	*her*	*her*
nosotros	nos	nos	*we*	*us*	*us*
vosotros	os	os	*you*	*you*	*you*
ellos	los	les	*they*	*them*	*them*
ellas	las	les	*they*	*them*	*them*

Nota *It* sirve de sujeto o complemento directo. No sirve de complemento indirecto.

5. En inglés el complemento indirecto se emplea frecuentemente con la preposición *to*.

I gave John the tickets.	I gave the tickets to John.
I gave him the tickets.	I gave the tickets to him.
He threw me the ball.	He threw the ball to me.
They told us the story.	They told the story to us.

6. No te confundas **la a personal** en español con la preposición *to* en inglés. En español es necesario poner una **a** ante cualquier complemento directo que sea persona. Esta **a** no indica complemento indirecto.

A PERSONAL CON OBJETO DIRECTO—PERSONA

Yo vi a Juan.

Invitamos a María.

Saludaron a sus amigos.

COMPLEMENTO INDIRECTO

Le hablé a Juan.

Le dijimos todo a María.

Les dieron los boletos a sus amigos.

The waiter gave her good service.

Capítulo

11

Tierra y aventura

Objetivos

En este capítulo vas a:

⚙ estudiar la geografía de Latinoamérica

⚙ estudiar el marketing y su importancia en el mundo comercial

⚙ aprender más signos de puntuación; aprender diptongos y monosílabos; aprender metáforas y símiles; aprender a deletrear palabras con **r, rr**

⚙ leer la obra de teatro *Las aceitunas* de Lope de Rueda

⚙ escribir un anuncio publicitario

⚙ aprender unos signos de puntuación y símiles y metáforas

Lissa Harrison

Lago Atitlán, Departamento de Sololá, Guatemala

Vocabulario para la lectura

Estudia las siguientes definiciones.

el tributario afluente, corriente de agua que desemboca en otra

caudaloso de mucha agua

fluvial relativo a los ríos

atravesar cruzar, pasar de una parte a la opuesta

desembocar salir el agua de un río en el mar

Río Tajo, Toledo, España

Poder verbal

ACTIVIDAD 1 **Definiciones** ¿Cuál es la palabra?

1. río que nace de otro
2. vaciar el agua de un río en el mar
3. de gran volumen de agua
4. ir de un lado al otro
5. del río

ACTIVIDAD 2 **Palabras emparentadas** ¿Cuál es una palabra relacionada?

1. la travesía
2. la desembocadura

ACTIVIDAD 3 **¿Qué palabra necesito?** Completa.

1. El Amazonas es un río muy ____.
2. Iquitos es un puerto ____ en Perú. Está en el río Amazonas.
3. El Misisipí ____ en el golfo de México.
4. El río Paraguay es un ____ del río de la Plata.
5. Se puede ____ el Atlántico en barco en cinco o seis días.

Lectura

La geografía de Latinoamérica

Latinoamérica es una gran extensión de tierra desde el río Bravo en la frontera de Estados Unidos con México hasta la Tierra del Fuego y el cabo de Hornos en la zona antártica.

Los geógrafos dividen Latinoamérica en tres zonas o áreas—México, la América Central y el Caribe y la América del Sur. La América Central comprende los siete países centroamericanos. La América Central une la América del Norte con la América del Sur. Las islas del Caribe, llamadas las «Indias Occidentales», se dividen en tres grupos— las Antillas Mayores, que incluyen Puerto Rico, la Española (la República Dominicana y Haití) y Cuba; las Antillas Menores y las Bahamas. El territorio más vasto de Latinoamérica es la América del Sur.

La geografía física de Latinoamérica es muy variada. Pero cuando pensamos en Latinoamérica, lo que nos viene a la mente son las montañas y las selvas tropicales.

Estrategia de lectura
Tomando apuntes Cuando lees algo que tiene muchos hechos, es aconsejable tomar apuntes (notas) mientras lees. Al terminar la lectura, tendrás una lista de los hechos importantes que quieres recordar.

Montañas

Grandes cordilleras cubren una gran parte de Latinoamérica. Los Andes se extienden por más de 4.000 millas (7.500 kilómetros) a lo largo de toda la costa occidental de la América del Sur, de Chile a Colombia. Algunos picos de los Andes alcanzan una altura de más de 20.000 pies (6.096 metros) sobre el nivel del mar. Las únicas montañas más altas que los Andes son los Himalayas en Asia.

Muchas islas del Caribe son picos descubiertos de una cadena de montañas submarinas. El interior de la América Central es una zona montañosa y en México hay dos cadenas importantes, la Sierra Madre Occidental y la Sierra Madre Oriental que se encuentran cerca de la Ciudad de México para formar la Sierra Madre del Sur.

La garganta del Diablo en las cataratas del Iguazú, Parque Nacional Iguazú, Brasil y Argentina

Historia y cultura

Selvas tropicales

En toda la región amazónica hay grandes selvas tropicales de vegetación densa. El Amazonas es el río más caudaloso del mundo. Nace en Perú, atraviesa Brasil y desemboca en el Atlántico. Recorre unas 3.000 millas y es alimentado por gran número de grandes tributarios. El Amazonas es navegable desde el Atlántico hasta el puerto fluvial de Iquitos en Perú.

La Amazonia, Ecuador

Mesetas del altiplano

Latinoamérica es también una región de grandes mesetas. En México entre la Sierra Madre Occidental y la Sierra Madre Oriental está la famosa Meseta Central. Los toltecas precolombinos llamaban a esta región de cielo azul Anáhuac.

En Bolivia, Perú y Ecuador entre los picos andinos se encuentra el inmenso altiplano. Aquí vive la mayoría de los habitantes de Bolivia y una gran parte de las poblaciones peruana y ecuatoriana. En el altiplano crece una gran variedad de papas y pacen las llamas y alpacas, los famosos animales andinos.

Llanos

En Latinoamérica hay también grandes extensiones de tierras llanas y bajas. En Venezuela y Colombia tenemos los llanos. Al sur de los llanos está la cuenca del Amazonas. Y al sur de la cuenca del Amazonas está el gran Chaco, una región llana con grandes bosques. Los bosques del Chaco contrastan fuertemente con las pampas de la Argentina y Uruguay, donde no se ve un solo árbol. Las pampas son llanuras cubiertas de hierba que son excelentes para la cría de ganado y el cultivo de cereales.

Gran Chaco, Paraguay

La Patagonia

La Patagonia está en la parte meridional o sur de la Argentina y Chile. Es una región pobre azotada constantemente por fuertes vientos. Pero la Patagonia está cubierta de una vegetación muy apropiada para la cría de ovejas.

Las vicuñas viven en el altiplano andino.

Desiertos

La región más árida de Latinamérica se encuentra entre los Andes y el Pacífico desde Santiago de Chile hasta Ecuador, al sur de Guayaquil. En el norte de Chile está el desierto de Atacama. El Atacama es más seco que el Sahara en África.

E. Hanazaki Photography/Getty Images

Comprensión

A **Buscando información** Contesta.

1. ¿En cuántas zonas o regiones dividen los geógrafos Latinoamérica?
2. ¿Por dónde se extienden los Andes?
3. ¿Qué son muchas de las islas del Caribe?
4. ¿Cuáles son dos cadenas de montañas importantes en México?
5. ¿Dónde hay grandes selvas tropicales?
6. ¿Dónde nace el Amazonas y en qué desemboca?
7. ¿Dónde está la Meseta Central?
8. ¿Cuáles son dos animales andinos?
9. ¿Cuál es una gran diferencia entre el Chaco paraguayo y las pampas argentinas?
10. ¿Cómo es la Patagonia?

B **Un mapa** Dibuja tres mapas—uno de México, otro de la América Central y las islas del Caribe y otro de la América del Sur.

C **Ríos** En tu mapa de la América del Sur, indica los siguientes ríos.

1. el Amazonas
2. el Orinoco
3. el Paraná
4. el Uruguay
5. el río de la Plata
6. el Magdalena

D **Regiones** En tu mapa de la América del Sur, indica las siguientes regiones.

1. el desierto Atacama
2. los Andes
3. la cuenca del Amazonas
4. los llanos
5. el gran Chaco
6. las pampas
7. la Patagonia
8. la meseta del Mato Grosso en Brasil

E **Centroamérica** En tu mapa de Centroamérica, indica cada país y su capital.

Mato Grosso, Brasil

F **México** En tu mapa de México indica las ciudades principales, el río Bravo, la Sierra Madre Occidental, la Sierra Madre Oriental, la Sierra Madre del Sur, la península Yucatán.

G **Superlativos** Lee los siguientes datos e indica cada lugar en tu mapa de la América del Sur.

1. El río más caudaloso del mundo es el Amazonas.
2. El pico más alto de los Andes es el Aconcagua en Chile.
3. El lago navegable más alto del mundo es el lago Titicaca entre Bolivia y Perú.
4. El aeropuerto más alto del mundo es el aeropuerto que sirve la capital de Bolivia, La Paz.
5. Uno de los desiertos más secos del mundo es el Atacama.

Las oficinas salitreras (de nitro) de Humberstone y Santa Laura, Chile

H **Expresión escrita** En uno o dos párrafos describe los elementos geográficos donde tú vives.

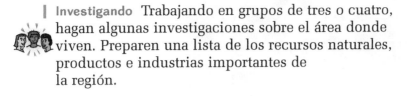 I **Investigando** Trabajando en grupos de tres o cuatro, hagan algunas investigaciones sobre el área donde viven. Preparen una lista de los recursos naturales, productos e industrias importantes de la región.

J **Analizando** Después de lo que acabas de leer, explica por qué es el avión un medio de transporte muy importante en la mayoría de los países de Latinoamérica. Hay muchas razones. Da cuántas respuestas posible.

Conocimientos para superar

Conexión con el comercio

El marketing o el mercadeo

El marketing es un término moderno y muy usado en el mundo comercial. Y se está poniendo más y más importante. Se calcula que el marketing representa el 50 por ciento del precio que paga el consumidor por un producto. En algunas ramas, como la ropa por ejemplo, es aún mayor.

Pero, ¿qué es el marketing? Es un poco difícil de definir. El marketing comprende la planificación, la promoción, la publicidad o propaganda y mucho más. En términos generales, marketing es la creación de un mercado para un producto antes de comenzar a producirlo.

Un centro comercial en Chicago, Illinois, Estados Unidos

El mercado

Un mercado se forma de personas o empresas que tienen el poder y la autoridad para comprar. Hay varios tipos de mercado. El mercado de consumo es uno de los más interesantes. En el mercado de consumo se encuentran los individuos o grupos que compran los productos para su uso personal o para el uso de su familia. El director de marketing tiene que analizar el mercado y escoger la parte de ese mercado que mejor le conviene a su producto. Y hay muchos variables. Por ejemplo, un diseñador de ropa va a lanzar una nueva línea de pantalones. El departamento o servicio de marketing tiene que tomar en consideración muchos factores y tiene que dividir el mercado en segmentos. ¿Para quiénes van a ser los pantalones? ¿Para señores, para señoras o serán pantalones unisex? El tamaño del mercado cambia, ¿no? ¿Dónde va a vender los pantalones la empresa?

Una tienda de ropa, Calle Serrano, Madrid

¿En Estados Unidos o en el extranjero? ¿En zonas rurales, urbanas o ambas? ¿Serán diseñados para los gustos de jóvenes o gente mayor? ¿Cuál será el precio? ¿Serán pantalones costosos o económicos? Hay que saber y determinar a qué mercado o segmento del mercado el producto será destinado. El segmento del mercado que quiere captar la empresa tendrá un impacto en el diseño y la confección de los pantalones. Los pantalones económicos o baratos no se diseñan ni se confeccionan de la misma manera que los pantalones costosos.

¿Qué va a comprar?

En la tienda de discos

La promoción

Después de decidir que van a producir el producto y como lo van a producir, hay que preparar un plan o programa de promoción para lanzar el nuevo producto. Hay que buscar la mejor manera de informar al público sobre la existencia y las características del producto. Ahora se considera el papel que desempeñará la publicidad. Hay toda una serie de decisiones importantes que tiene que tomar la empresa respecto a la publicidad. ¿Cuál será el presupuesto? ¿Habrá mucho o poco dinero para la promoción de la nueva línea de pantalones? Si hay mucho dinero se puede lanzar una campaña publicitaria en la televisión. Si hay poco dinero no se puede porque la televisión cuesta mucho. Si la empresa decide que va a usar la televisión, hay que decidir qué programas de televisión. Si los pantalones son para jóvenes, no es aconsejable escoger un programa cuyo público tiende a ser mayor. Si en el presupuesto no hay suficiente dinero para la televisión, se puede poner anuncios en una revista. Pero una vez más hay que escoger la revista apropiada. Y la revista apropiada es la que se dirige al mismo mercado a que están destinados los pantalones, o lo que sea el producto.

En el mundo comercial hay que tomar en cuenta que la capacidad productiva es enorme, pero hay que vender el producto y... ¡realizar una ganancia! Es esta una de las mayores responsabilidades del departamento o servicio de marketing.

Conocimientos para superar

Comprensión

A **Poder verbal** Definiciones
Escribe una definición de los
siguientes términos.

1. el consumidor
2. el mercado
3. la publicidad
4. la empresa
5. el mercado de consumo
6. el precio
7. la ganancia
8. el marketing, el mercadeo

¿Cuánto vale el televisor?

B Buscando información Contesta.

1. ¿Qué comprende el marketing?
2. En términos muy generales, ¿qué es el marketing?
3. ¿Cómo es que el mercado de consumo se divide en muchos grupos diferentes?
4. ¿Qué propósito tiene la promoción?
5. ¿Qué es el presupuesto?

C Expresión escrita En unos párrafos explica como tú
perteneces al mercado de consumo.

D Llegando a conclusiones—mi carrera ¿Crees que te
gustaría una carrera en marketing? ¿Por qué has dicho
que sí o que no?

El señor está creando un programa de promoción.

(t)Digital Vision/SuperStock, (b)Purestock/SuperStock

Conocimientos para superar

©Lars A. Niki

E Planificando Trabajando en grupos de tres van a imaginar que están trabajando con una empresa que confecciona vestidos. Van a planear un nuevo producto. Uds. tienen que trabajar juntos y decidir:

- el producto
- su mercado, es decir, para quién es el producto. Hay que tomar en cuenta el sexo, la edad, la geografía, los recursos económicos, etc.
- el precio del producto al consumidor
- estrategias para lanzar y promover el producto
- el presupuesto publicitario
- medios en los cuales anunciarán el producto
- lugares de venta, boutiques o tiendas por departamentos, etc.
- por qué creen que realizarán una ganancia

Maniquíes en un escaparate de una tienda de ropa

Gramática y lenguaje

Visit **ConnectEd** for additional practice

Más signos de puntuación

1. Dos puntos :

- El signo de dos puntos precede a una enumeración, o sea, una lista dentro de una oración.

  Hay cuatro océanos: el océano Atlántico, el océano Pacífico, el océano Índico y el océano Ártico.

- Precede a palabras textuales que se citan. Lo que se cita se encierra entre comillas.

  Dice el poeta: «Volved adonde estuvisteis».

2. Punto y coma ;

- Se escribe punto y coma delante de palabras como **pero** y **sin embargo.**

  Él dice que así es; sin embargo, todos no estamos convencidos.

3. Puntos suspensivos ...

- Se usan los puntos suspensivos cuando la oración queda sin terminar.

  Quería hacerlo, pero...

4. Comillas « »

- Se usan las comillas cuando se citan palabras de otra persona.

  Juan dijo: «No sé lo que voy a hacer».

- Generalmente, las comillas también se usan para indicar el título de un poema o un cuento.

  «Canción del pirata» es un poema romántico muy conocido.

5. Raya —

- Se usa la raya, que es un guión un poco más largo, en el diálogo para indicar un cambio de interlocutor.

  —Papá, pero te lo prometo.
  —No quiero oír más.

Una estatua de Don Quijote, Cuenca, Castilla -La Mancha, España

Puntuación Pon los signos de puntuación apropiados.

1. En su familia hay cuatro personas su madre su padre su hermana y él
2. Su hermana que tiene dieciséis años estudia en la misma escuela que él
3. La profesora dijo quiero que todos lleguen a tiempo
4. Yo hubiera llegado a tiempo si no fuera por
5. *El ingenioso hidalgo don Quijote de la Mancha* es una novela famosa
6. Él dijo que sí
7. Pero a mi parecer no puede ser
8. No puede ser porque

Conversación Pon los signos de puntuación apropiados.

Ramón dijo No quiero ir y luego empezó el diálogo
No quieres ir
No no quiero ir
Qué pena
Por qué dices qué pena
Lo digo porque
Pero dime
Porque yo sé que todos tus amigos te van a echar de menos
  Zoraida Jorge Pablo Casandra todos

Diptongos

1. El diptongo es el conjunto de dos vocales en una sola sílaba. Las vocales se dividen en vocales fuertes y vocales débiles. Las vocales fuertes son **a-e-o** y las vocales débiles son **i-u.**

FUERTES   **DÉBILES**

Los diptongos se forman combinando una vocal fuerte con una vocal débil o dos débiles.

FUERTE Y DÉBIL				DOS DÉBILES	
ai	aire	ie	pie	iu	triunfo
ia	patria	eu	deuda	ui	ruido
au	auto	ue	puerto		
ua	guapo	io	ficticio		
ei	peine	uo	antiguo		

2. Dos vocales fuertes **(a, e, o)** no se combinan para formar un diptongo. Dos vocales fuertes juntas componen dos sílabas.

cae	**ca e**
lee	**le e**
veo	**ve o**

3. Si el acento cae en la vocal débil de un diptongo, se rompe el diptongo y es necesario escribir la tilde sobre la vocal que recibe el acento.

María	**Ma rí a**
resfrío	**res frí o**
actúa	**ac tú a**
continúo	**con ti nú o**

Diptongos Identifica el diptongo en cada una de las siguientes palabras.

1. deficiencia
2. cuerpo
3. funcionamiento
4. tiene
5. fuente

6. sitio
7. distancia
8. cuando
9. viento
10. llueve

Avión en el aeropuerto, Arequipa, Perú

Una fuente, Málaga, España

Tilde Escribe las siguientes palabras poniendo la tilde cuando sea necesario.

1. avion
2. frio
3. judio
4. vivia
5. vivio

6. despues
7. tambien
8. pais
9. poesia
10. policia

Monosílabos

Los monosílabos son palabras que tienen una sola sílaba. Por regla general no se acentúan.

fui   fue   di   dio   ti   vi

Pero cuando la misma palabra tiene dos valores, o sea, dos significados, se coloca el acento o se escribe la tilde en uno de ellos.

Él habla.   **el libro**   **Quiero que me lo dé.**
Sí, voy.   **Si voy, te lo diré.**   **Es de ella.**

Metáforas y símiles

1. El símil consiste en hacer una comparación. Se hace la comparación para dar mayor claridad y fuerza a las ideas. En el símil se emplean siempre dos términos que se comparan: **A es como B.**

   Tus cabellos son como el oro.
   Ella tiene dientes como perlas.

2. La metáfora es el cambio que se produce cuando llamamos a una cosa con el nombre de otra que es semejante. La metáfora, contraria al símil, no utiliza ningún término de comparación. En el símil decimos que A es como B. La metáfora dice: **A es (igual a) B.**

   Tus cabellos son oro.
   Tus dientes son perlas.

   SÍMIL   METÁFORA
   Tus cabellos son como el oro.   **Tus cabellos son oro.**

3. Hay dos tipos de metáfora: la metáfora perfecta y la metáfora imperfecta. En la metáfora perfecta aparece sólo un término.

   Oro caía sobre sus espaldas.

¿Qué es el oro?—cabellos brillantes de color amarillo.

En la metáfora imperfecta aparecen dos términos. Por eso se confunde con el símil.

El oro de sus cabellos caía sobre sus espaldas.

 ACTIVIDAD 5 ¿Símil o metáfora? Indica si los siguientes son símiles o metáforas.

1. su mirada de miel
2. olas de plata y azul
3. la niebla es como el incienso
4. la mañana es como una nube azul
5. tus ojos son dos luceros

 ACTIVIDAD 6 Escribe dos símiles y dos metáforas.

Pronunciación y ortografía

r, rr

La letra **r** en español tiene un sonido vibrante cuando se coloca en una posición medial. En posición inicial, o sea cuando empieza la frase, tiene un sonido multivibrante igual que la doble **rr** dentro de una palabra.

ra	re	ri	ro	ru
rápido	reclama	Ricardo	Roberto	Rubén
rana	recoger	río	rojo	rubio
raqueta	corre	perrito	perro	ruta
párrafo		aterrizar	catarro	rumbo
demora	arena	Clarita	miro	Perú
verano	sereno	claridad	número	Aruba
para		aridez	maletero	

¡Ojo! En ciertas regiones, sobre todo en el Caribe, son muchos los que convierten la **r** en **l** y la **rr** en **j**. Debes practicar estos sonidos para pronunciarlos bien y de consecuencia escribirlos bien.

CORRECTO	INCORRECTO
puerto	puelto
carro	cajo
Barranquitas	Bajanquita
corre	coje

 ACTIVIDAD 7 Dictado Lee las siguientes oraciones y preparáte para un dictado.

1. Rápido corre el ferrocarril.
2. Hay muchos carros en las carreteras de cuatro carriles.
3. Aterrizamos después de una demora de dos horas.
4. Mira el número de maleteros en la estación de ferrocarril.

 ACTIVIDAD 8 ¡Ojo! Pronuncia con cuidado cada palabra. Luego utiliza cada palabra en una oración original.

1. pero   perro
2. cero   cerro
3. caro   carro
4. coro   corro

Las aceitunas de Lope de Rueda

◆ **Vocabulario**

el alba primera luz del día antes de salir el sol; muy temprano por la mañana

el rocío vapor que se condensa con el frío de la noche

el olivar terreno plantado de olivos

mojado(a) el contrario de "seco"

tender la ropa colgar o extender la ropa mojada para que se seque

maltratar tratar mal

averiguar inquirir, buscar la verdad

Práctica

Completa con una palabra apropiada.

1. Él está muy ____ porque salió cuando llovía a cántaros (mucho).

2. Es absolutamente cruel ____ a la gente. Debemos tratar a todos con dignidad.

3. Las plantas están cubiertas de ____ en las primeras horas del día.

4. El ____ es lo contrario del crepúsculo.

5. El ____ tiene olivos y los olivos producen aceitunas.

6. No tengo que ____ nada porque tengo todos los detalles y sé que son correctos.

7. Hay una cuerda en el jardín donde puedes ____.

Un olivar en Andalucía

Introducción

Lope de Rueda se considera un precursor de unos de los más famosos dramaturgos españoles del Siglo de Oro (siglos XVI y XVII). Nació en Sevilla en 1505 y murió en Córdoba en 1565. Se dedicó al teatro y fundó una compañía que actuó con gran éxito en varias ciudades españolas. Lope de Rueda fue autor, actor y director de compañía. Escribió piezas en prosa y poesía. El autor es famoso por sus pasos. Uno de los más conocidos es *Las aceitunas*. Los pasos son piezas breves de tono jocoso que fueron representadas en los entreactos de obras dramáticas más extensas. Unos años después a fines del siglo XVI y comienzos del XVII estos pasos son denominados "entremeses". En sus piezas y pasos Lope de Rueda usa un diálogo vivo. Sus personajes hablan como cualquier persona de la calle. Su obra refleja a la perfección el habla y las costumbres, o sea, la vida cotidiana del pueblo de la época.

Al leer *Las aceitunas* piensa en la manera de hablar de los cuatro personajes. Piensa también en su comportamiento y sus expectativas de las relaciones personales.

Las aceitunas

◆ · ◆ · ◆

Como este paso fue escrito durante la primera mitad del siglo XVI, el español no es precisamente el español que hoy se habla. En cuanto al vocabulario, una "mochacha" es una muchacha. Hoy en día se usaría el verbo "preparado" en vez de "aderezado". Un "celemín" es una medida antigua que equivalía a 537 metros cuadrados. Reales y dineros son monedas antiguas. En cuanto a la gramática, "quisiéredes", "mandáredes" y "fuere" son formas antiguas del futuro del subjuntivo que no se usa en el habla de hoy.

PERSONAS

Toruvio, simple, viejo

Águeda de Toruegano, su mujer

Mencigüela, su hija

Aloja, vecino

Estrategia
Identificándose con los personajes
Al leer un paso, hay que fijarte en la personalidad, el comportamiento y las acciones de los protagonistas. Poder precisar las razones por su conducta y acciones te permitirá entender y seguir el desarrollo del argumento del paso.

Calle de un lugar

Toruvio —¡Válgame Dios! ¡Qué tempestad ha hecho desde el monte acá, que no parecía sino que el cielo se quería hundir y las nubes venir abajo! Y ahora, ¿qué nos tendrá preparado de comer la señora de mi mujer? ¡Así mala rabia la mate! ¡Mochacha! ¡Mencigüela! ¡Águeda de Toruégano! ¡Ea! ¡Todo el mundo durmiendo! ¿Habráse visto?

Mencigüela —¡Jesús, padre! ¡Que nos vais a echar la puerta abajo!

Toruvio —¿Cómo a dos reales castellanos? ¿No veis que es un cargo de conciencia pedir tan caro? Que basta pedir a catorce o quince dineros por celemín.

Águeda —Callad, marido, que es el olivar mejor de toda la provincia.

Toruvio —Pues a pesar de eso, basta pedir lo que tengo dicho.

Águeda —Ya está bien, no me quebréis la cabeza. Mira, mochacha, que te mando que no des el celemín a menos de dos reales castellanos.

Toruvio —¿Cómo a dos reales castellanos? Ven acá, mochacha, ¿a cómo has de pedir?

Mencigüela —A como quisiéredes, padre.

Toruvio —A catorce o quince dineros.

Mencigüela —Así lo haré, padre.

Águeda —¡Cómo así lo haré padre! Ven aquí, mochacha, ¿a cómo has de pedir?

mala rabia ira, cólera

Mencigüela —A como mandáredes, madre.

Águeda   —A dos reales castellanos.

Toruvio   —¿Cómo a dos reales castellanos? Yo os
           prometo que si no hacéis lo que yo os mando,
           que os tengo de dar más de doscientos
           correazos. ¿A cómo has de pedir?

correazos golpes dados con una
correa

Mencigüela —A como decís, padre.

Toruvio   —A catorce o quince dineros.

Mencigüela —Así lo haré, padre.

Águeda   —¡Cómo así lo haré, padre! ¡Toma, toma! Hacé
           lo que yo os mando.

Toruvio   —Dejad la mochacha.

Mencigüela —¡Ay, madre; ay, padre, que me mata!

Aloja   —¿Qué es esto, vecinos? ¿Por qué maltratáis
           así la mochacha?

Águeda   —¡Ay, señor! Este mal hombre que me quiere
           vender las cosas a menos precio y quiere echar
           a perder mi casa: ¡unas aceitunas que son
           como nueces!

Toruvio   —Yo juro por los huesos de mi linaje que no
           son aún ni como piñones.

piñones frutos de un pino

Águeda   —Sí son.

Toruvio   —No son.

Aloja   —Ahora, señora vecina, hacedme el favor de
           entraros allá dentro, que yo lo averiguaré todo.
           Señor vecino, ¿dónde están las aceitunas?
           Sacadlas acá fuera, que yo las compraré
           aunque sean veinte fanegas.

Toruvio   —Que no, señor. Que no es de esa manera que
           vuesa merced piensa, que no están las
           aceitunas aquí en casa sino en la heredad.

heredad lo que vas a heredar

Aloja	—Pues traedlas aquí, que yo las compraré todas al precio que justo fuere.
Mencigüela	—A dos reales el celemín, quiere mi madre que se vendan.
Aloja	—Cara cosas es esa.
Toruvio	—¿No le parece a vuesa merced?
Mencigüela	—Y mi padre a quince dineros.
Aloja	—Tenga yo una muestra de ellas.
Toruvio	—¡Válgame Dios, señor! Vuesa merced no me quiere entender. Hoy, yo he plantado un renuevo de olivo, y dice mi mujer que de aquí a seis o siete años llevará cuatro o cinco fanegas de aceitunas, y que ella las cogerá, y que yo las acarrease y la mochacha las vendiese, y que a la fuerza había de pedir a dos reales por cada celemín. Yo que no y ella que sí, y sobre esto ha sido toda la cuestión.
Aloja	—¡Oh, qué graciosa cuestión; nunca tal se ha visto! Las aceitunas aún no están plantadas y ¿ha llevado ya la mochacha trabajo sobre ellas?
Mencigüela	—¿Que le parece, señor?
Toruvio	—No llores, rapaza. La mochacha, señor, es como un oro. Ahora andad, hija, y ponedme la mesa, que yo os prometo haceros una saya con las primeras aceitunas que se vendieran.
Aloja	—Andad, vecino, entraos allá dentro y tened paz con vuestra mujer.
Toruvio	—Adiós, señor.
Aloja	—¡Qué cosas vemos en esta vida que ponen espanto! Las aceitunas no están plantadas y ya las habemos visto reñidas. Razón será que dé fin a mi embajada.

rapaza señorita

saya falda

espanto susto
reñidas disputadas

Comprensión

A **Parafraseando** Parea.

1. ¡Qué tempestad ha hecho desde el monte acá, que no parecía sino que el cielo se quería hundir y las nubes venir abajo!

   a. Las aceitunas son grandísimas.

2. ¡Que nos vais a echar la puerta abajo!

   b. Estoy completamente mojado.

3. ¡Mirá qué pico, mirá qué pico!

   c. No. Son pequeñísimas.

4. Vengo hecho una sopa de agua.

   d. Estaba lloviendo mucho.

5. ...tendréis un olivar hecho y derecho.

   e. Tendrás un buen olivar.

6. ...¡unas aceitunas que son como nueces!

   f. ¡Nos vas a mandar fuera de casa!

7. ...no son aún ni como piñones.

   g. ¡Cómo me hablas! con un tono de disgusto.

B **Buscando información** Contesta.

1. ¿Qué tiempo estaba haciendo?
2. ¿Cuál fue la riña o el malentendido entre Toruvio y su esposa? ¿Dónde estaba ella y qué quería él?
3. ¿Qué quiere el padre que haga su hija?
4. ¿Adónde había ido el padre? ¿Con qué volvió y cómo?
5. ¿Cuál es una pregunta que le hace Águeda a su marido? ¿Qué quería que hiciera? ¿Lo ha hecho? ¿Dónde?
6. ¿Cuál es la discusión o disputa entre el padre, la madre, y la hija? ¿Qué planes están haciendo?
7. ¿Quién entra? ¿Cómo quiere poner fin a la discusión? Pero, hay algo muy importante que Aloja no entiende. ¿Qué es?

C **Analizando** Con un(a) compañero(a), contesta las preguntas.

1. ¿Qué aprendemos sobre el comportamiento de los miembros de la familia? Compárenlo con el comportamiento típico o aceptado de hoy.
2. ¿Por qué es tan ridícula la disputa o discusión entre los miembros de la familia?

Olivares en Guadalupe, España

D **Resumiendo** Hay una conversación corta entre Toruvio y Aloja que presenta un resumen completo del paso. Encuentra la conversación y escríbela en forma de resumen. Si quieres, puedes ilustrar el resumen con unos dibujos. Luego, presenta tu resumen a la clase.

E **Interpretando** ¿Cuál es la moraleja del paso *Las aceitunas*? ¿Te hace pensar en un refrán en inglés? ¿Cuál es?

F **Personalizando** Trabajen en grupos pequeños. Preparen una comedia breve en la cual cambian el tema o el argumento en algo que podría ser verosímil hoy.

Composición

Anuncios publicitarios

No importa donde mires, vas a ver anuncios publicitarios. Los anuncios publicitarios tratan de vender productos, localidades, candidatos e ideas. Las agencias de publicidad o propaganda y los departamentos (servicios) de marketing se sirven de muchas tácticas y técnicas para tratar de persuadir a su público.

Un anuncio publicitario no se dirige a un público universal. Se dirige al mercado ya marcado para el producto específico. El departamento de marketing ya ha informado al que escribe el anuncio sobre los deseos, las necesidades y los recursos de los compradores potenciales. Una vez que el público esté identificado, se empieza a escribir. Escribir un anuncio publicitario exige una imaginación viva y un talento para usar bien la lengua. Hay que transmitir el mensaje en muy pocas palabras. El (la) que escribe publicidad nunca puede olvidar que tiene la obligación de atraer atención, captar interés y crear un deseo.

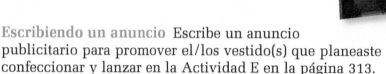

Ahora, ¡te toca a ti!

ACTIVIDAD 1

Investigando Busca un anuncio publicitario en un periódico o una revista que consideras muy persuasivo. Explica por qué lo encuentras tan persuasivo. ¿Qué te dice el escritor?

ACTIVIDAD 2

Escribiendo un anuncio Escribe un anuncio publicitario para promover el/los vestido(s) que planeaste confeccionar y lanzar en la Actividad E en la página 313.

ACTIVIDAD 3

Hablando Trabajando en un grupo pequeño, creen un anuncio para la radio o la televisión para vender un producto o informar de un evento. Cuando posible, usen mecanismos lingüísticos tales como suspenso, diálogo o lengua figurativa para tratar de persuadir a su público. Presenten su anuncio al grupo o a la clase entera.

The coast between Concón and Viña del Mar, Chile

Signos de puntuación

1. **Dos puntos :**
   Igual que en español, en inglés el signo de dos puntos introduce una lista dentro de una oración.

   There are four oceans: the Atlantic Ocean, the Pacific Ocean, the Indian Ocean, and the Arctic Ocean.

2. **Punto y coma ;**
   Se usa el punto y coma en inglés igual que en español.

   The weather was bad; that's why she decided not to go.

3. **Puntos suspensivos ...**
   Se usan los puntos suspensivos en inglés igual que en español.

   He wanted to go, but . . .

Conexión con el inglés

Símiles y metáforas

Los símiles y las metáforas existen en inglés igual que en español.

1. El símil hace una comparación. Se hace la comparación para dar mayor claridad y fuerza a las ideas. En el símil siempre hay dos términos que se comparan.

>   A is like B.
> *Your hair is like gold.*
> *She has teeth like pearls.*
> *His eyes were as black as coal.*

2. La metáfora, al contrario del símil, no utiliza ningún término de comparación. La metáfora llama a una cosa con el nombre de otra que es semejante. En el símil decimos *A is like B.* La metáfora dice:

>   A is B.
> *Your hair is gold.*
> *Her teeth are pearls.*

(l)UpperCut Images/SuperStock, (r)U.S. Census Bureau, Public Information Office (PIO)

3. Hay dos tipos de metáfora: la metáfora perfecta y la metáfora imperfecta. En la metáfora perfecta aparece sólo un término.

> *Gold fell to her shoulders.*
>
> **¿Qué es *gold*?** ***Gold* es el pelo de color rubio.**

En la metáfora imperfecta aparecen dos términos y por eso se confunde a veces con el símil.

SÍMIL	*Her hair is like gold.*
METÁFORA IMPERFECTA	*Her hair is gold.*
METÁFORA PERFECTA	*Gold falls to her shoulders.*

Books are fountains of knowledge.

ACTIVIDAD 1

Crea un símil y una metáfora para acompañar cada fotografía. Hazlo en español y en inglés.

Nuestra cocina

Si alguien le pregunta a un grupo de latinos o hispanos cuál es su plato tradicional favorito, indudablemente recibirá muchas respuestas diferentes porque una «cocina latina» en sí no existe. Como nuestras raíces se extienden sobre una región inmensa que incluye zonas desérticas, picos andinos y selvas tropicales nuestra cocina comprende una gran variedad de platos y sabores.

Comida mexicana Lo que comen muchos mexicanos de hoy lo comían los aztecas y otros indígenas mucho antes de la llegada de los conquistadores. Al pisar tierra mexicana encontraron los españoles ingredientes y productos tales como aguacates, tomates, muchos tipos de chiles, chocolate, guajolotes (pavos) y un gran surtido de tortillas hechas de harina de maíz.

Una mujer cocina en Cuetzalan, estado de Puebla, México

La cocina mexicana varía de una región a otra. Del centro del país viene el famoso mole poblano, una rica salsa espesa de chiles, ajo, bananas, cebollas, cilantro, comino y chocolate amargo. Un plato típico es el guajolote servido en un mole poblano acompañado de tortillas, enchiladas y quesadillas— antojitos favoritos de los mexicanos.

Comida mexicana en Estados Unidos Dentro de EE.UU. existen variaciones de la cocina mexicana que se llaman «cocina del sudoeste» y *Tex-Mex*. Estas cocinas vienen mayormente del norte de México donde los españoles introdujeron la carne de res y el trigo porque en la tierra árida del norte no se podía cultivar el maíz. Igual que en el norte de México se sirven las tortillas hechas de harina de trigo en Texas como un acompañamiento a la comida. Pero en el sudoeste y en California se usan las tortillas de harina de trigo para hacer burritos y chulapas, etc.

No se puede hablar de la comida *Tex-Mex* sin mencionar el chile con carne, un plato típico *Tex-Mex*. El chile tradicional es un guisado de carne, frecuente pero no necesariamente carne de res, cocido en una salsa que lleva chiles y cebollas y una variedad de especias. Con el chile se puede servir frijoles aparte pero el auténtico chile tejano no lleva frijoles.

Santo Tomás, Jalieza, Oaxaca, México

Comida del Caribe Los platos tradicionales del Caribe son muy parecidos pero cada isla tiene sus especialidades. En Puerto Rico, por ejemplo, el asopao es un guiso rico con una mezcla de pollo (o langosta, camarones o jueyes) con arroz que se parece un poco a la paella valenciana. En Cuba un plato muy casero es la ropa vieja, un plato de carne picada servida con arroz y habichuelas. En la República Dominicana un plato tradicional es el sancocho, una especie de sopa o caldo que incluye una selección de carnes y vegetales. Suele servirse con un acompañamiento de salsa picante y arroz. El sancocho se considera el plato nacional de Panamá y es muy apreciado en Colombia también. Pero cada sancocho tiene sus propias variaciones.

En todos los países del Caribe, no hay nada más delicioso que un buen lechón asado servido con tostones (plátanos duros fritos), arroz y habichuelas. En la preparación de la cocina caribeña se notan las influencias indígenas y africanas. Por ejemplo, al aceite se añaden las semillas del achiote, un ingrediente esencial de los taínos. El achiote le da al aceite un color naranja y un sabor similar al sabor del aceite de palma de África.

Comida de Centroamérica La comida de nuestros hermanos centroamericanos tiene mucho parentesco con la cocina mexicana, sobre todo por el empleo del maíz en forma de tortillas. Igual que en México se preparan tacos, enchiladas, tamales y chiles rellenos, estos sobre todo en Guatemala.

Comida de la región andina En Perú y Ecuador se comen muchas papas, otro producto indígena de los Andes. En Perú las papas a la huancaína son papas amarillas cocidas cubiertas de una salsa de aceite y ajo acompañadas de huevos duros y rebanadas de choclo (maíz). En Ecuador los llapingachos son unas tortillas de papas, al estilo de la tortilla española, con queso. En estos dos países es delicioso el ceviche, sobre todo el ceviche de corvina, un pescado del Pacífico, macerado en limón.

Ceviche de pescado

Esta mera ojeada a algunos platos tradicionales de los países hispanos nos da una idea de la gran variedad de nuestra «cocina latina». A todos — ¡buen provecho!

Tortilla española

Entérate Región andina

Una expedición a los países andinos

Bolivia es un país sudamericano. ¿De dónde o de qué origen es el nombre Bolivia? Antes de[1] llegar los conquistadores españoles, ¿qué país es el centro de la civilización de los famosos incas? Y, ¿de qué origen es el nombre de otro país de los Andes, Ecuador? ¿Cómo contestas?

- "Bolivia" es del nombre del gran héroe y libertador latinoamericano, Simón Bolívar. Es la contestación correcta.
- Perú es el centro de la civilización incaica—de los incas. Una vez más, una respuesta correcta.
- Ecuador recibe su nombre de la línea del ecuador, de la línea ecuatorial que divide el mundo en dos hemisferios: el hemisferio norte y el hemisferio sur.

Hay otros datos de la región andina que son muy interesantes. La UNESCO de las Naciones Unidas declara los siguientes sitios Patrimonio Mundial de la Humanidad.

Entérate Perú

Machu Picchu Las famosas ruinas de los incas están en un pico estrecho[2] de los majestuosos Andes. En Machu Picchu hay torres de vigilancia, acueductos, casas, observatorios y un reloj solar[3]. El reloj solar marca las estaciones del año. En quechua, la lengua de los incas, Machu Picchu significa "montaña vieja". En la época en que llegan los españoles, los incas no tienen una forma escrita[4] de su lengua. Interpretan mensajes[5] y números con cuerdas de muchos colores con nudos[6].

Muchos aspectos de la historia de Machu Picchu son un misterio. Pero algo está muy claro; en la época en que construyen los incas la fabulosa ciudad no tienen cemento, no tienen ruedas y no tienen caballos ni bestias de carga ni carritos.

Cuzco Por mucho tiempo Cuzco es la capital de los incas y es el centro de un sistema de caminos que une Sudamérica. Cuando llega Francisco Pizarra a Cuzco y conquista la ciudad, los españoles transforman los templos y palacios de los incas en iglesias y magníficas casas.

Arequipa Arequipa es "la Ciudad Blanca." Es una ciudad blanca porque construyen las casas y los otros edificios de una piedra volcánica que hay en Arequipa. La piedra tiene un color blanco brillante.

Ruinas incas y la montaña Huayna Picchu, Machu Picchu, Perú

[1]antes de: *before*
[2]estrecho: *narrow*
[3]reloj solar: *solar clock*
[4]escrita: *written*
[5]mensajes: *messages*
[6]cuerdas... con nudos: *cords... with knots*

Entérate Bolivia

Potosí Durante una parte de la época colonial Potosí es la ciudad más grande de las Américas a causa de la explotación de plata[1] en la región. Hoy Potosí es la ciudad más alta[2] del mundo.

Sucre La ciudad colonial de Sucre es muy importante porque es en Sucre donde acuñan monedas[3] de plata. Los españoles envían[4] las monedas a España. El dinero que envían a España tiene mucha importancia en la economía de España y Europa en el siglo XVII.

[1]plata: *silver*
[2]más alta: *highest*
[3]acuñan monedas: *they mint coins*
[4]envían: *send*

La plata — uno de los elementos

Un lagarto de las Islas Galápagos, Ecuador

Entérate Ecuador

Parque Nacional Sangay En el parque hay tres volcanes. El parque lleva el nombre de uno de los volcanes—el volcán Sangay. De todos los volcanes del mundo el Sangay es activo durante más tiempo que cualquier otro[1]. Varias comunidades indígenas viven en el parque que está en la lista de Patrimonios en Peligro[2]. ¿Por qué está en peligro? A causa de la construcción de una carretera moderna y la caza[3] ilegal.

Quito Cerca del volcán Pichincha, la bella ciudad de Quito tiene iglesias coloniales decoradas de pan de oro[4]. El barrio antiguo de la ciudad con sus calles estrechas de piedra y casas con balcones y patios refleja la influencia española.

Las Islas Galápagos Galápagos son las tortugas[5] gigantes que habitan el archipiélago de las Galápagos a unos mil kilómetros de la costa ecuatoriana. En el pasado naturalistas como Charles Darwin estudian las especies de flora y fauna del archipiélago. Algunas son únicas en el mundo.

[1]cualquier otro: *any other* [4]pan de oro: *gold leaf*
[2]peligro: *danger* [5]tortugas: *turtles*
[3]caza: *hunting*

música

El sonido andino

En todo el mundo goza de cierta popularidad la música andina. Pero hay muchos que no son familiares con los instrumentos musicales de los Andes. Unos son de origen puro andino y datan de miles de años. Otros son de origen europeo pero adaptados a los distintos ritmos y tonos andinos. ¡A tocar la zampoña!

La zampoña Es un instrumento de tubos de caña de tamaños diferentes. La nota musical varía según el tamaño del tubo.

La quena Es un instrumento de viento. Es de caña, madera[1] o hueso[2]. El tamaño del instrumento varía de una región a otra.

El charango Es como la guitarra, pero el instrumento es más pequeño que la guitarra y tiene catorce cuerdas[3].

[1]madera: *wood*
[2]hueso: *bone*
[3]cuerdas: *strings*

Calendario de fiestas

Carnaval, Oruro, Bolivia, febrero
Declarado Obra Maestra por la UNESCO el carnaval de Oruro, Bolivia, es una fiesta muy alegre. Hay danzantes en las calles que llevan trajes y máscaras vistosas[1] de muchos colores.

Pachamama Raymi, todo el país, Perú, 1° de agosto
Pachamama es la diosa de la Tierra de los indígenas peruanos. El 1° de agosto marca el comienzo del año andino y los indígenas hacen tributo[2] a su diosa con una ceremonia de ofrenda[3] que llaman[4] "Pago de la Tierra".

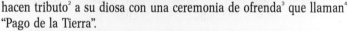
Carnaval, La Paz, Bolivia

Tradiciones ancestrales, Amazonia, Ecuador
En la comunidad indichuris y la comunidad de los quechuas—poblaciones indígenas—habitan shamanes que practican sus tradiciones ancestrales. A veces dejan a los visitantes participar en los rituales.

[1]vistosas: *colorful* [3]ofrenda: *offering*
[2]hacen tributo: *pay tribute* [4]llaman: *they call*

333

micocina

Ceviche

Ingredientes

2 libras de pescado y mariscos mixtos, incluyendo un pescado de carne firme, almejas¹, camarones²

1 cebolla grande en rebanadas³ finas

¹/₂ taza de perejil⁴ picado

chiles serranos al gusto

jugo⁵ de limón para cubrir

Preparación

Combinar todos los ingredientes y refrigerar durante dos horas. El resultado es un platillo delicioso. Delicioso para una fiesta.

---

¹almejas: *clams*
²camarones: *shrimp*
³rebanadas: *slices*
⁴perejil: *parsley*
⁵jugo: *juice*

Papas en la Isla de Taquile, Puno, Perú

(t)Bartosz Hadyniak/Getty Images, (b)ellai.Food/Alamy, (br)Glow Images

¿Te apetecen papas fritas coloreadas?

En las montañas de Perú y Bolivia, la gente cultiva papas nativas, pero no son las mismas papas que comes tú. Son de varios colores. Son rojas, azules, amarillas y blancas. Además de ser coloreadas, tienen mucha variedad de textura, sabor y olor. Los pueblos indígenas llevan miles de años cultivando miles de variedades de papas. Hay hasta cientos de variedades en una sola parcela de cultivo.

Muchas papas están adaptadas a florecer¹ en las regiones muy altas de los Andes. Mucha gente cree² que la papa es de Irlanda. Pero no es verdad. La papa es un producto de las Américas, gracias a las comunidades indígenas. Hoy la papa es uno de los alimentos³ básicos del mundo entero.

---

¹florecer: *bloom*   ²cree: *believe*   ³alimentos: *foods*

El ceviche

¡La gente!

Si viajas¹ por los Andes vas a ver a gente de muchas etnias y culturas. Tienes que tratar² de asistir a unos ritos ancestrales de curanderos³ y shamanes. Los curanderos curan a sus pacientes con hierbas medicinales.

Si vas a la selva tropical⁴ es posible ver de lejos⁵ a comunidades indígenas que no tienen contacto con otras personas. Ellos viven como sus antepasados o ancestros desde hace ya cientos de años.

¿Vas a comprar artesanía? ¿Por qué no visitas un mercado indígena de colores y olores⁶ exóticos? Si tienes hambre cuando estás en el mercado, puedes⁷ comer algo en uno de los puestos de comida⁸. Si estás en una de las ciudades como La Paz, Lima o Quito, puedes comer en un restaurante elegante o ir de compras en una tienda bonita.

El hombre lleva ropa tradicional en la Isla Taquile, Puno, Perú.

---

¹viajas: *you travel*   ⁵de lejos: *from a distance*
²tratar: *try*   ⁶olores: *smells*
³curanderos: *healers*   ⁷puedes: *you can*
⁴selva tropical: *rainforest*   ⁸puestos de comida: *food stands*

el mundo salvaje

SUCESOS

Entérate de detalles[1] interesantes

Lugares sorprendentes

Un grupo de flamingos rosados en el Salar de Uyuni, Altiplano, Bolivia

- **El Salar de Uyuni** es el fondo de un mar desaparecido en Bolivia. Aquí hay hoteles construidos de bloques de sal.
- **La línea ecuatorial** pasa por Ecuador. Así, puedes estar de pie en dos hemisferios al mismo tiempo—con un pie en el hemisferio sur y el otro en el hemisferio norte.
- **El lago Titicaca** en Bolivia es el lago navegable más alto del mundo.
- **Las Islas Galápagos** son de origen volcánico y tienen una intensa actividad sísmica y volcánica con varias erupciones al año.

Flora fascinante

- En la región amazónica de Ecuador, hay un sinnúmero de **plantas,** muchas de ellas desconocidas[1].
- En muchas partes de la cordillera de los Andes hay miles de especies de **orquídeas**.
- Muchas **especies de árboles** en la región amazónica están en peligro[2] de extinción. A causa de la deforestación bosques[3] enteros de miles de años de edad ya no existen.

Fauna fenomenal

- ¿Cuál es el animal más típico de los Andes? Es **la llama,** el amigo de toda la población andina. La llama es un medio de transporte importante.
- El clima del altiplano de Bolivia no permite sobrevivir[4] muchas especies de aves. Pero aquí viven miles de **flamencos rosados**[5].
- Según los científicos, hay más de 4,200 especies de **mariposas**[6] en Perú. Pero hasta ahora sólo 3,700 especies son conocidas.

---

[1]desconocidas: *unknown*

[2]peligro: *danger*

[3]bosques: *forests*

[4]permite sobrevivir: *enable to survive*

[5]flamencos rosados: *pink flamingos*

[6]mariposas: *butterflies*

- El escritor peruano **Mario Vargas Llosa** es considerado uno de los grandes novelistas latinoamericanos por sus obras como *La ciudad de los perros*. Él pasa mucho tiempo en París pero aquí está en su Perú natal donde escribe su autógrafo para una de sus aficionados.

- ¿Qué es **un sombrero de jipijapa?** La traducción en inglés es "Panama hat," pero no es de Panamá. ¡Es de Ecuador!

Un sombrero panamá, Inglaterra

- El conductor **Miguel Harth-Bedoya** es de Perú. Va a Nueva York donde estudia en la famosa Juilliard School of Music. Ahora es el director musical de una orquesta sinfónica norteamericana.

Un director de orquestra

- **Pomo de Ayala,** de madre indígena y padre español, capta perfectamente el cultivo de papas en los Andes. ¿Toma una fotografía? No, de ninguna manera. Él pinta una escena del cultivo de papas en el año 1580. Pomo de Ayala es un conocido cronista peruano (1534–1615).

Capítulo

12

Leyenda y vida

Objetivos

En este capítulo vas a:

✦ estudiar algunos términos ecológicos y aprender la importancia de la protección del medio ambiente

✦ estudiar los verbos reflexivos; aprender unos regionalismos e influencias del inglés en el español y estudiar la pronunciación y la ortografía de la **h**

✦ leer la leyenda mexicanoamericana de *La Malinche* y la de *La Llorona*; leer algunas poesías sobre la vida y la muerte: *Lo fatal* de Rubén Darío, *Cosas del tiempo* de Ramón de Campoamor y *Triolet* de Manuel González Prado; leer un capítulo de *El Quijote* de Miguel de Cervantes Saavedra

✦ escribir un resumen

✦ observar los regionalismos y la influencia del español en el inglés

El desierto de Sonora en Arizona y montañas en México

Lectura

Dos leyendas mexicanoamericanas

Aquí tienes una leyenda que es muy conocida en el sudoeste de Estados Unidos.

Marina la Malinche

Hace cientos de años vivía una jovencita llamada Marina la Malinche. Ella era hija de un gran guerrero indio y se cree que era princesa. Su niñez fue muy feliz y llena de gozo. Su padre, hombre muy sabio, era amado de todo el pueblo. Toda su sabiduría y su habilidad se las pasó a su querida hija, Marina. La jovencita era muy lista y siempre trataba de complacer a su padre, a quien respetaba mucho.

El paraíso de Marina pronto se derrumbó. Su padre murió y su madre escogió a otro hombre con quien casarse. El padrastro vendió a la jovencita al gran líder azteca, Moctezuma. Los aztecas habían desarrollado una gran civilización en el centro del valle de México, en lo que hoy día es la Ciudad de México. Durante siglos los aztecas habían creído que un dios rubio de cutis blanco vendría a vivir entre ellos.

Durante ese tiempo, los españoles del continente europeo andaban en busca de tesoros, riquezas y pueblos que conquistar. El líder de estos hombres se llamaba Hernán Cortés. Se le conocía por dondequiera por su pelo rubio y su piel blanca. Muy pocos de los soldados españoles gozaban de la lealtad de sus hombres como Cortés.

La llegada de Cortés a Tenochtitlán

Hernán Cortés montado a caballo

Los jefes españoles aprobaron a Cortés para que saliera en busca de riquezas y tierras. Le dieron un pequeño ejército, algunos barcos y provisiones. Navegaron por meses y al fin llegaron a las costas de lo que ahora llamamos México. Caminaron hasta el interior de esas tierras desconocidas, siempre en busca de grandes tesoros que se creía existían en aquellos lugares. Después de muchas jornadas azarosas, al fin llegaron a Tenochtitlán, el nombre azteca de su gran ciudad.

Los aztecas vieron a los españoles montados en sus caballos y creyeron que eran dioses, como decía la leyenda. A Cortés, con su pelo rubio y su cutis blanco, lo tomaron por el dios especial que habían esperado ya por siglos. Por consiguiente les abrieron las puertas de la ciudad a los dioses y trataron de complacerlos lo mejor que pudieron.

Un día, Cortés tuvo dificultad en hacerse entender por una tribu de indios que hablaban una lengua diferente a la que hablaban los indios de Tenochtitlán, y ya se impacientaba cuando Moctezuma, que no quería disgustar a su dios, llamó a Marina, una de sus intérpretes, para que ayudara a Cortés. El conquistador quedó muy impresionado con la belleza y la habilidad lingüística de Marina. La Malinche pronto resultó ser indispensable como intérprete y consejera de Cortés. Ya no era simplemente otra niña más, ahora era una joven muy importante con relaciones directas con los dioses rubios.

Marina la Malinche, creyendo equivocadamente que ayudaba a sus propios dioses, jugó un papel importantísimo en la eventual conquista de los aztecas por los españoles. Moctezuma fue ejecutado por Cortés. Los indios fueron obligados a trabajar en las minas como gente esclavizada.

Después de la conquista, Cortés, al parecer, ya no necesitaba a Marina y la casó con uno de sus soldados. Hasta sus últimos días, Marina nunca quiso creer que su amado «dios» la había usado para su propio provecho. Tenía el corazón destrozado y no quería vivir sin Cortés. Pasó sus últimos días llorando amargamente por su amado. Siguió buscándolo y nunca abandonó la esperanza de que su querido «dios» la volvería a necesitar algún día. Juntos, serían un solo ser que nunca volverían a separarse. Cortés murió en 1547.

En varias partes del mundo, especialmente en México, la gente recuerda a Marina la Malinche como la india que traicionó a su propio pueblo en favor de los españoles. También se cree que la historia de sus tristes días al final de su vida dio origen a la leyenda de *La Llorona*. Y aquí sigue la leyenda famosa de *La Llorona*.

Cortés se puso de rodillas delante del emperador Moctezuma

La Llorona

Ya hace mucho tiempo que vive en México un virrey español. Tiene un hijo joven y guapo. Lo va a casar con la hija de un duque. Pero el joven no quiere casarse con la hija del duque. Él está enamorado de otra que vive en un pueblo cercano.

El hijo le ruega a su padre que le deje casarse con la muchacha que tanto quiere. Pero su padre prohíbe el matrimonio aunque la muchacha ya está embarazada. El padre insiste en que su hijo se case con una noble. Pero los novios siguen viéndose después del nacimiento de su hijo. Se quieren mucho y un año más tarde la muchacha da a luz a una hija. La gente del pueblo empieza a hablar mal de la muchacha. La pobre joven está muy avergonzada. Se pone muy triste y se esconde en casa porque no quiere ver a nadie.

El hijo del virrey va a su padre y le cuenta del nacimiento de su hija. Una vez más le pide permiso para casarse con la madre de sus hijos. Pero el padre rehúsa. Repite que tiene que casarse con una noble, la hija del duque. Si no se casa con ella, tendrá que salir de casa e ir en busca de trabajo. Como el hijo nunca ha trabajado y no sabe ganarse el pan de cada día, se rinde. Se casará con la hija del duque y ellos adoptarán a sus hijos y pondrán a la madre en un convento.

Va a la casa de la madre de sus hijos para decirle lo que va a hacer. La pobre se pone histérica. El joven no la quiere ver en tal estado de tristeza y agonía. La deja a solas y regresa a su palacio.

El virrey quiere ver a los niños de su hijo. Sus soldados salen a buscarlos. Encuentran a la madre desconsolada a la orilla de un río. La pobre está llorando y tiene una mirada vaga y misteriosa. Allá a su lado yacen en el río los cuerpecitos de sus hijos. Los soldados, llenos de horror, llevan a la madre a la cárcel.

Las autoridades presentan a la pobre y desconsolada madre al pueblo. Los vecinos la acusan de ser bruja. La llevan a una pira donde ponen leña a sus pies y la queman. Antes de morir la joven llora por sus hijos. Su llanto continúa durante toda la noche. Continúa aún después de su muerte. Las llamas de la pira se convierten en una luz brillante. La luz tiene la forma de una muchacha. Por fin la luz desaparece pero de pronto reaparece en el palacio donde están el virrey y su hijo, el padre de los niños. Enseguida el palacio arde en llamas. Le salen llamas tan altas y feroces que no puede escapar nadie. El virrey y su hijo mueren, pero no muere el llanto de la muchacha. El llanto continúa. La gente del pueblo no sale de casa por el miedo que tienen de ver a la llorona.

Desde aquel entonces, la llorona viaja por el mundo en busca de sus hijos queridos. Se dice que el que encuentre a la llorona muere si no encuentra también a sus hijos. Hasta que vea a sus hijos, la llorona no descansará.

Comprensión

A Buscando información Marina
Contesta las siguientes preguntas.
1. ¿Cómo se llamaba la jovencita?
2. ¿Cómo y por qué se derrumbó el paraíso de Marina?
3. ¿Qué hizo su padrastro?
4. ¿Por qué creían los aztecas que los españoles eran dioses?
5. ¿Cómo ayudó Marina a Moctezuma?
6. ¿Sabía Marina a quienes estaba ayudando?
7. ¿Con quién se casó Marina?
8. ¿Por qué tenía el corazón destrozado?

B Describiendo Marina Describe a los siguientes personajes.
1. Marina la Malinche
2. el padre de Marina
3. Hernán Cortés

C Interpretando Marina ¿A qué se refiere el paraíso en el segundo párrafo?

D Resumiendo La Llorona ¿Ya conoces esta leyenda famosa? En tus propias palabras da un resumen de la leyenda.

E Trabajando en grupos La Llorona En grupos pequeños discutan las injusticias que hay en esta leyenda.

F **Conectando con la música** **La Llorona** Escucha un CD de la canción popular *La Llorona*. Si es posible, consigue uno en el cual canta Chavela Vargas. Chavela Vargas es muy querida de los mexicanos y ella se considera mexicana aunque nació en Costa Rica. A los ochenta y tres años la señorita Vargas hizo su début en Carnegie Hall en Nueva York. En este concierto cantó *La Llorona* en la voz de un suspiro a un público arrebatado.

Chavela Vargas ha tenido una vida rebelde. Fue muy amiga de Diego Rivera y Frida Kahlo entre otros artistas e intelectuales. Es muy conocida como cantante de rancheras, canciones mexicanas de amor y añoranza.

Vargas fue redescubierta por el cinematógrafo Pedro Almodóvar quien la hizo cantar *La Llorona* en la película *Frida*.

Un micrófono

Conexión con la ecología

El medio ambiente

El problema de la contaminación del medio ambiente ha dado lugar al movimiento ecologista. El término «ecología», el equilibrio entre los seres vivientes y la naturaleza, ha llegado a ser sinónimo de supervivencia para muchos seres humanos.

La contaminación del aire

La contaminación de todos tipos es la plaga de nuestros tiempos. Buques petroleros derraman quién sabe cuántos litros de petróleo cada año en nuestros mares y océanos. El aire que respiramos está contaminado, mayormente por las emisiones de gases de los tubos de escape de los automóviles y camiones y de las fábricas que queman sustancias químicas. Es la responsabilidad de todos evitar que se expulsen al aire sustancias tóxicas.

La contaminación del agua

Los ríos son las venas de una gran parte de la humanidad y desgraciadamente muchos de ellos están tan contaminados que son portadores de enfermedades. En las zonas industriales, sobre todo en el este de Europa, la situación es catastrófica. Los desechos industriales que las fábricas echan en las aguas cercanas son casi imposibles de eliminar. A estos se añaden los desechos que están enterrados y que son transportados por las corrientes de agua subterráneas o los que simplemente vuelven a la superficie para contaminar la tierra. Siempre volvemos al mismo problema, el de los desechos y la manera de deshacernos de ellos. Hoy en día hay grandes campañas de reciclaje. El reciclaje consiste en recoger los desechos de papel, vidrio e hierro para transformarlos y poder utilizarlos de nuevo.

Como dijo uno de los astronautas, el coronel Jon E. Blaha, «El planeta Tierra es un lugar absolutamente bello. Uno se da cuenta cuando lo ve desde aquí arriba. Ciertamente necesitamos cuidarlo».

La Ciudad de México, México

Comprensión

A **Poder verbal** Estudia las siguientes palabras relacionadas. Escoge cinco de estas palabras y úsalas en oraciones originales.

1. contaminar, la contaminación, el contaminante
2. derramar, el derrame
3. respirar, la respiración
4. emitir, la emisión
5. escapar, el escape
6. quemar, la quema, la quemadura

B **Contaminantes** Prepara una lista de las cosas que causan la contaminación de nuestro medio ambiente.

Los chicos reciclan la basura.

C **Buscando hechos** Contesta.

1. ¿Qué ha dado lugar al movimiento ecologista?
2. ¿Cuál es la definición de la palabra «ecología»?
3. ¿Qué hacen los buques petroleros?
4. ¿Qué contamina el aire?
5. ¿Qué contamina los ríos?
6. ¿Cuál es el problema básico que crea la contaminación?
7. ¿Por qué es importante el reciclaje?

D **Identificando** Trabajando en grupos de tres, preparen una lista de problemas ecológicos que existen cerca de donde ustedes viven.

E **Trabajando en grupos** Tomen la lista que han preparado para la Actividad D y averigüen si la comunidad o el gobierno municipal o estatal está haciendo algo para resolver estos problemas ecológicos. ¿Qué están haciendo?

Si hay un problema que ustedes han identificado y saben que no se está haciendo nada para resolverlo, escriban una carta a las autoridades apropiadas informándoles del problema y sugiriéndoles lo que pueden y deben hacer para resolverlo o solucionarlo.

Visit **ConnectEd** for additional practice

Verbos reflexivos

1. En una expresión reflexiva el sujeto y el receptor directo o indirecto del verbo son la misma persona. Por consiguiente el verbo va acompañado de otro pronombre, llamado «el pronombre reflexivo».

SUJETO	PRONOMBRE REFLEXIVO	SUJETO	PRONOMBRE REFLEXIVO
yo	me	nosotros(as)	nos
tú	te	vosotros(as)	vos
el, ella, usted	se	ellos, ellas, ustedes	se

2. Estudia las formas de unos verbos reflexivos.

	LAVARSE	ACOSTARSE (UE)
yo	me lavo	me acuesto
tú	te lavas	te acuestas
él, ella, Ud.	se lava	se acuesta
nosotros(as)	nos lavamos	nos acostamos
vosotros(as)	os laváis	os acostáis
ellos, ellas, Uds.	se lavan	se acuestan

Ella se lava la cara.

Luego se acuesta.

3. **Voseo** El pronombre reflexivo que acompaña **vos** es **te**.

   Vos te acostás.

4. Se usa el artículo definido y no el adjetivo posesivo con una parte del cuerpo o un artículo de ropa que aparece en la misma oración que un verbo reflexivo.

> **Me lavo la cara.**
> **Él se cepilla los dientes.**
> **¿No te vas a poner el abrigo?**

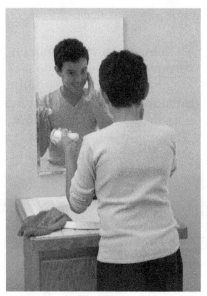

Él se mira en el espejo.

Ella se cepilla los dientes.

ACTIVIDAD 1 **¿Reflexivo o no?** Identifica las expresiones reflexivas.

1. Me levanto a las seis y media.
2. Ellos se acuestan tarde.
3. Ella me invita a la fiesta.
4. Te diviertes mucho.
5. No me pongo la chaqueta.
6. Le hablaron a él.
7. Nos afeitamos cada mañana.
8. ¿Por qué no te sientas a la mesa?

ACTIVIDAD 2 **Rutinas** Completa con la terminación verbal en el presente y el pronombre reflexivo.

1. Yo ____ levant___ temprano.
2. Todos ____ lav___ las manos antes de comer.
3. ¿Tú ____ afeit___?
4. Nosotros ____ divert___ mucho.
5. ¿Cómo ____ llam___ tu amigo?
6. ¿A qué hora ____ acuest___ ustedes?
7. Yo ____ sient___ a tu lado.
8. ¿Cuántas veces al día ____ cepill___ (tú) los dientes?

Regionalismos

Ya hemos aprendido que en la lengua española hay muchas variaciones en el uso de ciertos vocablos. Estas variaciones se llaman «regionalismos». Los nombres que se les da a los comestibles varían mucho de una parte del mundo latino o hispano a otra. Al leer esta lista de comestibles, determina cual es la palabra que tú emplearías. ¿Hay algunas palabras que no has oído nunca? Puede ser, pero todas estas palabras son regionalismos aceptados.

Nogales, Sonora, México

- judías verdes, habichuelas tiernas, chauchas, vainitas, ejotes, porotos verdes
- calabaza, alcoyota, zapallo
- frijoles, fréjoles, habichuelas, alubias
- puerco, cerdo, marrano, chancho, lechón, cochinillo
- mantequilla, manteca, mantecado
- jugo de naranja, jugo de china, zumo de naranja
- remolacha, betabel, betarraga
- alcachofa, alcaucil, cotufa
- maíz, elote, choclo, millo
- guachinango, huachinango, chillo, pargo

Aquí hay otras que tienen menos variaciones:
- toronja, pomelo
- melocotón, durazno
- espinacas, acelgas
- guisantes, chícharos
- col, repollo
- cacahuate, cacahuete, maní

Plan de Hidalgo, Papantla, Veracruz, México

3 **Platos regionales** Como los países hispanohablantes se extienden desde Europa hasta el Cono sur del continente sudamericano, hay en el mundo hispano variaciones climatológicas enormes. Por consiguiente hay productos muy diferentes porque lo que se puede cultivar o criar en la región influye en lo que come la gente de la región. ¿Has probado alguno de los siguientes platillos? Añade platos que faltan que a ti te gustan y descríbelos.

- tacos o chiles rellenos
- tostones o fufú
- mole o guacamole
- pastel de choclo o churrasco
- erizos o ceviche
- mofongo o empanadas
- ropa vieja o piononos
- paella o anticuchos
- asopao o fabada
- chupe de mariscos o arepas
- locro o empanadas salteñas
- chupe de mariscos o una parrillada
- gallopinto o una mariscada
- sancocho o masitas
- churros o media lunas

4 **Un menú** Trabajando en grupos pequeños, preparen el menú para una buena comida étnica que a los miembros de tu grupo cultural les gustaría mucho.

Un plato de empanadas

Gramática y lenguaje

Influencias del inglés

A veces cometemos errores que surgen de la influencia del inglés. Es algo normal porque vivimos donde se oye mucho inglés también. Pero debemos evitar palabras que son en realidad palabras inglesas «españolizadas». Debemos evitarlas porque nadie en España, México, Puerto Rico o cualquier otra parte de Latinoamérica las comprendería. A los vocablos o formas que debemos evitar se les llama «vulgarismos» o «vicios». Recuerda que hay una diferencia entre vulgarismos y regionalismos.

Aquí tienes una lista de algunas influencias inglesas que se oyen con frecuencia.

INFLUENCIA INGLESA	EL ESPAÑOL
Tienes que baquear.	Tienes que ir para atrás.
¿Dónde está tu troca (troque)?	¿Dónde está tu camión?
Necesito gasolín.	Necesito gasolina.
¿Tienes un daime?	¿Tienes diez centavos?

5 **¿Hay errores?** Corrige los siguientes vulgarismos. A la derecha verás la versión correcta. Cúbrela mientras hagas el ejercicio.

1. Esta troca no anda.	1. Este camión no anda.
2. ¿Me ayudas a pushar la troca?	2. ¿Me ayudas a empujar el camión?
3. ¿Ónde está la pompa de gasolín?	3. ¿Dónde está la bomba de gasolina?
4. Lo van a inspectar.	4. Lo van a inspeccionar.
5. Voy a escuela alta.	5. Voy a la escuela secundaria (superior).
6. Favor de sainar aquí.	6. Favor de firmar aquí.
7. Aquí no hay chanza (chance).	7. Aquí no hay oportunidad.
8. Me gusta el Crismas.	8. Me gusta la Navidad.
9. Está en el arme.	9. Está en el ejército.
10. ¿Quieres más greve?	10. ¿Quieres más salsa?
11. Como lonche en la escuela.	11. Como el almuerzo en la escuela.
12. Voy a la grocería.	12. Voy al colmado (a la bodega, a la tienda de abarrotes, a la pulpería, a la tienda de ultramarinos).

Pronunciación y ortografía

La h

1. Como la **h** no se pronuncia en español, tenemos que tener mucho cuidado de escribirla en las palabras que la necesitan. Observa las siguientes palabras.

hacer	historia
hace	hospital
hay	hotel
hermano	hora
hijo	inhóspito
hilo	higiénico

Un hotel en Zafra, España

2. **¡Ojo!** A veces se oye la **h** que debe ser muda pronunciada como una **j**. Ten cuidado de pronunciar y escribir bien las siguientes palabras.

CORRECTO	INCORRECTO
hervir	jervir
hondo	jondo
huir	juir
hoyo	joyo
moho	mojo

ACTIVIDAD 6

Dictado Lee las siguientes oraciones y prepárate para un dictado.

1. Ahora hay muchos enfermos en el hospital.
2. El hotel está lleno de huéspedes hispanos.
3. Hace tres horas que mi hermana me habla delante del hotel.

ACTIVIDAD 7

¿Con o sin «hache»? Completa con **h** cuando necesario.

1. ¡___ola, todos!
2. Hay muchas ___olas en el mar.
3. No hay ningún ___oyo en la ___olla pero yo tengo algo en mi ___ojo.
4. Me interesa mucho la ___istoria de ___olanda.
5. El colchón en la ___amaca de mi ___ermano está relleno de ___eno.
6. Tú lo puedes ___allar ___allá.
7. Aquel pozo ___ondo está lleno de mo___o.
8. Los presos quieren ___uir.

Andrew Payti

Poesías sobre la vida y la muerte

Lo fatal de Rubén Darío

Introducción

En su poema *Lo fatal*, el famoso poeta nicaragüense habla de la vida y de la muerte. El poema no es feliz porque para el poeta no hay mayor pesadumbre que la de ser consciente de la vida. Y no hay peor miedo que el de no saber adónde vamos.

Lo fatal

◆ · ◆ · ◆

1   Dichoso[1] el árbol que es apenas sensitivo,

   y más la piedra dura, porque ésa ya no siente,

   pues no hay dolor más grande que el dolor de ser vivo[2],

   ni mayor pesadumbre[3] que la vida consciente.

5   Ser, y no saber nada, y ser sin rumbo[4] cierto,

   y el temor de haber sido y un futuro terror...

   y el espanto seguro de estar mañana muerto,

   y sufrir por la vida y por la sombra y por

      lo que no conocemos y apenas sospechamos,

10   y la carne que tienta[5] con sus frescos racimos,

   y la tumba que aguarda con sus fúnebres ramos,

   y no saber adónde vamos,

   ¡ni de dónde venimos...!

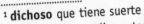

[1] **dichoso** que tiene suerte
[2] **ser vivo** hoy se dice estar vivo
[3] **pesadumbre** disgusto, sufrimiento
[4] **rumbo** dirección
[5] **tienta** seduce, atrae

Cosas del tiempo   de Ramón de Campoamor

Introducción

Este poema es muy corto. Al autor Ramón de Campoamor se le ha llamado poeta filosófico. Pero su filosofía es práctica—la del hombre del mundo. De este poema de sólo cuatro versos los hermanos Álvarez Quintero han hecho un entremés titulado *Mañana del sol*.

Cosas del tiempo
◆·◆·◆

1   Pasan veinte años; vuelve él,
    Y al verse, exclaman él y ella:
    (--¡Santo Diós! ¿y éste es aquél?...)
    (--¡Diós mío! ¿y ésta es aquélla?...)

Triolet   de Manuel González Prada

Introducción

La bellísima poesía que sigue del poeta peruano Manuel González Prada nos habla de la vida desde el momento de nacer hasta el de morir.

Triolet
◆·◆·◆

1   Desde el instante del nacer,
        soñamos;
    y sólo despertamos, si morimos.
    Entre visiones y fantasmas vamos;
5   desde el instante del nacer
        soñamos.
    El bien seguro, por el mal
    dejamos; y hambrientos de vivir, jamás
        vivimos;
10   desde el instante del nacer,
        soñamos;
    y sólo despertamos, si morimos.

Comprensión

A Interpretando **Lo fatal** Contesta.

1. ¿Por qué es dichoso el árbol?
2. ¿Cuál es más dichoso? ¿El árbol o la piedra?
3. ¿Por qué es más dichosa la piedra dura?
4. ¿Es un dolor grande estar vivo?
5. ¿Qué sabe el hombre?
6. ¿Qué significa que el hombre es sin rumbo cierto?
7. ¿Cuál es una cosa segura?
8. El hombre sufre por muchas cosas. ¿Cuáles son algunas?
9. ¿A qué alude el poeta al decir "no saber adónde vamos"?
10. Y, ¿a qué alude al decir «¡ni de dónde venimos…!»?

B Resumiendo En tus propias palabras da un resumen de la filosofía de "Lo fatal".

C Buscando información **Cosas del tiempo** Contesta.

1. ¿Cuántos años pasan?
2. ¿Quién vuelve?
3. ¿Quiénes se ven?
4. ¿Qué dice ella al verlo?
5. ¿Qué dice él al verla?
6. ¿Por qué dirían esto?

D Personalizando **Cosas del tiempo** A tu parecer, ¿quiénes son "él" y "ella" en el poema?

E Analizando **Cosas del tiempo** Contesta. ¿Cuál es el mensaje que nos da el autor? ¿Es apropiado el título? ¿Por qué?

F Dramatizando **Cosas del tiempo** Trabajando en grupos de dos, preparen un skit muy corto sobre "Cosas del tiempo".

G Interpretando. **Triolet** Contesta.

1. Según el poeta, ¿qué hacemos desde el instante de nacer?
2. ¿Cómo dice que soñamos durante toda la vida?
3. ¿Por qué dice que vamos entre visiones y fantasmas?

Paisaje interior de la Península de Paracas,

H Personalizando **Triolet** Discuta con unos compañeros.

1. ¿Cuál es tu opinión sobre lo siguiente: "dejamos el bien seguro por el mal"?
2. ¿Cuál es tu opinión sobre la idea de que estamos hambrientos de vivir, pero nunca vivimos?
3. Para ti, ¿qué significa: "y sólo despertamos, si morimos"?

El ingenioso hidalgo don Quijote de la Mancha de Miguel de Cervantes Saavedra

◆ **Vocabulario para la lectura**

Estudia las siguientes definiciones.

el escudero paje que acompañaba a un caballero para llevarle el escudo

la galera barco, buque

los despojos lo que toma del vencido el vencedor

la enemistad aversión u odio entre dos personas

andariego que anda mucho sin parar, vagabundo

burlesco festivo, jocoso, que implica burla

manco que le falta una mano o un brazo

rescatar liberar a alguien del peligro u opresión en que se hallaba

acertar (ie) conseguir el fin

socorrer ayudar

las espuelas

Poder verbal

ACTIVIDAD 1 Palabras emparentadas Da una palabra relacionada.

1. despojar
2. andar
3. ¡socorro!
4. el enemigo
5. burlar
6. el escudo
7. el rescate

ACTIVIDAD 2 ¿Qué palabra necesito? Completa.

1. Si vas a montar a caballo, necesitas ____.
2. Ellos se odian. Hay mucha ____ entre los dos.
3. La ____ llegó a la costa del Mediterráneo.
4. Lo han hecho prisionero pero lo vamos a ____.
5. Ella ha tenido una vida ____; no tiene raíces en ninguna parte.
6. Él se quedó ____ después de resultar herido en un brazo en una batalla.
7. Necesita ayuda. Lo tenemos que ____.
8. No lo hizo en serio. Lo hizo de manera ____.

Introducción y nota biográfica 🎧

Al hablar de literatura en lengua castellana no hay duda de que la obra más conocida y más leída de todas las letras hispanas es la novela *El ingenioso hidalgo don Quijote de la Mancha* de Miguel de Cervantes Saavedra.

La biografía de Cervantes es importante para el estudio de *El Quijote* porque el conocimiento de su biografía ilumina y explica mucho de lo que está en su obra. Los dos personajes principales son don Quijote, un caballero andante que es un idealista que muchos consideran loco por su afán de derrotar los males del mundo, y Sancho Panza, su escudero. El bajo y gordo Sancho es un realista puro que siempre trata de desviar a don Quijote de sus aventuras e ilusiones. Sólo con muy poca frecuencia tiene éxito.

Se ha dicho muchas veces que la figura de don Quijote es símbolo de la personalidad humana de Cervantes mismo. Cervantes es a la vez manco, maltrecho y pobre a pesar de haber realizado muchas hazañas heroicas. El caballero loco de la Mancha, don Quijote, es como una imagen burlesca de su creador.

Miguel de Cervantes, autor español

Cervantes nació en Alcalá de Henares, la gran ciudad universitaria, en 1547. Su padre era un modesto hidalgo. Como la mayoría de los españoles de rango inferior de la nobleza de aquella época, ejercía una profesión, la de cirujano. Se sabe que la familia se mudaba con frecuencia, probablemente por obligaciones profesionales de su padre. Vivieron en Valladolid, Sevilla y Madrid. Se sabe muy poco sobre la educación formal de Cervantes. Pero se cree que después de sus andanzas juveniles por ciudades populosas llevando una vida de escasos recursos económicos, Cervantes aprendió a apreciar su libertad y disfrutar de la vida andariega. Adquirió un conocimiento directo de la vida y de la existencia en diversas capas sociales.

Cuando cumplió veinte años decidió ir a Italia donde sirvió al cardenal Acquaviva. Poco después entró en el ejército. Luchó en la famosa batalla de Lepanto en 1571 donde recibió dos heridas, una de ellas en la mano izquierda de donde viene su apodo de «el manco de Lepanto». Más tarde tomó parte en las expediciones contra Túnez y la Goleta. En 1575 iba a volver a España. Se embarcó con cartas de recomendación de sus superiores. Volvía a España con la ilusión de recibir recompensa por sus servicios pero la galera en que viajaba fue presa por unos piratas y Cervantes pasó cinco años en cautiverio en Argel. En 1580 fue rescatado por unos frailes y por fin volvió a España.

Al volver a España se dio cuenta de que no iba a recibir ningún premio por sus servicios. Se instaló en Madrid y se hizo escritor. En 1584 se casó y parece que tampoco en el matrimonio encontró felicidad. Vivió de empleos humildes y pasó tiempo en Sevilla y otros lugares de Andalucía. En sus viajes conoció a gentes de toda condición. Conoció la vida de la España andariega, la vida del campo y la de la ciudad. Con las impresiones que recibió, tejió su obra.

El Quijote apareció en 1605. Su éxito fue inmediato e inmenso. Sin embargo, no produjo ningún dinero para el autor y Cervantes siguió quejándose de la pobreza hasta que murió en 1616.

Lo que sigue es el famoso episodio de don Quijote y los molinos de viento.

El Instituto Cervantes en la calle Alcalá, Madrid, España

Don Quijote y los molinos de viento

◆ · ◆ · ◆

1   En esto descubrieron treinta o cuarenta molinos de viento que hay en aquel campo; y así como don Quijote los vio, dijo a su escudero:

   —La ventura va guiando nuestras cosas mejor de lo que
5 acertáramos a desear; porque ves allí, amigo Sancho Panza, donde se descubren treinta o pocos más desaforados° gigantes con quienes pienso hacer batalla y quitarles a todos las vidas, con cuyos despojos comenzaremos a enriquecer; que ésta es buena guerra, y
10 es gran servicio de Dios quitar tan mala simiente° de sobre la faz de la tierra.

   —¿Qué gigantes?—dijo Sancho Panza.

   —Aquéllos que allí ves,—respondió su amo,—de los brazos largos, que los suelen tener algunos de casi dos
15 leguas°.

   —Mire vuestra merced,—respondió Sancho,—que aquéllos que allí se parecen, no son gigantes, sino molinos de viento, y lo que en ellos parecen brazos son las aspas, que volteadas del viento hacen andar la piedra
20 del molino.

desaforados excesivamente grandes

simiente semilla

leguas antigua medida de distancia

Don Quijote derrotado por el molino, Jean-Honore Fragonard

—Bien parece—respondió don Quijote—que no estás cursado en esto de las aventuras: ellos son gigantes, y si tienes miedo, quítate de ahí y ponte en oración en el espacio que yo voy a entrar con ellos en fiera y desigual
25 batalla.

Y diciendo esto, dio de espuelas a su caballo Rocinante sin atender a las voces que su escudero Sancho le daba, advirtiéndole que sin duda alguna eran molinos de viento y no gigantes, aquéllos que iba a acometer. Pero él iba
30 tan puesto en que eran gigantes que ni oía las voces de su escudero Sancho, no echaba de ver, aunque estaba ya bien cerca, lo que eran, antes iba diciendo en voces altas:

—Non fuyades°, cobardes y viles criaturas, que un solo caballero es el que os acomete.

fuyades huyáis

35 Levantóse en esto un poco de viento, y las grandes aspas comenzaron a moverse, lo cual visto por don Quijote, dijo:

Molinos de viento en La Mancha, España

—Pues aunque mováis más brazos que los del gigante Briareo, me lo habéis de pagar.

40 Y diciendo esto, y encomendándose de todo corazón a su señora Dulcinea, pidiéndole que en tal trance le socorriese, bien cubierto dió su rodela, con la lanza en el ristre, arremetió° a todo el galope de Rocinante, y embistió con el primer molino que estaba delante, y
45 dándole una lanzada en el aspa, la volvió el viento con tanta furia, que hizo la lanza pedazos, llevándose tras sí

arremetió acometió con ímpetu, con mucha fuerza

al caballo y al caballero, que fue rodando muy maltrecho°
por el campo. Acudió Sancho Panza a socorrerle a todo el
correr de su asno, y cuando llegó, halló que no se podía
50   menear°: tal fue el golpe que dio con él Rocinante.

  —¡Válgame Dios!—dijo Sancho.—¿No le dije yo a
vuestra merced que mirase bien lo que hacía, que no eran
sino molinos de viento, y no lo podía ignorar sino quien
llevase otros tales en la cabeza?

55   —Calla, amigo Sancho—respondió don Quijote—que las
cosas de la guerra más que otras están sujetas a continua
mudanza°: cuanto más que yo pienso, y es así verdad, que
aquel sabio Frestón, que me robó el aposento y los libros,
ha vuelto estos gigantes en molinos por quitarme la gloria
60   de su vencimiento: tal es la enemistad que me tiene; mas
al cabo han de poder poco sus malas artes contra la
bondad de mi espada.

  —Dios lo haga como puede,—respondió Sancho Panza,
y ayudándole a levantar, tornó a subir sobre Rocinante,
65   que medio despaldado estaba. Y hablando en la pasada
aventura, siguieron el camino del Puerto Lápice, porque
allí decía don Quijote que no era posible dejar de hallarse
muchas y diversas aventuras, por ser lugar muy pasajero;
sino que iba muy pesaroso por haberle faltado la lanza.

maltrecho en mal estado físico
o mental

menear mover de una parte a
otra

mudanza cambio

Río Tajo, Toledo, España

Comprensión

A **Explicando** Explica.

1. ¿Quién es don Quijote?
2. ¿Por qué hay muchos que lo consideran loco?
3. ¿Quién es Sancho Panza?
4. ¿Cómo es él?
5. ¿Qué es él?
6. ¿Qué trata de hacer?
7. ¿Por qué se dice que don Quijote es el símbolo de Cervantes o sea una imagen burlesca de él?

Monumento de don Quijote y Sancho Panza
en la Plaza de España, Madrid, Spain

B **Buscando detalles** Contesta sobre la vida de Cervantes.

1. ¿Dónde y cuándo nació Cervantes?
2. ¿Cómo era su familia?
3. ¿Por qué se mudaba con frecuencia?
4. ¿Qué sabemos de la juventud de Cervantes?
5. ¿Qué le pasó mientras servía en el ejército?
6. ¿Cuál es su apodo y qué significa?
7. ¿Qué le pasó a Cervantes mientras volvía a España de Túnez?
8. ¿Qué ilusión tenía al volver a España?
9. ¿Qué recibió al volver a España?
10. ¿Dónde empezó a escribir?
11. ¿Cómo era su matrimonio?
12. ¿Qué conoció Cervantes durante sus muchos viajes?
13. A pesar del éxito de su libro *El Quijote*, ¿cómo vivía Cervantes?

C Buscando información El Quijote

Contesta.

1. ¿Por qué otra cosa tomó don Quijote los molinos?
2. ¿Qué trató de hacer Sancho para evitar la batalla con los gigantes?
3. ¿Hizo caso don Quijote de las advertencias de Sancho?
4. ¿Cómo justificó don Quijote su confusión?
5. Para don Quijote, Dulcinea es la dama de sus pensamientos. Todo buen caballero andante tiene una dama ideal. En este capítulo de *El Quijote,* ¿qué le pide don Quijote a Dulcinea?
6. ¿Cómo embistió don Quijote al molino?
7. ¿Qué le pasó?
8. ¿Quién acudió a socorrer a don Quijote?
9. ¿Cómo lo halló?
10. Según don Quijote, ¿cómo es posible que los gigantes hubieran sido convertidos en molinos de viento?

D Resumiendo Escribe un resumen de este capítulo de *El Quijote.*

También hay molinos en Míkonos, las Islas Cícladas, Grecia

E **Visualizando** Dibuja lo que ves al leer este episodio de *El Quijote.* Puedes hacer tu dibujo de forma figurativa o abstracta.

F **Conectando con la música** Escucha algunas canciones del espectáculo musical de Broadway, *The Man of La Mancha.*

Monumento a Miguel de Cervantes, Plaza de España, Madrid, España

G **Leyendo más** Si te gustó este episodio de *El Quijote,* ve a la biblioteca por un ejemplar de *El Quijote.* Lee un capítulo más y prepara un informe para la clase.

Composición

Una dramatización

La dramatización es una forma teatral en la cual el público se entera de lo que está pasando por medio de conversaciones o diálogos entre los personajes.

Image courtesy National Gallery of Art

Ahora, ¡te toca a ti!

1 **Creando** Vamos a preparar una dramatización de este episodio de don Quijote y los molinos de viento. Trabajen en grupos de dos. Uno va a hacer el papel de don Quijote, el otro de Sancho. Cada uno va a escribir el guión de su propio papel pero pueden hacerlo juntos, ayudándose cuando necesario. Al leer en el original lo que dice don Quijote o Sancho, lo pueden parafrasear y simplificarlo utilizando frases más sencillas. Por ejemplo, podrían empezar así:

Don Quijote: Ay, Dios mío. Sancho, ¿ves lo que veo yo?

Sancho: No, don Quijote. ¿Qué ve usted?

Don Quijote: Pero, Sancho, ¿no ves allí a lo lejos aquellos gigantes? Hay a lo menos treinta o cuarenta en aquel campo.

Sancho: Pero, mi querido don Quijote, no son gigantes que usted ve allí en el campo; son molinos...

2 **Leyendo y revisando** Después de escribir el guión de su dramatización, léanlo juntos. Traten de encontrar errores y ayúdense a corregirlos.

3 **Actuando** Presenten su dramatización a los otros miembros de la clase.

Don Quijote ataca un molino, Jean-Honoré Fragonard

Conexión con el inglés

Influencias del español

Cada lengua se apropia elementos de otras lenguas. Aquí tienes unas palabras de uso corriente en inglés que son españolas. ¿Las reconoces?

adiós	corral	piñata
adobe	coyote	plaza
alfalfa	fiesta	pronto
arroyo	mariachi	rodeo
bronco	meseta	sarape
burro	mesquite	sierra
café	palomino	siesta
cantina	patio	sombrero

Barrio Viejo, Tucson, Arizona

Regionalismos

En el mundo anglohablante también existen variaciones en el uso de vocablos. Aquí tenemos unas diferencias entre el inglés de los Estados Unidos y el inglés británico.

EE.UU.	Inglaterra
on Monday	on the Monday
set the table	lay the table
cookie	biscuit
public school is a private school	state school
She majored in biology	she read biology
divided highway	dual carriage way
freeway, expressway	motorway
trunk (of a car)	boot
hood	bonnet
fender	mudguard, wing
parking lot	carpark
truck	lorry
overpass	flyover
gas	petrol
apartment building	block of flats
bathroom	loo
cell phone	mobile
call on the phone	ring up
baby carriage	pram
vacation	holiday
elevator	lift

Capítulo 13

Lo indígena

Objetivos

En este capítulo vas a:

✿ estudiar algunos grupos precolombinos importantes

✿ estudiar lo que es el gobierno y sus diferentes formas

✿ aprender el imperfecto de los verbos regulares e irregulares; estudiar la pronunciación y ortografía de la *y* y *ll*

✿ leer *¿Quién sabe?* de José Santos Chocano y *Enriquillo* de Manuel de Jesús Galván

✿ comparar el tiempo pasado en inglés y en español

Una manada de llamas en el altiplano peruano

Historia y cultura

Lectura

Vocabulario para la lectura

Estudia las definiciones de las siguientes palabras.

la alfarería el arte de crear vasijas de barro

la choza un tipo de cabaña cubierta de ramas o paja, un bohío

el culto el homenaje, el honor dado a los dioses

el mito la leyenda, una narración fabulosa de algo que ocurrió en un tiempo pasado remoto

el relevo la sustitución, el reemplazo, uno que toma el lugar o responsabilidad de otro

sanguinario feroz, inhumano

agrupar reunir, formar en grupos

asimilarse incorporarse

desempeñar llevar a cabo, cumplir, llenar o representar

vagar andar sin tener un destino fijo

Choza de piedra, Santa Rosa, Perú

Glow Images

Poder verbal

ACTIVIDAD 1 ¿Qué palabra necesito? Completa.

1. Algunos grupos indígenas no lucharon y se ____ con los españoles.
2. En esa cultura, los sacerdotes ____ un papel muy importante.
3. Ellos dirigen el ____ a los diferentes dioses.
4. Todos los vecinos se ____ en un solo lugar para rendir culto a sus dioses.
5. Después, ellos regresan a sus ____ cubiertas de ramas.
6. Algunos son artesanos que practican la ____, creando preciosas vasijas de barro.
7. No sabemos si es verdad lo que dicen sobre el origen de los aborígenes o si es sólo un ____.
8. Pero sí sabemos que ellos tuvieron que ____ por todo el territorio antes de encontrar el lugar en donde establecerse.
9. Los guardias del templo esperan el ____ que vendrá a reemplazarlos.
10. Uno de los dioses es muy ____; insiste en sacrificios humanos.

ACTIVIDAD 2 Palabras emparentadas ¿Cuál es una palabra relacionada?

1. la mitología
2. la sangre
3. el grupo
4. el vagabundo
5. similar

Lectura 🎧

Poblaciones indígenas de Latinoamérica

Los incas

Según la leyenda, los primeros incas fueron creados por Inti, el dios Sol. Se llamaban Manco Cápac y Mama Ocllo. El dios Inti los colocó en el lago Titicaca. Les dio una vara de oro y les dijo que se establecieran en el lugar donde la vara, al enterrarla, desapareciera. En un valle fértil y bello, hundieron la vara y desapareció. En aquel lugar fundaron la ciudad de Cuzco, la capital del imperio incaico.

El imperio incaico se extendió por casi toda la costa occidental de la América del Sur—Ecuador, Perú, Bolivia, el norte de Chile y Argentina. El emperador de los incas se llamaba el Inca. El Inca siempre estaba al tanto de lo que sucedía en todo el imperio. Los incas tenían un sistema excelente de carreteras que unían a Cuzco con todo el imperio. Los chasquis eran mensajeros que corrían grandes distancias llevando órdenes y noticias. Como en una carrera de relevos o de postas, el chasqui pasaba la información a otro que luego seguía corriendo. Los chasquis llevaban quipus. Como los incas no tenían un sistema de escritura perfeccionado, inventaron un sistema de cordones y nudos de varios colores. Estos cordones y nudos, llamados quipus, transmitían datos e ideas. El idioma de los incas era el quechua, y hoy día los indígenas descendientes de los incas en Perú, Ecuador y Bolivia siguen hablando quechua.

La base de la estructura social de los incas era el ayllu. Las familias vivían en grupos de diez. Las dirigía un líder. Él supervisaba su trabajo y mantenía la disciplina. Estas unidades de diez familias luego se agrupaban en un ayllu. Las familias de un ayllu compartían la tierra, los animales y la comida.

El Inca era también la máxima autoridad religiosa. Era el representante en la tierra del Sol. La base de la religión incaica era el culto al Sol, o al Inti.

(t)©Eduardo Mariano Rivero/Alamy, (b)Bartosz Hadyniak/Getty Images

Una máscara ceremonial peruana

El hombre lleva ropa tradicional en la Isla de Taquile, Puno, Perú.

Los aztecas

Hay muchas leyendas y mitos que explican el origen de los aztecas en el valle de Anáhuac, actualmente el Valle de México. Una dice que los aztecas vinieron del norte de México y en el año 1168 su dios principal, Huitzilopóchtli, les dijo que abandonaran el territorio donde vivían y que construyeran una nueva ciudad donde encontraran un águila sobre un cacto con una serpiente en la boca. Por años los aztecas estuvieron vagando por México y finalmente en el año 1200 llegaron al valle de Anáhuac donde vivían los toltecas, un grupo culto y poderoso. Los aztecas iban asimilando la cultura, religión y arte de sus vecinos. Y según la leyenda los aztecas fundaron su capital Tenochtitlán, actualmente la Ciudad de México, en 1325 en una isla pequeña del lago de Texcoco en el Valle de Anáhuac porque allí encontraron un águila sobre un cacto devorando una serpiente. En ese lugar construyeron una ciudad maravillosa de muchas lagunas.

La mujer lleva un tocado azteca

Los aztecas vivían en pequeñas chozas techadas de pajas y hojas. Comían maíz, frijoles y chiles. Su bebida favorita era el chocolatl, de donde viene la palabra *chocolate*. En el tiempo libre se dedicaban a la alfarería y confeccionaban preciosos tejidos. Hacían diseños en algodón, maguey, piedra, etc.

La religión desempeñaba un papel importante en la vida de los aztecas. Adoraban a muchos dioses: el Sol, la Luna, la Tierra, la Lluvia. Pero la religión azteca era sanguinaria y las ceremonias siempre terminaban con sacrificios humanos. Los aztecas eran guerreros feroces y consultaban con su dios de Guerra antes de entrar en batalla.

Un chamán azteca

Los aztecas dejaron contribuciones importantes en el campo del arte. El famoso calendario azteca es una obra de arte magnífica. Es uno de los objetos arqueológicos más famosos del mundo. Además de ser una obra artística, el calendario da testimonio del gran conocimiento que tenían los aztecas de la astronomía y las matemáticas.

Un calendario azteca de piedra

Comprensión

A **Comprendiendo nueva información**
Al leer un texto histórico vas a
encontrar palabras y conceptos nuevos
cuyo significado se entiende por el
contexto en que aparecen o porque el
texto mismo los define. Identifica las
siguientes personas o cosas que
aparecen en el texto que acabas de leer.

1. el Inti
2. Cuzco
3. el Inca
4. los chasquis
5. los quipus
6. el ayllu
7. Anáhuac
8. Huitzilopóchtli
9. los toltecas
10. Tenochtitlán

Pirámide de los Nichos,
El Tajín, Veracruz, México

B **Reconociendo lo importante en un texto** Recuerda que una
de las estrategias que ayudan a comprender un texto es
enfocar en los títulos interiores o subtítulos. ¿Cuáles son
los subtítulos en este texto? Se refieren a dos de los
grupos indígenas más importantes, los incas y los
aztecas. En ambos casos las descripciones comienzan
con leyendas. En tus propias palabras describe la
leyenda del origen de los incas y la de la fundación de
Tenochtitlán por los aztecas.

C **Palabras calientes** En la selección sobre
los indígenas de Latinoamérica hay
varias palabras calientes relacionadas
con el tema. Son: **el imperio, la
religión, la leyenda.** ¿Qué importancia
tienen estas palabras con respecto a los
incas y aztecas?

D **Conectando con la gramática** Haz una
lista de todos los verbos en el tiempo
pretérito que puedas encontrar en la
lectura. El primer ejemplo ocurre en la
primera oración: **fueron.**

La joven peruana lleva ropa tradicional en el valle
sagrado de Urubamba, Perú

Conocimientos para superar

Conexión con los estudios sociales

Para el estudio de la política y los gobiernos es importante comprender cierta terminología. Algunas palabras básicas son: la anarquía, la democracia, el partido político, el voto, la constitución, los derechos, los poderes, el parlamento, la dictadura. Busca las definiciones de estas palabras antes de comenzar la lectura.

Hill Street Studios/Getty Images

El gobierno y la política

Según el gran historiador británico Arnold J. Toynbee ha habido veintiuna grandes civilizaciones a través de la historia. A estas habría que añadir un número mayor de sociedades primitivas. Las instituciones políticas con autoridad para hacer y hacer respetar las leyes, es decir, los gobiernos, han existido tanto en las sociedades primitivas como en las avanzadas. Las formas y procedimientos han variado, pero la evidencia de los sociólogos e historiadores nos indica que alguna forma de gobierno es indispensable para el funcionamiento de la vida común. Sin gobierno hay anarquía o caos.

Los gobiernos, como toda institución social, varían mucho. La geografía, el clima, la historia, las costumbres, los recursos y el nivel de desarrollo son factores que influyen en las diferencias. Por eso se ve que las formas de gobierno que tienen gran éxito en una sociedad, cuando se trasladan a otra, pueden resultar en un rotundo fracaso.

Gobiernos democráticos

En los países democráticos, como Estados Unidos, muchos países europeos, latinoamericanos y asiáticos, el pueblo tiene el derecho al voto. Todo ciudadano mayor de edad tiene el derecho al voto. Es decir que pueden votar en las elecciones nacionales y locales. Cada partido político apoya a su candidato. En muchos países hay dos o más partidos políticos. Es posible que haya también candidatos independientes. El candidato que recibe la mayoría de los votos es elegido presidente, senador, congresista, gobernador, alcalde o lo que sea.

Un centro de votación en Redondo Beach, Los Ángeles, Estados Unidos

La Constitución

El presidente de Estados Unidos, por ejemplo, es el jefe ejecutivo del gobierno. La responsabilidad primordial del gobierno es la de proteger los derechos del pueblo. La Constitución es la ley fundamental escrita de la organización del Estado o de la nación. La más antigua de estas constituciones es la estadounidense, que data de 1787. Sirvió de modelo a muchas constituciones, incluyendo a las de muchas de las repúblicas latinoamericanas. La Constitución está organizada sistemáticamente en secciones, títulos y artículos. La Constitución de Estados Unidos dice:

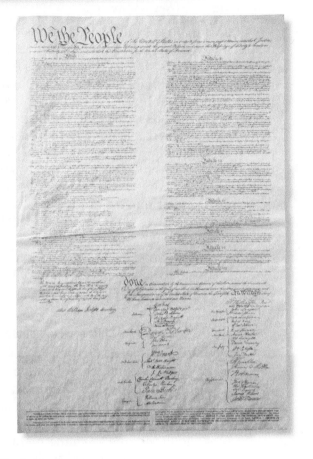

Artículo 1: Sección 1: *Todos los poderes legislativos otorgados por esta Constitución residirán en un Congreso de los Estados Unidos que se compondrá de un Senado y de una Cámara de Representantes.*

Así, en Estados Unidos rige el sistema bicameral—un Congreso formado por un Senado y una Cámara de Representantes.

La Constitución de cada estado indica quienes desempeñarán las funciones políticas más importantes, la forma para determinar la selección de las personas que tendrán esos cargos y los procedimientos para enmendar la misma constitución. El sistema parlamentario prevalece en muchos estados democráticos pero no todos los sistemas parlamentarios son los mismos. El parlamento puede ser bicameral, en el caso de Gran Bretaña y Francia, o unicameral—de una sola Cámara de Representantes (Diputados), en el caso de Costa Rica.

En Costa Rica tanto el presidente como los diputados son elegidos cada cuatro años como en Estados Unidos. En Francia, los ciudadanos eligen por sufragio universal al presidente cada cinco años y el presidente nombra a un primer ministro. Gran Bretaña no tiene presidente y los ciudadanos eligen por sufragio universal a los miembros del parlamento y el partido político mayoritario del parlamento escoge al primer ministro. En países que tienen el mismo sistema que Gran Bretaña existe la posibilidad de no tener un partido mayoritario y varios partidos tienen que unirse para formar una coalición. Luego los partidos de la coalición seleccionan al primer ministro. De vez en cuando la oposición se pone muy en contra de la política del primer ministro. En algunas circunstancias el primer ministro pide el voto de confianza de todos los miembros del parlamento. Y a veces recurre al pueblo con un plebiscito o referéndum. Los ciudadanos votan indicando si están a favor o en contra de la política del primer ministro. Si la mayoría está a favor del primer ministro, este sigue en su cargo; y si la mayoría está en contra, el primer ministro renuncia a su cargo y el parlamento tiene que escoger a otro para reemplazarlo.

Gobiernos autocráticos

No todos los países tienen gobiernos democráticos. En muchos hay gobiernos autocráticos o despóticos. Son dictaduras. El jefe de una dictadura es el dictador o a veces una junta militar. Bajo un régimen autocrático es común que los ciudadanos no tengan el derecho al voto ni la libertad de palabra. En algunos casos el dictador derroca a un gobierno democrático y revoca la constitución para instalarse en el poder. Si el pueblo no quiere tolerar al gobierno, habrá manifestaciones y sublevaciones. En este caso no es raro que el gobierno declare la ley marcial. A veces imponen un toque de queda, es decir que los ciudadanos no pueden salir a la calle después de una hora determinada.

Fidel Castro llega a Washington D.C.

Comprensión

A Poder verbal Pareo Parea cada palabra con su definición.

1. tipo de asamblea legislativa
2. dominio que uno tiene para mandar
3. sistema de gobierno en el cual el pueblo tiene el derecho de participar
4. gobierno que se ejerce fuera de las leyes constitutivas de un país
5. falta de todo gobierno, confusión, desorden
6. derecho que tiene el pueblo de elegir a sus líderes
7. agrupación política de los que siguen la misma opinión o interés
8. ley escrita fundamental de un Estado

a. el poder
b. el parlamento
c. el voto
d. la anarquía
e. la democracia
f. la dictadura
g. el partido político
h. la constitución
i. los derechos

B Buscando información Contesta.

1. ¿Por qué es necesario tener alguna forma de gobierno?
2. ¿Cuáles son algunos factores que influyen en la organización del gobierno?
3. En una forma democrática de gobierno, ¿qué derecho tiene el pueblo?
4. ¿Quién selecciona a los candidatos?
5. ¿Qué es el presidente de Estados Unidos?
6. ¿Cuál es la responsabilidad primordial del gobierno?
7. ¿Qué es la Constitución?

Conocimientos para superar

8. ¿Puede un parlamento ser bicameral o unicameral?

9. ¿Son todos los sistemas parlamentarios los mismos?

10. En Gran Bretaña, ¿a quiénes eligen los ciudadanos?

11. ¿Quién escoge al primer ministro?

12. ¿Cuándo pide el primer ministro un voto de confianza o un plebiscito?

13. ¿Quién es el jefe de un gobierno autocrático?

14. ¿Qué tiene lugar si el pueblo no puede tolerar la política de un gobierno autocrático?

15. A veces, ¿qué declarará el gobierno? ¿Qué impondrá?

C Comparando Explica la diferencia.

1. un gobierno democrático y un gobierno autocrático
2. un sistema unicameral y un sistema bicameral
3. los sistemas parlamentarios de Costa Rica, Francia y Gran Bretaña

D Explicando y parafraseando En tus propias palabras explica lo que dice el *Artículo 1, Sección 1 de la Constitución de los Estados Unidos*.

E Usando lo ya aprendido A ver lo que sabes del gobierno. Contesta las siguientes preguntas.

1. ¿Cuáles son los dos partidos políticos principales de Estados Unidos?

2. ¿Quién es el presidente de Estados Unidos actualmente? ¿A qué partido político pertenece?

3. ¿Quién es el gobernador de tu estado?

4. ¿Cuántos senadores tiene cada estado?

5. ¿Quiénes son los senadores de tu estado?

6. ¿Cuántos congresistas hay en la Cámara de Representantes?

7. ¿Quién es tu congresista o representante?

8. ¿Quién es el alcalde o la alcaldesa de tu pueblo o ciudad?

Capitolio, Washington, D.C.

Gramática y lenguaje

Visit **ConnectEd** for additional practice

El imperfecto

1. El imperfecto, igual que el pretérito, es un tiempo pasado. Se usa para expresar una acción habitual o repetida en el pasado. No se sabe precisamente cuándo empezó ni cuándo terminó.

   Él siempre me hablaba por teléfono.
   Me llamaba casi todos los días.

2. Se usa también para expresar una emoción o un estado de ánimo en el pasado.

   El niño tenía miedo.   No estábamos contentos.

3. El imperfecto se usa para describir en el pasado.

El señor estaba en la calle Sol.	(colocación)
Tenía unos 25 años.	(edad)
Era alto y delgado.	(apariencia)
Estaba muy cansado.	(condición física)
Tenía ganas de dormir.	(actitudes y deseos)
Eran las diez de la noche.	(hora)
Hacía frío y nevaba.	(tiempo)

El muchacho estaba muy solito, ¿no?

4. Estudia las formas de los verbos regulares en el imperfecto.

	PRIMERA CONJUGACIÓN	SEGUNDA Y TERCERA CONJUGACIONES	
yo	hablaba	comía	vivía
tú	hablabas	comías	vivías
él, ella, Ud.	hablaba	comía	vivía
nosotros(as)	hablábamos	comíamos	vivíamos
vosotros(as)	hablabais	comíais	vivíais
ellos, ellas, Uds.	hablaban	comían	vivían

   Nota que las terminaciones de los verbos de las segunda y tercera conjugaciones son las mismas.

5. Los únicos verbos irregulares en el imperfecto son **ser, ir** y **ver.**

	SER	IR	VER
yo	era	iba	veía
tú	eras	ibas	veías
él, ella, Ud.	era	iba	veía
nosotros(as)	éramos	íbamos	veíamos
vosotros(as)	erais	ibais	veíais
ellos, ellas, Uds.	eran	iban	veían

ACTIVIDAD 1

Vacaciones de verano Contesta.

1. ¿Siempre pasabas algunos días de verano en una playa o piscina (alberca)?
2. ¿Nadabas mucho?
3. ¿Ibas con tus amigos?
4. A veces, ¿esquiaban ustedes en el agua?
5. ¿Buceaban?
6. ¿Tomaban ustedes un refresco cuando tenían sed?
7. ¿Qué pedían en el café?

Nerja, España

ACTIVIDAD 2

¿A qué escuela? Completa.

José: Julia, ¿a qué escuela __1__ (tú) (asistir) cuando __2__ (tener) seis años?

Julia: Yo __3__ (asistir) a la escuela Asenjo.

José: No lo creo. Tú y yo __4__ (asistir) a la misma escuela y no nos __5__ (conocer).

Patio de recreo en una escuela primaria, Barcelona, España

ACTIVIDAD 3

José y Julia Contesta según la conversación.

1. ¿A qué escuela asistía Julia?
2. ¿Cuántos años tenía cuando asistía a esa escuela?
3. ¿Lo creía José?
4. ¿A qué escuela asistía él?
5. ¿Asistían a la misma escuela?
6. ¿Se conocían en la escuela?
7. ¿No sabía José que ellos asistían a la misma escuela cuando tenían la misma edad?

ACTIVIDAD 4

Don Quijote y Sancho Panza Contesta según se indica.

1. ¿De dónde era Sancho Panza? (de la Mancha)
2. ¿Cómo era don Quijote? (alto y flaco)
3. ¿Cómo estaba el pobre don Quijote? (loco)
4. ¿Qué quería conquistar? (los males del mundo)
5. ¿Cómo se llamaba su caballo? (Rocinante)
6. Y su escudero, ¿cómo se llamaba? (Sancho Panza)

Más sobre el imperfecto

1. ¡Ojo! Hay que tener cuidado con la pronunciación y por consiguiente con la ortografía con la forma de **nosotros** en el imperfecto. Hay muchos que cambiamos la **m** en **n**.

CORRECTO	INCORRECTO
cantábamos	cantábanos
íbamos	íbanos
salíamos	salíanos

2. ¡Ojo! El cambio radical que existe en el presente y/o el pretérito no existe en el imperfecto. Ningún verbo tiene cambio radical en el imperfecto.

CORRECTO	INCORRECTO
teníamos	tieníamos
dormíamos	durmíamos, durmíanos
pedían	pidían
podías	pudías

3. Ten mucho cuidado con los verbos **caer** y **traer** en el imperfecto.

CAER	caía	caías	caía	caíamos	caíais	caían
TRAER	traía	traías	traía	traíamos	traíais	traían

Hay muchos que cometen errores con estos verbos.

CORRECTO	INCORRECTO
caía	cayía, caiba
traías	trayías, trajías, traibas

4. ¡Ojo! El imperfecto de la expresión impersonal **hay** es **había**. **Había** no cambia nunca. Va seguido de una forma singular o plural. Hay muchos entre nosotros que queremos decir **habían** cuando va seguido de una forma plural. ¡Mucho ojo! No es correcto.

CORRECTO	INCORRECTO
Había dos.	Habían dos.
Había muchos alumnos.	Habían muchos alumnos.

Ellos siempre pedían una raspadilla cuando iban a la playa.

ACTIVIDAD 5 Formas Escribe las siguientes formas del imperfecto.

1. nosotros / hablar
2. nosotros / venir
3. nosotros / ser
4. yo / poder
5. tú / pedir
6. ellos / preferir
7. yo / decir
8. ellos / dormir
9. tú / poder
10. nosotros / poder
11. ellos / traer
12. tú / traer
13. yo / caer
14. ella / caer

ACTIVIDAD 6 Todo incorrecto Vas a ser redactor(a). Corrige los errores.

1. Él me lo dicía.
2. Quiería yo pero no pudía.
3. Ella trayía mucha carga y se caiba.
4. Cantábanos y bailábanos muy bien.
5. Nos acostábanos tarde y nos levantábanos temprano.

ACTIVIDAD 7 En el pasado Escribe las siguientes oraciones en el pasado.

1. No hay mucho tráfico en la autopista.
2. Hay muchos recados en su despacho.
3. Hay a lo menos cinco.
4. Hay seis hijos en la familia.
5. Hay una computadora en cada aula.

Entre Coquimbo y La Serena, Chile

Pronunciación y ortografía

La y y la ll

1. La **y** y la **ll** se pronuncian de varias maneras. Su pronunciación depende de la región en que vivimos o de donde venimos. Pero en todos casos el mismo regionalismo que existe en la pronunciación de la **y** existe en la pronunciación de la **ll**. Es decir que la **y** y la **ll** siempre se pronuncian igual. Así tenemos que tener mucho cuidado en diferenciar entre la **ll** y la **y** cuando escribimos.

y	ll
ya	llama
yo	llega
desayuno	botella
ayuda	pastilla
playa	cepillo
yace	rollo
yeso	toalla
	lluvia
	llanto
	lloro

Una tortilla española

El desayuno

2. **¡Ojo!** Hay hablantes que tienden a comerse la **ll** y como consecuencia no escribirla.

CORRECTO	INCORRECTO
silla	sía
anillo	anío
rodilla	rodía
tortilla	tortía
cepillo	cepío

3. ¡Ojo! A veces unos quieren agregar una **y** donde no existe.

CORRECTO	INCORRECTO
creo	creyo
creer	creyer
caer	cayer
traer	trayer
oír	oyír

Él cree todo lo que oye.

ACTIVIDAD 8 Dictado Prepárate para un dictado.

1. Él llama al maletero que llega enseguida.
2. Tengo una botella de pastillas.
3. Yo no como tortillas con el desayuno.
4. Ya hay bastante lluvia.
5. Dejó caer el anillo debajo de la silla en la playa.

El señor hace mucho trabajo.

ACTIVIDAD 9 Redacción Corrige todos los errores.
Sé buen(a) redactor(a).

1. Ea yegó aser mucho trabajo importante.
2. Ea yegó acer presidente de la compañía.
3. Nos ace falta un royo de papel igénico.
4. Te voy a dicir una cosa. No creyo que
   ea tenga un anío como ese.

Ella ayuda al joven a llenar el formulario.

¿Quién sabe? de José Santos Chocano

◆ **Vocabulario para la lectura**

Estudia las siguientes definiciones.

la codicia avaricia, egoísmo

la fatiga cansancio, agotamiento

audaz intrépido, atrevido, descarado

fulgor brillo, brillantez, resplandor

enigmático misterioso, incomprensible, inexplicable

taciturno silencioso, callado, triste

ignorar no saber, desconocer

implorar rogar, suplicar, pedir

labrar cultivar, trabajar

¿Quién tiene
más fatiga?

Y, ¿quién tendrá
más codicia?

Poder verbal

ACTIVIDAD 1 ¿Cuál es otra palabra? Expresa de otra manera.

1. El campesino *cultiva* la tierra.
2. Es difícil saber lo que está pensando porque siempre tiene una expresión *misteriosa*.
3. Nunca habla; es *muy callado*.
4. Yo le *suplico* que hable, que diga algo.
5. Pero parece que él *no sabe* lo que le digo, que no entiende.

ACTIVIDAD 2 Sinónimos Da otra palabra.

1. cansancio   3. atrevido
2. avaricia   4. brillo

Nota biográfica

José Santos Chocano (1875–1934) nació en Perú. Durante su vida tumultuosa viajó por muchos países de Latinoamérica y vivió varios años en Madrid. En sus poesías Chocano canta las hazañas de su gente y describe la naturaleza americana: los volcanes, la cordillera andina y las selvas misteriosas.

Chocano se sintió inca. Él quería ser indio y español a la vez. Esa fusión de lo indígena y lo español la sentía en sus venas. Una de sus abuelas descendía de un capitán español y la otra era de una familia inca. La voz del poeta era la de un mestizo que conocía a su gente y su tierra.

En una de sus poesías él dijo: «Soy el cantor de América, autóctono y salvaje.» Dijo también, «Walt Whitman tiene el Norte, pero yo tengo el Sur».

¿Quién sabe? 🎧

de José Santos Chocano

◆ • ◆ • ◆

1 —Indio que labras con fatiga
tierras que de otros dueños son:
¿Ignoras tú que deben tuyas
ser, por tu sangre y tu sudor?
5 ¿Ignoras tú que audaz codicia,
siglos atrás te las quitó?
¿Ignoras tú que eres el Amo?
—¡Quién sabe, señor!

—Indio de frente taciturna
10 y de pupilas sin fulgor.
¿Qué pensamiento es el que escondes
en tu enigmática expresión?
¿Qué es lo que buscas en tu vida?
¿Qué es lo que imploras a tu Dios?
15 ¿Qué es lo que sueña tu silencio?
—¡Quién sabe, señor!

Sillustani, Lago Umayo, Perú

En las afueras de Arequipa, Perú

Festival del Inti Raymi, Cuzco, Perú

Comprensión

A Conectando con la gramática En español cada pregunta va precedida de un signo de interrogación. En el poema que acabas de leer, cuenta e indica las preguntas que allí aparecen.

B Haciendo conexiones Tú ya conoces bastante sobre las civilizaciones indígenas y los conquistadores españoles. Teniendo todo eso en cuenta, explica por qué el poeta le dice al indio:

1. que las tierras deben ser suyas por su sudor y su sangre
2. que ya hace siglos que una audaz codicia le quitó sus tierras

C Parafraseando Di como el poeta expresa las siguientes ideas en el poema.

1. El indio parece melancólico.
2. Parece que no tiene alegría ni esperanza.
3. Tiene una mirada vaga y misteriosa.
4. Parece que está pensando en algo pero no se lo revela a nadie.

Enriquillo de Manuel de Jesús Galván

◆ **Vocabulario**

Estudia las siguientes definiciones.

la **pesquisa** la investigación

el **paradero** lugar donde está alguien

los **contornos** los alrededores

la **víspera** la noche anterior

la **matanza** acto de matar, quitarle la vida a uno

silvestre de la selva, del bosque

penoso difícil

escarpado de las alturas que tiene subida peligrosa

escasear faltar

Pixtal/age fotostock

Poder verbal

ACTIVIDAD 1 **¿Qué palabra necesito?** Completa.

1. No hay nada que comer. ___ muchos víveres.
2. Tenemos que buscar por los ___ para ver si podemos hallar su ___.
3. Sin hacer ___ activas nunca van a solucionar el crímen.
4. El 24 de diciembre es la ___ de la Navidad.
5. Es una situación muy ___. Es difícil y triste.
6. Se pueden comer muchas frutas ___.

ACTIVIDAD 2 Sinónimos ¡Otra palabra! Da una palabra relacionada.

1. parar
2. matar
3. escaso
4. selva
5. pena

Introducción

Manuel de Jesús Galván nació en Santo Domingo en enero de 1834. Fue político, periodista, novelista, y diplomático.

Galván está considerado como el mejor novelista histórico dominicano. Su obra maestra es **Enriquillo** que narra la sublevación del indio Enriquillo contra los españoles. La novela se publicó por primera vez en 1879 pero Galván no estaba contento con esta edición y redactó la novela. Su publicación definitiva salió en 1882.

Manuel de Jesús Galván murió en San Juan de Puerto Rico en diciembre de 1910.

Lectura

Enriquillo
◆ · ◆ · ◆

Estrategia de lectura
Identificando al hablante Cuando leas el cuento ten en mente al narrador, la persona que habla. ¿En qué persona es la narración, primera o tercera? ¿Es la persona que habla el protagonista o sólo un observador? ¿Tiene un punto de vista o sencillamente narra los hechos?

1   Muchos días de activas pesquisas fueron necesarios para llegar a descubrir el nuevo paradero de los indios: otros tres asaltos con igual éxito resistió Guaroa, y logró evadirse con todos los suyos como la primera vez.

5   Pero no consiguieron escapar de igual modo a la persecución cada vez más apremiante y activa del hambre. Entre aquellas breñas había pocas siembras: las frutas silvestres, el mamey, la guanábana, la jagua y el cacheo escaseaban de más en más; las hutías e iguanas no

10   bastaban a las necesidades de la tribu, y era preciso buscar otra comarca más provista de víveres, o morir.

breñas tierras pobladas de maleza

El jefe indio no vaciló: los merodeadores que pocos días antes habían logrado huir de las manos de los españoles en el campo de maíz, en las inmediaciones del río

15   Pedernales, recibieron órdenes de ir a explorar aquel mismo contorno, para determinar el punto preciso que ocupaban los conquistadores en esa parte de la costa, y el número de sus soldados.

merodeadores los que vagan por un sitio en busca de algo

Las prudentes instrucciones de Guaroa, fielmente

20   ejecutadas, dieron por resultado el regreso feliz de los exploradores al cabo de tres días: hacia la boca del río, según lo que refirieron, los españoles tenían una guardia como de veinte hombres: de éstos una ronda de ocho individuos salía todas las mañanas a recorrer los

25   contornos; pero al anochecer regresaban a su cuartel para pasar la noche todos reunidos.

El campo indio se puso en marcha aquella misma tarde con dirección a los maizales, adonde llegaron hacia la medianoche. El maíz fue brevemente cosechado hasta no

30   quedar una mazorca; y los indios, cargados de provisiones para algunos días, volvieron a internarse en las montañas, hacia el Este de Pedernales, aunque acamparon mucho más cerca de las siembras que cuando levantaron su campo de la víspera.

35   La ronda española echó de ver el despojo al día siguiente. Los pacíficos indios del contorno, interrogados por los españoles sobre la desaparición del maíz, no

sabían qué responder, y, en su afán de justificarse contra toda sospecha, ayudaron a los soldados a practicar investigaciones activas que muy pronto
40 hicieron descubrir las huellas de los nómadas nocturnos.

El oficial que tenía a su cargo el puesto de Pedernales despachó inmediatamente un correo a Diego Velázquez para advertirle lo que ocurría; pero este emisario, que era un natural del país, tardó muchos días en atravesar las montañas para llegar al campamento de los españoles, de
45 nuevo instalados en las orillas del Lago.

Diego Velázquez había regresado a este último sitio por más fértil y cultivado, con su tropa diezmada, hambrienta y extenuada por sus penosas marchas por aquellas casi inaccesibles alturas. Dio cuenta de su situación a Ovando, que permanecía en Jaragua, habiendo hecho al fin elección de
50 sitio y trazado el plan para la fundación de la villa de Vera Paz a corta distancia del Río Grande, y en las faldas de la Silla. El buen comendador creyó sin duda desagraviar a la Majestad Divina y descargar su conciencia del crimen de Jaragua, echando los cimientos de la iglesia y un convento de frailes franciscanos, al mismo tiempo que colocaba la primera piedra
55 de la casa municipal de la futura villa, y ordenaba la construcción de una fortaleza, que debía dominar la población desde un punto más escarpado, al Nordeste.

En estas ocupaciones le halló la misiva de su teniente Diego Velázquez, causándole extraordinaria indignación la audacia de los rebeldes indios.
60 Mandó al punto reforzar con cincuenta hombres al capitán español, y que fueran por mar a Pedernales otros veinticinco, para que reunidos a la fuerza que allá estaba, cooperaran enérgicamente en la nueva campaña que Velázquez emprendería entrando en la sierra por el lado del Norte. Estas fuerzas iban perfectamente equipadas, y provistas de víveres, que se
65 embarcaron en la carabela destinada a la costa del Sur una parte, mientras que la otra acompañaba al destacamento de tierra, llevada en hombros de los indios de carga.

Cuando todo estaba listo, y la carabela acababa de recibir su cargamento, un hombre, joven aún, de porte modesto al par que digno y majestuoso, un
70 español del séquito de Ovando, se presentó en el alojamiento de éste. Al verle, el gobernador manifestó grata sorpresa y exclamó en tono familiar y afectuoso:

—Gracias a Dios, Licenciado, que os dejáis ver después de tantos días. ¿Ha pasado ya vuestro mal humor y tristeza? Mucho lo celebraré.

75 El individuo tan benévolamente increpado contestó:

—Dejemos a un lado, señor, mis melancolías: de este mal sólo puede curarme la convicción de hacer todo el bien que está a mi alcance a mis semejantes. Y pues que, loado sea Dios, Vuestra Señoría está de acuerdo

diezmada destruida

faldas sectores bajos de una montaña

conmigo en que espiritual y materialmente conviene atraer con amor y
80 dulzura estos pobres indios de Jaragua, que todavía andan llenos de terror
por los montes, más bien que continuar cazándoles como bestias feroces,
contra toda ley divina y todo derecho humano...

—¿Volvéis a vuestro tema, señor Bartolomé? ¿Qué más queréis? Los
indios meditaban nuestro exterminio; su inicua reina trataba de
85 adormecernos pérfidamente para que sus vasallos nos degollaran en el seno
de su mentida hospitalidad; ¿y quisierais que hubiéramos tendido el cuello
a los asesinos como mansos corderos?

—Hablemos seriamente, señor me parece que sólo en chanza podéis decir
eso que decís; y esa chanza cuando aún humean las hogueras de Jaragua, es
90 más cruel todavía que vuestro juego del herrón y el signo sacrílego de tocar
vuestra venera para comenzar la matanza en aquella tarde funesta.

—Basta, señor Las Casas —dijo el Gobernador frunciendo el ceño-; os
estáis excediendo demasiado. Ya os he dicho que me pesa tanto como a vos
la sangre vertida, la severidad que he debido desplegar; pero si os hallaseis
95 en mi puesto, a fe mía, Licenciado, que haríais lo mismo.

Bartolomé de Las Casas se sonrió, al oír esta suposición, de un modo
original; el Gobernador pareció advertirlo, y repuso con impaciencia:

—Al cabo, ¿qué deseáis? ¿Qué objeto trae vuestra visita?

—Deseo, señor, acompañar la expedición a Pedernales; allí debe haber
100 crímenes que prevenir, lágrimas que enjugar, y mis advertencias tal vez
eviten muchos remordimientos tardíos.

—Estáis bueno para fraile, señor Bartolomé.

—Ya otra vez os he dicho, señor, que pienso llegar a serlo, con la ayuda
de Dios, y hago en la actualidad mi aprendizaje.

105 Ovando miró a su interlocutor, y algo de extraordinario halló en aquella
fisonomía iluminada por una ardiente caridad; pues le dijo casi con respeto:

—Id con Dios, señor Bartolomé de Las Casas, y no creáis que tengo mal
corazón.

El hombre ilustre que más tarde había de asombrar hasta a los reyes con
110 su heroica energía en defensa de la oprimida raza india, se inclinó
ligeramente al oír esta especie de justificación vergonzante, y contestó
gravemente:

—¡El Señor os alumbre el entendimiento, y os dé su gracia!

Formulado este voto salió con paso rápido, y dos horas después navegaba
115 con viento favorable en dirección a la costa del Sur.

inicua perversa

adormecernos
calmarnos

degollaran
cortaran la
garganta

Comprensión

1 Buscando información

1. ¿Fue fácil o difícil descubrir el nuevo paradero de los indios?
2. ¿Da que no pudieron escapar?
3. ¿Qué era preciso buscar?
4. ¿Qué tenían que precisar los indios?
5. ¿Tuvieron éxito?
6. ¿Qué hacían los soldados españoles al anochecer?
7. ¿Qué hizo el campo indio aquella tarde? ¿Adónde llegaron? ¿Cuándo?
8. ¿Qué vio la ronda española?

2 Explicando.

1. Explica lo que pasó entre los españoles y los indios pacíficos.
2. Explica lo que ordenó el oficial que tenía a su cargo el puerto de Pedernales.
3. Explica dónde permaneció Ovando y el plan que tenía.
4. Explica lo que quería hacer y por qué.
5. Explica lo que le causó a Diego Velázquez mucha indignación.
6. Explica lo que mandó hacer Velázquez y cómo iban a llegar a Pedernales.

3 Describiendo Describe lo más detalladamente posible la presentación del joven español en el alojamiento de Velázquez. Describe la conversación que entablaron los dos. ¿Cómo terminó la conversación?

4 Explicando.

1. Explica como contestó el joven Bartolomé a la pregunta que le hizo Velázquez "¿Qué objeto trae vuestra visita?"
2. Explica lo que quiere hacer el joven.

5 Analizando Analiza lo que le dijo Velázquez —"Estáis bueno para fraile, señor Bartolomé".; cómo contestó el joven Bartolomé y las últimas palabras de Velázquez – "No creáis que tengo mal corazón".

6 Personalizando Indica lo que piensas de los siguientes personajes.

1. Ovando
2. Diego Velázquez
3. Bartolomé de las Casas

7 Investigando El joven Bartolomé tomó las órdenes de los frailes dominicanos. Prepara una biografía corta del famoso Fray Bartolomé de las Casas, defensor de los derechos de los indígenas.

Escribir para persuadir

Uno de los propósitos por los que se escribe es hacer que el lector acepte nuestras ideas o punto de vista. Para que lo escrito sea eficaz, hay que presentar la información de manera lógica y consecuente. Hay que enfocar en aquello que apoya tu argumento y pasar por alto o contradecir todo lo que se opone.

El proceso de escribir

- **Identifica tu propósito** Antes de comenzar a preparar tu argumento, decide que es lo que quieres lograr. En este caso, será que los ciudadanos ejerzan el voto.

- **Declara tu demanda principal** Es esto una declaración que aclara tu propósito en escribir.

- **Identifica los datos de apoyo** Hazte preguntas para determinar si tienes la información de apoyo que necesitas. Por ejemplo, ¿por qué es importante que los ciudadanos voten? ¿Qué puede ocurrir si no votan? ¿Qué ejemplo hay de resultados negativos porque la gente no votaba?

Ahora, ¡te toca a ti!

ACTIVIDAD 1 Escribe una composición sobre el tema: *La importancia del voto y del gobierno*

ACTIVIDAD 2 Redacción y corrección Lee de nuevo tu escrito para editarlo. Haz las correcciones necesarias.

Ed Bock/CORBIS

El imperfecto

El imperfecto no se usa en inglés como en español. Muchos libros escolares para el aprendizaje del español en segundo idioma indican que el imperfecto en inglés se traduce por *was, were,* o *used to.* Esta explicación no es ni completa ni precisa. En la gran mayoría de los libros de gramática inglesa no aparece el término «imperfecto». Verás con más frecuencia el término «pasado progresivo».

Estudiaremos el uso de este tiempo en el Nivel 2 donde contrastamos el uso del imperfecto y el pretérito en español con el pasado sencillo y el pasado progresivo en inglés.

Oraciones sencillas

En inglés, igual que en español, una oración completa es un grupo de palabras que tiene sujeto y predicado y que expresa una idea o un sentido completo.

Una oración sencilla, llamada *a simple sentence* en inglés, tiene un sujeto completo y un predicado completo. El sujeto completo indica de quien o de que la oración se trata. El predicado completo dice lo que hace o lo que tiene el sujeto.

A veces indica como es el sujeto.

ORACIÓN SENCILLA

SIMPLE SENTENCE

SUJETO COMPLETO	PREDICADO COMPLETO
COMPLETE SUBJECT	COMPLETE PREDICATE
The Lions	*played their first game last year.*
This hometown team	*had lots of enthusiasm.*
The players	*were fabulous.*
Everyone	*enjoyed their games.*

The coach spoke and the players listened.

Oraciones compuestas

Una oración compuesta, llamada *compound sentence* en inglés, tiene dos o más oraciones sencillas *(simple sentences)*. Cada oración sencilla se llama una cláusula principal *(main clause)*. Una cláusula principal tiene un sujeto y un predicado y es independiente.

ORACIÓN COMPUESTA

COMPOUND SENTENCE

CLÁUSULA PRINCIPAL		CLÁUSULA PRINCIPAL
MAIN CLAUSE		MAIN CLAUSE
He went to work,	but	*his brother stayed home.*
I prepared dinner,	and	*my friends cleaned up.*
They had to try very hard,	or	*they would have lost.*

I prepared dinner, and my friends cleaned up.

Igual que en español la palabra que enlaza las dos cláusulas principales es una conjunción—llamada *conjunction* en inglés.

Capítulo
14

Comida y vida

Objetivos

En este capítulo vas a:

✿ estudiar la influencia de la geografía en la vida latinoamericana

✿ aprender los elementos necesarios para mantener la salud

✿ estudiar el pretérito y el imperfecto de verbos y cómo se usan para narrar una serie de eventos; estudiar regionalismos en la lengua; familiarizarte con el uso del pasado sencillo en inglés; estudiar la pronunciación y la ortografía de la letra **x**

✿ aprender lo que es una fábula y leer *El cuervo y el zorro* de Félix de Samaniego

Puerta del Reloj, Cartagena, Colombia

Historia y cultura

Lectura

La vida en Latinoamérica

A causa de la topografía y el clima de Latinoamérica, la naturaleza juega un papel muy importante en la vida diaria de sus habitantes. La mayoría de las grandes ciudades se encuentran en la costa porque las comunicaciones son más fáciles en las zonas litorales. Las grandes ciudades latinoamericanas ofrecen una vida comercial y cultural fascinante. Y en la costa no muy lejos de las ciudades hay magníficas playas a las cuales acuden los *jetsetters* en busca de diversiones y la buena vida. Mientras los porteños (los de Buenos Aires), caraqueños y limeños se aprovechan de todas las oportunidades de su ciudad y mientras los *jetsetters* en Acapulco, Viña del Mar y Punta del Este disfrutan de hoteles lujosos y días placenteros en un yate o playa, hay otros que sólo para subsistir tienen que trabajar duro contra grandes obstáculos naturales—como en la altiplanicie, por ejemplo.

Pulingue San Pablo, Chimborazo, Ecuador

Arquitectura moderna y tradicional en la Plaza de Armas, Santiago, Chile

La altiplanicie

La altiplanicie se extiende por una gran parte de la región occidental del continente sudamericano. Es una región árida y rocosa. Los pueblos pequeños de los aymara y quechua que habitan la altiplanicie se encuentran en valles rodeados de los indomables picos andinos. La inaccesibilidad del territorio y la tierra inapropiada para los cultivos y la cría de ganado hacen muy difícil la vida de los habitantes. Tienen la simpática llama como compañero fiel, bestia de carga y medio de transporte. Construyen sus casas con rocas, piedras

Caraballeda, Vargas, Venezuela

y tierra que encuentran en los alrededores. Y cuando llega la hora de comer, suelen preparar un plato a base de papas, uno de los pocos productos que crece fácilmente a esas alturas. El trabajo diario de la gente andina es más que trabajo. Es una lucha continua para subsistir en un ambiente solitario y riguroso.

Socabaya, Perú

Laguna Colorada, Altiplano, Bolivia

La zona selvática

Los que viven en las zonas selváticas de los ríos Amazonas, Orinoco y Paraná también luchan a diario para dominar una naturaleza salvaje. Aquí en las selvas tropicales donde pocas veces llega el sol hasta el suelo por el techo de espesa vegetación que brota de la tierra, los habitantes viven en contacto constante con víboras y parásitos tropicales. Durante la estación lluviosa ellos se enfrentan al fango de la jungla mientras sus compatriotas del altiplano luchan contra el frío y la aridez. Los habitantes de la jungla no construyen sus casas con piedra sino con la madera de los árboles de la selva. Las cubren con techos de paja. En muchos casos la casa no tiene paredes para así permitir que se ventile. Se construyen las casas sobre pilotes porque en ciertas estaciones la marea es tan alta que las aguas del río inundarían la casa si no estuviera elevada. Para subir y bajar de la casa hay una escalera. Y no muy lejos de la escalera está la canoa (o canoas) de la familia. La canoa es el medio de transporte más importante de la selva. Y si es difícil conseguir comida en las montañas, no lo es en la selva donde abundan las frutas, el arroz y los peces del río.

Iquitos, Perú

Las llanuras

La tierra de las llanuras de Venezuela y
Colombia y las pampas de Argentina y de
Uruguay son propicias para la agricultura
y la ganadería. Pero estas extensiones
interminables de tierra son monótonas y
le dan a uno una sensación de soledad y
tristeza. La falta de árboles deja al hombre
a la intemperie sin protección contra el
sol y la lluvia.

Los gauchos en La Pampa, Argentina

Fenómenos naturales

Hay también fenómenos naturales que preocupan al
latinoamericano—no sólo al habitante de las zonas rurales sino al
habitante de las ciudades también. Ya hemos aprendido algo de los
terremotos. Hay también muchos volcanes. Algunos que son muy
impresionantes son el volcán Irazú, cerca de San José, Costa Rica; el
Monte Momotombo, cerca de Managua; el Popocatépetl, el Iztaccíhuatl
y el Huizilopóchtili cerca de la Ciudad de México, el Osorno, cerca de
Puerto Montt, Chile y el Chimborazo cerca de Ambato, Ecuador. Cada
año miles de turistas visitan estos majestuosos volcanes. El volcán
Osorno entró en erupción en 1995. Siempre existe para los residentes
de estas ciudades la posibilidad de una erupción inesperada. Desde el
centro mismo de la bonita ciudad de Antigua, Guatemala, se pueden
ver tres volcanes que rodean la ciudad y miran hacia ella como dioses
supremos. Es fácil comprender por qué muchos de los descendientes
de las comunidades precolombinas que viven en estos ambientes
rezan a las fuerzas de la Madre Naturaleza.

Cuando tomamos en cuenta la importancia de las fuerzas de la
naturaleza en el destino del habitante latinoamericano, podemos
comprender por qué las grandes
figuras literarias como el ensayista
Domingo Faustino Sarmiento, los
novelistas Rómulo Gallegos y Jorge
Icaza y los poetas Andrés Bello y José
Santos Chocano, entre otros, tienden a
incluir detalladas descripciones de la
naturaleza, la flora y la fauna en sus
grandes obras literarias.

El volcán Osorno, Chile

Comprensión

A **Poder verbal** En un diccionario, busca la definición de las siguientes palabras.

1. la fauna
2. la flora
3. la intemperie

B **Buscando información** Contesta.

1. ¿Qué ofrecen las grandes ciudades latinoamericanas?
2. ¿Qué hay en la costa?
3. ¿Por dónde se extiende la altiplanicie?
4. ¿Cómo es esta región?
5. ¿Cuáles son algunos factores que hacen difícil la vida en la altiplanicie?
6. ¿Qué es la llama?
7. ¿Cuál es un producto importante de la altiplanicie?
8. ¿Cómo es la vegetación de las selvas tropicales?
9. ¿Cómo van de un lugar a otro los habitantes de la selva?
10. ¿Es difícil conseguir comida en la selva?
11. ¿Para qué son propicias las tierras llanas de partes de Venezuela, Colombia, Argentina y Uruguay?
12. ¿Cuáles son dos fenómenos naturales bastante frecuentes que le preocupan al latinoamericano?

Una llama en Machu Picchu, Perú

C **Comparando** Compara una casa típica de la selva tropical con la de la altiplanicie.

D **Discutiendo** Vamos a dividir la clase en dos grupos. Un grupo va a imaginar que vive en el altiplano y otro grupo va a imaginar que vive en la selva. Cada grupo presentará las ventajas y las desventajas de la región en que vive. Cada grupo va a discutir y comparar:

- el tiempo
- el clima
- la topografía
- su casa
- su indumentaria (ropa)
- su comida
- sus medios de transporte

Conocimientos para superar

Conexión con la salud

Nuestra salud es muy importante. Y es necesario saber preservarla porque si no gozamos de buena salud, no podemos gozar de la vida.

Desde hace siglos la gente se ha preocupado por la salud. En la antigüedad los egipcios tomaban baños frecuentes. Los hebreos tenían su día de descanso cada semana, lo cual era una medida que cuidaba de la salud igual que de la religión. Los antiguos griegos enfatizaban el ejercicio y los deportes así como el aseo y la dieta.

Higiene personal

Hoy en día se está hablando mucho del aseo personal. El aseo personal o la limpieza del cuerpo es esencial para mantener la salud. Debemos bañarnos o ducharnos con frecuencia y lavarnos las manos antes de cada comida. Y después de cada comida debemos lavarnos los dientes, cepillándolos con cuidado y completamente. Los dentistas nos aconsejan usar el hilo dental para evitar las caries.

Alimentos

Para mantener la salud tenemos que comer bien. En el pasado eran frecuentes las enfermedades causadas por deficiencias alimentarias. Hoy en día son menos comunes pero todavía hay gente que carece de uno o más alimentos esenciales.

El número de calorías que requiere una persona depende de su metabolismo y del nivel de su actividad física. La edad, el sexo, la estatura y las condiciones climatológicas también son factores. Los adolescentes, por ejemplo, necesitan más calorías que los ancianos

Aprendiendo a jugar tenis

porque suelen ser más activos. Los jóvenes necesitan muchas proteínas porque las proteínas son muy importantes durante el período de crecimiento. Las carnes y los huevos son buenas fuentes de proteína. Otros elementos importantes son los siguientes:

Los carbohidratos (azúcares) Los carbohidratos son la fuente de energía más eficaz para el cuerpo humano.

Los lípidos (grasas) Los lípidos son otra fuente importante de energía. Pero hay que controlar el consumo de lípidos porque en muchos individuos pueden elevar el nivel de colesterol.

Los minerales Los minerales son esenciales para el cuerpo humano. Los huesos y los dientes necesitan calcio. El hierro es esencial para la sangre.

Las vitaminas Las vitaminas son indispensables para el buen funcionamiento del organismo. Funcionan como catalizadores que permiten numerosas reacciones biológicas. Por ejemplo, los huesos necesitan vitamina D para usar el calcio. Las vitaminas que necesita el cuerpo son:

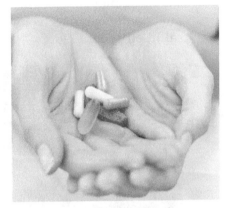

Algunas vitaminas pueden ayudar a prevenir problemas médicos.

VITAMINA	FUNCIONAMIENTO	FUENTE
A	el crecimiento, la vista, la piel	legumbres verdes y amarillas, hígado, leche, frutas amarillas
B	el crecimiento, el sistema nervioso, el consumo de carbohidratos, la producción de glóbulos rojos	carne, huevos, leche, cereales, verduras
C	el crecimiento, los huesos y los dientes, la cicatrización	frutas cítricas, tomates, lechuga
D	el consumo de calcio y fósforo para los huesos y dientes	leche, huevos, pescado
E	la formación de membranas celulares	aceites vegetales, huevos, cereales

Conocimientos para superar

Régimen

Lo más recomendable para mantenerse en buena salud es seguir un régimen alimenticio equilibrado y variado durante todo el año. Para mantenerse en buena forma física se debe hacer ejercicio casi todos los días. El ejercicio físico ayuda a mantenerse en forma y conservar la salud. La bicicleta, el *jogging*, los ejercicios aeróbicos y la natación pueden contribuir a mejorar mucho la salud mental tanto como la salud en general.

Dos "alpinistas" en Taos, Nuevo México.

Comprensión

A **Poder verbal** En la lectura, busca una palabra relacionada con cada una de las siguientes.
  1. la célula
  2. crecer
  3. la cicatriz
  4. ver
  5. funcionar
  6. consumir
  7. producir

B Explicando Explica lo que hacía la gente en las civilizaciones antiguas para gozar de buena salud.

C Dando direcciones Explica como nos aconseja el dentista cepillarnos o lavarnos los dientes.

D **Buscando hechos** Contesta.

    1. ¿De qué depende el número de calorías que requiere una persona?

    2. ¿Por qué necesitan más calorías los adolescentes que los ancianos?

    3. ¿Cuándo son importantes las proteínas?

    4. ¿Qué alimentos son fuentes de proteína?

Abuelito y su nieto van de pesca.

E **Explicando** En una sola oración di o escribe por qué son importantes los siguientes.

    1. los carbohidratos

    2. los lípidos

    3. los minerales

    4. las vitaminas

F **Haciendo una lista** Trabajando en grupos de cuatro, preparen una lista de los alimentos que van a comer en los próximos días. Indiquen las vitaminas que contiene cada uno.

G **Comparando** Prepara una lista de todos los comestibles que a ti te gustan mucho. Luego, sepáralos en dos grupos—los que son buenos para la salud y los que no tienen mucho valor nutritivo.

Gramática y lenguaje

Visit **ConnectEd** for additional practice

El pretérito y el imperfecto

1. El uso del pretérito o del imperfecto depende en muchos casos sobre lo que el narrador quiere decir. Depende si está refiriéndose a una acción terminada en un momento definido en el pasado o si está describiendo una acción continua o repetida en el pasado.

2. Vas a usar el pretérito para expresar una acción o un evento (acontecimiento) que empezó y terminó en un tiempo pasado específico.

> **Ella fue al mercado ayer.**
> **Conversó (charló, platicó) con los vendedores.**
> **Ella compró medio kilo de tomates y seis tajadas (rebanadas) de jamón.**
> **Yo fui anteayer y no compré nada.**

3. Vas a usar el imperfecto para hablar de una acción pasada habitual, continua o repetida. El momento en que empezó o terminó la acción no tiene importancia.

> **Doña Felisa iba al mercado con frecuencia.**
> **Cada vez que iba compraba lo que necesitaba.**
> **Y siempre saludaba a la gente que conocía.**

4. Compara las siguientes oraciones.

> ACCIÓN REPETIDA, HABITUAL
> **Ellos siempre vendían al por mayor.**
> **La empresa era muy rentable. Obtenían ganancias muy a menudo.**
> **Los accionistas estaban satisfechos de sus resultados.**

> ACCIÓN TERMINADA EN TIEMPO DEFINIDO
> **Él vendió su carro anteayer.**
> **Y ayer fue a comprarse uno nuevo.**

5. Vas a usar casi siempre el imperfecto para expresar procesos mentales en el pasado. Verbos que expresan tales procesos son:

creer	pensar
desear	preferir
querer	poder
tener ganas	saber

> **Él sabía lo que nosotros queríamos hacer.**
> **¿Tú lo creías?**
> **Yo quería salir porque pensaba que él prefería estar solo.**

ACTIVIDAD 1 ¿Cuándo? Escribe de nuevo cada oración cambiando **el otro día** en **a menudo.**

1. Él vino aquí el otro día.
2. Yo lo vi el otro día.
3. Carlos me lo repitió el otro día.
4. Recibimos una carta de él el otro día.
5. Él me llamó el otro día.

Una reunión importante

ACTIVIDAD 2 ¿Cuándo? Escribe de nuevo cada oración cambiando **repetidamente** en **hace dos días.**

1. Él nos visitaba repetidamente.
2. Ella me ayudaba repetidamente.
3. Yo iba allá repetidamente.
4. Ellos me lo decían repetidamente.
5. Tú comías allí repetidamente.

ACTIVIDAD 3 ¿Imperfecto o pretérito? Escribe de nuevo cada oración usando el imperfecto o el pretérito.

1. Ellos miraron la televisión anoche. (cada noche)
2. Juan estuvo aquí ayer. (el otro día también)
3. Fuimos allá el año pasado. (muy a menudo)
4. Comían en aquel restaurante todos los sábados. (el sábado pasado)
5. Yo lo veía de vez en cuando. (con frecuencia)
6. Anoche discutimos el mismo problema. (siempre)
7. El profesor lo repetía muchas veces. (una vez)
8. El director desapareció en 1940. (de vez en cuando)
9. Su padre siempre estaba enfermo. (por tres años)
10. Durante el último viaje, él pagó con tarjeta de crédito. (durante todos sus viajes)

ACTIVIDAD 4 Oraciones nuevas Escribe una oración original en el pasado usando cada una de las siguientes expresiones de tiempo.

1. ayer
2. el otro día
3. todos los días
4. el año pasado
5. cada semana
6. hace dos años
7. muy a menudo
8. repetidamente
9. el sábado
10. los sábados
11. en el siglo XV
12. frecuentemente

ACTIVIDAD 5 Yo Explica.

1. todo lo que querías hacer ayer
2. todo lo que hiciste ayer
3. lo que sabías hacer cuando tenías sólo diez años

En verano el vendedor ambulante trabajaba todos los días, Quito, Ecuador.

Gramática y lenguaje

Narrando una serie de eventos

1. No es raro que una sola oración tenga más de un verbo que expresa un evento pasado. Los verbos pueden estar en el mismo tiempo o en tiempos diferentes. En la oración que sigue los dos verbos están en el pretérito porque ambos expresan un evento terminado en un tiempo pasado definido.

Luisa llegó ayer y yo la vi enseguida.

2. En la oración que sigue, los tres verbos están en el imperfecto porque cada uno describe una acción pasada habitual o repetida. El momento en que empezó o terminó no tiene importancia.

Durante todos los fines de semana él iba a la playa a divertirse pero yo me quedaba en casa y trabajaba.

3. En la oración que sigue un verbo está en el imperfecto y el otro está en el pretérito. El verbo en el imperfecto describe lo que pasaba, lo que transcurría. El que está en el pretérito indica la acción, o sea, lo que intervino e interrumpió lo que transcurría.

Yo estudiaba cuando sonó el teléfono.

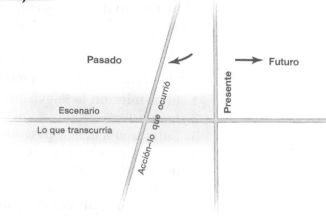

ACTIVIDAD 6 ¿Qué pasaba? Completa con la forma apropiada del pasado del verbo.

1. Unos amigos ____ mientras los otros ____ el sol. (nadar, tomar)
2. María ____ con su madre cuando yo ____. (hablar, entrar)
3. Ellos lo ____ cuando nosotros ____. (discutir, interrumpir)
4. Mi madre ____ la comida mientras mi padre ____ la mesa. (preparar, poner)
5. Yo ____ cuando ____ el teléfono. (dormir, sonar)
6. Ellos ____ cuando yo ____ por teléfono. (comer, llamar)
7. Mis padres ____ la televisión mientras yo ____. (mirar, estudiar)
8. Ellos ____ de las elecciones cuando yo ____ los resultados. (hablar, anunciar)
9. Cuando ellos ____ al aeropuerto, ____ buen tiempo. (llegar, hacer)
10. Unos ____ mientras otros ____. (bailar, cantar)

ACTIVIDAD 7 Una interrupción Escribe a lo menos seis oraciones en las cuales indicas lo que transcurría cuando algo intervino y lo interrumpió.

ACTIVIDAD 8 Se hacía al mismo tiempo. Escribe seis oraciones en las cuales describes lo que tú hacías mientras otro miembro de tu familia hacía otra cosa.

Regionalismos

Ya sabemos que nuestro idioma, el español, es la lengua de España, de los países latinoamericanos y de varias áreas de Estados Unidos. Es el idioma de muchas áreas geográficas y de muchos grupos étnicos. Por consiguiente es fácil comprender por qué hay en nuestro idioma lo que llamamos regionalismos. Un regionalismo puede consistir en una variación regional en la pronunciación o en el uso de una palabra. Un regionalismo en muchos casos es completamente normal y aceptable; de ninguna manera es un error.

Pronunciación

La pronunciación varía mucho de una región a otra. Estas variaciones de pronunciación existen en todos los idiomas. Mientras más gente habla el idioma, más variaciones habrá. En España, por ejemplo, la **c** y la **z** se pronuncian como la *th* en inglés. En algunas partes de España la **d** final de una palabra como **universidad** se pronuncia como *th;* en otras partes se pronuncia como una **t** y en otras se suprime; es decir que no se

Universidad Complutense de Madrid, Madrid, España

pronuncia. La **j** y la **g** en España suelen ser más fuertes que en Latinoamérica. Es un sonido muy gutural en España.

Ya sabemos que en Latinoamérica el sonido **th** que se oye en muchas partes de España no existe. En todo Latinoamérica se usa el seseo. En el Caribe y en otras regiones, la **s** se aspira. Es decir que no se pronuncia. En Argentina y Uruguay, la **y** y la **ll** se pronuncian casi igual que la *j* en el nombre inglés *Joe.* Todas estas variaciones son ejemplos de regionalismos, y los que los tienen no los deben tratar de cambiar.

Coche en una carretera en España

Uso de vocablos

El uso de vocablos (palabras) tiene variaciones también. Vamos a empezar una vez más con España. En España se dice **el coche,** no **el carro.** En gran parte de Latinoamérica **el coche** es considerado arcaico. En España uno **saca un billete,** no **compra un boleto.** Un alumno **sigue un curso,** no **toma un curso.** Uno baja en **el ascensor,** no baja en **el elevador. El camarero** te atiende en el «restorán», no **el mesero.** La lista es bastante larga.

Gramática y lenguaje

Como la América Latina es una región tan extensa, existen regionalismos en los distintos países latinoamericanos. Vamos a empezar con las palabras para automóvil. En Chile, Argentina, Uruguay y España se dice mayormente **coche.** En otros países latinoamericanos es un **carro,** pero en Cuba es una **máquina.** Si el nombre que se le da al automóvil cambia de país en país, igual ocurre con los nombres de las piezas del auto, los nombres de otros vehículos y de muchas otras cosas. ¡Vamos a ver! ¿Cuál es la palabra que tú usas?

> **la cajuela, el maletero, la maletera**
>
> **la goma, el neumático, la llanta, el caucho**
>
> **el carril, la banda, la vía, la pista, el canal, la mano**
>
> **el autobús, el bus, el ómnibus, el camión, la guagua, el micro,**
>   **el colectivo, la góndola**

¿Y en tu casa?

> **la manta, la frisa, la frazada, la cobija**
>
> **el dormitorio, el cuarto (de dormir), la recámara**
>
> **el grifo, el caño, la llave, la pluma, el robinete**

Todas estas palabras varían según la región. En la región donde se usan, son correctas, son aceptables y no es necesario cambiarlas o dejar de usarlas por ser más instruido y culto. En la próxima lección estudiaremos algunas cosas que debemos evitar.

ACTIVIDAD 9 **Buscando información** Contesta.

1. ¿Qué es un regionalismo?
2. ¿Por qué hay muchos regionalismos en español?
3. ¿Se debe evitar los regionalismos? ¿Por qué sí o no?
4. ¿Cómo se pronuncia «civilización» en España? Y, ¿en Latinoamérica?
5. ¿Cómo es la pronunciación de una **g** o **j** en España?
6. ¿Dónde se aspira la **s**? En estas áreas, ¿cómo se pronuncia «¿Cómo está usted?»?
7. En Argentina y Uruguay, ¿cómo se pronunciaría «Yo me llamo...»?

ACTIVIDAD 10 **Trabajando en grupos** Todas estas palabras son aceptadas en una u otra región del mundo hispanohablante. Si conocen la palabra, expliquen como la usan y lo que significa.

1. la guagua	11. cate
2. el zumo	12. el chico
3. el jugo de china	13. el chamaco
4. la naranja	14. el cojín
5. la estufa	15. la cola
6. la bata	16. la fila
7. andar	17. la colonia
8. platicar	18. la alberca
9. la carpa	19. la piscina
10. el cuate	20. mecate

Pronunciación y ortografía

Andrew Payti

La consonante **x**

Cuando la **x** va seguida de una consonante, se pronuncia **s**.

extremo   explicar   exclamar

La consonante **x** cuando se encuentra entre dos vocales se pronuncia **g-s**.

exacto   (eg-sacto)
éxito   (eg-sito)
examen   (eg-samen)
conexión   (co-neg-si-ón)

Pero a veces, aún entre vocales la **x** se pronuncia como **s**. Por eso, hay que tener cuidado de escribir bien cada palabra con **x** para y no cometer un error de ortografía.

exacto   (es-acto)

Montecristi, Ecuador

11 Dictado Prepárate para un dictado.

1. El extranjero exclama que baja en la próxima parada.
2. Él explica que va a tener mucho éxito en el próximo examen.
3. Él exige que expliques la conexión.

El cuervo y el zorro de Félix de Samaniego

◆ **Vocabulario para la lectura**

Estudia las siguientes definiciones.

las alabanzas elogios, complementos laudatorios

el adulador el que le admira a alguien al extremo

el fénix lo que es único en su especie

las lisonjas lo que se dice a otro para satisfacer su amor propio

donoso gracioso, gallardo

halagüeño que da muestras de admiración

hinchado vanidoso

repleto muy lleno, sobre todo una persona llena de comida

Poder verbal

ACTIVIDAD 1

Vanidad Prepara una lista de palabras que tienen que ver con la vanidad o el amor propio.

ACTIVIDAD 2

¿Qué palabra necesito? Completa.

1. Tiene apariencia de un galán. Es muy ____.
2. Le ha dicho tantas cosas ____ para mostrarle su admiración.
3. Es el ____ de los negocios. No hay nada ni nadie que lo supere.
4. Es más que admirador. Es ____.
5. A todos nos gusta recibir ____ o sea comentarios laudatorios.

ACTIVIDAD 3

Palabras emparentadas Da una palabra relacionada.

1. donaire
2. hinchar
3. alabar
4. adular
5. lisonjear

Introducción

Fábula: *Relato, cuento o apólogo generalmente en verso que oculta una enseñanza moral bajo el velo de la ficción.*

Ésta es la definición de fábula que se encuentra en el diccionario. Y en la literatura española hay dos fabulistas muy conocidos: Félix de Samaniego (1745–1801) y Tomás de Iriarte (1750–1791).

Vamos a leer una fábula de Samaniego. Samaniego estudió la obra de los maestros universales del género, los fabulistas Fedro, Esopo y La Fontaine. En sus *Fábulas morales*, escritas para los alumnos del seminario de Vergara, Samaniego ridiculiza los defectos humanos.

Al leer la fábula *El cuervo y el zorro,* se verá lo que hará uno para tener algo para comer. Al leer la fábula, decide el defecto que está ridiculizando el autor.

Prepárandote para la lectura

Ceres es la diosa romana de la agricultura y de la civilización. De ella viene la palabra *cereal.*

Estrategia de leer

Usando imágenes Antes de empezar a leer, mira el dibujo que acompaña la fábula. Mientras leas, piensa en todo lo que está haciendo el zorro para tentar al cuervo.

El cuervo y el zorro

◆ · ◆ · ◆

1 En la rama de un árbol
   bien ufano[1] y contento
   con un queso en el pico
   estaba el señor cuervo.

5 Del olor atraído
   un zorro muy maestro,
   le dijo estas palabras,
   a poco más o menos:

·····················
   [1]ufano muy ensimismado

«Tenga Usted buenos días,
10   Señor cuervo, mi dueño;
vaya que estáis donoso,
mono, lindo en extremo;
y digo lo que siento;
que si a tu bella traza²
15   corresponde el gorjeo³,
juro a la diosa Ceres,
siendo testigo el cielo,
que tú serás el fénix
de sus vastos imperios».
20   Al oír un discurso
tan dulce y halagüeño
de vanidad llevado,
quiso cantar el cuervo.
Abrió su negro pico,
25   dejó caer el queso;
el muy astuto zorro,
después de haberlo preso,
le dijo: «Señor, bobo,
pues sin otro alimento,
30   quedáis con alabanzas
tan hinchado y repleto,
digerid las lisonjas
mientras yo como el queso».

Quien oye a aduladores,
35   nunca espere otro premio.

....

²**traza** apariencia

³**gorjeo** son que
        se hace al cantar

Comprensión

A **Buscando información** Contesta.

1. ¿Qué le dice el zorro al cuervo para lisonjearlo y tentarlo a abrir la boca?
2. ¿Por qué quiere que el cuervo abra la boca?

B **Analizando** Contesta.

1. ¿Cuál es la moraleja (lección moral) de esta fábula?
2. ¿Cuál es el defecto humano que Samaniego está ridiculizando?

C **Conexión con la gramática** En esta fábula, hay verbos en la forma de **vosotros** que se usa en España. Escríbelos.

Composición

Escrito personal

A veces quieres escribir una carta personal o mandar un correo electrónico a un(a) amigo(a). Por lo general quieres decirle algo. Puede ser algo importante o algo de poca importancia pero interesante.

Antes de escribir

Toma unos momentos para pensar en lo que quieres decirle a tu amigo(a). Anota algunas ideas. Luego empieza a escribir de manera bastante libre y rápida. Luego lee lo que has escrito. Es posible que lo puedas mandar tal como es. O es posible que quieras hacer algunas alteraciones antes de mandarla. Si así es el caso puedes preparar un segundo borrador.

Ahora, ¡te toca a ti!

En el restaurante Fuiste a un restaurante y fue un horror. El mesero les dio a ti y a tus amigos un servicio malo. No sirvió lo que tú y tus amigos pidieron. A nadie le gustó la comida. Escríbele una carta a un(a) amigo(a) describiéndole la experiencia. La puedes escribir de manera cómica o seria.

¡Qué horror!

Un régimen Estás siguiendo un régimen de ejercicio. Te gusta mucho. Escríbele a un(a) amigo(a) diciéndole todo lo que estás haciendo, por qué te gusta y los resultados.

El pasado sencillo

1. En términos generales el pretérito es el pasado simple (sencillo) llamado el *simple past* en inglés. Igual que en español, se usa el pasado sencillo para indicar una acción que empezó y terminó en un tiempo pasado definido.

> *We went to market yesterday.*
> *I shopped for food.*
> *We bought meat and vegetables.*
> *I had something to eat at the market.*
> *When we left the market my father drove home.*

Contrariamente al español se usa el pasado simple en inglés para expresar acciones repetidas o continuas también.

> *We went to market every Friday.*
> *We always shopped for food.*
> *We bought meat and vegetables almost every week.*

2. Un verbo auxiliar que se usa con el imperfecto es *would*.

> *When we were kids we would get up early every Saturday morning and we would (we'd) pack the car and we'd go fishing. We would return home at about six o'clock.*

El uso de *would* indica una acción pasada repetida o habitual. Cuando empezó o terminó no tiene importancia.

3. Una traducción del imperfecto en inglés se sirve de los auxiliares *was, were* pero el nombre que se le da al verbo con *was* o *were* es el pasado progresivo, *past progressive* en inglés. Se usa para describir lo que pasaba, lo que transcurría. No tiene nada que ver con frecuencia ni repetición; es descriptiva.

> *She was working as an accountant.*
> *Her husband was studying to be*
> *a lawyer.*
> *They were both working many*
> *hours a week.*

The father and daughter fished on the pier.

4. Contrariamente al español, los verbos que expresan procesos mentales en el pasado están en el pasado simple (sencillo).

> *I thought so.*
> *I wanted to.*
> *They preferred not to.*
> *We all knew the answer.*
> *I believed him.*

©Shalom Ormsby/Blend Images LLC

Una figura importante

César Chávez

César Chávez nació en 1927 en Yuma, Arizona, en una familia de campesinos. César recibió el nombre de su querido abuelo. Al perder su tierra la familia Chávez se trasladó a California donde el joven César recogía algodón, vegetales y uvas cuando podía encontrar trabajo. Dice Chávez que recuerda haber asistido a sesenta y cinco escuelas elementales en un solo año escolar—a veces por solamente un día.

César Chávez

Durante la Segunda Guerra mundial Chávez sirvió en la Marina. Al salir de la Marina se estableció de nuevo en California con su esposa, Helen Fabela. Cuando tenía sólo veinticinco años César empezó a organizar y a ayudar a «su gente» a mejorar las lamentables condiciones laborales que habían aceptado durante generaciones. A principios de los años 60 Chávez fundó el primer sindicato para obreros migratorios. Este sindicato se fusionó más tarde con otro para formar la primera gran organización de campesinos. César incitó a los campesinos mexicanoamericanos a inscribirse para votar e inauguró una huelga contra las grandes empresas vinícolas. La Huelga atrajo mucha atención nacional y ayudó a informar a la nación de las grandes injusticias que enfrentaban los campesinos mexicanoamericanos.

Les informó también de las pésimas condiciones en que vivían durante décadas. En su lucha llamada «La Causa», Chávez se aprovechó de algunas tácticas del movimiento de derechos civiles tales como marchas y protestas o manifestaciones pacíficas incluyendo un ayuno de veinticinco días. Pero los cultivadores de uvas no sucumbieron. Por fin el modesto pero carismático y determinado Chávez les rogó a todos los americanos a boicotear las empresas cultivadoras de uvas en California. Más de diecisiete

César Chávez en una manifestación

millones de habitantes oyeron su petición y apoyaron a La Lucha rehusando comprar uvas de California. El boicoteo duró cinco años. Las empresas perdieron millones de dólares y por fin el 30 de julio de 1970 los cultivadores de uvas de California accedieron a firmar un contrato que por primera vez otorgó algunos derechos a los recogedores de uvas y les concedió un pequeño aumento de sueldo. Fue el primero de muchos boicoteos exitosos organizados por Chávez para ayudar a mejorar la vida de todos los obreros agrícolas.

Chávez fue un hombre sencillo de una espiritualidad profunda. Era vegetariano. Sus símbolos fueron la virgen de Guadalupe, la santa patrona de México y un águila azteca negra en un paisaje norteamericano. Su causa enfrentó muchas dificultades y obstáculos pero Chávez no dejó la lucha. Él será para siempre no sólo el líder de los campesinos mexicanoamericanos sino de todos los campesinos. Chávez murió tranquilamente en su sueño a los sesenta y seis años en Yuma, no muy lejos de la casita de adobe donde había nacido. Había en su cara una sonrisa y en la mano un libro de artesanía del sudoeste. La muerte de Chávez suscitó elogios de líderes nacionales e internacionales. Robert F. Kennedy describió a este humilde campesino mexicanoamericano con su ideal de justicia e igualdad para todos como *one of the heroic figures of our time*.

¡Qué descanse en paz y que todos sigamos realizando su sueño!

Entérate España

Trovadores de hoy

Si te encuentras con un grupo de chicos que llevan traje[1] medieval, medias[2] y capa[3] negra con lazos[4] de colores, no son actores de una obra[5] de Shakespeare. Son universitarios que forman parte de grupos musicales que se llaman La Tuna. La Tuna, en sus comienzos ya hace siete siglos, es un grupo de trovadores universitarios que probablemente cantan para ganar el dinero que necesitan para pagar el viaje de vuelta a casa cuando llegan las vacaciones. Algunas cosas no cambian nunca.

[1]traje: *clothes, suit*
[2]medias: *stockings*
[3]capa: *cape*
[4]lazos: *ribbons*
[5]obra: *work*

¡A comer como Hemingway!

¿Sabes que en el corazón del viejo Madrid, se encuentra el restaurante más antiguo del mundo, que una vez fue el sitio favorito de Ernest Hemingway? Entérate de la historia de Casa Botín:

■ *El Libro Guinness de los Records* proclama a Casa Botín, fundado en 1725, el restaurante más antiguo del mundo. Además, afirma que un adolescente con el nombre de Goya trabajó allí como lavaplatos[1].

■ Al principio, Casa Botín sirve de posada donde los comerciantes terminan su viaje, cenan y duermen.

■ Ernest Hemingway lo nombra en su libro *The Sun Also Rises.*

■ Tiene cuatro plantas[2].

■ La especialidad es el cochinillo asado[3].

■ A eso de la medianoche, La Tuna normalmente llega para tocar y bailar.

[1]lavaplatos: *dishwasher*
[2]plantas: *floors*
[3]cochinillo asado: *roast suckling pig*

Obras maestras[1] de la historia

España es el país del mundo que más ciudades tiene con el título "Ciudades Patrimonio de la Humanidad," una distinción de la UNESCO. Son 11 las ciudades españolas que no tienen precio[2]. Hacemos un breve recorrido[3] por algunas de ellas:

Alcalá de Henares: Lugar de nacimiento de Cervantes.

Ávila: Una ciudad completamente amurallada[4].

Córdoba: Cuenta con más de 2,000 años de historia.

Salamanca: Sinónimo de universidad con sus catedrales y palacios.

Santiago de Compostela: Miles de peregrinos[5] viajaron aquí a través del Camino de Santiago.

Segovia: Una calle principal pasa por debajo de un acueducto[6] romano.

Toledo: El Greco pintó aquí.

[1]obras maestras: *masterpieces*
[2]no tienen precio: *priceless*
[3]breve recorrido: *short journey*
[4]amurallada: *walled*
[5]peregrinos: *pilgrims*
[6]acueducto: *aquaduct*

Ávila, Castilla y León, España

Catedral medieval en España

Un éxito[1] a pedir de boca[2]

Teresa Barrenechea encuentra la receta[3] de su fama: una pizca[4] de sabor y bastante nostalgia

De joven en Bilbao, Teresa Barrenechea se cuela[5] en las sociedades gastronómicas privadas donde solamente los socios[6] se reúnen a cocinar. Cada vez que la descubren, la mandan a casa. Sin embargo, Barrenechea es hoy una de los jefes de cocina más respetados de España y Estados Unidos. En su restaurante en Manhattan, dice que "la gente ahora sabe que las enchiladas no son españolas." ¿Y qué ocurre cuando Barrenechea regresa a Bilbao? La dejan entrar en los clubes de cocina.

[1] éxito: *success*

[2] a pedir de boca: *just right, exactly as one wishes*

[3] receta: *recipe*

[4] pizca: *pinch of*

[5] se cuela: *slips into*

[6] socios: *members*

Calendario de fiestas

Marzo: Valencia

Las Fallas son monumentos satíricos, hechos con materiales combustibles como el cartón[1] y la madera[2]. Se montan[3] unas 300 en las plazas de la ciudad. En la noche del 19 de marzo, festividad de San José, se queman[4].

Abril: Sevilla

Se construye una "ciudad" de casetas[5] adornadas con farolillos[6] de papel para celebrar la Feria de Abril. Mucha gente llega en carrozas tiradas por caballos[7], se visten en trajes tradicionales y bailan las sevillanas, un baile tradicional.

Joven con traje de fiesta tradicional, España

Octubre: Zaragoza

El día 12 de ocubre, para celebrar las Fiestas del Pilar, miles de zaragozanos recorren las calles en un desfile[8]—llamado la ofrenda de flores[9]—en el que llevan todo tipo de flores a la catedral. A la vez, bailan la jota, un típico baile folklórico.

[1] cartón: *cardboard*

[2] madera: *wood*

[3] se montan: *are set up*

[4] se queman: *they're burned*

[5] casetas: *tents*

[6] farolillos: *little lanterns*

[7] carrozas tiradas por caballos: *horse-drawn carriages*

[8] desfile: *parade*

[9] ofrenda de flores: *flower offering*

mi cocina

El plato más típico de la cocina española, sin ninguna duda, es la paella. Se originó como el plato tradicional de la provincia de Valencia, tomando su nombre de la sartén[1] ancha con dos asas[2]—llamada "paellera"—en la que se prepara. Actualmente, aparte de[3] la paella valenciana, existen muchas clases de paella, como la paella marinera que se hace con mariscos. Cada cocinero añade ingredientes distintos, como las aceitunas[4], los guisantes, el pimiento[5] y las gambas[6]. Sin embargo, hay quien dice que la paella valenciana es la más auténtica. He aquí los ingredientes del sabroso plato tradicional.

Paella valenciana

Ingredientes *(para 6 personas)*

    1 pollo
    200 gramos de judías verdes
    200 gramos de judías blancas
    400 gramos de arroz
    100 gramos de tomate
    1 diente de ajo
    1½ litros de agua
    sal y pimenta
    azafrán[7]
    aceite de oliva
    24 caracoles[8]

[1] sartén: *pan*

[2] asas: *handles*

[3] aparte de: *aside from*

[4] aceitunas: *olives*

[5] pimiento: *pepper*

[6] gambas: *shrimp*

[7] azafrán: *saffron*

[8] caracoles: *snails*

Un plato de paella

¡Acción!

Un festival de película[1]

Cada año durante los últimos días del mes de septiembre, la ciudad de San Sebastián recibe una dosis de "glamour." Se celebra el Festival Internacional de Cine. Cuando empieza el festival, el público espera ansioso la llegada de las estrellas. Actores, actrices y directores famosos asisten para ver las proyecciones de las películas del momento. Más de una docena[2] de filmes de distintas nacionalidades compiten por el máximo premio, la Concha de Oro[3]. Además, hay ruedas de prensa[4] y retrospectivas. Y... las palomitas de maíz[5].

[1]de película: *awesome, incredible, fantastic*

[2]docena: *dozen*

[3]Concha de Oro: *Golden Shell*

[4]ruedas de prensa: *press conferences*

[5]palomitas de maíz: *popcorn*

EN EL SET

Antonio Banderas, actor: Ha actuado en más de 69 filmes en español e inglés, entre ellos *Evita* y *Spy Kids.* Hizo su debut en Broadway en un musical.

Penélope Cruz, actriz: Actuó en una película española ganadora[1] del Óscar. Trasciende las fronteras[2] de España, ya que es una estrella de Hollywood.

Pedro Almodóvar, cineasta[3]: Una de sus películas en español ganó el Óscar a la mejor película extranjera[4]. Otra ganó el Óscar al mejor guión[5] original.

Javier Bardem, actor: Es muy conocido en España y América Latina. Fue candidato al Óscar al mejor actor protagonista.

[1]ganadora: *winner*

[2]trasciende las fronteras: *transcends the borders*

[3]cineasta: *filmmaker*

[4]extranjera: *foreign*

[5]guión: *script*

Museos de España

España tiene obras maestras de pintores españoles y museos de alta calidad.

El monumento a Diego Velázquez, situado en la fachada principal del Museo del Prado, Madrid, España

Museo Nacional de Arte de Cataluña, Barcelona, España

La fachada nordeste del Museo Nacional Centro de Arte Reina Sofía, Madrid, España

On Location

Soy Francisco.
Soy español.
Soy de Madrid,
España.

Soy Alejandra.
Soy mexicana.
Soy de la Ciudad
de México.

Soy Vicky.
Soy argentina.
Soy de Buenos Aires,
Argentina.

Soy Claudia.
Soy argentina.
Soy de Buenos Aires,
Argentina.

¡Viva el mundo hispano!

One Nation Films, LLC

Episodio 1

Julián y Fernando en Buenos Aires

Alberto y Claudia en El Caminito

Antes de mirar

¿Qué crees?

En las fotos se ven algunos de nuestros nuevos amigos hispanos—Fernando, Julián, Alberto y Claudia. Uno de ellos es de España. ¿Qué pista hay en una de las fotos que te indica su nacionalidad?

Después de mirar

Expansión   En el video has hecho una gira por Argentina, México y España. ¿Cuáles semejanzas has notado entre estos tres países? ¿Cuáles diferencias has visto? Escoge un lugar en uno de los países que te gustaría visitar. Haz unas investigaciones para aprender más sobre este sitio. ¿Por qué te interesa tanto?

¡Viva el mundo hispano!

Episodio 2

Alberto y Claudia en la escuela

Alberto en clase

Antes de mirar

¿Puedes contestar las siguientes preguntas?

1. ¿Qué hacen ellos?

2. ¿Dónde están ellos?

3. ¿Sabes lo que pasa?

Después de mirar

Expansión   *El Quijote* de Miguel de Cervantes Saavedra es una de las novelas más famosas del mundo. Investiga para aprender más sobre esta obra y su autor. ¿Conoces una obra musical basada en esta obra?

One Nation Films, LLC

¡Viva el mundo hispano!

Episodio 3

Un mercado al aire libre

Julián con un «look» nuevo

Antes de mirar

¿Qué crees?

1. ¿Qué crees que se vende en el mercado?

2. ¿Te parece que Julián está divirtiéndose?

3. ¿Qué le estará diciendo Vicky a Julián?

Después de mirar

Expansión   Después de ver el video sobre los tejedores en Perú, haz investigaciones sobre los patrones o diseños que usan. Escoge un patrón y cópialo. Lo puedes dibujar o recrearlo usando papel colorado.

One Nation Films, LLC

¡Viva el mundo hispano!

Episodio 4

La clase de matemáticas

Fernando y Vicky después de las clases

Antes de mirar

Contesta las siguientes preguntas.

1. ¿Dónde están los estudiantes?
2. ¿Es interesante el profesor?
3. ¿Les gusta la clase?

Después de mirar

Expansión   Cuando conociste por primera vez a Francisco en el video, te acuerdas que llevaba una camiseta que decía **Danza flamenco Madrid.** El flamenco es un estilo tradicional de música española. Si te interesa, busca más información sobre el flamenco.

¡Viva el mundo hispano!

One Nation Films, LLC

Episodio 5

Julián en el parque

Alejandra saluda a Julián.

Antes de mirar

Contesta las siguientes preguntas.

1. ¿Cuál es el nombre de la revista que lee Julián?

2. ¿Y el nombre del café?

3. ¿Qué está tomando Alejandra?

Después de mirar

Expansión   Como has visto en el video, la vida en los cafés es un aspecto importante de la cultura española. ¿Hay cafés cerca de donde vives tú? Si hay, ¿vas con frecuencia con tus amigos? Si no hay, ¿qué opinas? ¿Te gustarían los cafés o no?

¡Viva el mundo hispano!

One Nation Films, LLC

Episodio 6

Fernando y Claudia en la estancia

Dentro de la casa de la tía de Claudia

Antes de mirar

Describe.

1. la casa
2. a los amigos
3. a la madre
4. la fiesta
5. la mochila

Después de mirar

Expansión En el video visitaste el Escorial y viste una fiesta que se llama «la romería». Haz algunas investigaciones sobre el Escorial y la romería.

¡Viva el mundo hispano!

One Nation Films, LLC

Episodio 7

Alberto y Julián enfrente de la escuela

Julián habla con Alberto.

Antes de mirar

Contesta las siguientes preguntas.

1. ¿Dónde están los amigos?
2. ¿Quién está leyendo?
3. ¿Quién está escribiendo?

Después de mirar

Expansión En el video has visto un juego que se llama «pato». Con lo que aprendiste, ¿te parece similar el «pato» a algún deporte que ya conoces? Investiga en el Internet para determinar los países en que se juega, las reglas del juego y algunos jugadores famosos. Habla con un amigo sobre las habilidades que se necesitan para jugar pato. A ti, ¿te gustaría o no?

¡Viva el mundo hispano!

One Nation Films, LLC

Episodio 8

Vicky llama al «médico».

Alberto tiene algo muy grave.

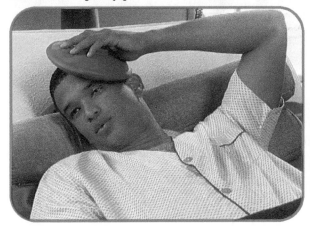

Antes de mirar

Contesta las siguientes preguntas.

1. ¿Dónde está Alberto?
2. ¿Cómo está Alberto?
3. ¿Quién llega para ayudarlo?
4. ¿Qué le duele a Alberto?
5. ¿Qué piensas? ¿Está muy enfermo Alberto o no?

Después de mirar

Expansión En el video viajaste por una selva tropical en Costa Rica. Busca más información sobre Costa Rica, un país que es un paraíso para los aficionados a la naturaleza.

¡Viva el mundo hispano!

One Nation Films, LLC

Episodio 9

Alberto y Claudia van de compras.

Ellos miran en el escaparate de una tienda.

Antes de mirar

Contesta las siguientes preguntas.

1. ¿Dónde están Alberto y Claudia?
2. ¿Qué tipo de tienda es?
3. ¿Qué hay en el escaparate?
4. ¿Es ropa para invierno o para verano?

Después de mirar

Expansión Vas a tomar unas vacaciones cortas. Quieres ir a la playa. Haz unas investigaciones en el Internet para encontrar unas playas en España o en Latinoamérica que quisieras visitar.

One Nation Films, LLC

¡Viva el mundo hispano!

Episodio 10

Alejandra y Vicky en una plaza de San Telmo

Alejandra y Vicky hablan mientras escuchan una orquesta típica.

Antes de mirar

Contesta las siguientes preguntas.

1. ¿Dónde están ellas?
2. ¿Quién es el hombre?
3. ¿Qué está pintando él?
4. ¿Hay una orquesta?

Después de mirar

Expansión   En el video se ve un evento muy popular—una charreada. En el video Carmen dice que «Un charro no se hace. Un charro se nace». ¿Que significa el comentario de Carmen? Haz unas investigaciones en el Internet sobre este evento mexicano tan popular.

¡Viva el mundo hispano!

Episodio 11

Julián y Francisco hablan de algo importante.

Francisco y Julián llegan al aeropuerto.

Antes de mirar

Crea una conversación entre Julián y Francisco. Utiliza las fotos como pistas para completar el siguiente diálogo.

Julián: Francisco, voy de vacaciones.

Francisco ¿Ah, sí? ¿Adónde vas?

Después de mirar

Expansión En el video se ve una forma de arte famosa en Venezuela. Investiga en el Internet para encontrar otras formas de arte que son típicas de Venezuela. Por ejemplo, **El arte murano** se originó en Italia. ¿Cuáles son los orígenes de las otras formas de arte que investigaste?

¡Viva el mundo hispano!

One Nation Films, LLC

Episodio 12

Claudia y Alejandra en camino

Alejandra y Claudia descansan un poco.

Antes de mirar

Contesta las siguientes preguntas.

1. ¿Dónde están las amigas?
2. ¿Qué llevan?
3. ¿Qué tiempo hace?
4. ¿A quién llama Alejandra?
5. ¿Se están divirtiendo Alejandra y Claudia?

Después de mirar

Expansión En el video se ve el camino Inca. Haz unas investigaciones para aprender más sobre los incas y este camino famoso.

¡Viva el mundo hispano!

One Nation Films, LLC

Episodio 13

Francisco y Claudia están leyendo un libro.

Aparece «una mujer misteriosa» en la estación de ferrocarril.

Antes de mirar

Contesta las siguientes preguntas.

1. ¿Dónde están Francisco y Claudia?
2. ¿Qué tipo de libro están leyendo?
3. ¿Van a hacer un viaje?
4. ¿Adónde van?
5. ¿Quién será el otro señor con «la mujer misteriosa»?

Después de mirar

Expansión   Como puedes ver en el video, viajar en tren es muy popular en algunos países hispanohablantes. ¿Son populares los trenes donde vives tú? ¿Cuál es tu medio de transporte favorito para hacer un viaje largo? ¿Por qué? Pregúntales a tus amigos cómo prefieren viajar. Comparte las respuestas con la clase.

One Nation Films, LLC

¡Viva el mundo hispano!

Episodio 14

Alberto en el restaurante de su tío

Vicky y Alberto se ven muy sorprendidos.

Antes de mirar

Contesta las siguientes preguntas.

1. ¿Cómo es el restaurante?

2. ¿Qué estará pasando?

3. ¿Dónde estarán Vicky y Alberto?

4. ¿Qué estarán leyendo?

Después de mirar

Expansión ¿Hay muchos restaurantes latinos o hispanos en tu comunidad? ¿Representan una variedad de países hispanohablantes? ¿Cuáles? ¿Tienes un restaurante latino favorito? ¿Qué tipo de comida comes en casa? ¿Cuál es tu plato favorito?

Handbook

Verbos

REGULAR VERBS			
INFINITIVO	hablar *to speak*	comer *to eat*	vivir *to live*
PRESENT PARTICIPLE	hablando	comiendo	viviendo
PAST PARTICIPLE	hablado	comido	vivido

SIMPLE TENSES			
INDICATIVE	hablar *to speak*	comer *to eat*	vivir *to live*
PRESENT	hablo hablas habla hablamos habláis hablan	como comes come comemos coméis comen	vivo vives vive vivimos vivís viven
IMPERFECT	hablaba hablabas hablaba hablábamos hablabais hablaban	comía comías comía comíamos comíais comían	vivía vivías vivía vivíamos vivíais vivían
PRETERITE	hablé hablaste habló hablamos hablasteis hablaron	comí comiste comió comimos comisteis comieron	viví viviste vivió vivimos vivisteis vivieron
FUTURE	hablaré hablarás hablará hablaremos hablaréis hablarán	comeré comerás comerá comeremos comeréis comerán	viviré vivirás vivirá viviremos viviréis vivirán
CONDITIONAL	hablaría hablarías hablaría hablaríamos hablaríais hablarían	comería comerías comería comeríamos comeríais comerían	viviría vivirías viviría viviríamos viviríais vivirían

SUBJUNCTIVE	hablar *to speak*	comer *to eat*	vivir *to live*
PRESENT	hable hables hable hablemos habléis hablen	coma comas coma comamos comáis coman	viva vivas viva vivamos viváis vivan
PAST	hablara hablaras hablara habláramos hablarais hablaran	comiera comieras comiera comiéramos comierais comieran	viviera vivieras viviera viviéramos vivierais vivieran

COMPOUND TENSES			
INDICATIVE			
PRESENT PERFECT	he has ha hemos habéis han	hablado	comido	vivido
PLUPERFECT	había habías había habíamos habíais habían	hablado	comido	vivido
FUTURE PERFECT	habré habrás habrá habremos habréis habrán	hablado	comido	vivido
CONDITIONAL PERFECT	habría habrías habría habríamos habríais habrían	hablado	comido	vivido

Verbos

SUBJUNCTIVE				
PRESENT PERFECT	haya hayas haya hayamos hayáis hayan	hablado	comido	vivido
PLUPERFECT	hubiera hubieras hubiera hubiéramos hubierais hubieran	hablado	comido	vivido

DIRECT COMMANDS		
INFORMAL *(TÚ AND VOSOTROS FORMS)*		
AFFIRMATIVE	habla (tú) hablad	come (tú) comed	vive (tú) vivid
NEGATIVE	no hables no habléis	no comas no comáis	no vivas no viváis
FORMAL		
	(no) hable Ud. (no) hablen Uds.	(no) coma Ud. (no) coman Uds.	(no) viva Ud. (no) vivan Uds.

STEM-CHANGING VERBS				
FIRST CLASS	-ar verbs		-er verbs	
	e → ie	o → ue	e → ie	o → ue
INFINITIVE	sentar[1] *to seat*	contar[2] *to sell*	perder[3] *to loose*	poder[4] *to be able*
PRESENT PARTICIPLE	sentando	contando	perdiendo	pudiendo
PAST PARTICIPLE	sentado	contado	perdido	podido
INDICATIVE				
PRESENT	siento sientas sienta sentamos sentáis sientan	cuento cuentas cuenta contamos contáis cuentan	pierdo pierdes pierde perdemos perdéis pierden	puedo puedes puede podemos podéis pueden
SUBJUNCTIVE				
PRESENT	siente sientes siente sentemos sentéis sienten	cuente cuentes cuente contemos contéis cuenten	pierda pierdas pierda perdamos perdáis pierdan	pueda puedas pueda podamos podáis puedan

[1] *Cerrar, comenzar, despertar, empezar* y *pensar* son similares.

[2] *Acordar, acostar, almorzar, apostar, colgar, costar, encontrar, jugar, mostrar, probar, recordar, rogar* y *volar* son similares.

[3] *Defender* y *entender* son similares.

[4] *Disolver, doler, envolver, llover* y *volver* son similares pero sus participios presentes son regulares—*disolviendo, doliendo, envolviendo, lloviendo, volviendo.*

Verbos

SECOND AND THIRD CLASSES		
FIRST CLASS	**second class**	**third class**
	e → ie, i	o → ue, u	e → i, i
INFINITIVE	sentir[5] *to regret*	dormir[6] *to sleep*	pedir[7] *to ask for, request*
PRESENT PARTICIPLE	sintiendo	durmiendo	pidiendo
PAST PARTICIPLE	sentido	dormido	pedido
INDICATIVE			
PRESENT	siento sientes siente sentimos sentís sienten	duermo duermes duerme dormimos dormís duermen	pido pides pide pedimos pedís piden
PRETERITE	sentí sentiste sintió sentimos sentisteis sintieron	dormí dormiste durmió dormimos dormisteis durmieron	pedí pediste pidió pedimos pedisteis pidieron
SUBJUNCTIVE			
PRESENTE	sienta sientas sienta sintamos sintáis sientan	duerma duermas duerma durmamos durmáis duerman	pida pidas pida pidamos pidáis pidan
IMPERFECT	sintiera sintieras sintiera sintiéramos sintierais sintieran	durmiera durmieras durmiera durmiéramos durmierais durmieran	pidiera pidieras pidiera pidiéramos pidierais pidieran

[5] *Mentir, preferir* y *sugerir* son similares.

[6] *Morir* es similar pero el participio pasado es irregular—*muerto*.

[7] *Conseguir, despedir, elegir, freír, perseguir, reír, sonreír, repetir* y *seguir* son similares. El participio pasado de *freír* es *frito.*

IRREGULAR VERBS	
	andar *to walk, to go*
PRETERITE	anduve, anduviste, anduvo, anduvimos, anduvisteis, anduvieron
	caber *to fit*
PRESENT	quepo, cabes, cabe, cabemos, cabéis, caben
PRETERITE	cupe, cupiste, cupo, cupimos, cupisteis, cupieron
FUTURE	cabré, cabrás, cabrá, cabremos, cabréis, cabrán
CONDITIONAL	cabría, cabrías, cabría, cabríamos, cabríais, cabrían
	caer[8] *to fall*
PRESENT	caigo, caes, cae, caemos, caéis, caen
	conocer *to know, to be acquainted with*
PRESENT	conozco, conoces, conoce, conocemos, conocéis, conocen
	dar *to give*
PRESENT	doy, das, da, damos, dais, dan
PRESENT SUBJUNCTIVE	dé, des, dé, demos, deis, den
PRETERITE	di, diste, dio, dimos, disteis, dieron
	decir *to say, to tell*
PRESENT PARTICIPLE	diciendo
PAST PARTICIPLE	dicho
PRESENT	digo, dices, dice, decimos, decís, dicen
PRETERITE	dije, dijiste, dijo, dijimos, dijisteis, dijeron
FUTURE	diré, dirás, dirá, diremos, diréis, dirán
CONDITIONAL	diría, dirías, diría, diríamos, diríais, dirían
DIRECT COMMAND (TÚ)	di

[8] Hay cambios ortográficos en el participio presente (gerundio)—*cayendo;* participio pasado—*caído;* y pretérito—*caí, caíste, cayó, caímos, caísteis, cayeron.*

Verbos

estar	to be
PRESENT	estoy, estás, está, estamos, estáis, están
PRESENT SUBJUNCTIVE	esté, estés, esté, estemos, estéis, estén
PRETERITE	estuve, estuviste, estuvo, estuvimos, estuvisteis, estuvieron

haber	to have
PRESENT	he, has, ha, hemos, habéis, han
PRESENT SUBJUNCTIVE	haya, hayas, haya, hayamos, hayáis, hayan
PRETERITE	hube, hubiste, hubo, hubimos, hubisteis, hubieron
FUTURE	habré, habrás, habrá, habremos, habréis, habrán
CONDITIONAL	habría, habrías, habría, habríamos, habríais, habrían

hacer	to do, to make
PAST PARTICIPLE	hecho
PRESENT	hago, haces, hace, hacemos, hacéis, hacen
PRETERITE	hice, hiciste, hizo, hicimos, hicisteis, hicieron
FUTURE	haré, harás, hará, haremos, haréis, harán
CONDITIONAL	haría, harías, haría, haríamos, haríais, harían
DIRECT COMMAND (TÚ)	haz

incluir[9]	to include
PRESENT	incluyo, incluyes, incluye, incluimos, incluís, incluyen

ir[10]	to go
PRESENT	voy, vas, va, vamos, vais, van
PRESENT SUBJUNCTIVE	vaya, vayas, vaya, vayamos, vayáis, vayan
IMPERFECT	iba, ibas, iba, íbamos, ibais, iban
PRETERITE	fui, fuiste, fue, fuimos, fuisteis, fueron
DIRECT COMMAND (TÚ)	ve

[9] Hay cambios ortográficos en el participio presente (gerundio)—*incluyendo*; y pretérito—*incluyó, incluyeron*. Los verbos *atribuir, constituir, contribuir, distribuir, fluir, huir, influir* y *sustituir* son similares.
[10] Hay un cambio ortográfico en el participio presente (gerundio)—*yendo*.

	oír[11] *to hear*
PRESENT	oigo, oyes, oye, oímos, oís, oyen

	poder *to be able*
PRESENT PARTICIPLE	pudiendo
PRETERITE	pude, pudiste, pudo, pudimos, pudisteis, pudieron
FUTURE	podré, podrás, podrá, podremos, podréis, podrán
CONDITIONAL	podría, podrías, podría, podríamos, podríais, podrían

	poner *to put, to place*
PAST PARTICIPLE	puesto
PRESENT	pongo, pones, pone, ponemos, ponéis, ponen
PRETERITE	puse, pusiste, puso, pusimos, pusisteis, pusieron
FUTURE	pondré, pondrás, pondrá, pondremos, pondréis, pondrán
CONDITIONAL	pondría, pondrías, pondría, pondríamos, pondríais, pondrían
DIRECT COMMAND (TÚ)	pon

	producir *to produce*
PRESENT	produzco, produces, produce, producimos, producís, producen
PRETERITE	produje, produjiste, produjo, produjimos, produjisteis, produjeron

	querer *to wish, to want*
PRETERITE	quise, quisiste, quiso, quisimos, quisisteis, quisieron
FUTURE	querré, querrás, querrá, querremos, querréis, querrán
CONDITIONAL	querría, querrías, querría, querríamos, querríais, querrían

	saber *to know*
PRESENT	sé, sabes, sabe, sabemos, sabéis, saben
PRESENT SUBJUNCTIVE	sepa, sepas, sepa, sepamos, sepáis, sepan
PRETERITE	supe, supiste, supo, supimos, supisteis, supieron
FUTURE	sabré, sabrás, sabrá, sabremos, sabréis, sabrán
CONDITIONAL	sabría, sabrías, sabría, sabríamos, sabríais, sabrían

[11] Hay cambios ortográficos en el participio presente (gerundio)—*oyendo;* participio pasado—*oído;* y pretérito—*oí, oíste, oyó, oímos, oísteis, oyeron.*

	salir *to leave, to go out*
PRESENT	salgo, sales, sale, salimos, salís, salen
FUTURE	saldré, saldrás, saldrá, saldremos, saldréis, saldrán
CONDITIONAL	saldría, saldrías, saldría, saldríamos, saldríais, saldrían
DIRECT COMMAND (TÚ)	sal

	ser *to be*
PRESENT	soy, eres, es, somos, sois, son
PRETERITE	fui, fuiste, fue, fuimos, fuisteis, fueron
PRESENT SUBJUNCTIVE	sea, seas, sea, seamos, seáis, sean
IMPERFECT	era, eras, era, éramos, erais, eran
DIRECT COMMAND (TÚ)	sé

	tener *to have*
PRESENT	tengo, tienes, tiene, tenemos, tenéis, tienen
PRETERITE	tuve, tuviste, tuvo, tuvimos, tuvisteis, tuvieron
FUTURE	tendré, tendrás, tendrá, tendremos, tendréis, tendrán
CONDITIONAL	tendría, tendrías, tendría, tendríamos, tendríais, tendrían
DIRECT COMMAND (TÚ)	ten

	traer[12] *to bring*
PRESENT	traigo, traes, trae, traemos, traéis, traen
PRETERITE	traje, trajiste, trajo, trajimos, trajisteis, trajeron

	valer *to be worth*
PRESENT	valgo, vales, vale, valemos, valéis, valen
FUTURE	valdré, valdrás, valdrá, valdremos, valdréis, valdrán
CONDITIONAL	valdría, valdrías, valdría, valdríamos, valdríais, valdrían

[12] Hay cambios ortográficos en el participio presente (gerundio)—*trayendo;* y el participio pasado—*traído.*

	venir _to come_
PRESENT PARTICIPLE	viniendo
PRESENT	vengo, vienes, viene, venimos, venís, vienen
PRETERITE	vine, viniste, vino, vinimos, vinisteis, vinieron
FUTURE	vendré, vendrás, vendrá, vendremos, vendréis, vendrán
CONDITIONAL	vendría, vendrías, vendría, vendríamos, vendríais, vendrían
DIRECT COMMAND (TÚ)	ven

	ver _to see_
PAST PARTICIPLE	visto
PRESENT	veo, ves, ve, vemos, veis, ven
IMPERFECT	veía, veías, veía, veíamos, veíais, veían

Presentamos las palabras clave de la Sección 2 (Conocimientos para superar) de cada capítulo en los siguientes diccionarios español-inglés; inglés-español. Muchos alumnos ya conocerán estas palabras en inglés por haberlas encontradas en otras asignaturas que han estudiado en inglés. Al mismo tiempo existe la posibilidad de que no hayan encontrado estas mismas palabras en español. El número que sigue cada entrada indica la página en la cual se presenta la palabra.

ESPAÑOL–INGLÉS

Capítulo 1
Conexión con la geografía

agua dulce *f.* freshwater
agua salada *f.* salt water
altiplanicie *f.* high plateau
altiplano *m.* high plateau
altura *f.* elevation, height
arroyo *m.* rivulet, small brook
bahía *f.* gulf
cadena *f.* chain, system
cerro *m.* ridge
colina *f.* hill
continente *m.* continent
cordillera *f.* cordillera, mountain range
corriente *f.* current, stream
cumbre *f.* mountain top, summit
desembocar to flow out into, empty
escarpado(a) rugged, steep
geografía *f.* geography
globo terráqueo *m.* terrestrial globe
golfo *m.* gulf

istmo *m.* isthmus
lago *m.* lake
llano *m.* plain, prairie
llano(a) *(adj.)* flat
mar *m.* sea
meseta *f.* plateau, meseta
montaña *f.* mountain
monte *m.* mountain (not high)
nacer to originate (river)
océano *m.* ocean
orilla *f.* bank, seaside, shore
pico *m.* peak
planeta *m.* planet
riachuelo *m.* rivulet, stream
río *m.* river
sierra *f.* mountain range, sierra
superficie *f.* surface
terreno *m.* terrain
Tierra *f.* Earth
valle *m.* valley

Capítulo 2
Conexión con la sociología y la antropología

antropología *f.* anthropology
ceremonia *f.* ceremony
ciudadano(a) *m.f.* citizen
comportamiento *m.* behavior
costumbre *f.* custom

creencia *f.* belief
cultura *f.* culture
desarrollo *m.* development
desenvolvimiento *m.* development
étnico(a) ethnic

etnocéntrico(a) ethnocentric
etnocentrismo *m.* ethnocentrism
grupo *m.* group
lengua *f.* language
nación *f.* nation
norma *f.* norm
origen *m.* origin
prejuicio *m.* prejudice
raza humana *f.* human race

relatividad cultural *f.* cultural relativism
religioso(a) religious
rito *m.* rite
ser humano *m.* human being
sociedad *f.* society
sociología *f.* sociology
valor *m.* value

Capítulo 3
Conexión con la literatura

ambiente *m.* background, setting
argumento *m.* plot
carácter *m.* character (temperament, disposition)
cuento *m.* short story
diálogo *m.* dialog
fantástico(a) imaginary, unreal
ficticio(a) fictitious
género *m.* genre
lector(a) *m.f.* reader

lugar *m.* place
narración *f.* narrative
novela *f.* novel
personaje *m.* character (role)
protagonista *m.f.* protagonist, main character
realista realistic
sostener una conversación to hold a conversation
verosímil probable, likely

Capítulo 4
Conexión con la literatura

analizar to analyze
argumento *m.* plot
estilo *m.* style
estrofa *f.* stanza, strophe
estructura *f.* structure
género literario *m.* literary genre
lírica *f.* lyric
narrativa *f.* narrative (epic)
obra *f.* work

personaje *m.* character (role)
poesía *f.* poetry, poem
prosa *f.* prose
rima *f.* rhyme
ritmo *m.* rhythm
sentimiento *m.* feeling
teatro *m.* drama, theater
tema *m.* subject, theme, topic
verso *m.* verse

Capítulo 5
Conexión con las finanzas

a corto plazo short-term
a cuotas in installments
a largo plazo long-term
a plazos in installments
acción *f.* stock
acreedor(a) *m.f.* creditor
adinerado(a) rich, wealthy
al extranjero abroad
alquiler *m.* rent
bancario(a) banking, financial
banco *m.* bank
Bolsa de Valores *f.* stock exchange
bono municipal *m.* municipal bond
botón *m.* button
cajero automático *m.* ATM (automatic bank teller)
cambiar dinero to exchange currency
cargo *m.* charge
cheque *m.* check
chequera *f.* checkbook
código *m.* code, pin
compra *f.* purchase
comprar a plazos to buy in installments
con facilidades de pagar on time
conciliar to reconcile
cuenta bancaria *f.* bank account
cuenta corriente *f.* checking account
cuenta de ahorros *f.* savings account
déficit *m.* deficit
depositar to deposit

deudor *m.f.* debtor
dinero en efectivo *m.* cash
disponible available
dividendo *m.* dividend
egreso *m.* expense
electrónicamente electronically
en línea online
enganche *m.* down payment
estado bancario *m.* bank statement
factura *f.* bill
financiero(a) financial
finanzas *f.* finances
fondos *m.* funds
gasto *m.* expenditure, expense
hipoteca *m.* mortgage
ingreso *m.* income
interés *m.* interest
introducir to insert, introduce
inversión *f.* investment
mensual monthly
monto *m.* amount, sum, total
nominal nominal
oprimir to press
pago inicial *m.* down payment
pantalla *f.* screen
pie *m.* down payment
pin *m.* code, pin
préstamo *m.* loan
presupuesto *m.* budget
pronto *m.* down payment
pulsar to press

recibo *m.* receipt
rentas *f.* income
retirar withdraw
salario *m.* salary
saldo *m.* balance
saldo corriente *m.* current balance

seleccionar choose, select
sueldo *m.* pay, salary, wage
talonario *m.* checkbook
tasa de interés *f.* interest rate
título municipal *m.* municipal bond
transacción *f.* transaction

Capítulo 6
Conexión con las finanzas—los seguros

accidente *m.* accident
actuario(a) *m.f.* actuary
asegurado(a) *m.f.* insured
asegurador(a) *m.f.* insurer
asegurarse to insure oneself
beneficiario(a) *m.f.* beneficiary
beneficio *m.* benefit
cantidad deducible *f.* deductible amount
contribución f. contribution, tax payment
cubrir to cover
cuota *f.* payment
daño *m.* damage
deducible *m.* deductible
enfermedad *f.* illness
gravable taxable
huelga *f.* strike
impuesto *m.* tax
incendio *m.* fire

indemnización *f.* compensation
indemnizar to compensate, to indemnify
invalidez *f.* disability
muerte *f.* death
mutualidad *f.* mutual benefit society
pérdida *f.* loss
pérdida de renta *f.* loss of income
póliza de seguros *f.* insurance policy
prima *f.* premium
protección *f.* protection
retener to hold back, retain
riesgo *m.* liability, risk
seguro *m.* insurance
seguro de automóvil contra todo riesgo *m.* complete coverage car insurance
seguro médico *m.* medical insurance
Seguro Social *m.* Social Security
tercero *m.* third party
vejez *f.* old age

Capítulo 7

Conexión con las finanzas—los impuestos

acción *f.* stock

ajuste *m.* deduction

bono *m.* bond

certificado de depósito *m.* CD, certificate of deposit

contribución caritativa *f.* charitable contribution

contribuyente *m.f.* taxpayer

cuenta de ahorros *f.* savings account

cuenta individual de retiros (IRA) *f.* individual retirement account (IRA)

deducción *f.* deduction

deducción fija o estándar *f.* standard deduction

deducción personal *f.* personal deduction

dependiente *m.f.* dependent

dividendo *m.* dividend

exención personal *f.* personal exemption

gastos de mudanza *m.* moving expenses

gastos de negocio *m.* business expenses

gobierno federal *m.* federal government

impuesto *m.* tax

ingreso bruto *m.* gross income

ingreso bruto ajustado *m.* adjusted gross income

ingreso gravable *m.* taxable income

ingreso personal *m.* personal income

interés *m.* interest

pensión por divorcio *f.* alimony

pormenorizar to itemize

propina *f.* tip

reducir to reduce

regalías *f.* royalties

residente *m.f.* resident

restar to subtract

salario *m.* salary

sumar to add

tasa de impuesto *f.* tax rate

Capítulo 8

Conexión con la medicina

alergista *m.f.* allergist

alergología *f.* allergology

alergólogo(a) *m.f.* allergologist

anatomía *f.* anatomy

cardiología *f.* cardiology

cardiólogo(a) *m.f.* cardiologist

cirugía *f.* surgery

cirujano(a) *m.f.* surgeon

dermatología *f.* dermatology

dermatólogo(a) *m.f.* dermatologist

endocrinología *f.* endocrinology

endocrinólogo(a) *m.f.* endocrinologist

fisiología *f.* physiology

gastroenterología *f.* gastroenterology

gastroenterólogo(a) *m.f.* gastroenterologist

ginecología *f.* gynecology
ginecólogo(a) *m.f.* gynecologist
infectología *f.* infectology
infectólogo(a) *m.f.* doctor of infectious diseases
internista *m.f.* internist
medicina interna *f.* internal medicine
nefrología *f.* nephrology
nefrólogo(a) *m.f.* nephrologist
neumología *f.* pneumology
neumólogo(a) *m.f.* pulmonary specialist
neurología *f.* neurology
neurólogo(a) *m.f.* neurologist
obstetra *m.f.* obstetrician
obstetricia *f.* obstetrics
oftalmología *f.* ophthalmology
oftalmólogo(a) *m.f.* ophthalmologist

oncología *f.* oncology
oncólogo(a) *m.f.* oncologist
ortopedia *f.* orthopedics
ortopedista *m.f.* orthopedist
otorrinolaringología *f.* otorhinolarngology
otorrinolaringólogo(a) *m.f.* otorhinolarngologist; ear, nose, and throat doctor
pediatra *m.f.* pediatrician
pediatría *f.* pediatrics
psiquiatra *m.f.* psychiatrist
psiquiatría *f.* psychiatry
radiología *f.* radiology
radiólogo(a) *m.f.* radiologist
urología *f.* urology
urólogo(a) *m.f.* urologist

Capítulo 9
Conexión con la geografía

aguacero *m.* shower
altura *f.* altitude
Antártida *f.* Antarctica
atmósfera *f.* atmosphere
caluroso(a) hot
clima *m.* climate
clima templado *m.* temperate climate
corriente *f.* current
corrientes del océano *f.pl.* ocean currents
cuenca *f.* basin
cuenca amazónica *f.* Amazon basin
elevación *f.* elevation
estación *f.* season
estación lluviosa *f.* wet (rainy) season

estación seca *f.* dry season
garúa *f.* mist (Perú)
húmedo(a) humid
invierno *m.* winter
latitud *f.* latitude
línea ecuatorial *f.* equator
litoral *m.* coast
lluvia *f.* rain
meridional southern
meteorología *f.* meteorology
neblina *f.* fog
nivel del mar *m.* sea level
nube *f.* cloud
occidental western
otoño *m.* autumn

pico nevado *m.* snow-covered peak
primavera *f.* spring
pronóstico meteorológico *m.* weather forecast
selva *f.* jungle, forest
selva tropical *f.* tropical jungle, rain forest
soleado(a) sunny

soplar to blow
temperatura *f.* temperature
templado(a) temperate
tiempo *m.* weather
tropical tropical
verano *m.* summer
viento *m.* wind

Capítulo 10
Conexión con el arte y la música

abstracto(a) abstract
acordeón *m.* accordion
acrílico *m.* acrylic (paint)
actuación *f.* acting
acuarela *f.* watercolor (paint)
aficionado(a) *m.f.* fan
alejamiento *m.* distance
alto(a) high
altorrelieve *m.* high relief
ancho(a) wide
aplicar to apply
aria *f.* aria
armadura *f.* framework
arpa *f.* harp
arte (las artes) *m.(f.pl.)* art
arte abstracto *m.* abstract art
arte figurativo *m.* figurative, realistic art
artes plásticas *f.pl.* fine arts
baile *m.* dance
bajo *m.* bass
bajorrelieve *m.* bas-relief, low relief
banda *f.* band
barro *m.* clay

blando(a) soft
bronce *m.* bronze
bulto *m.* form, shape
caballete *m.* easel
canción *f.* song
canto *m.* song
charanga *f.* brass band
cincel *m.* chisel
cocción *f.* firing in a kiln
composición *f.* composition
composición musical *f.* musical composition
cuerda (instrumentos de) *f.* string (instruments)
cuerda (sección de) *f.* string section
danza *f.* dance
dibujo *m.* drawing
en tres dimensiones three-dimensional
escenario *m.* scenery
escoger el medio select the medium
escultor(a) *m.f.* sculptor
escultura *f.* sculpture
escultura de relieve *f.* relief sculpture
espátula *f.* palette-knife

esqueleto *m.* form, framework
estilo *m.* style
fagote *m.* bassoon
figurativo(a) figurative, realistic
flauta *f.* flute
flautista *m.f.* flautist
fundición *f.* smelting (casting)
fundido(a) cast, smelted
guitarra *f.* guitar
horno *m.* oven, kiln
lienzo *m.* canvas
madera *f.* wood
marimba *f.* marimba
medio *m.* medium
metal (sección de) *m.* brass (section)
mezclar to mix
modelado(a) molded, shaped, formed
motivo *m.* motive
música *f.* music
oboe *m.* oboe
observador(a) *m.f.* observer, viewer
óleo *m.* oil (paint)
ópera *f.* opera
oriundo de coming from
orquesta *f.* orchestra
orquesta de cámara *f.* chamber
orchestra
percusión *f.* percussion
percusión (instrumentos de) *f.*
percussion (instruments)

percusión (sección de) *f.* percussion
(section)
perspectiva *f.* perspective
piedra *f.* stone
pincel *m.* brush
pintor(a) *m.f.* painter
pintura *f.* painting
proceso *m.* process
profundidad *f.* depth
relieve *m.* relief
ritmo *m.* rhythm
sinfonía *f.* symphony
sonido amplificado *m.* amplified
sound
superficie plana *f.* flat surface
taller *m.* workshop, studio
tema *m.* theme, subject
tensar to stretch
trompetista *m.f.* trumpeter
viento (instrumentos de) *m.* wind
(instruments), woodwind
(instruments)
viento (sección de) *m.* wind (section),
woodwind (section)
violinista *m.f.* violinist
yeso *m.* plaster
zampoña *f.* pan-pipes

Capítulo 11
Conexión con el comercio

anuncio *m.* advertisement, ad

campaña publicitaria *f.* publicity campaign, advertising campaign

comercio *m.* commerce, business

confección *f.* making, manufacture

consumidor(a) *m.f.* consumer

diseño *m.* design

empresa *f.* business

ganancia *f.* profit

lanzar to launch

marketing *m.* marketing

mercadeo *m.* marketing

mercado *m.* market

mercado de consumo *m.* consumer market

planificación *f.* planning

presupuesto publicitario *m.* advertising budget

promoción *f.* promotion

propaganda *f.* publicity

publicidad *f.* advertising, publicity

realizar una ganancia to make a profit

segmento de mercado *m.* market segment, segment of the market

variables *m.pl.* variables

Capítulo 12
Conexión con la ecología

buque petrolero *m.* oil tanker

contaminación *f.* pollution

contaminación del agua *f.* water pollution

contaminación del aire *f.* air pollution

contaminado(a) polluted

contaminar to pollute

derramar to spill

desechos *m.pl.* wastes

deshacerse de to eliminate, get rid of

ecología *f.* ecology

emisión *f.* emission

emisión de gas *f.* gas emission

equilibrio *m.* equilibrium

expulsar al aire to let into the air

fábrica *f.* factory

medio ambiente *m.* environment

naturaleza *f.* nature

portador de enfermedades *m.* carrier of diseases

reciclaje *m.* recycling

seres vivientes *m.pl.* living creatures

supervivencia *f.* survival

sustancia química *f.* chemical substance

sustancia tóxica *f.* toxic substance

tubo de escape *m.* exhaust pipe

vidrio *m.* glass

zona industrial *f.* industrial zone

Capítulo 13
Conexión con los estudios sociales

a favor in favor

alcalde(sa) *m.f.* mayor

anarquía *f.* anarchy

apoyar to support

artículo *m.* article

autocrático(a) autocratic

bicameral bicameral

Cámara de Representantes (Diputados) *f.* House of Representatives

candidato(a) *m.f.* candidate

caos *m.* chaos

ciudadano(a) *m.f.* citizen

coalición *f.* coalition

congresista *m.f.* congressperson, representative

Constitución *f.* Constitution

declarar to declare

democracia *f.* democracy

derecho *m.* right

derecho al voto *m.* right to vote

derrocar to overthrow

desarrollo *m.* development

despótico(a) despotic

dictador(a) *m.f.* dictator

dictadura *f.* dictatorship

elección *f.* election

elegir (i, i) to elect

en contra against

enmendar (ie) to amend

estudios sociales *m.pl.* social studies

gobernador(a) *m.f.* governor

gobierno *m.* government

historiador(a) *m.f.* historian

jefe *m.f.* chief

jefe ejecutivo *m.* chief executive

junta militar *f.* military junta

ley marcial *f.* martial law

libertad de palabra *f.* freedom of speech

manifestación *f.* demonstration

mayor de edad of age, eighteen years and older

mayoría *f.* majority

nivel de desarrollo *m.* level of development

oposición *f.* opposition

otorgar to grant

parlamento *m.* parliament

partido mayoritario *m.* majority party

partido político *m.* political party

plebiscito *m.* plebiscite

poder *m.* power

política *f.* politics, policy

presidente *m.f.* president

primer(a) ministro(a) *m.f.* prime minister

pueblo *m.* people

recurrir to appeal, resort to, have recourse to

recurso *m.* resource

referéndum *m.* referendum

regir (i,i) to rule

renunciar to renounce

revocar to revoke

sección *f.* section

Senado *m.* Senate

senador(a) *m.f.* senator

sublevación *f.* uprising

tolerar to tolerate

toque de queda *m.* curfew

unicameral unicameral

voto *m.* vote

voto de confianza *m.* vote of confidence

Capítulo 14
Conexión con la salud

actividad física *f.* physical activity

activo(a) active

adolescente *m.f.* adolescent

alimento *m.* food

ancianos(as) *m.f.pl.* elderly

aseo personal *m.* personal hygiene

calcio *m.* calcium

caloría *f.* Calorie

carbohidratos *m.pl.* carbohydrates

carie *f.* cavity

cicatrización *f.* scar formation, healing process

crecimiento *m.* growth

deficiencia alimentaria *f.* malnutrition

diente *m.* tooth

edad *f.* age

ejercicio *m.* exercise

ejercicios aeróbicos *m.pl.* aerobic exercises

enfermedad *f.* disease, illness

estatura *f.* height, build

fósforo *m.* phosphorus

glóbulos rojos *m.* red blood cells

grasa *f.* fat

higiene personal *m.* personal hygiene

hilo dental *m.* dental floss

hueso *m.* bone

limpieza *f.* cleanliness

lípido *m.* lipids

membrana celular *f.* cell membrane

metabolismo *m.* metabolism

mineral *m.* mineral

natación *f.* swimming

piel *f.* skin

proteína *f.* protein

régimen *m.* regimen, diet

salud *f.* health

sexo *m.* sex

vista *f.* sight

vitamina *f.* vitamin

INGLÉS—ESPAÑOL

Chapter 1
Conexión con la geografía

bank orilla *f.*
bay bahía *f.*
chain cadena *f.*
continent continente *m.*
cordillera cordillera *f.*
current corriente *f.*
Earth Tierra *f.*
elevation altura *f.*
empty desembocar
flat llano(a)
flow out into desembocar
freshwater agua dulce *f.*
geography geografía *f.*
gulf golfo *m.*
height altura *f.*
high plateau altiplanicie *f.*;
   altiplano *m.*
hill colina *f.*
isthmus istmo *m.*
lake lago *m.*
mountain montaña *f.*
mountain (not high) monte *m.*
mountain range sierra, *f.*;
   cordillera *f.*
mountain top cumbre *f.*

ocean océano *m.*
originate (river) nacer
peak pico *m.*
plain llano *m.*
planet planeta *m.*
plateau meseta *f.*
prairie llano *m.*
ridge cerro *m.*
river río *m.*
rivulet arroyo, riachuelo *m.*
rugged escarpado(a)
salt water agua salada *f.*
sea mar *m.*
seaside orilla *f.*
shore orilla *f.*
sierra sierra *f.*
small brook arroyo *m.*
steep escarpado(a)
stream corriente *f.*; riachuelo *m.*
summit cumbre *f.*
surface superficie *f.*
system cadena *f.*
terrain terreno *m.*
terrestrial globe globo terráqueo *m.*
valley valle *f.*

Chapter 2
Conexión con la sociología y la antropología

anthropology antropología *f.*
behavior comportamiento *m.*
belief creencia *f.*
ceremony ceremonia *f.*
citizen ciudadano(a) *m. f.*

cultural relativism relatividad
   cultural *f.*
culture cultura *f.*
custom costumbre *f.*

development desarrollo *m*.; desenvolvimiento *m*.

ethnic étnico(a)

ethnocentric etnocéntrico(a)

ethnocentrism etnocentrismo *m*.

group grupo *m*.

human being ser humano *m*.

human race raza humana *f*.

language lengua *f*.

nation nación *f*.

norm norma *f*.

origin origen *m*.

prejudice prejuicio *m*.

religious religioso(a)

rite rito *m*.

society sociedad *f*.

sociology sociología *f*.

value valor *m*.

Chapter 3
Conexión con la literatura

background ambiente *m*.

character (role) personaje *m*.

character (temperament, disposition) carácter *m*.

dialog diálogo *m*.

fantastic fantástico(a)

fictitious ficticio(a)

genre género *m*.

hold a conversation sostener una conversación

imaginary fantástico(a)

main character protagonista *m. f*.

narrative narración *f*.

novel novela *f*.

place lugar *m*.

plot argumento *m*.

probable verosímil

protagonist protagonista *m. f*.

reader lector(a) *m. f*.

realistic realista

setting ambiente *m*.

short story cuento *m*.

unreal fantástico(a)

Chapter 4
Conexión con la literatura

analyze analizar

character (role) personaje *m*.

drama teatro *m*.

feeling sentimiento *m*.

literary genre género literario *m*.

lyric lírica *f*.

narrative (epic) narrativa *f*.

plot argumento *m*.

poem poesía *f*., poema *m*.

poetry poesía *f*.

prose prosa *f*.

rhyme rima *f*.

rhythm ritmo *m*.

stanza estrofa *f*.

strophe estrofa *f*.

structure estructura *f*.

style estilo *m*.

subject tema *m*.

theme tema *m*.

topic tema *m*.

verse verso *m*.

work obra *f*.

Chapter 5
Conexión con las finanzas

abroad al extranjero
amount monto *m.*
ATM (automatic bank teller) cajero automático *m.*
available disponible
balance saldo *m.*
bank banco *m.*
bank account cuenta bancaria *f.*
bank statement estado bancario *m.*
banking bancario(a)
bill factura *f.*
budget presupuesto *m.*
button botón *m.*
buy on time comprar a plazos
cash dinero en efectivo *m.*
charge cargo *m.*
check cheque *m.*
checkbook chequera *f.*, talonario *m.*
checking account cuenta corriente *f.*
choose seleccionar
code código *m.*; pin *m.*
creditor acreedor(a) *m. f.*
current balance saldo corriente *m.*
debtor deudor *m. f.*
deficit déficit *m.*
deposit depositar
dividend dividendo *m.*
down payment enganche *m.*; pago inicial *m.*; pie *m.*; pronto *m.*
electronically electrónicamente
exchange currency cambiar dinero
expenditure gasto *m.*
expense egreso *m.*; gasto *m.*
finances finanzas *f.pl.*
financial bancario(a), financiero(a)
funds fondos *m.pl.*
in installments con facilidades de pagar, a cuotas, a plazos

income ingreso *m.*; rentas *f.pl.*
insert introducir
interest interés *m.*
interest rate tasa de interés *f.*
introduce introducir
investment inversión *f.*
loan préstamo *m.*
long-term a largo plazo
monthly mensual
mortgage hipoteca *f.*
municipal bond bono municipal *m.*; título municipal *m.*
nominal nominal
online en línea
pay sueldo *m.*
payment plan con facilidades de pago
pin código *m.*; pin *m.*
press oprimir, pulsar
purchase compra *f.*
receipt recibo *m.*
reconcile conciliar
rent alquiler *m.*
rich adinerado(a)
salary salario *m.*; sueldo *m.*
savings account cuenta de ahorros *f.*
screen pantalla *f.*
select seleccionar
short-term a corto plazo
stock acción *f.*
stock exchange Bolsa de Valores *f.*
sum monto *m.*
total monto *m.*
transaction transacción *f.*
wage sueldo *m.*
wealthy adinerado(a)
withdraw retirar

Chapter 6
Conexión con las finanzas—los seguros

accident accidente *m.*
actuary actuario(a) *m. f.*
beneficiary beneficiario(a) *m. f.*
benefit beneficio *m.*
compensate indemnizar
compensation indemnización *f.*
complete coverage car insurance seguro de automóvil contra todo riesgo *m.*
contribution contribución *f.*
cover cubrir
damage daño *m.*
death muerte *f.*
deductible cantidad deducible *f.*
disability invalidez *f.*
fire incendio *m.*
hold back retener
illness enfermedad *f.*
indemnify indemnizar
insurance seguro *m.*
insurance policy póliza de seguros *f.*

insure (oneself) asegurarse
insured asegurado(a)
insurer asegurador(a)
liability riesgo *m.*
loss pérdida *f.*
loss of income pérdida de renta *f.*
medical insurance seguro médico *m.*
mutual benefit society mutualidad *f.*
old age vejez *f.*
payment cuota *f.*
premium prima *f.*
protection protección *f.*
retain retener
risk riesgo *m.*
Social Security Seguro Social *m.*
strike huelga *f.*
tax impuesto *m.*
tax payment contribución *f.*
taxable gravable
third party tercero *m.*

Chapter 7
Conexión con las finanzas—los impuestos

add sumar
adjusted gross income ingreso bruto ajustado *m.*
alimony pensión por divorcio *f.*
bond bono *m.*
business expenses gastos de negocio *m.pl.*
CD, certificate of deposit certificado de depósito *m.*
charitable contribution contribución caritativa *f.*

deduction ajuste *m.* , deducción *f.*
dependent dependiente *m. f.*
dividend dividendo *m.*
federal government gobierno federal *m.*
gross income ingreso bruto *m.*
individual retirement account (IRA) cuenta individual de retiros *f.* (IRA)
interest interés *m.*
itemize pormenorizar
moving expenses gastos de mudanza *m.pl.*

personal deduction deducción
  personal *f.*
personal exemption exención
  personal *f.*
personal income ingreso personal *m.*
reduce reducir
resident residente *m. f.*
royalties regalías *f.pl.*
salary salario, sueldo *m.*
savings account cuenta de ahorros *f.*

standard deduction deducción fija o
  estándar *f.*
stock acción *f.*
subtract restar
tax impuesto *m.*
tax rate tasa de impuesto *f.*
taxable income ingreso gravable *m.*
taxpayer contribuyente *m. f.*
tip propina *f.*

Chapter 8
Conexión con la medicina

allergist alergista *m. f.*, alergólogo(a)
  m. f.
allergology alergología *f.*
anatomy anatomía *f.*
cardiologist cardiólogo(a) *m. f.*
cardiology cardiología *f.*
dermatologist dermatólogo(a) *m. f.*
dermatology dermatología *f.*
doctor of infectious diseases
  infectólogo(a) *m. f.*
ear, nose, and throat doctor
  otorrinolaringólogo(a) *m. f.*
endocrinologist endocrinólogo(a) *m. f.*
endocrinology endocrinología *f.*
gastroenterologist gastroenterólogo(a)
  m. f.
gastroenterology gastroenterología *f.*
gynecologist ginecólogo(a) *m. f.*
gynecology ginecología *f.*
infectology infectología *f.*
internal medicine medicina interna *f.*
internist internista *m. f.*
nephrologist nefrólogo(a) *m. f.*
nephrology nefrología *f.*
neurologist neurólogo(a) *m. f.*
neurology neurología *f.*

obstetrician obstetra *m. f.*
obstetrics obstetricia *f.*
oncologist oncólogo(a) *m. f.*
oncology oncología *f.*
ophthalmologist oftalmólogo(a) *m. f.*
ophthalmology oftalmología *f.*
orthopedics ortopedia *f.*
orthopedist ortopedista *m. f.*
otorhinolarngologist
  otorrinolaringólogo(a) *m. f.*
otorhinolarngology
  otorrinolaringología *f.*
pediatrician pediatra
pediatrics pediatría *f.*
physiology fisiología *f.*
pneumology neumología *f.*
psychiatry psiquiatría *f.*
pulmonary specialist neumólogo(a)
  m. f.
radiologist radiólogo(a) *m. f.*
radiology radiología *f.*
surgeon cirujano(a) *m. f.*
surgery cirugía *f.*
urologist urólogo(a) *m. f.*
urology urología *f.*

Chapter 9
Conexión con la geografía

altitude altura *f.*
Amazon basin cuenca amazónica *f.*
Antarctica Antártida *f.*
atmosphere atmósfera *f.*
autumn otoño *m.*
basin cuenca *f.*
blow soplar
climate clima *m.*
cloud nube *f.*
coast litoral *m.*
current corriente *f.*
dry season estación seca *f.*
elevation elevación *f.*
equator línea ecuatorial *f.*
fog neblina *f.*
hot caluroso(a)
humid húmedo(a)
jungle selva *f.*
latitude latitud *f.*
meteorology meteorología *f.*
mist garúa (Perú) *f.*
ocean currents corrientes del océano *f.pl.*

rain lluvia *f.*
rain forest selva tropical *f.*
rainy season estación lluviosa *f.*
sea level nivel del mar *m.*
season estación *f.*
shower aguacero *m.*
snow-covered peak pico nevado *m.*
southern meridional
spring primavera *f.*
summer verano *m.*
sunny soleado(a)
temperate templado(a)
temperate climate clima templado *m.*
temperature temperatura *f.*
tropical tropical
tropical jungle selva tropical *f.*
weather tiempo *m.*
weather forecast pronóstico meteorológico *m.*
western occidental
wet season estación lluviosa *f.*
wind viento *m.*
winter invierno *m.*

Chapter 10
Conexión con el arte y la música

abstract abstracto(a)
abstract art arte abstracto *m.*
accordion acordeón *m.*
acrylic (paint) acrílico
acting actuación *f.*
amplified sound *m.* sonido amplificado
apply aplicar
aria aria *f.*
art arte (las artes) *m. (f.pl.)*

band banda *f.*
bas-relief bajorrelieve *m.*
bass bajo *m.*
bassoon fagote *m.*
brass (section) metal (sección de) *m.*
brass band charanga *f.*
bronze bronce *m.*
brush pincel *m.*
canvas lienzo *m.*

cast fundido(a)

chamber orchestra orquesta de cámara *f.*

chisel cincel *m.*

clay barro *m.*

coming from oriundo de

composition composición *f.*

dance baile *m.*; danza *f.*

depth profundidad *f.*

distance alejamiento *m.*

drawing dibujo *m.*

easel caballete *m.*

fan aficionado(a) *m. f.*

figurative figurativo(a)

figurative art arte figurativo *m.*

fine arts artes plásticas *f.pl.*

firing in a kiln cocción *f.*

flat surface superficie plana *f.*

flautist flautista *m. f.*

flute flauta *f.*

form bulto *m.*

form, framework esqueleto *m.*

formed modelado(a)

framework armadura *f.*

guitar guitarra *f.*

harp arpa *f.*

high alto(a)

high relief altorrelieve *m.*

kiln horno *m.*

low relief bajorrelieve *m.*

marimba marimba *f.*

medium el medio *m.*

mix mezclar

modeled modelado(a)

molded modelado(a)

motive motivo *m.*

music música *f.*

musical composition composición musical *f.*

oboe oboe *m.*

observer observador(a)

oil (paint) óleo *m.*

opera ópera *f.*

orchestra orquesta *f.*

oven horno *m.*

painter pintor(a) *m. f.*

painting pintura *f.*

palette-knife espátula *f.*

pan-pipes zampoña *f.*

percussion percusión *f.*

percussion (instruments) percusión (instrumentos de) *f.*

percussion (section) percusión (sección de) *f.*

perspective perspectiva *f.*

plaster yeso *m.*

process proceso *m.*

realistic art arte figurativo *m.*

relief relieve *m.*

relief sculpture escultura de relieve *f.*

rhythm ritmo *m.*

scenery escenario *m.*

sculptor escultor(a) *m. f.*

sculpture escultura *f.*

select the medium escoger el medio

shaped modelado(a)

smelted fundido(a)

smelting (casting) fundición *f.*

soft blando(a)

song canción *f.*; canto *m.*

stone piedra *f.*

stretch tensar

string (instruments) cuerda (instrumentos de) *f.*

string section cuerda (sección de) *f.*

studio taller *m.*

style estilo *m.*

subject tema *m.*

symphony sinfonía *f.*

theme tema *m.*

Palabras clave

three-dimensional en tres dimensiones
trumpeter trompetista *m. f.*
viewer observador(a) *m. f.*
violinist violinista *m. f.*
watercolor (paint) acuarela *f.*
wide ancho(a)
wind (instruments) viento
    (instrumentos de) *m.*

wind section viento (sección de) *m.*
wood madera *f.*
woodwind (instruments) viento
    (instrumentos de) *m.*
woodwind (section) viento
    (sección de) *m.*
workshop taller *m.*

Chapter 11
Conexión con el comercio

advertisement anuncio *m.*
advertising publicidad *f.*
advertising budget presupuesto
    publicitario *m.*
advertising campaign campaña
    publicitaria *f.*
business empresa *f.; comercio m.*
commerce comercio *m.*
consumer consumidor(a) *m. f.*
consumer market mercado de
    consumo *m.*
design diseño *m.*
launch lanzar
make a profit realizar una ganancia

making confección *f.*
manufacture confección *f.*
market mercado *m.*
market segment, segment of the market
    segmento de mercado *m.*
marketing marketing *m.; mercadeo m.*
planning planificación *f.*
profit ganancia *f.*
promotion promoción *f.*
publicity propaganda *f.; publicidad f.*
publicity campaign campaña
    publicitaria *f.*
variables variables *m.pl.*

Chapter 12
Conexión con la ecología

air pollution contaminación
    del aire *f.*
carrier of diseases portador de
    enfermedades *m.*
chemical substance sustancia
    química *f.*
ecology ecología *f.*
eliminate deshacerse de
emission emisión *f.*

environment medio ambiente *m.*
equilibrium equilibrio *m.*
exhaust pipe tubo de escape *m.*
factory fábrica *f.*
gas emission emisión de gas *f.*
get rid of deshacerse de
glass vidrio *m.*
industrial zone zona industrial *f.*
let into the air expulsar al aire

living creatures seres vivientes *m.pl.*
nature naturaleza *f.*
oil tanker buque petrolero *m.*
pollute contaminar
polluted contaminado(a)
pollution contaminación *f.*
recycling reciclaje *m.*

spill derramar
survival supervivencia *f.*
toxic substance sustancia tóxica *f.*
wastes desechos *m.pl.*
water pollution contaminación
   del agua *f.*

Chapter 13
Conexión con los estudios sociales

against en contra
amend enmendar (ie)
anarchy anarquía *f.*
appeal recurrir
article artículo *m.*
autocratic autocrático(a)
bicameral bicameral
candidate candidato(a) *m. f.*
chaos caos *m.*
chief jefe *m. f.*
chief executive jefe ejecutivo *m.*
citizen ciudadano(a) *m. f.* diputado(a)
   m. f.
coalition coalición *f.*
congressperson congresista *m. f.*
Constitution Constitución *f.*
curfew toque de queda *m.*
declare declarar
democracy democracia *f.*
demonstration manifestación *f.*
despotic despótico(a)
development desarrollo *m.*
dictator dictador(a) *m. f.*
dictatorship dictadura *f.*
elect elegir
election elección *f.*
freedom of speech libertad de
   palabra *f.*

government gobierno *m.*
grant otorgar
historian historiador(a) *m. f.*
House of Representatives Cámara de
   Representantes (Diputados)
in favor a favor
level of development nivel de
   desarrollo *m.*
majority mayoría *f.*
majority party partido mayoritario *m.*
martial law ley marcial *f.*
mayor alcalde(sa) *m. f.*
military junta junta militar *f.*
of age, eighteen years and older mayor
   de edad
opposition oposición *f.*
overthrow derrocar
parliament parlamento *m.*
people pueblo *m.*
plebiscite plebiscito *m.*
policy política *m.*
political party partido político *m.*
politics, policy política *f.*
power poder *m.*
president presidente *m. f.*
prime minister primer(a) ministro(a)
   m. f.
referendum referéndum *m.*

renounce renunciar

representative congresista *m. f.*, diputado(a) *m. f.*

recourse recurrir ; recurso *m.*

resort recurrir

resource recurso *m.*

revoke revocar

right derecho *m.*

right to vote derecho al voto *m.*

rule regir

section sección *f.*

Senate Senado *m.*

senator senador(a) *m. f.*

social studies estudios sociales *m.pl.*

support apoyar

tolerate tolerar

unicameral unicameral

uprising sublevación *f.*

vote voto *m.*

vote of confidence voto de confianza *m.*

Chapter 14

Conexión con la salud

active activo(a)

adolescent adolescente

aerobic exercises ejercicios aeróbicos *m.pl.*

age edad *f.*

bone hueso *m.*

build estatura *f.*

calcium calcio *m.*

Calorie caloría *f.*

carbohydrates carbohidratos *m.pl.*

cavity carie *f.*

cell membrane membrana celular *f.*

cleanliness limpieza *f.*

dental floss hilo dental *m.*

diet régimen *m.*

disease enfermedad *f.*

elderly ancianos(as)

exercise ejercicio *m.*

fat grasa *f.*

food alimento *m.*

growth crecimiento *m.*

health salud *f.*

height estatura *f.*

illness enfermedad *f.*

lipids lípido *m.*

malnutrition deficiencia alimentaria *f.*

metabolism metabolismo *m.*

mineral mineral

personal hygiene aseo personal *m.;* higiene personal *f.*

phosphorus fósforo *m.*

physical activity actividad física *f.*

protein proteína *f.*

red blood cells glóbulos rojos *m.pl.*

regimen régimen *m.*

scar formation, healing process cicatrización *f.*

sex sexo *m.*

sight vista *f.*

skin piel *f.*

swimming natación *f.*

tooth diente *m.*

vitamin vitamina *f.*

A

abadía *f.* monasterio

abstracto(a) se dice de una obra de arte que enfatiza la importancia de los elementos y principios de diseños a favor del asunto o de la materia

acalambrar contraerse los músculos

acaudalado(a) muy rico

acertar (ie) conseguir el fin

acomodado(a) que tiene mucho dinero, rico

acontecer suceder

actuario(a) *m.f.* el que determina el monto de la prima de una póliza de seguros

acuarela *f.* pintura que se hace con colores diluidos en agua

adinerado(a) que tiene mucho dinero, rico, acomodado

adquirir obtener, conseguir

adulador(a) *m.f.* el que le admira a alguien al extremo

ágil ligero, suelto, diestro

agregar unir unas cosas con otras, añadir

agrupar reunir, formar en grupos

ajedrezado(a) en forma de cuadros

alabanza *f.* elogio, complemento laudatorio

alentado(a) animado, vigoroso

alergista *m.f.* especialista en la alergología

alergología *f.* el estudio de los mecanismos de la alergia y las enfermedades alérgicas

alergólogo(a) *m.f.* especialista en la alergología

alfarería *f.* el arte de crear vasijas de barro

aliarse unirse con otro, juntarse

alojar hospedar, aposentar; dar para donde vivir

alta costura *f.* arte de coser para hacer (confeccionar) trajes elegantes

altiplanicie *f.* una meseta extensa y elevada

altiplano *m.* una meseta extensa y elevada

altivo(a) muy orgulloso, soberbio

altorrelieve *m.* figura tallada que resalta de una superficie plana y que tiene más de la mitad del bulto natural

anaquel *m.* la tabla de un estante

anarquía *f.* caos; falta de todo gobierno, confusión, desorden

anatomía *f.* el estudio de la estructura del cuerpo humano

andariego(a) que anda mucho sin parar, vagabundo

anglosajón(ona) de habla inglesa

anónimo(a) se dice del autor de nombre desconocido

antropología *f.* el estudio de las costumbres sociales

Diccionario

argumento *m.* los hechos de un cuento o una novela que relatan lo que pasa o sea la acción

aria *f.* una canción en una ópera interpretada por una sola voz con el acompañamiento de la orquesta

arremeter acometer con ímpetu, con mucha fuerza

arrojar lanzar, echar o tirar algo con violencia

arroyo *m.* un riachuelo pequeño o un río poco caudaloso

asco *m.* repugnancia

asegurado(a) *m.f.* el dueño (tenedor) de una póliza de seguro

asegurador(a) *m.f.* la organización que vende y mantiene la póliza de seguros

aseo personal *m.* la limpieza del cuerpo

asimilarse incorporarse

asumir responsabilizarse de algo

atravesar (ie) cruzar, pasar de una parte a la opuesta

audaz intrépido, atrevido, descarado

autocrático(a) despótico

autóctono(a) *m.f.* originario del país, aborigen

autopista *f.* una carretera de muchos carriles en cada sentido; frecuentemente los usuarios tienen que pagar peaje

ayllu *m.* unidad de familias que formaba la base de la estructura social de los incas

azabache *m.* variedad de lignito de color negro brillante

azorado(a) confundido

azotado(a) golpeado con azotes, látigos

azotea *f.* techo llano

B

bahía *f.* una extensión de agua más pequeña que un golfo

bajorrelieve *m.* significa que la figura tallada que resalta de una superficie plana es menos de la mitad del bulto natural de la figura

becerro *m.* toro o vaca que ha cumplido tres años

beneficiario(a) *m.f.* el que recibe el dinero de una póliza de seguros de vida después de la muerte del asegurado

berrendo(a) manchado de dos colores

bocadillo *m.* sándwich

borrascoso(a) agitado, violento

burlesco(a) festivo, jocoso, que implica burla

C

caballete *m.* el soporte en que descansa el lienzo mientras pinta el artista

cantina *f.* cafetería

carabela *f.* embarcación o barco de vela usado en los siglos XV y XVI

carácter *m.* lo que sienten y como piensan los personajes de un cuento o una novela

carbohidratos *m.* azúcares

cardiología *f.* el tratado o estudio del corazón y la circulación, sus funciones, sus padecimientos y tratamiento

cardiólogo(a) *m.f.* especialista en la cardiología

caudaloso(a) de mucha agua

cautivar captar, atraer, seducir

centinela *m.* soldado o persona que guarda, vigila y observa

centro comercial *m.* localidad frecuentemente ubicado en los suburbios; tiene tiendas, restaurantes, cines y aparcamiento para muchos carros

cerro *m.* una elevación de tierra escarpada o rocosa

chabola *f.* casa muy humilde

chance *m.* oportunidad

chasqui *m.* mensajero inca que corría grandes distancias llevando órdenes y noticias

chequera *f.* talonario

choza *f.* casa muy humilde ; tipo de cabaña cubierta de ramas o paja, bohío

cirugía *f.* parte de la medicina que tiene por objeto curar las enfermedades por medio de operaciones o intervenciones quirúrgicas

cirujano(a) *m.f.* especialista en la cirugía

clima *m.* el tiempo que prevalece en una zona por un período de larga duración

cojera *f.* el andar inclinando el cuerpo más a un lado que a otro por no poder sentar con regularidad ambos pies

colina *f.* una elevación de terreno menor que la montaña, muchas veces con una cumbre redonda

comportamiento *m.* la manera en que se comporta o actúa una persona

comprar a plazos comprar a cuotas

compuesto(a) hecho, producido

conciliar verificar que el saldo de uno está de acuerdo con el saldo en el estado bancario

confeccionado(a) hecho, producido

constitución *f.* ley escrita fundamental de un Estado

contribuyente *m.f.* el que paga los impuestos

cordillera *f.* una cadena (un sistema) de montañas, o sea, una elevación extensa de montañas con múltiples cumbres

corretear ir corriendo de un lado para otro

costumbre *f.* una práctica habitual, o sea, un hábito

criado(a) *m.f.* persona que se emplea en el servicio doméstico

cuento *m.* un género de literatura narrativa más corto que una novela

culto *m.* el homenaje, el honor dado a los dioses

cultura *f.* la totalidad de los comportamientos, incluso los valores, las ideas y las costumbres que se aprenden y que se transmiten por la sociedad

cuota *f.* la contribución, el pago

D

danza *f.* baile

deducible *m.* la parte de la indemnización que no paga la compañía de seguros; una extención o ajuste que se puede deducir de los impuestos

déficit *m.* tener más gastos (egresos) que rentas (ingresos)

democracia *f.* sistema de gobierno en el cual el pueblo tiene el derecho de participar

dermatología *f.* el tratado de las enfermedades de la piel

dermatólogo(a) *m.f.* especialista en la dermatología

derrotar vencer, conquistar

desabrimiento *m.* disgusto

desaforado(a) excesivamente grande

desahuciado(a) sin esperanza de conseguir lo que quiere

desairar despreciar, desestimar

desamparado(a) que no tiene para donde vivir; sin casa

desembocar salir el agua de un río en el mar

desempeñar llevar a cabo, cumplir, llenar o representar

desenvuelto(a) que puede obrar con soltura o habilidad

desmejorarse ir perdiendo la salud

desperdiciar malgastar, perder

despojo *m.* lo que toma del vencido el vencedor

destacarse sobresalir

deuda *f.* dinero que se debe

diálogo *m.* una conversación que sostienen los personajes de una narración

dictadura *f.* gobierno que se ejerce fuera de las leyes constitutivas de un país

disensión *f.* contienda, riña, disputa

dispuesto(a) apto, capaz, preparado

dividendo *m.* dinero que recibe uno de ciertas inversiones

donoso(a) gracioso, gallardo

dotar darle a una persona algo para mejorarla o perfeccionarla

dote *f.* bienes que la mujer aporta al matrimonio

duro *m.* antigua moneda

E

ecología *f.* el equilibrio entre los seres vivientes y la naturaleza

egreso *m.* gasto que uno tiene que pagar

empeñarse en insistir con firmeza en algo

emprender dar principio a una obra o empresa

empresa *f.* negocio, compañía, sociedad

encomendar (ie) entregar, confiar al amparo de alguien

endocrinología *f.* el estudio de las glándulas de secreción interna

endocrinólogo(a) *m.f.* especialista en la endocrinología

enemistad *f.* aversión u odio entre dos personas

enganche *m.* un pago inicial, anticipo

enigmático(a) misterioso, incomprensible, inexplicable

enlazarse casar, contraer matrimonio

entablar dar comienzo a alguna cosa, tal como una conversación

entonación *f.* el movimiento melódico o musical de la frase hablada (oral)

enviudar perder a su esposo(a) por la muerte

escapillado(a) lo que tiene puesto

escarabajo *m.* tipo de insecto

escombro *m.* desecho, lo que queda

escudero *m.* paje que acompañaba a un caballero para llevarle el escudo

escultura de relieve *f.* una escultura hecha sobre una superficie de modo que las figuras están talladas solamente en parte

espectar mirar

espiración *f.* la salida de aire de los pulmones hacia el exterior

estallar ocurrir violentamente

estilo *m.* el modo de expresión de un artista

estrofa *f.* un grupo de versos

estropicio *m.* destrozo de enseres de uso doméstico

etnocentrismo *m.* la creencia de que la cultura de uno es superior a cualquier otra

F

fábula *f.* relato, cuento o apólogo generalmente en verso que oculta una enseñanza moral bajo el velo de la ficción

factura *f.* lo que uno tiene que pagar

fastidiado(a) enojado

fatiga *f.* cansancio, agotamiento

fatigar cansar, molestar

fénix *m.* lo que es único en su especie

feriado(a) se dice del día en que están suspendidos o cerrados los negocios; festivo

figurativo(a) se dice de una obra de arte que presenta una rendición más literal, o sea, más realista de la materia

fisiología *f.* el estudio de las funciones del organismo humano

flequillo de randa *m.* borla

fluidez *f.* la facilidad

fluvial relativo a los ríos

fornido(a) robusto y de mucho hueso

fulgor *m.* brillo, brillantez, resplandor

G

gachupín *m.* sobrenombre regional despectivo dado a los españoles que se establecieron en las Américas

galera *f.* barco, buque

gallardo(a) que presenta bello aspecto; valiente y noble

garúa *f.* un tipo de neblina que cubre Lima de mayo a septiembre

gastroenterología *f.* rama de la medicina que se ocupa del estómago, los intestinos y todo el aparato digestivo y sus enfermedades

gastroenterólogo(a) *m.f.* especialista en la gastroenterología

geografía *f.* el estudio de la Tierra

gimotear gemir, quejarse

ginecología *f.* el estudio de las

enfermedades de la mujer

ginecólogo(a) *m.f.* especialista en la ginecología

glorieta *f.* plazoleta, generalmente en un jardín; encrucijada de calles y alamedas

gobierno *m.* una institución política con autoridad para hacer y hacer respetar las leyes

golfo *m.* una extensión de agua más pequeña que un mar y más grande que una bahía

gorjeo *m.* son que se hace al cantar

gualdo(a) amarillo

H

halagüeño(a) que da muestras de admiración

hazaña *f.* acción ilustre o heroica

hinchado(a) vanidoso

hipoteca *m.* un préstamo para comprar una casa

historiada *f.* decoración llamativa

hocico *m.* boca y narices de un animal

I

ignorar no saber, desconocer

imperante que domina, que tiene el poder

implorar rogar, suplicar, pedir

indemnización *f.* el dinero que uno recibe para recuperar su pérdida

indígena *m.f.* originario del país de que se trata

infectología *f.* la rama de la medicina que trata las enfermedades contagiosas

infectólogo(a) *m.f.* especialista en la infectología

ingreso *m.* la renta y el dinero que recibe uno

insoluble que no se puede resolver

interés *m.* dinero que recibe uno de sus cuentas de ahorros en el banco

internista *m.f.* especialista en la medicina interna

istmo *m.* un pedacito de tierra que une un continente con otro

J

jarrón *m.* ornamento en forma de un jarro

juntar reunir, agrupar

L

labrar cultivar, trabajar

ladino(a) *m.f.* persona de origen indígena o mestizo que habla español y que ha adoptado costumbres europeas

lago *m.* una extensión de agua rodeada de tierra

lazo *m.* el enlace

legua *f.* antigua medida de distancia

lencería *f.* ropa blanca en general y, especialmente, ropa interior

limpión *m.* paño para limpiar y secar los platos

lípido *m.* grasa

lírica *f.* el género literario en el cual el autor expresa sus sentimientos

lisonjas *f.* lo que se dice a otro para satisfacer su amor propio

litigio *m.* disputa, contienda

llama *f.* lo que surge de un fuego o incendio

M

mala pata *f.* mala suerte

maltrecho(a) en mal estado físico o mental

mancebo *m.* hombre soltero

manco(a) que le falta una mano o un brazo

mansamente apaciblemente, suavemente

mar *m.* una extensión de agua más pequeña que un océano y más grande que un golfo

maravedí *m.* antigua moneda española de poco valor

mecedor *m.* silla que tiene movimiento de balanceo

medicina interna *f.* el estudio y tratamiento de las enfermedades que afectan los órganos internos

menear mover de una parte a otra

mercadeo *m.* la creación de un mercado para un producto antes de comenzar a producirlo

meridional del sur

meseta *f.* una parte llana y bastante extensa de terreno situada en una altura o montaña

meteorología *f.* la ciencia que se dedica al estudio de los fenómenos atmosféricos incluyendo el clima y el tiempo.

milpa *f.* la tierra destinada al cultivo de maíz (en México y Guatemala)

mimado(a) muy consentido; casi malcriado

mito *m.* la leyenda, una narración fabulosa de algo que ocurrió en un tiempo pasado remoto

modisto(a) *m.f.* diseñador de ropa

montaña *f.* una elevación considerable y natural de terreno

morlaco *m.* moneda

mudanza *f.* cambio

mugre *f.* suciedad grasienta

muladar *m.* lugar donde se echa la basura de las casas

musitar hablar en voz muy baja

N

narración fantástica *f.* un cuento o una novela en la cual los personajes, ambientes y hechos ni existen ni podrían existir en la realidad

narrativa *f.* el género literario en el cual el autor relata unos hechos

natal relativo al nacimiento, nativo

nefrología *f.* rama de la medicina que estudia el riñón y sus enfermedades

nefrólogo(a) *m.f.* especialista en la nefrología

neumología *f.* rama de la medicina que estudia y trata las enfermedades de los pulmones y del aparato respiratorio

neumólogo(a) *m.f.* especialista en la neumología

neurología *f.* el estudio del sistema nervioso

neurólogo(a) *m.f.* especialista en la neurología

norma *f.* una regla o forma convencional y acostumbrada de actuar, pensar y sentir en una sociedad

novela *f.* un género de literatura narrativa más largo que un cuento

O

obsequiar agasajar, darle a alguien un

regalo, galantear a una mujer

obstetra *m.f.* especialista en la obstetricia

obstetricia *f.* parte de la medicina que trata de la gestación, el parto y el puerperio

océano *m.* una gran extensión de agua salada

ochavo *m.* moneda antigua

oftalmología *f.* la parte de la medicina que trata de las enfermedades del ojo

oftalmólogo(a) *m.f.* especialista en la oftalmología

óleo *m.* pintura a base de aceites

oncología *f.* rama de la medicina que se ocupa de los crecimientos neoplásicos, del cáncer y su tratamiento incluyendo la quimioterapia

oncólogo(a) *m.f.* especialista en la oncología

ópera *f.* un drama cantado con acompañamiento de orquesta

oprimir someter por la violencia, poniendo

uno bajo la autoridad o dominio de otro

orador *m.* persona que pronuncia un discurso en público

orquesta de cámara *f.* orquesta pequeña con sólo un instrumentalista en cada sección

ortopedia *f.* rama de la cirugía relacionada con el tratamiento correctivo de deformidades y enfermedades del aparato locomotor, en especial las que afectan los huesos, músculos y articulaciones

otorrinolaringología *f.* la parte de la medicina que trata las enfermedades del oído, de la nariz y de la laringe (garganta)

otorrinolaringólogo(a) *m.f.* especialista en la otorrinolaringología

P

parada f. desfile

parlamento *m.* tipo de asamblea legislativa

partido político *m.* agrupación política de los que siguen la misma opinión o interés

pediatría *f.* la rama de la medicina que estudia las enfermedades de los niños y su tratamiento

pedrada *f.* acción de arrojar una piedra; golpe dado con una piedra lanzada

pelado(a) pobre, sin un centavo

penumbra *f.* sombra débil y poco oscura

perspectiva *f.* la representación de objetos en tres dimensiones sobre una superficie plana

pie *m.* un pago inicial

plebiscito *m.* referéndum

poder *m.* dominio que uno tiene para mandar

poesía *f.* una composición escrita en verso

poesía *f.* un género de literatura en verso

poesía *f.* la expresión de la belleza por medio del lenguaje artístico

poltrona *f.* silla grande y cómoda

ponderar pensar, meditar

por su cuenta por el beneficio de uno y sin ayuda alguna

postulante *m.* persona que pide algo

prender agarrar; arrestar, detener o poner preso

préstamo a corto plazo *m.* un préstamo que el deudor paga en pocos años

préstamo a largo plazo†*m.* un préstamo que el deudor tiene que pagar por muchos años

presupuesto *m.* un cálculo de la cantidad de dinero que uno tiene disponible para cada uno de sus gastos

prima *f.* el monto que el asegurado paga a la compañía de seguros

primordial sumamente importante, de lo más básico

prodigioso(a)?excepcional

pronto *m.* un pago inicial

propaganda?*f.* publicidad

protagonista *m.f.* el personaje más importante o principal de una obra

psiquiatría?*f.* la ciencia que trata las enfermedades mentales

puñado *m.* una cantidad pequeña; literalmente la porción que cabe en la mano cerrada, el puño

Q

quipu *m.* un sistema de cordones y nudos de varios colores que transmitían datos e ideas

R

radiología *f.* parte de la medicina que estudia las radiaciones, especialmente los rayos X, en sus aplicaciones al diagnóstico y tratamiento de enfermedades

radiólogo(a) *m.f.* especialista en la radiología

ramazón de vides *f.* ramas grandes de la planta que da uvas

recelo *m.* miedo, desconfianza

reciclaje *m.* consiste en recoger los desechos de papel, vidrio e hierro para transformarlos y poder utilizarlos de nuevo

recinto *m.* espacio cerrado y comprendido dentro de ciertos límites

recio(a) fuerte, robusto, vigoroso; duro, violento

regalías *f.* dinero que se recibe por algunos privilegios, como derechos de autor

regresar volver

rehén *m.* persona que queda en poder del enemigo como garantía o fuerza mientras se tramita la paz o un acuerdo

relatividad cultural *f.* la perspectiva de que los efectos de los rasgos culturales dependen de su medio cultural

relevo *m.* sustitución, reemplazo, uno que toma el lugar o responsabilidad de otro

relieve *m.* cualquier cosa que resalta sobre una superficie plana

relincho *m.* voz del caballo

repleto(a) muy lleno, sobre todo una persona llena de comida

rescatar liberar a alguien del peligro u opresión en que se halla

resorte *m.* pieza elástica que al haber sido doblada o estirada puede recobrar su posición natural

rezongar gruñir, refunfuñar

río *m.* una corriente de agua

rozar tocar la superficie ligeramente

S

sacerdote *m.* en la Iglesia católica romana, un cura o un padre religioso

sanguinario(a) feroz, inhumano

sellar llevar a una conclusión

sembrar (ie) esparcir las semillas en la tierra para cultivar algo

sicología *f.* el estudio de la sociedad

siervo(a) *m.f.* sirviente

simiente *f.* semilla

sinfonía *f.* una composición musical ambiciosa ejecutada por una orquesta que dura de veinte a

cuarenta y cinco minutos

sociedad *f.* el grupo de personas que participan en una cultura común

socorrer ayudar

soler (ue) acostumbrar, hacer ordinariamente

solícito(a) diligente, deseoso de servir

sordomudo(a) *m.f.* persona que no puede oír ni hablar

súbdito *m.* sujeto a una autoridad superior a la cual tiene que obedecer

sublevación *f.* rebelión, motín

suburbios *m.* las afueras

suplicar rogar

T

taburete *m.* banqueta, mueble sin brazos ni respaldo

taciturno(a) silencioso, callado, triste

tapón *f.* embotellamiento

teatro *m.* el género literario en el cual el medio de expresión es el diálogo entre los personajes

teja *f.* azulejo o baldosa del techo (tejado)

telaraña *f.* tela que forma la araña para cazar insectos

testarudo(a) que se mantiene en una opinión fija a pesar de razones convincentes en contra

testigo(a) *m.f.* persona que presencia (ve) algo; persona que da testimonio

tiempo *m.* la condición de la atmósfera en un lugar durante un período breve

timorato(a) tímido, indeciso

toque de queda *m.* un acto del gobierno que dice que los ciudadanos no pueden salir a la calle después de una hora determinada

trapicheo *m.* manera maquinadora de conseguir algo

traza *f.* apariencia

tributario *m.* afluente, corriente de agua que desemboca en otra

trinar temblar

U

ufano(a) muy ensimismado

unir juntar, enlazar

urbanizarse
acondicionarse a una vida urbana (de la ciudad)

urología *f.* parte de la medicina que estudia y trata el aparato urinario

urólogo(a) *m.f.* especialista en la urología

V

vagar andar sin tener un destino fijo

valentía *f.* calidad de valiente; hecho heroico

valor *m.* idea abstracta que uno considera deseable, buena y correcta

vecindad *f.* zona residencial

verosímil describe a hechos en un cuento o una novela que podrían haber ocurrido

voto *m.* derecho que tiene el pueblo de elegir a sus líderes

Índice temático y cultural

Índice temático y cultural

Índice temático y cultural

Índice gramatical